Karen Sobel Lojeski
Richard R. Reilly

Die Macht der virtuellen Distanz

Karen Sobel Lojeski
Richard R. Reilly

Die Macht der virtuellen Distanz

Lösungen, mit denen Sie im digitalen
Zeitalter und Homeoffice unausgeschöpfte
Wettbewerbsvorteile erzielen können

Aus dem Englischen von Ursula Bischoff

WILEY-VCH GmbH

Alle Bücher von WILEY-VCH werden sorgfältig erarbeitet. Dennoch übernehmen Autoren, Herausgeber und Verlag in keinem Fall, einschließlich des vorliegenden Werkes, für die Richtigkeit von Angaben, Hinweisen und Ratschlägen sowie für eventuelle Druckfehler irgendeine Haftung

© 2021 Wiley-VCH GmbH, Boschstr. 12, 69469 Weinheim, Germany

Alle Rechte, insbesondere die der Übersetzung in andere Sprachen, vorbehalten. Kein Teil dieses Buches darf ohne schriftliche Genehmigung des Verlages in irgendeiner Form – durch Photokopie, Mikroverfilmung oder irgendein anderes Verfahren – reproduziert oder in eine von Maschinen, insbesondere von Datenverarbeitungsmaschinen, verwendbare Sprache übertragen oder übersetzt werden. Die Wiedergabe von Warenbezeichnungen, Handelsnamen oder sonstigen Kennzeichen in diesem Buch berechtigt nicht zu der Annahme, dass diese von jedermann frei benutzt werden dürfen. Vielmehr kann es sich auch dann um eingetragene Warenzeichen oder sonstige gesetzlich geschützte Kennzeichen handeln, wenn sie nicht eigens als solche markiert sind.

© 2020 by Karen Sobel Lojeski and Richard R. Reilly.

Das englische Original erschien 2020 unter dem Titel *The Power of Virtual Distance. A Guide to Productivity and Happiness in the Age of RemoteWork* bei John Wiley & Sons, Inc., Hoboken, New Jersey.

All rights reserved. This translation published under license with the original publisher »John Wiley & Sons, Inc«.

Bibliografische Information der Deutschen Nationalbibliothek

Die Deutsche Nationalbibliothek verzeichnet diese Publikation in der Deutschen Nationalbibliografie; detaillierte bibliografische Daten sind im Internet über <http://dnb.d-nb.de> abrufbar.

Print ISBN: 978-3-527-51073-3
ePub ISBN: 978-3-527-83635-2

Umschlaggestaltung: Torge Stoffers, Leipzig
Satz: Straive, Chennai, India
Printed and bound by CPI Group (UK) Ltd, Croydon, CR0 4YY

Richard Reilly: Für meine Frau Laura

Karen Sobel Lojeski: Für meinen Mann Paul

Inhalt

Anmerkung der Autoren	9
Vorwort	15
Einführung: Wir sind die Daten	25
1. Kapitel: Der Weg zur virtuellen Distanz	51
2. Kapitel: Die Neudefinition von Distanz	61
3. Kapitel: Der Umgang mit der virtuellen Distanz	73
4. Kapitel: Die Parameter der virtuellen Distanz	95
5. Kapitel: Die Kartierung der virtuellen Distanz	115
6. Kapitel: Die Steuerung der virtuellen Distanz	131
7. Kapitel: Die Neudefinition von Teams	157
8. Kapitel: Virtuelle Distanz und Technologie	169
9. Kapitel: Die Neuausrichtung von Innovationsprozessen	185
10. Kapitel: Die seelenbasierte Führung – eine Einführung	197
Anhang A. Virtuelle Distanz und Neurowissenschaften: Eine andere Perspektive	219
Anhang B. Anmerkungen zur Methodologie der Umfrageforschung und virtuellen Distanz	235
Anhang C. Erweiterte Liste der Projektbeschreibungen	243
Danksagung	263
Anmerkungen	265
Stichwortverzeichnis	269

Anmerkung der Autoren

Am 4. März 2020 haben wir unsere endgültigen Freigaben für die Seitenkorrekturen des englischen Original-Buches verschickt.

Covid war ein Begriff, mit dem wir anfangs kaum vertraut waren. Es kursierten Gerüchte über ein Virus in China, das ein wenig beunruhigend schien, als es sich den Weg an die Westküste der USA bahnte. Es tauchte nur als Randnotiz in unserem Leben auf, wenn Zeitungsartikel auf diffuse Gesundheitsprobleme in dieser oder jener Region aufmerksam machten.

Nur wenige Wochen später begannen Nachrichten über eine potenzielle Gesundheitskrise größeren Ausmaßes mehr Aufmerksamkeit zu erregen. Sie erinnerten mich lebhaft an die Sorgen zu Beginn der SARS- und MERS-Ausbrüche vor mehr als zehn Jahren und das Treffen mit dem Topmanager einer namhaften europäischen Bank, der per Flugzeug angereist war. Er wollte mit mir darüber sprechen, wie sich das Konzept der virtuellen Distanz in seiner Organisation und von anderen Finanzdienstleistern für die Führung von Mitarbeitern nutzen ließ, falls sich das Infektionsgeschehen weltweit ausbreiten und die Arbeit von zu Hause erforderlich machen würde.

Ich unterschrieb eine Vertraulichkeitsvereinbarung vor dem Meeting und der Firmenvorstand ging mit mir eine Reihe unterschiedlicher komplexer Szenarien durch, die seine Organisation erstellt hatte. Als ich die grafischen Simulationen der Verbreitungsmöglichkeiten sah und mir gespannt und mit einem leisen Schaudern die Worst-Case-Szenarien anhörte, die von dem ausländischen Konsortium entwickelt worden waren, wurde mir plötzlich bewusst, dass wir uns tatsächlich einer globalen Bedrohung gegenübersehen könnten – die Frage lautete nicht, »ob« sondern vielmehr »wann« es so weit kommen würde.

Damals dämmerte es mir zum ersten Mal, dass die Metriken, Prinzipien und Praktiken der virtuellen Distanz in Situationen, die von Chaos geprägt waren, für Klarheit und systematische Lösungen sorgten. Die damit verbundenen Lektionen zu verstehen und anzuwenden konnte Organisationen helfen, die Kontinuität ihrer Geschäftstätigkeit zu sichern, bewährte Krisenmanagement-Methoden umzusetzen und Stress abzubauen, indem sie die Beziehungen zwischen Kunden, Mitarbeitern und Unternehmen generell verbesserten und auf ein gesundes Fundament stellten.

Zum Glück entwickelte sich die damalige Epidemie nicht in dem befürchteten Maß. Im Verlauf des letzten Jahres habe ich mich oft daran erinnert, wie erleichtert ich war, dass viele Millionen Menschen, die sich damals infiziert haben könnten, verschont geblieben waren. Der Gedanke an die Episode hatte mich seither verfolgt und die aufrichtige Hoffnung geweckt, Unternehmen nie wieder in meinem Leben aus diesem Grund beraten zu müssen.

Doch es sollte anders kommen.

Deshalb hoffen wir von ganzem Herzen, dass Sie einige der Erkenntnisse, die wir in diesem Buch präsentieren, hilfreich finden.

Hintergrund

Eine der ersten Städte in den USA, die in den Lockdown gingen, war Hoboken, New Jersey. Dort trafen Dick und ich uns im Stevens Institute of Technology. In Hoboken befindet sich zufällig auch die Zentrale des Wiley-Verlags. Kurz danach zogen mein Heimatstaat New York und alle anderen Staaten im Nordosten der USA nach.

An diesem Punkt schickte ich unserem Lektor eine kurze Anfrage, ob das Buch in Druck gehen würde, bevor man alles dichtmachte. Ich erhielt nicht sofort eine Antwort, aber wenige Tage später trafen meine Belegexemplare ein.

Obwohl es ein fantastischer Tag war – wir hatten unser drittes Buch mit einer einzigartigen Landkarte der virtuellen Distanz veröffentlicht, die in dieser Krisensituation von Organisationen gleich welcher Art als Orientierungshilfe genutzt werden konnte –, dachte ich mit gemischten Gefühlen an die Möglichkeiten der Verkaufsförderung. Es war nicht gerade der richtige Zeitpunkt, um zu feiern.

Ab März trafen Tag für Tag dutzende E-Mails mit der Frage ein, wie man am besten Remote arbeitet. Zuerst stammten sie überwiegend von einzelnen Unternehmensberatern oder Leuten, die als dogmatische Befürworter der mobilen oder standortunabhängigen Arbeit bekannt waren. Ich erinnere mich, dass ich dachte, es sei auch nicht der richtige Zeitpunkt, um dieser spezifischen Sichtweise mehr Schubkraft zu verleihen, denn die unbeabsichtigten Folgen einer solchen Strategie waren (und sind bis heute) aus der Perspektive der menschlichen Gesundheit nicht eindeutig geklärt.

Obwohl es sich für die meisten Berufstätigen um die einzig sichere Arbeitsform handelt, systemrelevante Arbeitskräfte ausgenommen, hatte man diese Struktur zum Leidwesen einiger Betroffener nie als Standard in Betracht gezogen – außer in Science-Fiction-Romanen wie *The Naked Sun* von Isaac Asimov. Und ich bin nach wie vor der Meinung, dass eine Krise nicht dazu dienen sollte, eine so langfristige Positionierung der Unternehmen zu zementieren – zumindest nicht angesichts der begrenzten Informationen über die damit verbundenen Auswirkungen. Doch als Zwischenschritt, um Leben zu retten, ist Remote-Arbeit in globalem Maßstab eine der besten Lösungen, auch wenn sie uns einen hohen persönlichen, familiären und gesellschaftlichen Preis in Form physischer und mentaler Folgen für Gesundheit und Wohlergehen abverlangt.

Kurz nach jener ersten Beratungswelle wurde von Videokommunikationsunternehmen eine weitere Flutwelle von Tipps und Tricks ausgelöst. Diejenigen, die »Installationsarbeiten« für Videokonferenzen anboten, waren als Experten gut aufgestellt, technische Verbindungen herzustellen. Sie konnten in diesem beispiellosen Zustand extremer Isolation ihren Nutzern aber nicht wirklich ein Gefühl menschlicher Verbundenheit vermitteln – einer Situation, in der es Kontakte zu anderen zu meiden galt, mit Ausnahme der Beschaffung von Lebensmitteln, um eine weitere Ausbreitung des Virus zu verhindern.

Bis zu dem Zeitpunkt konnten Remote- oder standortverteilte Mitarbeiter ihr Arbeitsgerät ausschalten und ins Fitnesscenter gehen, Nachbarn und Freunden die Hand schütteln, Menschen umarmen, die sie eine Weile nicht gesehen hatten, und ihre Kinder nach Beendigung der außerlehrplanmäßigen Aktivitäten von der Schule abholen.

Das alles hat sich geändert.

Und die Realität dessen, was diese Entwicklung beinhaltet und auch in Zukunft beinhalten könnte, ist ein weiteres Gedankenexperiment mit einer schier endlosen Reihe von Tentakeln, die zumindest bewusste Aufmerksamkeit und reifliche Überlegung verdienen, bevor wir als Unternehmergesellschaft zu »permanenten« Entscheidungen gelangen.

Obwohl damals phasenweise einige interessante und innovative Leitlinien auftauchten, fehlte fast allen das Fundament einer jahrzehntelangen methodisch validen Forschung. Einige erwiesen sich als hilfreiche Tipps und dringend benötigte Erleichterung von den zunehmend stressreichen und traumatischen Erfahrungen, die sich bei jedem Blick auf den Bildschirm aufbauten, wenn die Nachrichten wieder einmal die steil ansteigende Infektionskurve zeigten.

Zweifellos konnte das Konzept der virtuellen Distanz als stabiles Rahmenwerk genutzt werden, um Licht in das Dunkel der Remote-Arbeit zu bringen – ungeachtet dessen, wie lange die Covid-Pandemie andauern mochte. Damit würde ein unumkehrbarer Wandel des Begriffs »zur Arbeit gehen« verbunden sein, sowohl auf struktureller als auch psychologischer Ebene. Das Rahmenwerk konnte außerdem als Orientierungshilfe für diejenigen dienen, die auch weiterhin an ihrem standortgebundenen Arbeitsplatz erscheinen mussten oder irgendwann beschließen würden, in eine sichere Arbeitsumgebung zurückzukehren, um das dringende Bedürfnis nach Sozialkontakt zu befriedigen, wenngleich in eingeschränkter Form.

Ich beriet auch weiterhin Führungskräfte aus zahlreichen globalen Organisationen. Anfang Februar 2020 wurde ein Personalleiter, mein Ansprechpartner in einem solchen Unternehmen, mit Notfällen aller Art und aus aller Welt überschwemmt.

In einem anderen Fall waren Arbeitsregeln mit »A« und »B« Tagen aufgestellt worden – die vorsahen, dass jeweils die Hälfte der Belegschaft wechselweise zur Präsenzarbeit am Firmenstandort erscheinen sollte (bevor der totale Lockdown verhängt wurde). Auf diese Weise hoffte man, Ansteckung zu vermeiden. Eine logische Vorstellung im Hinblick auf Schutzmaßnahmen, wie Kontaktnachverfolgung und Quarantäne.

Natürlich änderte das nichts an den Gefühlen oder Ängsten der meisten Mitarbeiter. Jeden Tag setzten sie auf dem Weg zur Arbeit und durch den Umgang mit Menschen, die vielleicht an Covid erkrankt waren, sich ohne ihr Wissen infiziert hatten oder keine

Symptome aufwiesen, ihr Leben aufs Spiel. Dennoch hatten sie sich zunächst für diese Alternative entschieden. Damals gab es verschiedene Optionen, je nach Land, Klein- oder Großstadt und Unternehmen. Und das ist noch heute der Fall.

Aber es gab noch mehr Variablen, abhängig von der eigenen Komfortzone, die gegen überaus reale Sorgen und Situationen im häuslichen Arbeitsumfeld in die Waagschale geworfen wurden. Doch auch das begann sich zu ändern. Einige Führungskräfte hatten in der Anfangsphase der Krise die Befürchtung, die »Kontrolle« über ihre Mitarbeiter und ihre geschäftlichen Aktivitäten zu verlieren. Sie gelangten zu der Ansicht, es sei an der Zeit, nach vorne zu schauen und zu irgendwelchen Arbeitsgewohnheiten »zurückzukehren«, die der früheren »Normalität« entsprachen.

Doch das wäre ein Fehler.

Im ersten Corona-Jahr haben wir den Anstieg einer *extremen virtuellen Distanz* erlebt.

Extreme virtuelle Distanz bezieht genau diejenigen Formen der Distanz ein, die wir seit mehr als einem Jahrzehnt erforscht und in diesem Buch beschrieben haben:

- weitreichende und anhaltende »Traumatisierung«,
- kognitive Dissonanz und
- extreme Isolation.

Weitreichende und anhaltende Traumatisierung

Eine weitreichende und anhaltende Traumatisierung ist beinahe unvermeidlich, wenn man mit Schreckensnachrichten geradezu bombardiert wird. Bei einigen erfolgt sie unbewusst und taucht nur von Zeit zu Zeit in Träumen auf. *Scientific American*,[1] eine populärwissenschaftliche Zeitschrift, veröffentlichte schon früh eine faszinierende Studie, die sich mit der Zunahme von Träumen/Alpträumen seit Beginn der Corona-Krise befasste. Bei anderen finden die traumatischen Erfahrungen entweder in den eigenen vier Wänden oder bei Menschen statt, die uns nahestehen und Angehörige infolge der Viruserkrankung verloren haben. Ein Trauma kann sich auch in Gestalt von Schuldgefühlen entwickeln, vor allem bei Frauen, die versuchen, den beruflichen Aufgaben gerecht zu werden und gleichzeitig genug Zeit zu erübrigen, um die Kinder beim Homeschooling zu unterstützen und deren Bedürfnisse zu erfüllen.[2]

Führungskräfte sollten den Aspekt der Traumatisierung im Blick behalten, weil er daran erinnert, dass wir das Problem der virtuellen Distanz schon allein deshalb in Angriff nehmen müssen, um Mitarbeitern das Gefühl zu geben, dass sie nicht alleine sind, dass sie in dieser Krisensituation ihrem Arbeitgeber oder den Mitgliedern ihrer Gemeinde vertrauen und notfalls Hilfe in Anspruch nehmen können.

Kognitive Dissonanz

Kognitive Dissonanz entsteht, wenn Menschen Überzeugungen haben, die einander widersprechen. Einerseits haben wir das Gefühl, dass wir uns in einer Situation befinden, die uns hochgradig verletzlich macht, und andererseits fühlen wir uns verpflichtet, dessen ungeachtet unsere Arbeit zu verrichten. Kognitive Dissonanz ist belastend und kann zu einem Zustand geistiger Erschöpfung führen. Wie bei der Traumatisierung sind sich viele Menschen nicht einmal bewusst, dass sie, gleich ob in geringem oder hohem Maß, einem inneren Konflikt ausgesetzt sind. Dieser Zustand unterscheidet sich von einem Trauma, kann es aber noch verstärken.

Für sich betrachtet, müssen wir mental besonders hart daran arbeiten, unsere Fokussierung auf Aufgaben und Verpflichtungen beizubehalten, denn sonst kann die unglaubliche Realität des Geschehens in unserem Umfeld unsere Gedanken derart fragmentieren, dass wir überhaupt nichts mehr zustande bringen. Neben den traumatischen Erfahrungen müssen wir also noch vieles mehr bewältigen, was eine Menge mentale und organische Energie erfordert und das Gefühl der mentalen Erschöpfung noch intensiviert.

Extreme Isolation

Extreme Isolation ist eine Erfahrung, die die meisten Menschen, wenn nicht sogar alle, während der Corona-Krise machen. Wenn wir den Computer zu Hause ausschalten, wissen wir, dass wir den Kontakt zu anderen weitgehend einschränken müssen. Wie bereits erwähnt, ist dieser mentale Zustand anders geartet als derjenige, den wir vielleicht vor der Pandemie bei der Remote-Arbeit erlebt haben. Manche reagieren auf diese extreme Isolation, indem sie ihre Arbeitsgeräte sofort zum Fenster hinauswerfen würden, wenn sie dafür die Möglichkeit erhielten, jemanden zu umarmen. Andere gehen eine noch engere Verbindung zu ihrem Fernseher oder Rechner ein, um Filme anzuschauen, die sie genug ablenken, um das reale Leben eine Weile zu vergessen.

Wie auch immer, extreme Isolation entfernt mehr und mehr Kontext aus unserem Alltag und hat definitionsgemäß ein exponentielles Wachstum der virtuellen Distanz zur Folge.

Angesichts der rasanten Veränderung der Situation durch Covid, seine Mutationen, Varianten und die endlosen unbeabsichtigten Folgewirkungen, die sich jeden Tag zeigen, weil wir uns sicherheitshalber in einem Kokon »abkapseln« müssen, ist es nun wichtiger als jemals zuvor, das Problem der virtuellen Distanz zu verstehen und in Angriff zu nehmen.

Das Schreckensszenario, das vor mehr als einem Jahrzehnt im Gespräch mit dem Visionär eines Finanzdienstleistungskonsortiums Ängste bei mir entfachte, ist Realität geworden. Das bedeutet jedoch nicht, dass wir unfähig sind, zumindest ansatzweise Führungskompetenz und Führungsstrategien in Betracht zu ziehen, die in Best Practices zur Verringerung der virtuellen Distanz wurzeln und – in beinahe unheimlicher Weise – auf standortunabhängiges Arbeiten ausgelegt sind.

Unsere Empfehlung: Versuchen Sie, während Sie dieses Buch lesen, die Anwendung der Strategien und die Erörterungen im Licht der oben beschriebenen, extremen virtuellen Distanz zu betrachten. Wenn Sie das Konzept der seelenbasierten Führung (im 10. Kapitel genauer erläutert) nutzen, um die Tatsache zu verinnerlichen, dass sich das menschliche Dasein während des letztes Jahres grundlegend geändert hat und es heute mehr denn je erforderlich ist, Menschen auf der emotionalen Ebene zu einer Solidargemeinschaft zusammenzuschweißen, dann wird dieses Buch die Kontinuität unternehmerischer Aktivitäten, das Krisenmanagement und das Wohl der Mitarbeiter fördern – in noch höherem Maß, als es vor weniger als einem Jahr vorstellbar war.

Die Pandemie wird hoffentlich in naher Zukunft abklingen. Danach werden die Organisationen gezwungen sein, zu ergründen, wie eine optimale Kombination aus virtueller versus nicht-virtueller Arbeit aussehen könnte. Ungeachtet dessen, wie Arbeit künftig organisiert sein wird, die Prinzipien, die zur Verringerung der virtuellen Distanz beitragen, werden nach wie vor eine solide, empirisch basierte Methode der Mitarbeiterführung darstellen.

Vorwort

Vor fünfzehn Jahren veröffentlichten wir unser erstes Buch zum Thema virtuelle Distanz.

Die Vorhersagen, die wir darin trafen, bewahrheiten sich.

Die virtuelle Distanz ist ein Phänomen, das sich überall in der Welt rasant verbreitet hat. Es wirkt sich nicht nur auf die Geschäftsentwicklung, sondern auch im familiären Bereich, im Bildungssektor, im Gesundheitswesen und in jeder Institution oder Gemeinde aus, in der Menschen interagieren und kommunizieren.

Unsere Bedenken, dass sich die virtuelle Distanz zu einer treibenden Kraft entwickeln könnte, die das Gefühl der sozialen Isolation verstärkt und das Wohlergehen beeinträchtigt, sind inzwischen in der Mitte der Gesellschaft angekommen. Die Diskussionen in den gängigen Medien und Kreisen der Politikgestalter zeugen von der Besorgnis hinsichtlich der negativen Folgen, die mit der virtuellen Distanz einhergehen.

Unsere ersten Daten dokumentierten die Auswirkungen, die virtuelle Distanz auf verschiedene Schlüsselergebnisse hat. In den fünfzehn Jahren seit der Veröffentlichung des ersten Buches konnten wir einen erheblich größeren Datensatz mit über 1400 Studien sammeln, der über drei Dutzend Branchen in mehr als 55 verschiedenen Ländern umfasst.

Wie wir in diesem Buch darlegen, bestätigen und erweitern die zusätzlichen Daten unsere früheren Ergebnisse. Die statistischen Beziehungen zwischen virtueller Distanz und den Schlüsselfaktoren des Erfolgs werden darüber hinaus durch eine erheblich größere Stichprobe untermauert. Auch die Trenddaten deuten darauf hin, dass sich die virtuelle Distanz vertieft und die Auswirkungen größer werden. Wir empfehlen daher Führungskräften, virtuelle Distanz als *grundlegendes Problem* und nicht als Randerscheinung hochrangiger Organisationsstrategien zu betrachten.

Infolge unserer Zusammenarbeit mit Unternehmen aus aller Welt, die mehr als fünf Millionen Menschen beschäftigen, haben wir auch einige gute Neuigkeiten zu berichten. Wir haben festgestellt, dass die im Rahmen der ursprünglichen Arbeit eingeführten prädiktiven Lösungskonzepte in Kombination mit Strategien und Taktiken, die im Zuge unseres Consulting- und Advisory-Tätigkeit entwickelt wurden, die virtuelle Distanz auf spektakuläre Weise verringern und die Geschäftsergebnisse mit vorhersehbarer Genauigkeit optimieren. Diese Strategien öffnen überdies die Türen zu einem wiederentdeckten Gefühl der menschlichen Verbundenheit und wiedergewonnenen Beziehungsvitalität, die fast jeden Aspekt unseres Lebens im digitalen Zeitalter zu verbessern vermag.

Einführung in das Konzept der virtuellen Distanz

Einfach ausgedrückt: Virtuelle Distanz ist eine messbare soziale und emotionale Trennung (bewusst oder unbewusst), die entsteht, wenn wir uns zunehmend auf digital übermittelte Kommunikationstechnologien verlassen. Das Konzept der virtuellen Distanz wird im dritten Kapitel ausführlich beschrieben; an dieser Stelle ein kurzer Überblick über die Kernkomponenten:

- **Physische Distanz:** Arbeitsplatzmerkmale, die an Raum und Zeit gebunden sind, wie geografische Entfernungen, Zeitzonen, Unterschiede sowohl im Terminmanagement als auch in der Organisationsanbindung.
- **Operative Distanz:** Die Störfaktoren im Arbeitsalltag, die eine flüssige, tiefgründige Kommunikation beeinträchtigen.
- **Affinitätsdistanz**: Probleme, die ein Hindernis für die Entwicklung tiefer, dauerhafter und substanzieller Arbeitsbeziehungen darstellen, gestützt auf gemeinsame Werte und wichtige menschliche Interdependenzen.

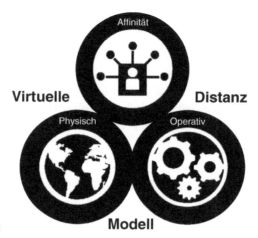

Abb. V.1: Modell der virtuellen Distanz

Wie wir später noch sehen werden, hat die physische Distanz, die als Erstes in den Fokus rückt, überraschenderweise die geringste Auswirkung auf die Unternehmensergebnisse. Aus quantitativer Sicht erreicht das Ausmaß der standortverteilten Arbeit, verglichen mit den Schlüsselindikatoren der Unternehmensleistung nur selten eine Ebene, die statistisch von Bedeutung wäre.

Es ist die Affinitätsdistanz, die am meisten ins Gewicht fällt – diejenigen Aspekte der Arbeit, die uns als menschliche Wesen voneinander trennen –, ungeachtet dessen, ob wir uns tausende Kilometer voneinander entfernt oder am selben Schreibtisch befinden.

Welche verblüffenden Auswirkungen mit dem Anstieg der virtuellen Distanz und insbesondere die Affinitätsdistanz verbunden sind, geht aus unseren Daten hervor, die mehr als ein Jahrzehnt umfassen (siehe Tabelle V.1).

Wenn alle Faktoren der virtuellen Distanz relativ groß sind, werden die Schlüsselergebnisse erheblich beeinträchtigt	Wenn nur die Affinitätsdistanz relativ groß ist, werden die Schlüsselergebnisse in noch höherem Maß beeinträchtigt
Erfolgsrate sinkt um 82%	Erfolgsrate sinkt um 85%
Zufriedenheit nimmt um 80% ab	Zufriedenheit nimmt um 85% ab
OCB (altruistisches Verhalten in der Arbeitsumgebung) um 75% geringer	OCB um 86% geringer
Vertrauen schwindet um 71%	Vertrauen schwindet um 86%
Lernaktivitäten um 70% reduziert	Lernaktivitäten um 78% reduziert
Führungseffektivität geht um 68% zurück	Führungseffektivität geht um 77% zurück
Innovationrate flaut um 63% ab	Innovationrate flaut um 73% ab
Mitarbeiterengagement verringert sich um 58%	Mitarbeiterengagement verringert sich um 66%
Rollen- und Zielklarheit geht um 53% zurück	Rollen- und Zielklarheit geht um 54% zurück
Strategische Wirkung nimmt um 41% ab	Strategische Wirkung nimmt um 50% ab

Tabelle V.1: Die Auswirkung der virtuellen Distanz auf die Unternehmensergebnisse

Die erste Spalte in Tabelle V.1 zeigt die Auswirkungen der generellen virtuellen Distanz (aller drei Faktoren zusammen). Die zweite Spalte vergleicht die Schlüsselergebnisse mit dem wichtigsten Element der virtuellen Distanz: der emotionalen Distanz.

Hintergrund

Im Verlauf der letzten beiden Jahrzehnte haben die digitalen Kommunikationsmöglichkeiten Vorteile sowohl auf individueller als auch auf Unternehmensebene mit sich gebracht. Die »smarten« digitalen Geräte (Smart Digital Devices = SDDs), die flexible Arbeit ermöglichen, gestatten den Menschen den Aufbau eines Lebens, in dem sie sich besser an den stetigen Wandel der Szenarien anpassen können, dem sich heute viele gegenübersehen: die Betreuung betagter Eltern, die Berücksichtigung unterschiedlicher Terminpläne derjenigen Familienangehörigen, die Einkommen produzieren, oder die Option der Beschäftigten, am Ort ihrer Wahl zu leben.

Auf organisatorischer Ebene konnten sich Unternehmen besser im Wettbewerb positionieren, indem sie auf Talente von überall auf der Welt zurückgriffen, die Kosten für feste Bürostandorte senkten und die Reichweite ihrer Marke vergrößerten, indem sie Mitarbeiter vor Ort platzierten – ganz egal, wo sich die Kunden befinden. Es besteht kein Zweifel, dass die Entwicklung der Arbeit auf diese Weise eine Win-win-Situation darstellt.

Das ist jedoch nur ein winziger Ausschnitt aus einer viel größeren Geschichte. Viele Führungskräfte halten an der falschen Vorstellung fest, dass die geografische Streuung die Ursache für die meisten Herausforderungen im Personalbereich ist, was zu einer ganzen Reihe von unbeabsichtigten Konsequenzen führt.

In den letzten zehn Jahren gab es eine Vielzahl von Artikeln, neuen Unternehmensgründungen und Initiativen zu organisatorischen Veränderungen, die sich mit den Problemen befassten, die bei Remote-Arbeit auftreten. Diese Sichtweise auf die Art und Weise, wie wir arbeiten, schränkt jedoch unser Wahrnehmungsfeld ein, bezogen auf die viel größere Verschiebung der Aufmerksamkeit bei der gesamten Belegschaft.

Deshalb betonen wir:

Das oberste Prinzip der virtuellen Distanz

Jeder ist jetzt virtuell aktiv, deshalb betrifft die virtuelle Distanz jeden, überall.

Jeder, der hauptsächlich mit einem smarten virtuellen Gerät arbeitet, ist abhängig von Maschinen, die

- getippte, akustische oder andere sensorische Eingaben von einer Person aufnehmen und dann
- in digitale Signale (Einsen und Nullen) umwandeln, die das Gerät erkennen kann,
- im Anschluss diese durch Drähte und andere mechanische Dinge bewegen und
- als Ausgabe an andere Personen senden.

Deshalb sind alle, die unter solchen Umständen ihrem Beruf nachgehen, bis zu einem gewissen Grad von anderen virtuell getrennt.

Typisches Beispiel

Stellen Sie sich einmal Folgendes vor: Sie befinden sich in einem Restaurant oder zu Hause beim Essen, und alle Beteiligten starren auf das Display ihres Smartphones – schicken sich SMS, obwohl sie am gleichen Tisch sitzen, oder tauschen Nachrichten mit unsichtbaren Kommunikationspartnern aus.
   Obwohl wir physisch nebeneinander oder uns direkt gegenübersitzen, verändert diese Situation die Natur der menschlichen Erfahrung, wie wir alle wissen. Selbst diejenigen, die dieses Szenario lediglich beobachten, berichten, dass sie den Unterschied »spüren« können, der sich bisweilen in abruptem Schweigen und einem auffallenden Mangel an Augenkontakt manifestiert.

Wir können uns direkt neben jemandem befinden und dennoch vollkommen auf »etwas anderes oder jemand anderen« fokussiert sein – der unsichtbar wie ein Geist unsere Aufmerksamkeit beansprucht.

In diesem Buch definieren wir diejenigen als »virtuell« Beschäftigte, die in dem oben beschriebenen Szenario und tausend ähnlich gearteten arbeiten. Fakt ist, dass die geografische Trennung nur eine mögliche Spielart der »virtuellen Distanz« darstellt, wenn die Aufmerksamkeit abgelenkt ist.

Die überzogene Bedeutung der standortbasierten Trennung hat andere Auswirkungen. Nur selten messen Unternehmen, wie sich widersprüchliche oder verwirrende

Indikatoren – beispielsweise großes Engagement, aber geringes Vertrauen ihrer Mitarbeiter – letztendlich auf die Bilanz auswirken.

Einer unserer globalen Versicherungsklienten verlangte beispielsweise von 90% seiner Belegschaft an bestimmten weltweiten Standorten die Erfassung der Arbeitszeit anhand einer elektronischen Stempeluhr. Die Unternehmensführung war schockiert, als sich herausstellte, dass der Verlust von $3 Millionen bei einem seiner zahlreichen strategischen IT-Projekte der virtuellen Distanz geschuldet war. Die Vorstandsetage war gleichermaßen überrascht, als es uns im Lauf der Zeit gelang, Einsparungen in Millionenhöhe und eine Verbesserung der Wettbewerbsposition zu erzielen. Mit dem Index der virtuellen Distanz (Virtual Distance Index = VDI) konnten wir die spezifischen Probleme eingrenzen und die richtigen Ressourcen präzise steuern, um Lösungen umzusetzen, die rasch zu einer positiven Wende bezüglich der finanziellen Ergebnisse, der Mitarbeiterzufriedenheit und des Shareholder Value führten.

Das Phänomen der virtuellen Distanz hat andere, noch schwerwiegendere Auswirkungen auf der menschlichen Ebene. Der Leiter des Bereichs Organizational Learning einer europäischen Bildungseinrichtung vertraute uns beispielsweise an:

> Früher habe ich meinen Job geliebt. Ich ging jeden Tag gerne zur Arbeit und freute mich darauf, den Leuten etwas Neues beizubringen. Sie erkannten, wie sie dadurch ihre beruflichen Aktivitäten in eine breit gefächerte Perspektive rücken und Fähigkeiten erwerben konnten, die sie andernfalls übersehen hätten. Normalerweise kehrte ich abends mit einem wirklich guten Gefühl nach Hause zurück.
>
> Doch heute frage ich mich oft, warum gehe ich überhaupt zur Arbeit? Um am Schreibtisch zu sitzen, acht Stunden lang auf der Tastatur herum zu hämmern, E-Mails zu beantworten und mich anschließend auf den Heimweg zu begeben? Damit bringe ich niemandem etwas bei. Die zwischenmenschlichen Beziehungen sind verlorengegangen. Ich unterhalte mich kaum mehr mit den Leuten, verschicke nur noch Mitteilungen, dass sie auf ein bestimmtes Software-Tool zurückgreifen sollten, aber nichts davon gibt mir das Gefühl, dass ich damit einen Unterschied bewirke – weder für mich noch für sie.
>
> Das ergibt keinen Sinn, und es kommt mir so vor, als würde ich hier nichts anderes mehr tun, als mein Gehalt kassieren, das ich für den Unterhalt meiner Familie brauche.

Leider sind Kommentare dieser Art bei der Arbeit mit Klienten auf allen Unternehmensebenen weit verbreitet. Doch so muss es nicht sein. Wenn es uns gelingt, die virtuelle Distanz zu verringern, verblassen solche Gefühle und die Mitarbeiter kehren oft zu einer optimistischeren Denkweise zurück, weil sie engere Verbindungen zueinander aufbauen können.

Die steigenden finanziellen und sozialen Kosten spiegeln auch das sogenannte Konnektivitätsparadox wider, wie aus Abbildung V.2 ersichtlich.

Das Konnektivitätsparadox

Je stärker die virtuelle Vernetzung, desto isolierter fühlen wir uns.

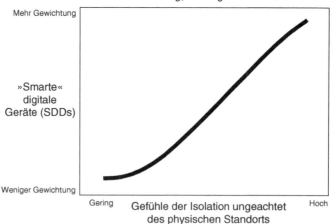

Abb. V.2: Das Konnektivitätsparadox

Während die Entwicklung digitaler Geräte voranschreitet, empfinden wir stärker als jemals zuvor einen schleichenden Verlust der Bindung an unsere Arbeit und an andere Menschen. Damit entsteht eine wachsende Kluft zwischen den zunehmenden Produktivitätserwartungen einerseits und tatsächlichen Produktivitätskennzahlen und dem abnehmenden sozialen Wohlbefinden andererseits.

Eines Tages erhielten wir folgende Webanfrage von einem der weltweit größten Verbrauchsgüterkonzerne:

> Ich darf mich kurz vorstellen: Ich bin im Vorstand der Global CPG Inc. tätig und mit der Entwicklung von Führungskräften befasst. Unsere Manager haben uns berichtet, dass es einen Bereich gibt, in dem Defizite vorhanden sind; er betrifft die Fähigkeit, standortverteilte virtuelle Teams zu führen. Wir beauftragten daraufhin zwei Unternehmen mit einem Pilotprojekt, der Durchführung von Schulungen für Kontrollgruppen, gleichwohl mit geringem Erfolg, weil sie nicht in der Lage waren, die relevanten Kernkompetenzen zu vermitteln, nach denen unsere Manager Ausschau hielten. Die Schulungsteilnehmer berichteten, es habe zu viel Theorie, zu viele Modelle, zu viel »Informationsmaterial« gegeben, das sie auch in eigener Regie im Internet gefunden hätten. Nach der Lektüre von mindestens sechs anderen Büchern über virtuelle Teams stieß ich auf Ihr Buch, und ich bin überzeugt, dass Ihr Modell der virtuellen Distanz genau diejenigen Herausforderungen auf den Punkt bringt, mit denen sich unsere Führungskräfte weltweit konfrontiert sehen.

Wir boten daraufhin Trainings und Lösungskonzepte zum Thema virtuelle Distanz auf globaler Ebene an. Während der Vorbereitung auf diesen Einsatz erfuhren wir vom Leiter des Bereichs Informationstechnik (Chief Information Officer = CIO), dass er frustriert war, weil die Top-Führungsriege Druck wegen der ausbleibenden Kapitalrendite (Return on Investment = ROI) machte, die sie von ihren Technologieinvestitionen in Milliardenhöhe erwartete.

Zuerst wies er einen Großteil der »Schuld« den Mitarbeitern zu, denen es nicht gelungen war, die Technologie angemessen zu nutzen (obwohl es dafür zugegebenermaßen keine hieb- und stichfesten Belege gab, sondern nur eine Reihe vager Berichte). Doch nach einer erfolgreichen Demonstration, dass sich die Technologie-Rendite mit der Verringerung der virtuellen Distanz *erhöhte,* weil die Leute ihr technologisches Knowhow mehr statt weniger nutzten, wurde ihm klar, dass seine ursprünglichen Mutmaßungen lediglich eine Folge der veralteten Daten waren, die auf früheren Erfahrungen und nicht auf den aktuellen Gegebenheiten basierten.

Aus diesem Fallbeispiel lassen sich zwei Lektionen ableiten:

1. Menschen haben die Neigung, auf diejenigen Aktivitäten zurückzugreifen, die sie am besten beherrschen, um schwierige Probleme zu lösen. Das funktioniert gut in einfachen Fällen, wenn Ursache und Wirkung bekannt sind und Best Practices angewendet werden können. Um zu verstehen, warum die Rendite bei vielen großen Tech-Investitionen in der komplexen Arbeitswelt von heute hinter den Erwartungen zurückbleibt, müssen wir zulassen, dass neu auftauchende Lösungsansätze in den Vordergrund treten, statt Konzepten den Vorzug zu geben, die auf irrelevanten Annahmen über funktionierende Arbeitsmethoden in der Vergangenheit beruhen und noch heute gang und gäbe sind, ungeachtet der Ergebnisse.

2. Viele Führungskräfte berichten öffentlich von ihrem Eindruck, dass die Produktivitätsraten infolge umfangreicher Investitionen in die Technologie steigen. Doch auf der privaten Ebene gestanden IT-Leiter, dass sie wie der zuvor erwähnte CIO in ihrem Arbeitsbereich mit massivem Druck oder sogar Entlassung rechnen müssen, wenn die Rendite ausbleibt. Ironischerweise führt eine Reduzierung der virtuellen Distanz oft dazu, optimale Ergebnisse und einen höheren Return on Investment zu erzielen, vor allem dann, wenn das Interesse der Kollegen wächst, das Zusammengehörigkeitsgefühl zu stärken und Merkmale zu erkunden, die engere Beziehungen unterstützen könnten: Verbesserungen, die nichts mit Technologie zu tun haben, sondern mit den menschlich-basierten Realitäten der virtuellen Distanz.

Die Daten, die wir im Lauf der Zeit gesammelt haben, belegen, dass die unkontrollierte virtuelle Distanz und die fehlgesteuerte Bevorzugung standortverteilter Arbeitsformen negative Auswirkungen sowohl auf die Unternehmensbilanz als auch auf das Wohlbefinden der Beschäftigten haben kann.

Wir hatten vorausgesagt, dass es so kommen würde, und unsere Prognose erwies sich als zutreffend.

Doch damit bietet sich auch die Chance, diese Erkenntnisse als Hebel einzusetzen und nicht nur die Ergebnisse der Unternehmen, sondern im gleichen Atemzug auch die Lebensqualität ihrer Mitarbeiter zu verbessern, weil die Einführung von Strategien zur Verringerung der virtuellen Distanz dazu beiträgt, dass sie wieder mehr Sinn und Zufriedenheit in ihrer Arbeit entdecken.

Manche Leute behaupten, das sei unmöglich und »der Zug sei längst abgefahren«.

Doch das Gute an Bahnhöfen ist: Wenn ein Zug abgefahren ist, taucht ein anderer auf.

Die virtuelle Distanz bietet uns Wahlmöglichkeiten. Wir können einen anderen Zug besteigen und eine andere Route einschlagen, um voranzukommen und ans Ziel zu gelangen.

Wie das Buch angeordnet ist

Einführung: Wir sind die Daten bietet ein »übergeordnetes Bild« der Daten und Erkenntnisse, die wir in den letzten fünfzehn Jahren gesammelt haben. Mit der Struktur des Kapitels möchten wir den Lesern helfen, einen persönlicheren Bezug zu den Zahlen herzustellen, statt sie als vages Analysematerial zu betrachten. Wir stellen das Konzept der Human Oriented Meaningful Experience (HOME) vor, eine neue Methode zur Förderung der Erkenntnis, dass wir die *Daten* sind und keine unbeteiligten Außenstehenden, von Trendlinien gesteuert, die sich unserem Einfluss entziehen. Wir schildern die wichtigsten Faktoren, die den Transformationsprozess am Arbeitsplatz prägen, und machen auf kontraintuitive Entdeckungen aufmerksam, die eine andere Herangehensweise an die Umgestaltung der Arbeitswelt in den kommenden Jahrzehnten nahelegen.

1. Kapitel: Der Weg zur virtuellen Distanz nimmt die Leser mit auf eine Reise durch die Entwicklungsgeschichte der virtuellen Distanz. Die Hintergrundinformationen sind hilfreich, um eine neue Sicht auf die quantitativ messbare virtuelle Distanz und ihre Auswirkungen auf die Unternehmensergebnisse zu gewinnen, die einer neuen, beispiellosen mathematischen Beziehung den Weg geebnet haben: der **Ratio der virtuellen Distanz**.

2. Kapitel: Die Neudefinition von Distanz bietet einen historischen Überblick über den Begriff »Distanz« und entlarvt die Aussage vom »Death of Distance« der britischen Wirtschaftswissenschaftlerin Frances Cairncross, die eine Studie über die ökonomischen und gesellschaftlichen Auswirkungen der globalen Kommunikationsrevolution durchgeführt hat, als Mythos und zeigt, dass unser Verständnis von Distanz am virtuellen Arbeitsplatz fehlgeleitet ist, wenn es sich ausschließlich auf die physische Entfernung konzentriert. Wir beschreiben, wie Unternehmen auf Irrwege geraten, wenn sie es versäumen, die beiden anderen Komponenten der virtuellen Distanz zu berücksichtigen, die mehr mit den zwischenmenschlichen psychologischen Gräben zu tun haben und entstanden sind, weil wir blind auf Tastaturen einhämmern, statt einander im Kontext einer umfassenderen Welt zu erleben.

3. Kapitel: Der Umgang mit der virtuellen Distanz beschreibt das Modell der virtuellen Distanz und seine drei Hauptkomponenten: physische Distanz, operative Distanz und Affinitätsdistanz.

4. Kapitel: Die Parameter der virtuellen Distanz erläutern im Einzelnen, wie virtuelle Distanz mit Hilfe des Index der virtuellen Distanz (VDI) gemessen wird, ein von uns entwickeltes und seit mehr als einem Jahrzehnt bewährtes Instrument, das die Auswirkungen der virtuellen Distanz auf die wichtigsten Aspekte der Arbeit numerisch erfasst. Hier stehen die Folgen der virtuellen Distanz für die Schlüsselindikatoren der Unternehmensleistung im Verlauf der letzten fünfzehn Jahre im Fokus.

5. Kapitel: Die Kartierung der virtuellen Distanz erklärt, wie sich die virtuelle Distanz topografisch »sichtbar« machen lässt: eine Technik, die verdeutlicht, dass kritische Beziehungspfade (Critical Relationship Paths, CRPs) und die damit einhergehende virtuelle Distanz reduziert werden sollten, um Projektmisserfolge zu vermeiden.

6. Kapitel: Die Steuerung der virtuellen Distanz beschreibt spezifische Strategien und Taktiken, um die virtuelle Distanz im Lauf der Zeit zu verringern und in den Griff zu bekommen.

7. Kapitel: Die Neudefinition der Teams konzentriert sich auf Veränderungen in der Teamarbeit, die der virtuellen Distanz geschuldet sind, und die damit verbundene einzigartige, universelle Sprache, die über die kulturell vielfältigsten und individualisierten Teammitglieder hinausgeht.

8. Kapitel: Virtuelle Distanz und Technologie rückt das Argument ins Rampenlicht, dass die Technologie nicht das Hauptproblem ist, wenn es gilt, die Arbeitswelt zu verändern. Es sind die Menschen und nicht die Technologie, die das wichtigste Element bei der Gestaltung der Arbeit und Zukunft der Unternehmen darstellen. Da sich aber viele fragen, wie sich die Technologie auf diesen Gestaltungsprozess auswirkt, bieten wir hier Orientierungshilfen bei der Auswahl der Technologie und Software, die der Verringerung der virtuellen Distanz dienen.

9. Kapitel: Die Neuausrichtung von Innovationsprozessen veranschaulicht, wie eng virtuelle Distanz und Innovation miteinander verknüpft sind. Ohne die entsprechende Steuerung und Kontrolle kann die virtuelle Distanz innovative Aktivitäten nachhaltig beeinträchtigen. Mit Hilfe unserer wegweisenden Empfehlungen lässt sich diese schwerwiegende Bedrohung schon im Vorfeld vermeiden und das Modell der virtuellen Distanz als Hebel einsetzen, um besser zu verstehen, wie wir das Innovationspotenzial in jeder Phase des Prozesses optimal ausschöpfen.

10. Kapitel: Die seelenbasierte Führung™ – eine Einführung enthüllt einen brandneuen Führungsansatz und erklärt, warum wir Führung in diesem zutiefst menschlichen Kontext betrachten sollten und völlig anders geartete mentale Modelle und erfahrungsbasierte Praktiken brauchen, um wieder mehr Sinn und Zufriedenheit in unserer Arbeit zu finden.

Zu den **Anhängen** gehören:

Anhang A – Virtuelle Distanz und Neurowissenschaften: Eine andere Perspektive. Hier finden Sie ein Interview mit Martin Westwell, unserem Kollegen, Freund und globalen Experten im Bereich kognitive Neurowissenschaft, Bildung und Arbeitskräfte. Er legt seine Ansichten über die enge Verzahnung von virtueller Distanz und Neurowissenschaften dar und zeigt auf, wie die Kommunikationstechnologie die Regeln menschlicher Interaktionen verändert und welche negativen Auswirkungen sie auf unsere Erfahrung der Zugehörigkeit, Sinnhaftigkeit und letztendlich auf unsere Lernprozesse hat. Er weist auf die Warnung der Organisation für wirtschaftliche Zusammenarbeit und Entwicklung (OECD) hin, uns nicht auf die Entwicklung zweitklassiger Roboter, sondern erstklassiger Menschen zu konzentrieren, wenn es gilt, die Bildungspolitik und die Zukunft der Arbeit auf einen guten Weg zu bringen.

Anhang B – Anmerkungen zur Methodologie der Umfrageforschung und virtuellen Distanz bietet zusätzliche Einzelheiten über die Prüfsteine, die für eine rigorose Methodologie der Forschung und Umfrageforschung in den Sozialwissenschaften unabdingbar sind. Darüber hinaus erfahren Sie, wie diese wichtigen Kriterien bei der Entwicklung des Index der virtuellen Distanz und den nachfolgenden Entdeckungen einbezogen wurden.

Anhang C – Erweiterte Liste der Projektbeschreibungen führt zahlreiche Beispiele für Arbeitsaktivitäten auf, mit denen Teilnehmer unserer Virtual-Distance-Studie im Verlauf der letzten fünfzehn Jahre befasst waren. Als Teil des HOME-Konzepts (**H**uman **O**riented **M**eaningful **E**xperience), das in der Einführung beschrieben wurde, wollten wir den Lesern so viele Beispiele wie möglich vor Augen führen, um sich in den Daten wiederzuerkennen, wenn sie ähnliche Erfahrungen gemacht haben, ungeachtet der jeweiligen Umstände.

Einführung: Wir sind die Daten

Im Lauf der vergangenen fünfzehn Jahre haben wir zahlreiche Daten aus mehr als drei Dutzend Organisationen aus dem industriellen und institutionellen Sektor gesammelt. Aus dem tiefgründigen Reservoir der Teilnehmer haben wir über 1400 Fallstudien zusammengetragen, von denen einige intakte Mitarbeitergruppen und andere Führungsmannschaften repräsentieren, die weitere tausend Projektteams leiten. An der umfassenden Bandbreite der Daten kann es keinen Zweifel geben.

Tatsache ist, dass es sich hier um einen weltweit einzigartigen Datenbestand handelt.

Wir können mit absoluter Sicherheit folgende Thesen aufstellen:

- Die virtuelle Distanz trennt die Ursache von der Wirkung, wenn es gilt, Herausforderungen und Ergebnisse der virtuellen Arbeit zu überprüfen.
- Das Modell der virtuellen Distanz bietet eine sinnvolle Struktur, die Erfolg oder Misserfolg *prognostiziert*.
- Die Anpassung der prädiktiven Lösungen zur Reduzierung der virtuellen Distanz an situationsspezifische Merkmale ermöglicht Führungskräften die Anwendung zielführender Taktiken, um das Leistungsniveau vorhersehbar zu erhöhen und sich gegen eine Vielzahl unbeabsichtigter Folgen zu wappnen, die aus der Arbeitsplatztransformation hervorgehen.

Die mehr als ein Jahrzehnt umfassende Datensammlung zum Thema virtuelle Distanz und ihre Auswirkungen auf die Geschäftsergebnisse quer durch alle Bereiche des Organisationspektrums, auf die wir in diesem Buch eingehen, lässt erkennen, dass die Ergebnisse unserer Forschungsarbeit in gleich welchem Zeit- und Organisationskontext relevant sind. Das bedeutet, sie stellen mehr als eine Momentaufnahme sektorübergreifender Schlussfolgerungen dar.

Unsere Daten und Erfahrungen weisen zweifellos darauf hin, dass die virtuelle Distanz eine fundamentale neue Herausforderung für Führungskräfte darstellt. Dieses ernstzunehmende Szenario ist allgegenwärtig und in jeder Branche sichtbar, quer durch alle Organisationsfunktionen, und es betrifft Mitarbeiter auf allen hierarchischen Ebenen.

In unserem Buch haben wir dutzende Branchen, zusammenhängende Abteilungen, Bereiche, Gruppen und Mitarbeiter einbezogen, die mehr als 150 Titel führen, von der Vorstandsetage bis hin zu einzelnen Leistungsträgern (siehe Tabelle E.1, E.2 und E.3, die Sie am Ende des Kapitels finden).

Eine andere Sicht auf die Analytik

Das Thema Analytik, sprich die systematische Untersuchung von Sachverhalten durch Zerlegung in ihre einzelnen Komponenten, steht im Fokus der heute gängigen Führungspraxis. Die Analyseergebnisse der virtuellen Distanz enthüllen die unsichtbaren Einflussfaktoren, die sich auf individueller Ebene, auf Teams und die gesamte Organisation auswirken. Wir haben über die einzelnen Organisationseinheiten hinaus auch die virtuelle Distanz zwischen Unternehmen und ihren Kunden, Lieferkettenpartnern und Werbeagenturen ergründet. Die virtuelle Distanz verursacht einen schleichenden Leistungsabfall im digitalen Zeitalter, und die nachfolgenden prädiktiven Problemlösungsansätze tragen nur dazu bei, die kritischen Erfolgsfaktoren im gesamten Organisationsgefüge zu erhöhen.

Doch die Überflutung mit datengetriebenen Analysen kann zum Verlust der menschlichen Perspektive führen; sie verhindert, dass der Blick über das hinausgeht, was sich in den Daten widerspiegelt. Wie bereits gesagt, sind es nach wie vor die menschlichen Erfahrungen, die am meisten zählen, der vermeintlichen Zauberkraft der Technologie zum Trotz. Den größten Gewinn erzielt man mit dem Gefühl der Sinnhaftigkeit und Arbeitszufriedenheit auf der individuellen Ebene, mit harmonischer Zusammenarbeit der Teams auf Gruppenebene und mit Wettbewerbsstärke auf Unternehmensebene.

Deshalb präsentieren wir eine analytische Perspektive, die Leser zur Teilhabe einlädt, eine Herangehensweise, von der wir hoffen, dass sie zu einer breit gefächerten Sichtweise und einem kollaborativen Diskurs beiträgt.

Die Entdeckung der HOME-Perspektive

Um diese engmaschigen Verbindungen genauer zu erforschen, haben wir einen Kontext mit Orientierungspunkten entwickelt, denen Sie bei der Schilderung unserer Entdeckungen folgen können.

Diese Markierungspunkte fassen wir unter dem Begriff **Human Outlook on Meaningful Experience** (HOME) zusammen, die menschliche Sicht auf bedeutungsvolle Erfahrungen.

HOME bietet eine Perspektive, um Analysen in den Rahmen eines umfassenden menschlichen Kontexts einzuordnen, in dem das »Wo«, das »Wann« und das »Was« der alltäglichen, realen Erfahrungen im Mittelpunkt steht (siehe Abbildung E.1). Einige der bekannten Daten sind unmissverständlich, deuten auf prädiktive, sich wiederholende Muster hin. Doch die wichtigsten Daten bleiben mehrheitlich als stillschweigend hingenommene Merkmale der menschlichen Erfahrung bestehen, auf die wir nur dann Zugriff erhalten, wenn wir die HOME-Perspektive einbeziehen.

Das »Wo«

Wir befinden uns stets »irgendwo« im physischen Raum. Und dieser Ort verschafft uns, gleich ob es uns bewusst ist oder nicht, eine direkte Begegnung mit der Realität, die unsere Gedanken, Gefühle und Entscheidungen unbewusst formt und prägt.

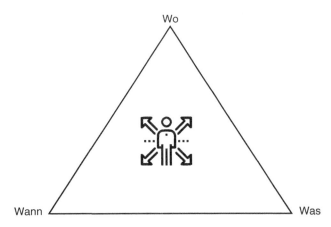

Abb. E.1: Die HOME-Perspektive (Die menschliche Sicht auf bedeutungsvolle Erfahrungen)

Wenn wir unsere Aufmerksamkeit gezielt auf das »Wo« richten, und sei es auch nur für einen Augenblick, hilft uns diese bewusste Wahrnehmung, unsere Gedanken zu klären und zu reflektieren. Damit eröffnet sie uns die Möglichkeit, einen Schritt zurückzutreten und andere Gesichtspunkte einzubeziehen. Das bezeichnet man als »langsames Denken«, ein Begriff, den der Wirtschaftswissenschaftler und Nobelpreisträger Daniel Kahnemann geprägt hat. Langsames Denken ist von zentraler Bedeutung, um zu verhindern, dass »schnelles« oder reflexgesteuertes Denken den Vorrang einnimmt. Es gestattet uns, vielfältige Perspektiven in Betracht zu ziehen, was dazu führt, dass wir verschiedene Antworten auf komplexe Probleme entdecken und innovative Lösungen entwickeln können. Darauf kommen wir im 10. Kapitel über die seelenbasierte Führung zurück.

Das »Wo« der Daten erfasst in diesem Buch belastbare Ergebnisse aus Dutzenden Ländern, in denen virtuelle Distanz entdeckt, gemessen und das Problem behoben wurde. Hier sind die meisten Industrienationen der Welt, aber auch Entwicklungs- und Schwellenländer repräsentiert (siehe Tabelle E.4 als Liste und Abbildung E.2 als Landkarte).

Argentinien	Elfenbeinküste	Indonesien	Nigeria	Taiwan
Armenien	**Estland**	**Irland**	**Norwegen**	Tansania
Australien	**Finnland**	**Israel**	**Österreich**	**Tschechien**
Belgien	**Frankreich**	**Italien**	Pakistan	**Türkei**
Brasilien	**Griechenland**	**Japan**	Peru	**USA**
Chile	**Großbritannien**	Jordanien	Polen	Zambia
China	Hongkong	**Kanada**	Russland	
Dänemark	Indien	Kenia	Saudi-Arabien	
Deutschland		Kolumbien	**Schweden**	
Ecuador		Lettland	**Schweiz**	
		Litauen	**Singapur**	
		Mali	**Spanien**	
		Mexiko	Südafrika	
		Mikronesien	**Südkorea**	
		Mozambique	Südsudan	
		Niederlande		

Tabelle E.4: Liste der Länder, die in den Benchmark-Daten des Modells der virtuellen Distanz erfasst sind

Die in den Benchmark-Daten der virtuellen Distanz erfassten Länder sind **dunkelgrau** gekennzeichnet

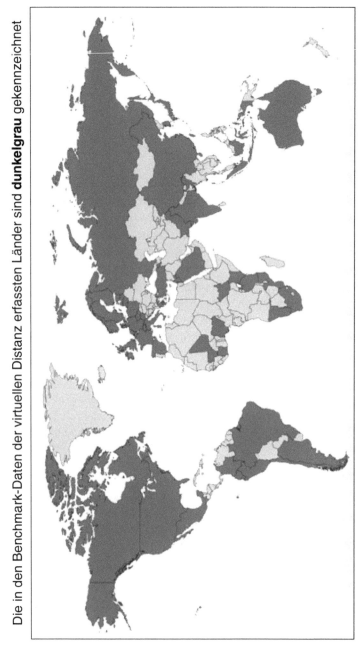

Abb. E.2: Karte der Länder, die in den Benchmark-Daten der virtuellen Distanz erfasst sind

Wir haben unsere Erkenntnisse 2011 im Rahmen der UN-Weltfrauenkonferenz geteilt, an der mehr als 1200 Delegierte von NGOs aus mehr als hundert Ländern teilnahmen. Die Organisatorinnen fassten sie ihrem Abschlussbericht folgendermaßen zusammen:

> Dr. Karen Lojeski präsentierte ihre Forschungsarbeit zum Thema »virtuelle Distanzierung«, eine wahrnehmbare interpersonelle Abgrenzung, die mit der vermehrten Nutzung elektronischer Kommunikationsmittel zunimmt. Je enger wir als Gesellschaft vernetzt sind, desto isolierter fühlen wir uns paradoxerweise als Einzelpersonen. Wir sollten verstehen, welche Hilfen uns die Technologie bietet, aber auch welche Hindernisse sie für menschliche Interaktionen darstellt, insbesondere im Hinblick auf die Entwicklung und den Kampfgeist der Frauen. Im Anschluss diskutierten die Teilnehmerinnen über die wachsende virtuelle Distanzierung.

Die Gruppe gelangte zu der Schlussfolgerung:

> Virtuelle Distanz ist für Frauen von zentraler Bedeutung, doch die Herausforderungen der virtuellen Distanz und Kommunikation können die Fortschritte der Frauen hemmen und lassen sich nicht allein durch Lernprogramme und Trainings bewältigen. Jeder sollte einen aktiven Beitrag leisten, um dieses Problem in Angriff zu nehmen, einschließlich Bildungsexperten, politische Entscheidungsträger und alle, denen sich aufgrund ihrer Position die Möglichkeit bietet, »der Welt etwas mitzuteilen«.[1]

Die virtuelle Distanz ist ein Merkmal, das wir als Erwerbstätige auf globaler Ebene teilen. Es betrifft uns alle, gleich aus welchem Teil der Welt wir stammen. Bei jeder Schulung oder Topmanagement-Beratung haben die Leute das Gefühl, zu »verstehen«, was virtuelle Distanz bedeutet, ungeachtet der geografischen, sprachlichen oder kulturellen Unterschiede, und sogar dann, wenn sie vielleicht nie etwas davon gehört haben, wie der UN-Bericht betonte.

Menschen, die sich ausgrenzt und abgehängt fühlen, beginnen schon nach kurzer Zeit damit, Geschichten über die virtuelle Distanz in ihrem spezifischen Kontext auszutauschen. Das führt ebenso rasch zu der Erkenntnis, dass die Gemeinsamkeiten größer sind als sie ursprünglich dachten.

Unkontrollierte virtuelle Distanz stellt ein schwerwiegendes Hindernis für die Effektivität auf individueller und Unternehmensebene dar. Doch ironischerweise ist ihre Wirkung als einende, verbindende Kraft gleichermaßen groß. Kompetente Führungskräfte nutzen den positiven Aspekt dieser widersprüchlichen Situation, indem sie für eine erhöhte Wahrnehmung der virtuellen Distanz sorgen. Sobald verstanden wurde, was es damit auf sich hat, sind virtuell Beschäftigte mit Hilfe eines sinnstiftenden Rahmenwerks imstande, Probleme zu benennen und zu erklären, die oft unlösbar und unzusammenhängend erscheinen.

Ein Beispiel: Jemand erhält eine E-Mail, die ihn ärgert. Er unterstellt dem Absender, dass er »keine Ahnung hat, in welcher Position ich mich befinde«. Nachdem er sich mit dem Konzept der virtuellen Distanz vertraut gemacht hat, neigt er vielleicht zu einer objektiveren Sichtweise und geht davon aus, dass die operative Entfernung zwischen ihnen zu groß ist, um sich in seine Lage zu versetzen.

Dazu kommt, dass sich virtuelle Teams oft aus Personen zusammensetzen, die in verschiedenen Teilen der Welt beheimatet sind, eine Realität, die der falschen und beeinträchtigenden Auffassung Vorschub leisten kann, dass wir uns auf der menschlichen Ebene erheblich voneinander unterscheiden.

Mythenkiller

Viele gehen davon aus, dass wir uns als Menschen voneinander unterscheiden, weil wir aus unterschiedlichen Teilen der Welt stammen. Doch wenn wir die HOME-Perspektive als Fundament der virtuellen Arbeit betrachten, erkennen wir, dass uns mehr verbindet als trennt.

Im 3. Kapitel zeigen wir, wie diese Fehlannahme entsteht, vor allem im Rahmen der Affinitätsdistanz. Doch für den Augenblick reicht es aus, sich vor Augen zu halten: Wenn wir die HOME-Perspektive als Ausgangsbasis betrachten und die Prinzipien anwenden, die zur Verringerung der virtuellen Distanz führen, erkennen wir, dass die Ähnlichkeiten zwischen uns größer sind als die Unterschiede – ungeachtet des physischen Standorts. Und damit bieten sich neue, wirksamere Möglichkeiten, Führungsinstrumente miteinander zu kombinieren, die speziell für das digitale Zeitalter entwickelt wurden.

Fallbeispiel

Im Vorwort haben wir von der CPG Inc. berichtet, wenn Sie sich erinnern; dort setzte sich einer der Bereichsleiter mit uns in Verbindung, um eine annehmbare Lösung für die Probleme seiner global verteilten Teams zu finden, nachdem sich zwei vorher erprobte Methoden als Fehlschlag erwiesen hatten.

An der nachfolgenden Umsetzung unseres Modells der virtuellen Distanz waren zwei Managementgruppen mit insgesamt 30 Führungskräften und 200 ihrer direkten Untergebenen beteiligt. Die Teilnehmer der ersten Kohorte stammten aus den folgenden Ländern:

- China
- Griechenland
- Indien
- Indonesien
- Italien
- Kenia
- Österreich
- Pakistan
- Russland
- Singapur
- Südafrika
- Tschechien

Die zweite Gruppe repräsentierte Teilnehmer aus:

- Argentinien
- Irland
- Polen
- Südafrika
- USA

In beiden Fällen waren die Teilnehmer in unterschiedlichen, weltweit verstreuten Unternehmenseinheiten tätig, u.a.:

- Global Business Services (GBS)
- Marketing
- Personalwesen
- Technologie
- Qualitätsmanagement, Sicherheit & Umwelt
- Innovation
- Forschung und Entwicklung (F&E)

Die demografischen Merkmale dieses Fallbeispiels sind in Abbildung E.3 dargestellt.

Die beiden Grafiken rechts außen veranschaulichen das Profil der relativen virtuellen Distanz zwischen den einzelnen Gruppen, das mit Unterstützung unserer Virtual Distance-Managementsoftware erstellt wurde. Hier haben wir eine Übersicht eingefügt, weil schon ein rascher Blick auf die beiden Profile im Kontext der Gruppenstandorte und Tätigkeitsbereiche zeigt, dass die Struktur der virtuellen Distanz trotz der Unterschiede auf der geografischen Bereichs- und Führungsebene ähnlich ist.

Infolge dieses breit gefächerten Musters konnten wir die Topmanagement-Teams von CPG mit allem ausrüsten, was erforderlich war, um grundlegend erneuerte und hocheffektive weltweite Arbeitsplatzstrategien zu formulieren.

Das ist nur einer von dutzenden Fällen, die zeigen, dass uns das »Wo« der Arbeit, lediglich als Standort definiert, nicht spalten muss. Ganz im Gegenteil, es kann uns aufschlussreiche Informationen und Erkenntnisse liefern. Wenn wir unseren jeweiligen Standort aus der HOME-Perspektive betrachten, kann es uns sogar zusammenschmieden.

Das »Wo« als Remote- versus Präsenzarbeit

Ein weiteres charakteristisches Merkmal des »Wo« spiegelt sich in den Konfigurationen Remote- versus Präsenzarbeit wider. Aufgrund der vorherrschenden Mythen hinsichtlich der geografischen Trennung haben einige Unternehmen Strategien eingeführt, die Remote-Arbeit unterbinden, weil sie darin eine zentrale Ursache von Leistungseinbrüchen sehen.

Doch dieser Ansatz hat sich nicht als erfolgreich erwiesen.

In der Boulevardpresse findet man eine Menge verwirrender Botschaften, die sich um die Überzeugungen der Betroffenen und Geschichten drehen, aus dem Zusammenhang gerissen wurden und zu erklären versuchen, was bei standortverteilter Arbeit mit der Unternehmensperformance geschieht, statt darüber nachzudenken, wie sich virtuelle Arbeit aus der Perspektive der menschlichen Erfahrung auswirkt, wenn man

CPG Inc., Übersicht

Teilnehmerstandorte
(Länder schwarz schattiert)

Profile der virtuellen Distanz

Abteilungen/Bereiche

- Global Business Service
- Marketing
- Personalwesen
- Technologie
- Qualitätsmanagement, Sicherheit, Umwelt Innovation
- Forschung und Entwicklung
- Kontrolle und Compliance

Abb. E.3: CPG Inc., Übersicht

unsere Definition zugrunde legt. Ohne ein klares, rigoroses Bewertungsschema mit prädiktiven Anbindungen an die Meinungsmacher im Management und die finanziellen Ergebnisse kann niemand wissen, was sich am besten bewährt. Deshalb sind Strategien, die auf dem Versuch basieren, Remote-Arbeit einen Riegel vorzuschieben, von vornherein zum Scheitern verurteilt.

Das Konzept der virtuellen Distanz löst dieses Problem.

Der Blick auf das Kontinuum der Daten zur virtuellen Distanz, die von uns im Lauf des letzten Jahrzehnts aus dem Vergleich Remote- versus Präsenzarbeit abgeleitet und ausgewertet wurden, trägt dazu bei, klarer umrissene Antworten zu finden.

Werfen wir also zuerst einen Blick auf das Spektrum der von uns gesammelten Daten.

In unserem aktualisierten Benchmark-Prozess haben wir den Prozentsatz der Zeit gemessen, die Mitarbeiter remote im Homeoffice bzw. an einem anderen Ort ihrer Wahl arbeiten oder im Büro ihres Unternehmens verbringen. Die virtuelle Distanz wurde dabei nicht berücksichtigt. Das Ergebnis finden Sie in Abbildung E.4.

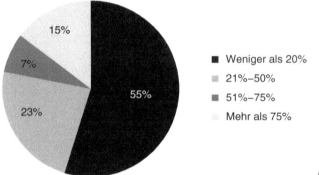

Abb. E.4: Prozentsatz der Remote-Arbeit

Wie aus Abbildung E.4 ersichtlich, arbeiteten 55% der Benchmarking-Teilnehmer überwiegend am Bürostandort; 23% arbeiteten 21%-50% der Zeit remote, 7% arbeiteten 51%-75% der Zeit remote, und 15% arbeiteten mehr als 75% der Zeit remote.

Doch die Verteilung zu kennen und zu wissen, wo die Leute arbeiten, reicht nicht aus. Empirische Daten sind erforderlich, um zu verstehen, welche Leistungsunterschiede, sofern vorhanden, zwischen der Gruppe, die häufiger im Büro arbeitet, und den Beschäftigten bestehen, die der Remote-Arbeit den Vorzug geben.

Unsere Benchmark-Demografien liefern uns, in Kombination mit den Daten der virtuellen Distanz, die Antworten:

- Remote-Arbeitende haben die wenigsten Probleme mit der Technologie und sind bereit, sie zu nutzen, wenn es erforderlich ist.

- Remote-Arbeitende sind am besten befähigt, mehrere Projekte und Aufgaben gleichzeitig zu bewältigen.
- Remote-Arbeitende bedienen sich der am wenigsten abwechslungsreichen Kommunikationsmethoden.
- Remote-Arbeitende werden durch einen Mangel an geteilten Inhalten in der Regel am schwersten beeinträchtigt.

Trotz der letzten beiden Herausforderungen gilt:

- Remote-Arbeitende fühlen sich vor allem dann eng verbunden, wenn es um gemeinsame Werte geht.
- Remote-Arbeitende empfinden sich als Seelenverwandte.
- Remote-Arbeitende spüren die wechselseitige Abhängigkeit der Teammitglieder am stärksten.

Diese Komponenten sind von entscheidender Bedeutung, um die Affinitätsdistanz auf niedrigem Niveau zu halten, ein Vorteil, der Remote-Arbeitenden hilft, operative Schwierigkeiten zu überwinden, sobald sie auftauchen.

Als Nächstes schauen wir uns genauer an, wieviel Zeit die Benchmark-Teilnehmer remote bzw. im Büro ihres Unternehmens arbeiteten, und verglichen ihre Leistungen im Hinblick auf kritische Erfolgsfaktoren.

Die Ergebnisse waren verblüffend. Es gab keine statistisch relevanten Unterschiede zwischen Remote- und Präsenzarbeit in Bezug auf:

- Vertrauen,
- Arbeitszufriedenheit,
- Klarheit der Aufgaben/Rollen und Ziele, oder
- termin- und budgetgerechte Projektfertigstellung und Kundenzufriedenheit.

Daraus lässt sich schließen, dass Remote- und Präsenz-Mitarbeiter gleichermaßen gut die erwünschten Ergebnisse auf diesen Ebenen erzielten.

Statistisch relevante Unterschiede in allen vier Arbeitsplatzkategorien zeigten sich jedoch bei anderen wichtigen Ergebnissen.

Tabelle E.5 veranschaulicht, wie Remote-Mitarbeiter auf einem Prozentsatz-der-Zeit-Kontinuum in Kategorien wie OCB (Organizational Citizenship Behavior, individuelles, altruistisches Verhalten in der Arbeitsumgebung, das sich positiv auf die Funktionsfähigkeit der Organisation auswirkt), Lernen, Mitarbeiterengagement und Innovation abschnitten (Einzelheiten zur Definition der Begriffe siehe 4. Kapitel, Die Parameter der virtuellen Distanz).

Die überwiegend Remote-Arbeitenden belegten klar den ersten Rang (beste Leistung) in allen Kategorien bis auf das Mitarbeiterengagement, und selbst hier waren sie die Zweitbesten. Sie verwiesen diejenigen, die überwiegend im Büro arbeiteten, in den

%der Remote-Arbeitszeit	OCB/Altruistisches Verhalten 1 = Beste 4 = Schlechteste	Lernen 1 = Beste 4 = Schlechteste	Mitarbeiterengagement 1 = Beste 4 = Schlechteste	Innovation 1 = Beste 40 Schlechteste
Weniger als 20% (Weniger Remote)	2	2	1	2
21%–50%	3	Gleicher Wert 3	4	4
51%–75%	4	Gleicher Wert 3	3	3
Mehr als 75% (Mehr Remote)	1	1	2	1

Tabelle E.5: Leistungs-Ranking als Funktion der Remote-Arbeitszeit in Prozent

anderen Kategorien auf Platz zwei. Und diejenigen in der Mitte landeten auf Platz drei oder vier.

Eine aufschlussreiche Entdeckung.

Dass Remote-Beschäftigte Spitzenplätze auf der Skala einnehmen, hat seinen Grund. Sie haben meistens Zugriff auf konkrete Ressourcen, die ortsunabhängiges Arbeiten bestmöglich unterstützen. Diese werden entweder vom Unternehmen in Form eines formalen Trainings oder über inoffizielle Kanäle bereitgestellt, beispielsweise von Employee Resource Groups (ERGs), die heute in vielen Ländern Einzug halten: von den Mitarbeitern organisierte und geführte Gruppen, die eine integrative Arbeitsatmosphäre fördern, Best Practices teilen, auf Online-Hilfen und Webinare aufmerksam machen oder sich zum »Lunchen und Lernen« in der Cafeteria treffen, wo sie Informationsmaterial verteilen und Erfahrungen austauschen. ERGs sind gewöhnlich durch das gemeinsame Bestreben motiviert, denjenigen Kollegen zu helfen, die in Ermangelung einer einheitlichen, vom Unternehmen finanzierten Schulung mit der virtuellen Arbeitsweise zu kämpfen haben.

Fallbeispiel – Formales Training für Remote-Mitarbeiter

Bei BIG BANK Co. entwickelte die Unternehmensführung ein Verfahren, das den schrittweisen Wechsel der Belegschaft ins Homeoffice erleichtern sollte. Diejenigen, die sich für diese Arbeitsform entschieden, erhielten eine ergonomisch gestaltete Ausstattung für ihren Arbeitsplatz und absolvierten ein straff organisiertes Trainingsprogramm, um bestmöglich standortverteilt zu arbeiten. Bei unserer Analyse stellen wir fest, dass viele Aspekte der virtuellen Distanz eine negative Auswirkung auf alle Gruppen hatten. Unterm Strich erbrachten die Remote-Beschäftigten jedoch die besten Leistungen, trotz aller Hindernisse. Der Grund war die Überzeugung, dass sich das Unternehmen ernsthaft bemühte, Lösungen anzustreben, die sie bei ihrer Arbeit unterstützten. Es gab sichtbare Ressourcen, auf die sie zugreifen konnten, und strukturierte Systeme, um gegebenenfalls Hilfe zu erhalten. Obwohl ihnen die Herausforderungen der virtuellen Distanz bewusst waren, fühlten sie sich nicht »aufs Abstellgleis geschoben«.

Fallbeispiel – Inoffizielles Training für Remote-Mitarbeiter

Bei einem anderen großen Klienten wurde von einer leitenden Mitarbeiterin ehrenamtlich eine ERG gegründet, um die Remote-Arbeit voranzubringen. Ihre eigene berufliche Laufbahn hatte eine positive Wende genommen, als sich das Unternehmen mit ihrem Vorschlag einverstanden erklärte, von einem Standort aus zu arbeiten, der sich Tausende Kilometer von der Unternehmenszentrale entfernt befand. Sie schloss sich mit einer anderen Führungskraft zusammen, und gemeinsam boten sie einen inoffiziellen Beratungsdienst an, der Ressourcen für Remote-Beschäftigte anbot. Obwohl es sich um eine Gruppe mit losen Strukturen und begrenzten Mitteln handelte, führte das leidenschaftliche Streben nach Flexibilität und exzellenter Arbeitsleistung zur Entwicklung eines hocheffektiven globalen Managementprogramms. Dennoch spürten alle, ähnlich wie im zuvor geschilderten Fall, den Stachel der virtuellen Distanz. Der Index der virtuellen Distanz führte ihnen schließlich vor Augen, warum sie trotz aller Bemühungen suboptimale Erfolge erzielten. Daraufhin entwickelten sie einen Aktionsplan, um die virtuelle Distanz zu verringern, und bereits wenige Wochen nach der Umsetzung verbesserte sich das Ausmaß der Zusammenarbeit und die Effektivität.

Machen Sie sich das Primäre Prinzip der virtuellen Distanz bewusst:

Jeder arbeitet heute bis zu einem gewissen Grad virtuell. Deshalb wirkt sich die virtuelle Distanz auf jeden aus, gleich wo auf der Welt.

Wenn wir uns das vor Augen halten, wird uns bewusst, dass wir Interessengemeinschaften bilden können, die anderen helfen, sich stärker verbunden und zugehörig zu fühlen, während wir gleichzeitig die Vorteile der Flexibilität im Berufs- und Privatleben nutzen. Diejenigen, die überwiegend stationär in der firmeneigenen Büroumgebung arbeiten, fühlen sich privilegiert, weil sie bei Bedarf engeren Kontakt zu den Kollegen halten können, indem sie sich beispielsweise an der Kaffeemaschine treffen, statt eine E-Mail an die Person im Büro nebenan zu schicken. Sie haben außerdem das Gefühl, dass ihre Beförderungschancen größer sind, weil sie einen persönlicheren Zugang zu einflussreichen Managern in der Machtstruktur haben.

Wenn strukturelle Klarheit herrscht, in Kombination mit dem richtigen Ausmaß an formalem oder inoffiziellem Training, leuchtet es ein, dass die beruflichen Überflieger – die leistungsstarken Mitarbeiter – oft am einen oder am anderen Ende des Spektrums verortet sind, das heißt, überwiegend remote oder überwiegend am Bürostandort arbeiten.

Eine andere Möglichkeit, festzustellen, wie mehr oder weniger Remote-Beschäftigte in den vier Kategorien Innovation, OCB ((Organizational Citizenship Behavior), Lernen und Mitarbeiterengagement abschneiden, ist die grafische Darstellung der Leistung.

Abbildung E.5 zeigt dieselben Daten wie in Abbildung E.4, jedoch aus einem anderen Blickwinkel. Auf diese Weise ist deutlich zu erkennen, dass diejenigen, die sich im Mittelfeld zwischen mehr oder weniger Remote-Arbeit bewegen, weit schlechtere

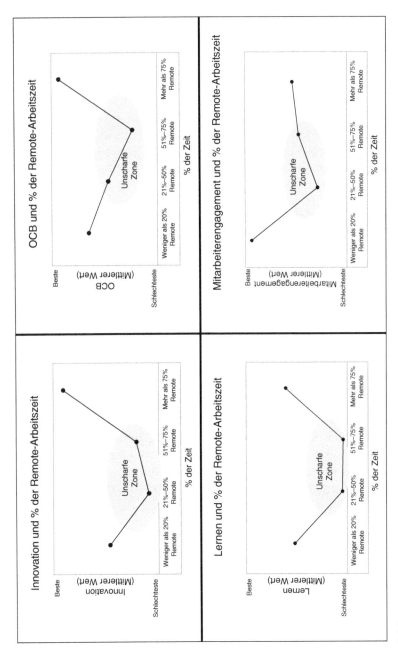

Abb. E.5: Die unscharfe Zone

Ergebnisse erzielen als diejenigen, die sich an den beiden Seiten befinden. Anders ausgedrückt: diejenigen, die 25%–75% der Zeit remote arbeiten, erbringen weniger Leistungen als diejenigen an den beiden Seiten. Diese »Talsohle« bezeichnen wir als unscharfe Zone.

Die unscharfe Zone

Die Arbeitsflexibilität ist hoch in der unscharfen Zone.

Doch es gibt keine klaren unterstützenden Strukturen oder Trainingsinitiativen, die auf diese leistungsschwächeren Gruppen ausgerichtet sind. In vielen Fällen fühlen sich die Mitarbeiter in der unscharfen Zone stiefmütterlich behandelt: Sie sehen sich als Einzelkämpfer, ohne klar umrissene Leitlinien, gleich ob formal oder inoffiziell, an wen sie sich wenden können, wenn sie Hilfe benötigen. Deshalb kontaktierte uns der Leiter des Bereichs Shared Services von CPG Inc.

Durch die Umsetzung der Lösungen zur Reduzierung der virtuellen Distanz, ungeachtet des Ortes, an dem die Teammitglieder arbeiten, verschwindet die unscharfe Zone, und die Leistung erhöht sich generell. Mit der gemeinsamen Sprache, den Metriken des Modells der virtuellen Distanz und den damit einhergehenden prädiktiven Strategien und Taktiken hat jeder im Unternehmen klare, einheitliche Leitlinien, die den Erfolg vorprogrammieren. Ohne sie driften die Mitarbeiter in die unscharfe Zone ab und die Leistungen gehen zurück, wie aus Abbildung E.5 ersichtlich.

Aus allen Daten über das »Wo« der Arbeit auf hohem Niveau geht deutlich hervor, dass die Führungskräfte, die für die Lösungen verantwortlich sind, zuerst die vermeintlich standortbasierten Probleme »beheben« – ein Trugschluss, der weitere Fehleinschätzungen nach sich zieht, welche Maßnahmen greifen oder nicht.

Doch das sind nicht die einzigen Fehldeutungen, die zu falschen Schlussfolgerungen führen. Da heute vier Generationen im digitalen Zeitalter aktiv zusammenarbeiten, decken unsere Analysen der virtuellen Distanz vermeintliche Unterschiede auf und zeigen: Wenn wir die HOME-Perspektive zugrunde legen, treten noch andere Fehleinschätzungen zutage, die falschen Schlussfolgerungen Vorschub leisten.

Das »Wann«

Wir befinden uns stets in einer »bestimmten Zeit«, aber auch an einem »bestimmten Ort«.

Das Wann hängt vom Zeithorizont ab, den wir verwenden, um diesen HOME-Aspekt einzuordnen. Wir könnten beispielsweise die Zeitspanne wählen, in der wir als menschliche Spezies die Erde bevölkern (siehe Kasten »Wissenswertes«).

Wissenswertes

In einer Programmserie namens NOVA brachte der US-amerikanische TV-Sender PBS eine Dokumentation mit dem Titel *A Rocky Start*; sie führte den Zuschauern die wichtige Rolle vor Augen, die Felsgestein für die Entwicklung des Lebens auf der Erde gespielt hat.

Der Moderator ordnet unsere bisherige Geschichte auf dem Planeten in einen einzigen 24-Stunden-Tag ein. Auf dieser Zeitschiene:

- tauchten die Menschen – von den ältesten Skeletten, die bisher gefunden wurden, bis hin zu jenen, die heute ein iPhone in der Hand halten – erst in den letzten 4 Sekunden auf,
- streiften noch vor 20 Minuten Dinosaurier umher und
- entstand unser Planet erst vor 23 Stunden.

Als Menschen sind wir also, gemessen an einer himmlischen Zeitskala, gerade erst in Erscheinung getreten.

Eine Erörterung des Begriffs »Zeit« hinsichtlich unserer Existenz auf der Erde würde ein weiteres Buch füllen, deshalb müssen wir uns auf die Ereignisse in unserer gegenwärtigen Arbeitswelt beschränken.

In unserem Modell der virtuellen Distanz definieren wir Zeit als Teil der physischen Distanz, weil sie an Zeitzonen und Terminpläne gebunden ist, deren Einzelheiten im 3. Kapitel erläutert werden.

Aus der breit gefächerten HOME-Perspektive als Ausgangsbasis zählt auch der Unterschied zwischen den Generationen, das »Wann« unserer Lebenszeit, zu den häufig missverstandenen zeitzentrierten Elementen.

Wie beim »Wo« der Arbeit tragen unsere Benchmark-Daten dazu bei, viele Fehleinschätzungen bezüglich des »Wann« der Arbeit zu klären – durch die Brille der Generationen betrachtet. Werfen wir also einen Blick auf die Daten entsprechend ihrer Generationen-Verteilung.

Wie aus Abbildung E.6 ersichtlich, stammt die Mehrzahl der Personen, mit denen wir während der letzten zehn Jahre zusammengearbeitet haben, aus den Generationen X (Altersgruppe der ca. 1965 bis 1979 Geborenen) und Y (zwischen 1980 und 1999 geboren; auch Millennials genannt). Nur ein kleiner Prozentsatz gehört zur sogenannten stillen Generation (60+). Ungefähr 20% sind der Gruppe der Babyboomer zuzuordnen (alle, die nach dem Zweiten Weltkrieg das Licht der Welt erblickten), wobei der Prozentsatz der Erwerbstätigen aus der stillen und der Babyboomer-Generation rückläufig ist, während die Anzahl der Millennials zunimmt.

Viele behaupten, es gäbe gravierende Unterschiede zwischen den Generationen. Auffallend ist vor allem die Auffassung, die Millennials wären als Gruppe »Digital Natives«: Sie seien mit der technologisch übermittelten Kommunikation seit ihrer Teenagerzeit vertraut und hätten sich während des größten Teils ihres Arbeitslebens damit befasst; sie fühlten sich in dieser Kommunikationsumgebung »heimisch«, seien darin aufgewachsen. Der Rest der Bevölkerung gehöre folglich zu den Technologie-Immigranten im digital übermittelten Leben.

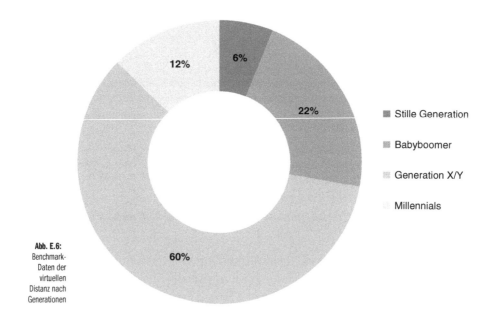

Abb. E.6: Benchmark-Daten der virtuellen Distanz nach Generationen

Doch vor dieser Sichtweise auf die generationsspezifischen Unterschiede sei gewarnt. Sie mag verständlich sein, leistet aber genau wie die Konzentration auf die standortspezifischen Unterschiede falschen Vorstellungen von der Beschaffenheit und Auswirkung der geografischen Trennung Vorschub.

Zweifellos beherrschen einige Angehörige früherer Generationen die Nutzungsmöglichkeiten der Technologie als Kommunikationswerkzeug nicht aus dem Effeff, doch das trifft keineswegs auf alle zu. Eine solche Sichtweise stellt eine unzulässige Verallgemeinerung dar und schafft unnötigerweise eine Kluft, die sich zerstörerisch auf einen gemeinsamen Diskurs und eine gedeihliche Zusammenarbeit auswirken kann.

Andere schreiben der »Generation Y« bestimmte Persönlichkeitsmerkmale zu, die im Allgemeinen ebenso wenig den Tatsachen entsprechen, wie aus unseren Studien hervorgeht. Viele Millennials haben uns anvertraut, dass sie solche Unterstellungen frustrierend finden, gelinde ausgedrückt, ja sogar erbost darüber sind. Sie haben das Gefühl, dass die Technologie aus dieser Perspektive zum definierenden Aspekt einer ganzen Generation wird, obwohl sie genau wie andere Generationen individuelle Träume, Charaktereigenschaften, Interessen und Bestrebungen haben, die keineswegs mit der Technologie, sondern mit ihrer Identität verknüpft sind.

Fallbeispiel

Vor einiger Zeit hielt Greta Thunberg, eine mutige und pragmatische Teenagerin, vor den Vereinten Nationen eine Brandrede über die Gefahr einer nahenden Klimakatastrophe. Sie wies darauf hin, dass technologische Lösungen, »die kaum vorhanden sind«, ihre Generation nicht vor der möglicherweise lebensbeendenden Zerstörung durch Unwetter und

Umweltverschmutzung bewahren können. Als Aktivistin und Stimme ihrer Generation forderte sie stattdessen Lösungen, die menschenbasiert, einfallsreich und unverzüglich umsetzbar sind, um die tickende Uhr aufzuhalten, mit der das CO2-Budget schwindet.

Einer der erstaunlichsten Aspekte ist, dass sie aus der nächsten Generation stammt, den Jüngsten unter uns. Ihre Fokussierung auf die menschliche Kreativität, um ein politisches Rahmenwerk zu entwickeln, hat nichts mit technologischen Lösungen zu tun, zum Teil, weil sie noch nicht existieren, vor allem aber, weil es wichtiger und dringlicher ist, das menschliche Verhalten anzupassen.

Fazit: Millennials wünschen sich ähnliche Dinge vom Leben wie alle anderen Generationen: einen guten Job, ein erfülltes Sozialleben, finanzielle Sicherheit und Gründe für den Glauben an eine vielversprechende Zukunft. Angesichts der katastrophalen Auswirkungen des Klimawandels gehört auch das Bedürfnis dazu, Mittel und Wege zu finden, die dazu beitragen, das Überleben der Menschheit zu sichern – ein Thema, das die Grenzen des Buches sprengen würde, aber den innersten Kern des »Wann« ihrer Lebenszeit beeinflusst. Wirtschaftsführer müssen sich mit der Tatsache auseinandersetzen, dass die Jugend eine Zukunft ins Auge fasst, die ein Auslöschen ihrer Nachkommen, wenn nicht gar ihrer eigenen Generation, mit sich bringen könnte.

Leider wird die HOME-basierte Sicht auf »das Wann« unserer Lebenszeit, die nicht die Unterschiede, sondern die Ähnlichkeiten zwischen uns Menschen betont, von älteren Generationen oft vernachlässigt, weil ihnen beim Gedanken an die Jugend als Erstes die Fixierung auf ihre elektronischen Geräte in den Sinn kommt. Es gibt, wie bereits erwähnt, triftige Gründe, sich Sorgen über die soziale Isolation zu machen. Aber Führungskräfte, die einen genaueren Blick auf den Menschen werfen, der sich hinter den leuchtenden Bildschirmen verbirgt, erkennen, dass die Generation Y in besonders hohem Maß unter den Folgen der virtuellen Arbeit leidet, beispielsweise unter Depressionen, Ängsten und Unzufriedenheit mit ihrem Leben, auch ohne die oben beschriebenen fatalen Konsequenzen einzubeziehen.

Unsere Daten zeigen auch, dass Millennials größere Probleme mit »Fremdgruppen« haben, weil sich ihre Teams überwiegend aus Mitgliedern mit völlig unterschiedlicher Vorgeschichte zusammensetzen. In einer Arbeitswelt, in der zum ersten Mal in der Geschichte der Menschheit vier, wenn nicht sogar fünf Generation gleichzeitig zusammenarbeiten, ist das Gefühl von Zugehörigkeit bei den Millennials besonders schwach.

Die zugehörigkeitsbezogene virtuelle Distanz erzeugt insgesamt gesehen ein ausgeprägtes Siloverhalten. Doch wir haben festgestellt, dass dieses mangelnde Gefühl der Verbundenheit bei den Millennials auch andere Ursachen hat. Ein Beispiel ist die Gestaltung des Onboarding-Prozesses. In vielen Unternehmen gibt es noch formale Eingliederungsprogramme, doch oft fehlt dabei die Fokussierung auf den Aufbau zwischenmenschlicher Beziehungen, sodass den frischgebackenen jungen Mitarbeitern Aufgaben zugewiesen werden, die vor allem darauf ausgerichtet sind, ihr technologisches Können zu nutzen. Bei dieser Vorgehensweise lässt man sich die potenziellen Vorteile entgehen, die zutage treten könnten, wenn man sie »ganzheitlich« in das Unternehmen integrieren würde. Unternehmen, die robustere Onboarding-Prozesse eingeführt haben, sind eher imstande, Teams zu bilden, bei denen auch Neuzugänge in der Gruppe Gemeinschaftsgefühl entwickeln.

Das Modell der virtuellen Distanz deckt noch ein weiteres Problem auf: Die Generation Y macht übermäßig Gebrauch von einem einzigen Kommunikationsmodus, im Gegensatz zu einer vielfältigeren Mischung aus Telefonaten und anderen »Live«-Kontaktmöglichkeiten. Das überrascht nicht. Doch in Verbindung mit dem Gefühl, Außenseiter zu sein, die nur wenige Erfahrungen mit anderen Generationen teilen, und den schwerwiegenden Defiziten, die mit der Affinitätsdistanz einhergehen, kann die Funktionsfähigkeit der Teams noch stärker beeinträchtigt werden.

Das äußert sich beispielsweise auch im Fehlen gemeinsamer sozialer Aktivitäten im Kollegenkreis, verglichen mit anderen Generationen. Deshalb ist es nicht verwunderlich, dass die Millennials den Mitgliedern ihrer Teams mit mehr Misstrauen begegnen als jede andere Generation. Und Vertrauen hat grundlegende Auswirkungen auf alle anderen Einflussfaktoren.

In Abbildung E.7 sind die signifikanten Unterschiede zwischen den Generationen bei einer Reihe von Schlüsselindikatoren für die Leistung dargestellt.

Die Millennials hatten erheblich weniger Vertrauen als alle anderen Generationen. Diese Forschungsergebnisse sollten Arbeitgebern Anlass zur Sorge geben, denn mangelndes Vertrauen oder oft sogar ausgesprochenes Misstrauen verringert das altruistische Verhalten am Arbeitsplatz und das Mitarbeiterengagement.

Wie wir im 4. Kapitel sehen werden, hat unkontrollierte virtuelle Distanz erhebliche Auswirkungen auf das Vertrauen und führt zu hochproblematischen Einflüssen auf nahezu alle Verhaltensweisen, was sich schlussendlich in einem Abfall des Leistungsniveaus und des Wohlbefindens der Mitarbeiter niederschlägt. Die Tatsache, dass sich Millennials auf der persönlichen und beruflichen Ebene isolierter fühlen, sollte der Unternehmensführung signalisieren, dass Initiativen den Vorrang erhalten müssen, die Ursache-Wirkung-Beziehungen rund um dieses höchst wichtige Thema aufdecken. Ähnliche Vertrauensmuster der Millennials lassen sich auch in den Kategorien OCB und Mitarbeiterengagement erkennen.

Die gute Nachricht lautet: Die Verringerung der virtuellen Distanz verändert diese kausalen Beziehungen und das Vertrauensmuster der Millennials, wenn die Teams enger »zusammenrücken«.

Und was könnte nachhaltiger motivieren als unsere Ergebnisse bezüglich des Lernverhaltens? Millennials sind diejenigen, die sich am intensivsten in Organisationale Lernprozesse einbringen. Das mag man in Anbetracht unserer bisherigen Aussagen nicht vermuten. Doch trotz aller anderen Indikatoren sind sie bestrebt, ihren Horizont zu erweitern. Sie sind hochgradig motiviert, sich neue Fähigkeiten und Fertigkeiten anzueignen, Lektionen aus Teambesprechungen abzuleiten und sie auf andere Aufgaben ihres Teams zu übertragen. Das ist einer der Hauptgründe, warum Millennials auch dann zahlreiche fähigkeitsbasierte Kompetenzen entwickeln können, wenn sie

Einführung: Wir sind die Daten

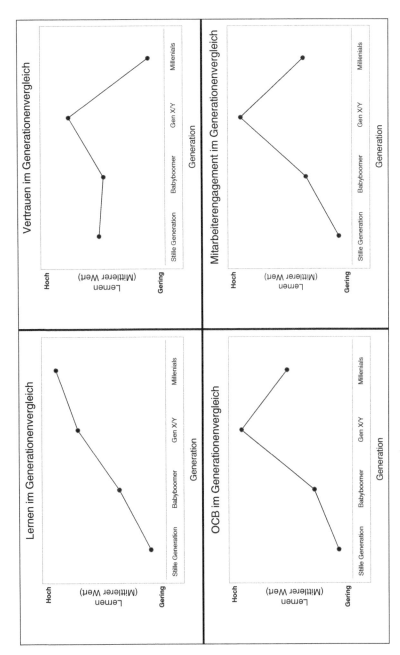

Abb. E.7: Benchmark-Daten der virtuellen Distanz und Unternehmensergebnisse im Generationenvergleich

sich auf der sozialen Ebene nicht nahestehen. Doch da sie häufiger abgeschottet arbeiten, sind sie eher geneigt, den Arbeitgeber zu wechseln. Im Zeitalter der digitalen Transformation konzentrieren sich Unternehmen daher stärker als jemals zuvor darauf, das langfristig erworbene institutionelle Wissen zu binden und in einen klaren Wettbewerbsvorteil zu verwandeln. Und in dieser Hinsicht stellen die Millennials die wichtigste Ressource dar.

Unternehmen, die auf ein robustes Kommunikationstraining, eine strukturierte Führungskräfteentwicklung sowie Arbeitsaufgaben achten, die Millennials eine aktive Rolle beim Teilen ihrer hart erarbeiteten Kenntnisse zuweisen, werden im Wettbewerb die Nase vorne haben.

Die Schwellengeneration

Wir sollten auch berücksichtigen, dass sich unsere jüngsten Arbeitskräfte Problemen gegenübersehen werden, mit denen keine Generation zuvor konfrontiert wurde. Diese Herausforderungen gehören, wie zuvor beschrieben, zu den größten, mit denen sich die Menschheit auseinandersetzen muss. Um ihnen dabei zu helfen, eine optimistischere Zukunftsvision zu verinnerlichen, gilt es dafür zu sorgen, dass sie sich enger verbunden fühlen und Kollegen mit weniger Argwohn begegnen. Deshalb müssen wir auch hier den Blick darauf richten, was die Generationen eint, und nicht, was sie trennt. Um dieses anspruchsvolle Ziel zu erreichen, können wir die übliche Klassifizierung der Generationen in einen neuen Zusammenhang setzen und uns als eine Generation betrachten, die wir »Schwellengeneration« nennen.

Die Schwellengeneration umfasst diejenigen Personen, die vor Mitte der 1990er Jahre geboren wurden, eine Gruppe, die alle herkömmlich definierten Generationen auf dem heutigen Arbeitsmarkt repräsentiert. Sie ist die letzte Generation auf unserem Planeten, die den Unterschied zwischen einem Leben mit und ohne digitale Technologie kennt. Wir haben eine Sichtweise wie keine andere Generation vor oder nach uns, weil wir aufgrund unserer unmittelbaren Erfahrungen erkennen, was getan werden muss, um unsere Menschlichkeit zu fördern, während wir gleichzeitig nach Wegen suchen, die beste Hebelwirkung mit einem Werkzeug namens Technologie zu erzielen.

Die Verantwortung, die der Schwellengeneration zukommt, ist absolut unerlässlich für die »Zukunft von allem«. Bei Gesprächen aus dieser Warte, die wir mit Angehörigen aller Generationen geführt haben, Millennials eingeschlossen, schienen sich die meisten auf Anhieb mit diesem gemeinsamen Ziel identifizieren zu können, einem Ziel, das über die Eigeninteressen hinausgeht und Neugierde auf die Möglichkeiten entfacht, die Zusammenarbeit der Erwerbstätigen als Solidargemeinschaft zu fördern.

Was diesen Aspekt der HOME-Perspektive betrifft, stellen die Millennials definitionsgemäß »die Zukunft der Arbeit« dar. Es wird ihrer Führung obliegen, den Zusammenhalt im Unternehmen zu sichern, der mit hoher Wahrscheinlichkeit dazu beiträgt, die Wettbewerbsfähigkeit zu erhalten und einen aktiven Beitrag zum Gemeinwohl zu leisten.

Das »Was«

Wenn sich Menschen zu einer zwanglosen Unterhaltung zusammenfinden, lautet die erste Frage oft: »Und was machen Sie beruflich?« Das wichtigste Messinstrument unserer Arbeitsidentität scheint unser Lebenslauf zu sein. Wenn Teams die virtuelle Distanz verringern und das »Was« mit dem »Wo« und »Wann« verknüpfen, lässt sich die Leistung steigern und die Wahrnehmung verstärken, dass wir eine sinnvolle Tätigkeit verrichten.

Die folgenden Aussagen und situationsspezifischen Elemente von Projekten und Arbeitsinitiativen, die in den Benchmarks erfasst wurden, stellen eine Auswahl aus den unterschiedlichen Arbeitssituationen dar, die wir analysiert haben. Eine umfassendere Liste finden Sie in Anhang C.

- »Ich leite eine Abteilung mit zehn langjährigen Mitarbeitern, die für die Vermarktungsstrategien und Preisstellungen in einem unserer Produktbereiche zuständig ist.«
- »Wir haben gerade in ein Produktivitätszentrum in Singapur investiert, das sich in der Aufbauphase befindet. Dort werden sowohl die externen als auch die firmeninternen Kunden geschult. Infolge der Kompetenzsteigerung erwarten wir ein Wachstum der Geschäftstätigkeit um jährlich 20%.«
- »Ich bin für die Service-Entwicklung auf freien Märkten verantwortlich. Ich habe sechs Gebietsleiter, die kreuz und quer durch die Welt reisen, um ihre Märkte zu besuchen. Zwischen zehn und zweiundzwanzig Mitarbeiter sind vor Ort stationiert. Meine Aufgabe besteht darin, eine professionelle After-Sales-Organisation aus dem Boden zu stampfen oder die vorhandenen Strukturen weiterzuentwickeln.«
- »Ich arbeite bei mehreren Projekten mit verschiedenen Abteilungen der Unternehmenszentrale und eines lokalen Geschäftsbereichs mit. Manchmal werden auch Partnerfirmen einbezogen. Bei vielen Projekten geht es um Pre-Sales-Maßnahmen und eine der Aufgaben besteht darin, wertbasierte Angebote oder kommerziell nutzbare Projektideen zusammenzustellen.«
- »Meine Abteilung ist mit der Entwicklung und Lieferung eines Produktionssystems für Forschungs- und Entwicklungsabteilungen in anderen Ländern befasst.«
- »Mein Arbeitsbereich erstellt Balanced Scorecards für die Messung, Dokumentation und Steuerung von Aktivitäten globaler Unternehmen. Wir müssen die Beiträge von lokalen Unternehmensführungen aus aller Welt einbeziehen.«
- »Bei uns geht es um die Verlagerung der gesamten Produktion von Europa nach Asien. Das ist ein riesiges globales Projekt mit mehr als dreißig Teammitgliedern. Ich habe entschieden, mich auf einen Teilbereich des Projekts zu fokussieren, der die Veränderungen meiner eigenen Organisation in meinem Produktionsbereich betrifft. Selbst hier ist die virtuelle Distanz groß.«
- »Ich leite den Bereich Lab Technology. Wir entwickeln und implementieren hochpreisige Prüfeinrichtungen für Forschungs- und Entwicklungsabteilungen in aller Welt. Ich bin für 93 Mitarbeiter und sieben Manager innerhalb der Organisation zuständig. Zu den Hauptaufgaben der verschiedenen Gruppen gehören unter

anderem: Projektmanagement-Office (PMO), mechanisches und Softwaredesign, Elektrodesign und Automatisierung, Messtechnologie, Kalibrierung sowie Koordinierung der F&E-Immobilien einschließlich Datenschutz, Betriebssicherheit und Umwelt. Die F&E-Organisation ist in verschiedene Sektoren unterteilt: Powertrain, Truck und Car Chassis und Vehicle Definition. Lab Technology liefert, was die Forschungs- und Entwicklungssektoren benötigen, um ihre Arbeit zu verrichten.«
- »Wir bauen Kollaborationsnetzwerke zwischen unseren Support-Funktionen und der F&E-Organisation auf, die Niederlassungen an ca. neun weltweiten Standorten errichten wird.«
- »Wir entwickeln ein konzeptionelles und praktisches Rahmenwerk für die Entwicklung von Fach- und Führungskräften in unserer Unternehmensgruppe. Ich bin der Area VP, und mein Team ist für acht Unternehmenseinheiten zuständig. Wir entwickeln vielseitig einsetzbare Trainings und Tools. Aus historischer Sicht waren wir auf der lokalen Ebene immer sehr unabhängig. Die Vorstandsetage beginnt inzwischen die Notwendigkeit zu erkennen, uns besser in die übergeordnete Organisation zu integrieren. Dass mein Aufgabenbereich relevant ist, steht außer Frage. Er ist darauf fokussiert, sicherzustellen, dass unsere Konzepte und Prozesse die besten Ergebnisse erzielen. Daher besteht unsere Arbeit in hohem Maß darin, die Konsensbildung zu fördern – Diskussionen und Feedback.«

Zusammenfassung

In der Einführung haben wir versucht, einen Eindruck von der Bandbreite zu vermitteln, mit der das Konzept der virtuellen Distanz angewendet werden kann, um unsere Sicht auf die heutige Arbeitswelt nachhaltig zu verändern. Hier einige der wichtigsten Kernpunkte:

- Seit Erscheinen unseres ersten Buches zum Thema, vor fünfzehn Jahren, haben wir einen erheblich umfangreicheren Datenbestand zusammengetragen.
- In unseren Daten sind einige Dutzend Branchen, 55 Länder und die unterschiedlichsten Unternehmensfunktionen repräsentiert.
- Wir zeigen, wie sich die virtuelle Distanz über kausale Pfade auf Projekterfolge und Innovationstätigkeit auswirkt.
- Die Ergebnisse unserer Analysen belegen, dass Remote-Arbeit genauso wirksam oder noch effektiver sein kann als Präsenzarbeit. Remote-Arbeitende zeichnen sich durch mehr Hilfsbereitschaft in der Arbeitsumgebung, größere Lernmotivation und stärkere Innovationskraft aus. Wir konnten keine Unterschiede zwischen Remote- und Präsenzarbeit entdecken, was Vertrauen, Arbeitszufriedenheit, Klarheit der Aufgaben oder Rollen und Erfolgsquoten betrifft. Das bedeutet, dass man mit der Ablehnung von standortverteilter Arbeit als Unternehmensstrategie keine Vorteile erzielt, sondern vielmehr zur Unzufriedenheit der Mitarbeiter beiträgt.
- Beim Generationenvergleich schnitten die Millennials im Hinblick auf die Lerneffektivität, die eine beinahe lineare Funktion darstellte, am besten ab.
- Was Vertrauen, altruistisches Verhalten in der Arbeitsumgebung und Mitarbeiterengagement betraf, belegten sie dagegen den letzten Platz.

- Es ist daher empfehlenswert, dass wir uns alle als Teil der »Schwellengeneration« betrachten: als diejenigen, die das Leben vor und nach der alles durchdringenden Präsenz der digitalen Technologie kennen.

Wir hoffen, dass wir Sie motivieren konnten, weiterzulesen und mehr darüber zu erfahren, was die Metriken der virtuellen Distanz über die Umsetzung von wiederholbaren Strategien und Taktiken aussagen, die sich unabhängig von Zeit, Ort und Kontext in Situationen bewährt haben und vielleicht auch Ihnen in irgendeiner Weise, Ausprägung oder Form bekannt sind. Begeben wir uns also auf die Reise, die mehr über das Modell der virtuellen Distanz enthüllt.

Arzneimittel	Hochtechnologie – Software	Personalwesen, Management-Software
Auftragsforschungsinstitute (CROs)	Industriemaschinen und -Ausrüstung	Politikberatung
Banken & Börsen	IT-Outsourcing	Rechtswesen
Bauwesen	K-12-Schulen	Regierung
Bergbau	Kinderkliniken	Software-Entwicklung
Bildung (akademische Programme für Führungskräfte)	Landwirtschaft (Milch- und Tierproduktion)	Telekommunikation
Biotech	Lebensmittelproduktion	Training und Entwicklung
Energie und Umwelt	Luft- und Raumfahrt	Universitäten
Fahrzeugtechnik	Managementberatung	Verbrauchsgüterindustrie
Gewerbliche Immobilien	Militär	Versicherungswesen
Herstellung	Öffentlicher Dienst	Visualisierungs- und Kollaborationstechnologie
Hochtechnologie – Infrastruktur	Papier- und Verpackungstechnik	Weltpolitik
Hochtechnologie – Internetsuche	Personalwesen, Beratung	Werbung

Tabelle E.1: Repräsentierte Branchen

Application Hosting, Kommunikation, Desktop	Globale Forschung und Entwicklung	Projektmanagement
Bauwesen	Globale Wirtschaftsprognosen	Prozessoptimierung
Beschaffungswesen	Globales Marketing	Qualität, Sicherheit, Umwelt
Board of Directors	Herstellung	Rechnungswesen
Brand Engagement	Holzprodukte	Rechtsabteilung
Brand Marketing	Infrastruktur	Regulierung
Business Operations	Innovation	Steuern
Business Unit Marketing	IT/Büro des IT-Leiters	Strategische Allianzen und Engagement
Career Services	Kreativabteilung	Strategische Planung
Clinical Operations	Lernen und Entwicklung	Technologie-Strategien
Contract Operations	Logistik	Umweltressourcen
Corporate Shared Services	Marketing	Unternehmenskommunikation
Data Center Strategie	Performance-Entwicklung	Unternehmenssoftware
Finanzen	Personalwesen	Veränderungsmanagement
Global Business Services	Produktentwicklung	Vorstandsebene/ Topmanagement-Team

Tabelle E.2: Repräsentierte Abteilungen und Bereiche

Account Director	Chief Marketing Officer
Account Executive Communication	Chief of Staff Business Unit
Assistant Clinical Professor, Chief,	Chief Operating Officer
Assistant Dean of Students, Engagement, and Innovation	Chief Performance Officer
Associate Brand Director	Chief Practice Management Officer
Associate Dean	Chief Practice Officer
Associate Director, Global Insights	Chief Practice Services Officer
Associate Marketing Manager	Chief Purchasing Officer
Associate Vice Provost for Enrollment	Chief Technology Officer
Attorney	Client Director
Assistant Vice President Application Delivery	Co-Chair Global Litigation
Assistant Vice President Application Hosting	Co-Managing Partner
Assistant Vice President Application Management & Support	Communication Manager
	Controller
Assistant Vice President Business Relationship Management	Corporate Enterprise Architect
	Country Manager
Assistant Vice President Business Unit Controller	Customer and Sustainability Manager
Assistant Vice President Data Center Strategy Migration	Deputy Chief Information Officer
Assistant Vice President Desktop	Deputy Head of Division
Assistant Vice President Enterprise Architecture	Deputy Sales Director
Assistant Vice President Enterprise Data Strategy & Services	Developer
Assistant Vice President InformationServices	Digital Business Analyst
Assistant Vice President Communications	Director - Corporate High Volume Recruitment
Assistant Vice President Performance & Optimization	Director & Head of Finance
Assistant Vice President Technology Risk & Account Management	Director Brand Engagement
	Director Employment Brand
Assistant Vice President Project Management	Director Global Sourcing
Assistant Vice President Requirements Analysis	Director of Assessment and Accreditation
Assistant Vice President Service Desk	Director of Career Services
Assistant Vice President Service Operations	Director of Marketing
Assistant Vice President Software Quality Assurance & Testing	Director of Policy, Analysis, and Research
	Director of Practice Management
Assistant Vice President Solutions Architecture	Director of the Gender and LGBTQIA Center
Assistant Vice President Vendor Management	Director of the Instructional Support Services Program
Brand Engagement Lead	Director Order to Delivery Development
Business Line Manager	Director Product and Industry Segment Management
Business Unit Security Manager	Director Production & Logistics
CEO	Director Project Purchasing
Admin - CEO	Director Sales & Commercial Projects
Manager - Change Management	Director Sales IT
Channel Manager - SME	Director Services Operations Communication
Chief Financial Officer	Director, Culture & Employee Experience
Chief Information Officer	Director, Head of Simulators, Training and Support

Tabelle E.3: Liste der repräsentierten Titel

Director, Investment Services	Head of Legal
Director, Supply Chain	Head of Maintenance
EVP, Group Management Director	Head of Manufacturing
Executive Assistant	Head of Marketing and Sales
Executive Communications Director	Head of Marketing Execution
Executive Director of Institutional Research	Head of Markets Americas
Executive Director of Marketing and Communications	Head of Markets Strategy & Steering
Executive Director of Strategic Initiatives	Head of Process & Production Development
Executive Director, Privacy Services	Head of Purchasing
Executive Liaison	Head of Risk Management
External Group Projects	Head of Strategy & Market Analysis
Factory Manager	Head of Strategy and Business Development
Farm Design Manager	Head of Tax Paper Division
General Counsel	Head of the Americas Banking & Finance Practice
General Manager	HR Business PartnerHR Learning and Development
Global Account Manager	Institute Administrator
Global Chairman	Investor Relations
Global Chief Executive Officer	Business Engagement Advisor
Global Chief Financial Officer	Hybrid Manager
Global Chief Information Officer	Resource Manager
Global Chief Innovation Officer	Service Manager
Global Chief Legal Officer	Jurist
Global Chief Marketing Officer	Laboratory Manager
Global Chief Security Officer	Lead Counsel
Global Chief Talent Officer	Learning Consultant
Global Director of Communications	Managing Partner
Global Projects Director	Manufacturing/Plant Manager
Global Purchasing Manager	Market Intelligence Analyst
Global Technology and Methods Manager	Partner & Chair of Biotech & Life Sciences
GM – Global Operations	Partner and Co-Chair of IP Litigation
Group Security Officer	Partner and Co-Leader of Environment & Energy Practice Group
Head of Building Systems	
Head of Category Management	Partner and Co-Leader of IP Litigation
Head of Department Customer Support	Planning & Logistics Latin America Manager
Head of Division Civil Engineering	Planning & Supply Chain Coordination Manager
Head of Engineering & Sustainable Development	Practice Group Coordinator
Head of Enterprise Services	Practice Group Leader and Director
Head of Governance	Practice Management Principal President
Head of HR Business Partners	Principal and Managing Director
Head of Human Resources	Process Excellence & Marketing Manager, Load and Haul
Head of Inclusion and Diversity	Product Line Manager Parts and Services
Head of International Purchasing	Product Unit Manager

Tabelle E.3: Liste der repräsentierten Titel

Production Director	Supply chain Manager Sustainability
Production Manager	SVP, Group Management Director
Project Coordination & Technical Support Manager	System Manager Feeding
Project Manager	Team Leader
Public Affairs	Team Leader Engineer
R&D Program Manager	Team Leader Engineering Controls & Software Development
Regional Director	
Sales Director South Europe & TRMEA	Technical Director, Head of Department Support Solutions
Sales Manager	
Sector Manager	VP Advancement
Senior Executive – Strategy, Business Development & Senior Executive – Public Affairs	VP Market Area Central Europe
	VP Market Area Eastern Europe
Senior Legal Counsel	VP Portfolio Liners and Tubes
Senior Manager – RTG, Vehicle Fluid Mechanics and Temperature Management	VP Technology and Innovation
	VP Application Hosting, Communication, Desktop
Senior Manager Export & ProjectFinance	VP Corporate Communications and Brand
Senior Manager Head of Autonomous Systems	VP Data Center Strategy Migration
Senior Manager Strategic Product Planning	VP Enterprise Software
Senior Manager, Customer Experience	VP Field Operations & Safety
Senior Manager, Service Products, Projects & Language	VP IT Operations
Senior Program Manager	VP Marketing
Senior Supply Chain Director	VP of HR
Senior Vice President – HR	VP Marketing
Senior Vice President, Enrollment and Institutional Strategy	VP Operations VTS
	VP Portfolio Barn Environment
Site Manager	VP Project Management Office
Social Media Director	VP Purchasing
Software Development Hub Manager	VP Service Operations
Software Development Supervisor	VP Technical
Sourcing Development Director	VP Creative Director
Senior Corporate Technologist	VP Sourcing Gas and Process Division
Senior Manager Product & Industry Segment Sales Area	VP Strategic Planning Director
Studio Leader / Director of Marketing	People & Program Support Manager
Supervisor	Warehouse Operations Manager

Tabelle E.3: Liste der repräsentierten Titel

1 Der Weg zur virtuellen Distanz

2002 mehrten sich die Stimmen, dass die Unzufriedenheit mit der Arbeit und den Arbeitgebern wuchs. Ironischerweise tauchten diese Nachrichten zur gleichen Zeit auf wie die technologisch fortschrittlichsten und leicht zugänglichen Kommunikations- und Kollaborationswerkzeuge, die in den Unternehmen eingeführt wurden. An dieser Situation hat sich bis heute nichts geändert. Laut The Conference Board, einer gemeinnützigen Forschungsgruppenorganisation, ist bei der Arbeitszufriedenheit im Durchschnitt zwar ein Aufwärtstrend zu verzeichnen, aber bei genauerem Hinsehen sind nur 36% der Beschäftigten mit den verfügbaren Kommunikationskanälen, 37,5% mit den künftigen Wachstumschancen, 37% mit der Anerkennung und Bestätigung und 36,1% mit dem Arbeitspensum in ihrem Unternehmen zufrieden.[1]

Fünfzehn Jahre nach Beginn unserer Studie ist also ein großer Teil der Erwerbstätigen nach wie vor unzufrieden mit den Stellschrauben der Zusammenarbeit, die das Fundament für andere wichtige Aspekte der Arbeit bilden, obwohl die Technologie inzwischen Lichtjahre von ihrem damaligen Entwicklungsstand entfernt ist. Doch das erstaunt kaum, wenn man die Zunahme der virtuellen Distanz bedenkt.

Mythenkiller

Obwohl die digitale Arbeit von einer hochentwickelten Kommunikationstechnologie definiert wird, ist die Mehrzahl der Beschäftigten unzufrieden mit den Kommunikationskanälen in ihren Unternehmen.

Diese Tatsache zu beachten ist von zentraler Bedeutung. Seit wir die Auswirkungen der virtuellen Distanz entdeckt haben, wissen wir, dass die Kommunikationstechnologien, die virtuelle Arbeit erst ermöglichen, nicht das Hauptproblem darstellen, wenn es um den Mangel an Arbeitszufriedenheit geht. Fehlfunktionen am Arbeitsplatz werden vielmehr durch die menschlichen Interaktionen verursacht, die innerhalb und zwischen den Faktoren der virtuellen Distanz gewichtet werden. Und das ist schon seit geraumer Zeit der Fall. Rückblickend können wir sogar sagen, dass die virtuelle Distanz schon existierte, bevor Smartphones und Tablets den kometenhaften Aufstieg dessen in Gang setzten, was wir heute virtuelle Arbeit nennen.

Ein kurzer Blick auf die Geschichte der Kommunikationstechnologie

Als wir die Herausforderungen zu erforschen begannen, die mit der virtuellen Arbeit verbunden sind, gab es weder iPads noch iPhones, und iPods waren weniger als ein Jahr auf dem Markt. Blackberry-Smartphones und Personal Digital Assistants (PDAs), oft als Speerspitze der »smarten« Mainstream-Mobilgeräte bezeichnet, tauchten erst 2002 auf, wobei es mehr als zehn Jahre dauerte, bis ihre Anzahl mit 84 Millionen

Nutzern ihren Höhepunkt erreichte. Doch ihr Marktanteil brach rapide ein, als Betriebssysteme wie iOS und Android sämtliche Rivalen in den Schatten stellten.

Wie bereits in der Einführung erwähnt, wurde die virtuelle Distanz trotz der kontinuierlichen Entwicklung »intelligenter« digitaler Geräte ein weltweites Phänomen und ihre Auswirkungen auf die Ergebnisse in allen Lebensbereichen gewinnen zunehmend an Stärke und Macht.

Gedankenexperiment

Denken Sie an die schrittweise Entwicklung der Kommunikationstechnologie während Ihrer Lebenszeit und fragen Sie sich:

- Welche Technologien haben Sie kennengelernt und welche benutzen Sie heute am meisten?
- Auf welche Weise haben diese Kommunikationstechnologien Ihre privaten oder beruflichen Beziehungen verändert oder geprägt? Welche Unterschiede machen sich heute bemerkbar?
- Auf welche Weise haben die Schnittstellen zwischen Kommunikationstechnologie und zwischenmenschlichen Beziehungen Ihre Gefühle hinsichtlich Ihres Berufs- und Privatlebens beeinflusst?

In den ersten Jahren des neuen Millenniums herrschte die Überzeugung vor, dass die Vorteile der Informations- und Kommunikationstechnologie (ICT), wie sie damals genannt wurde, grenzenlos wären. In vielen Berichten hieß es beispielsweise, dass die Informationstechnologie (IT) einen erheblichen Produktivitätsanstieg nach sich gezogen habe.

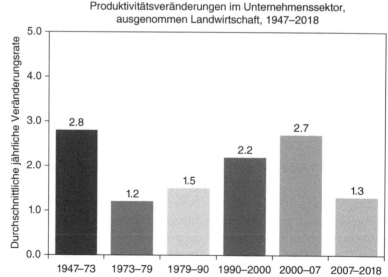

Abb. 1.1: Produktivitätsveränderung im Unternehmenssektor, ausgenommen Landwirtschaft, 1947–2018 Quelle: U.S. Bureau of Labor Statistics (https://www.bls.gov/lpc/prodybar.htm)

Wie aus Abbildung 1.1 ersichtlich, erhöhte sich die Arbeitsproduktivität zwischen 1990 und 2000 im Durchschnitt um 2,2%, von 2000 bis 2007 um 2,7%. Viele behaupten, die Steigerung sei der Informationstechnologie zu verdanken. Doch von 2007 an, als das iPhone auf den Markt kam, ist die Arbeitseffektivität rückläufig, hat mit nun 1,3% den niedrigsten Stand seit den 1970er Jahren erreicht. Ein ähnlicher Produktivitätstrend war auch bei der Fallstudie der CPG Inc. aus dem Vorwort zu beobachten.

Es steht fest, dass die technologischen Fortschritte allein nicht erklären, was in der Erwerbsbevölkerung vor sich geht. Dazu müssen wir eine parallel verlaufende Entwicklung verstehen: die Zunahme der virtuellen Distanz.

Die Zunahme der virtuellen Distanz

Die Ankunft von Internet und digitaler Kommunikation führte bei vielen zu der Überzeugung, dass diese neue Welt eine nahtlose Ausweitung der globalen Interkonnektivität am Arbeitsplatz ankündigte. Ein Beispiel ist Thomas L. Friedmans Buch *Die Welt ist flach*. Doch im Rahmen unserer Forschungsprojekte sahen wir etwas ganz anderes – Berichte von zunehmend dysfunktionalem Verhalten. Deshalb beschlossen wir, einen Blick auf die Ergebnisse früherer Recherchen zu werfen.

Wir stellten bald fest, dass die Aufgabe nicht einfach sein würde. Unsere anfänglichen Nachforschungen pflügten viele Arbeitsfelder um, die eigentlich miteinander vernetzt sein sollten, in Wirklichkeit aber unzusammenhängend und sogar widersprüchlich waren. In der akademischen IT-Literatur fanden wir beispielsweise die üblichen Begriffe »Computervermittelte Kommunikation« (computer mediated communications, CMC), »Computergestützte kooperative Arbeit« (computer supported collaborative work, CSCW), »Entscheidungsunterstützende Systeme für Gruppen« (group decision support systems, GDSS) und andere weit verbreitete Kategorien, die virtuelle Arbeit entweder definierten oder in direktem Zusammenhang damit standen. Die Managementliteratur ordnete virtuelle Arbeit dagegen weitgehend anderen Kontexten zu, verknüpfte sie vor allem mit dem Begriff »virtuelle Teams«, jedoch ohne Rückanbindung an die Lektionen, die sich aus der IT-Forschung ableiten ließen.

Damals wie heute gibt es eine Reihe von Studien, die auf dieselben Fragen fokussiert und auf viele verschiedene Arbeitsfelder verstreut sind. Sie haben sich mit denselben Problemen befasst, jedoch vielfach versäumt, sich die Entdeckungen und Erkenntnisse aus anderen Forschungsprojekten zunutze zu machen. Daher wurden mögliche Verbindungen zwischen ihnen oder Aha-Momente, die sich daraus ergeben könnten, ignoriert. Und da die meisten Studien auf Studentenstichproben basierten, war der Nutzen für Arbeitnehmer und Arbeitgeber gleichermaßen begrenzt.

Deshalb begannen wir, Fragen zu stellen, die sich aus unseren Erfahrungen als Führungskräfte in der Welt der Unternehmen herleiteten. In den ersten eineinhalb Jahren interviewten wir Dutzende Vorstandsmitglieder, Manager und Mitarbeiter ohne Führungsverantwortung, die Erfahrung mit virtuellen Teams hatten. Sie stammten aus den unterschiedlichsten Branchen, zum Beispiel Finanzdienstleistungen, Pharmazeutika, Unternehmensberatung, Telekommunikation und Konsumgüter. Wir konzentrierten uns dabei auf drei Fragen.

1. Was betrachten Führungskräfte als virtuelle Arbeit?

Diese Frage schien von grundlegender Bedeutung zu sein. Schon zu Anfang wurde klar, dass es kein gemeinsames Verständnis oder eine übereinstimmende Definition des Begriffs virtuelle Arbeit gab, der alles Erdenkliche umfasste, von der Telearbeit bis zum Outsourcing. Und das ist noch heute der Fall: Der Begriff hat für unterschiedliche Personen eine unterschiedliche Bedeutung, wobei viele andere Begriffe, beispielsweise Remote-Arbeit, synonym verwendet werden, obwohl jedes »Etikett« in Wirklichkeit auf unterschiedliche, wenngleich zusammenhängende Konzepte hinweist. Fakt ist auch, dass sich nur schwer ermitteln lässt, welche Probleme wirklich vorhanden sind oder welche Ursachen welche Wirkung haben, wenn eine gemeinsame Sprache oder ein sinnvolles Rahmenwerk fehlen.

Als wir beispielsweise wissen wollten »Was betrachten Sie als virtuelle Arbeit?«, erwiderte ein Manager:

> Für uns bedeutet virtuelle Arbeit, dass wir eine Menge Outsourcing-Beziehungen haben. Und ich kann Ihnen sagen, dass viele von ihnen nicht funktionieren.

Wenn wir das Gespräch vertieften, gelangten Führungskräfte oft zu der Schlussfolgerung, dass bei den virtuellen Mitarbeitern alle Personen inbegriffen waren, die sowohl mit dem Unternehmen als auch miteinander per Laptop oder Mobilgerät verbunden sind:

> Vermutlich könnte man sagen, dass das ganz Unternehmen aus virtuellen Mitarbeitern besteht, obwohl bei uns die Anwesenheit im Büro grundlegend Pflicht ist. Viele tauschen sich nur per E-Mail oder IM (Instant Messaging, Nachrichtensofortversand) aus, selbst wenn sie physisch im Büro nebenan sitzen.

2. Wie wirkt sich die Arbeit mit virtuellen Teams auf die Führungskräfte aus?

Die Antwort auf diese Frage spiegelte ausnahmslos die wachsenden Herausforderungen wider. Ein Topmanager aus einem globalen Finanzdienstleistungskonzern erklärte:

> Darüber habe ich viel nachgedacht. Ich weiß nicht, wie weit ich jemandem in einer virtuellen Arbeitsumgebung wirklich vertrauen kann. Deshalb mache ich mir ständig Sorgen über die Fortschritte, die mein Team bei gleich welchem Projekt erzielt. Ich versuche, die Leistung der virtuellen Mitarbeiter anhand der alten Messinstrumente zu bewerten, und das funktioniert nicht.

Eine andere Führungskraft aus einem namhaften Pharmakonzern sagte:

> Da ich für einige Mitarbeiter unter meiner Führung nicht direkt zuständig bin und ihnen außerdem nur selten persönlich begegne, fällt es mir sehr schwer, ihre Leistung genau zu bewerten. Das ist eine riesige Herausforderung.

3. Was sind die wichtigsten organisatorischen und strategischen Auswirkungen der virtuellen Arbeit?

Die Umfrageteilnehmer schwiegen eine Weile und dachten nach, weil sie nicht wussten, womit sie anfangen sollten. Viele waren der Meinung, es sei am schwierigsten, das richtige Geschäftsmodell zu wählen, wie aus der Antwort eines Telekommunikationsmanagers hervorgeht:

> Die Hierarchie ist in einer solchen Umgebung veraltet. Früher konnte man Aufgaben vertikal, von oben nach unten, delegieren. Aber wie koordiniert und delegiert man Aufgaben an Mitarbeiter, auf die man keinen direkten Zugriff hat, die in virtuellen Umgebungen tätig sind und über die man, falls überhaupt, nur wenig Kontrolle ausüben kann?

Ein weiteres wichtiges Thema wurde vom CIO, dem Leiter der Informationstechnik, einer großen Bank angesprochen:

> Einige der von uns genutzten Technologien (zur Erledigung der Aufgaben) setzen ein derart fundiertes Fachwissen voraus, dass Führungskräfte über eine bestimmte Ebene unserer Organisation hinaus keine Ahnung haben, was wir tun. Deshalb sind wir völlig auf uns selbst gestellt, richten uns im Allgemeinen nach den Prinzipien, dass wir dem Unternehmen helfen, Geld einzusparen, unsere Aufgaben erledigen und versuchen, die Zusammenarbeit mit Kollegen zu fördern. Wir sind ein globales Unternehmen mit mehr als 100 000 Mitarbeitern. Da besteht keine Möglichkeit, genau zu verstehen, was jeder Einzelne macht.

Während der Interviews kristallisierten sich klare Muster heraus, die wir drei Kategorien zuordneten, wie aus Abbildung 1.2 ersichtlich.

1. **Standortbasierte** Herausforderungen wurden als Zusammenbruch der Kommunikation zwischen weit verstreut Arbeitenden beschrieben, ungeachtet dessen, ob sie sich persönlich kannten oder nicht.

2. **Tagtägliche** Probleme bezogen sich auf Ärgernisse wie häufige Fehlkommunikation, übermäßiges Multitasking und Technologieversagen, die den Schwung in den täglichen Meetings ausbremsten.

3. **Beziehungsbasierte** Schwierigkeiten beinhalteten diejenigen Aspekte, die mit einem Gefühl der Isolation auf der persönlichen Ebene verbunden waren.

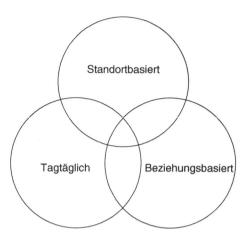

Abb. 1.2: Problemmuster aus der ursprünglichen Feldforschung

Bei der Analyse wurde offenkundig, dass jeder dieser Bereiche eine Form der Distanz repräsentierte. Die standortbasierten Herausforderungen bezogen sich eindeutig auf feststehende Distanzen – Unterschiede zwischen Zeit, Ort und Organisationszugehörigkeit im Vergleich zu anderen Teammitgliedern. Wir fassten sie unter dem Begriff physische Distanz zusammen.

Die täglichen Irrungen und Wirrungen, die ständig für Frustration sorgten, beispielsweise zu viele E-Mails beantworten zu müssen oder das Fehlen eines geteilten Kontexts, erzeugten regelmäßig und wiederholt psychologische Distanz. Wir fassten sie unter dem Begriff operative Distanz zusammen, weil sich die Form, die sie annahm, von einem Tag zum anderen verändern konnte.

Die Beziehungsprobleme entwickelten sich aus einem tief verwurzelten intuitiven Gefühl der Isolation, verursacht durch Risse im kulturellen Wertesystem und in anderen Sozialdynamiken, die verhinderten, dass ein Gefühl der Nähe entstand. Wir fassten sie unter dem Begriff Affinitätsdistanz zusammen.

Wir stellten außerdem fest, dass sich eine Problemkategorie auf viele andere auswirkte und in verschiedenen Kombinationen zutage trat, die je nach Unternehmen und Situation variierten. Deshalb galt es, die Falle zu vermeiden, sie auseinander zu reißen und einzeln zu betrachten, um Dinge wie wachsendes Misstrauen und mangelnde Ziel- und Aufgaben- oder Rollenklarheit zu erklären. Auf der Grundlage unserer ersten Feldstudien wurde deutlich, dass die Probleme eng miteinander verknüpft waren und in Kombination ein neues Phänomen erzeugten: die virtuelle Distanz. Abbildung 1.3 veranschaulicht das Modell der virtuellen Distanz im Überblick.

Doch die Identifizierung der Probleme sagte noch nichts über die Beschaffenheit oder das Ausmaß der virtuellen Distanz auf die Unternehmensergebnisse, beispielsweise

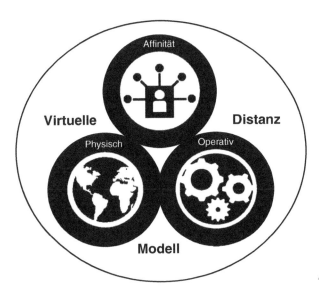

Abb. 1.3: Modell der virtuellen Distanz, Übersicht

Innovation und Finanzen, aus. Wir zielten darauf ab, eine Methode zu entwickeln, die uns unmittelbar den Weg zu umsetzbaren Lösungen wies. Das führte zur Entwicklung des Index der virtuellen Distanz (Virtual Distance Index, VDI), ein exakt überprüftes und validiertes Verfahren zur Messung der virtuellen Distanz, das einen quantitativen Leistungsvergleich ermöglichte, um herauszufinden, ob die virtuelle Distanz Auswirkungen besaß und wenn ja, welche.

Wir stützen uns bei unserer Betrachtung auf einen umfangreichen im Lauf der Zeit entstandenen Datensatz: Er umfasst 1400 Studien, 55 Länder, mehr als drei Dutzend Branchen und Repräsentanten aller Organisationsebenen.

Unser Ergebnis: Unkontrollierte virtuelle Distanz hat negative Auswirkungen auf zentrale Führungsaspekte, den finanziellen Erfolg und die Wettbewerbsfähigkeit eines Unternehmens.

Wie aus Abbildung 1.4 ersichtlich, ist die virtuelle Distanz *Ursache* direkter und indirekter Veränderungen bei den beiden Unternehmenszielen finanzieller Erfolg und Innovation. Wie wir im vierten Kapitel sehen werden, lassen sich leistungsbeeinflussende Schlüsselfaktoren, beispielsweise Vertrauen, OCB (Organizational Citizenship Behavior), altruistisches Verhalten in der Arbeitsumgebung), Mitarbeiterengagement, Arbeitszufriedenheit, Lernen, Aufgaben-, Rollen- und Zielklarheit, strategische Wirkung und Führungseffektivität erheblich verbessern, wenn die virtuelle Distanz verringert wird. Sie hat die stärksten Auswirkungen auf Vertrauen und OCB der Mitarbeiter, was wiederum zahlreichen weiteren Problemen Vorschub leistet.[2]

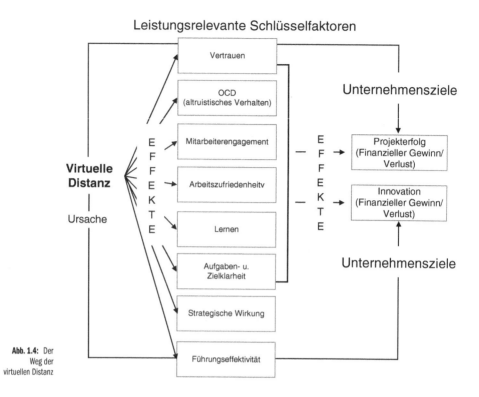

Abb. 1.4: Der Weg der virtuellen Distanz

In unserer ersten Ausgabe präsentierten wir die Formel der virtuellen Distanz. Doch nach vielen zusätzlichen Jahren der Datensammlung haben wir eine Ratio der virtuellen Distanz mit stabilem, exponentiellem Wachstum entdeckt (siehe Abbildung 1.5).

Ratio der virtuellen Distanz

$$1:2:4$$

Physische Distanz ist nur ½ so schwerwiegend wie
Operative Distanz, die nur ½ so schwerwiegend ist wie
Affinitätsdistanz,
sowohl im Hinblick auf die Leistung als auch auf eine bedeutungsvolle Beziehungsqualität.

Abb. 1.5: Ratio der virtuellen Distanz

Wie man sieht, sind alle Einflussfaktoren der virtuellen Distanz durch ein mathematisches Größenverhältnis miteinander verbunden. Wir können jetzt nicht nur die Auswirkungen der virtuellen Distanz auf die Unternehmensergebnisse prognostizieren, sondern auch die einzelnen Faktoren berechnen, wenn einer der anderen Faktoren bekannt ist.

Diese mathematischen Exponentialreihen stellen ein noch stärkeres quantitatives Fundament für die zuvor erwähnte Macht der virtuellen Distanz dar.

Doch das ist noch nicht alles.

Die Analyse der virtuellen Distanz ermöglicht prädiktive Lösungen.

Als diese Lösungen in spezifischen Sequenzen angewendet wurden, entsprechend den individuellen Mustern der virtuellen Distanz mit bestimmten Prioritäten versehen, konnten wir nachweisen, dass unsere Empfehlungen rasch wirksame, messbare Verbesserungen erzielten, unter anderem eine erhebliche Optimierung der Bilanzstrukturen, bedeutungsvollere Beziehungen zwischen standortverteilten Teammitgliedern und eine stärkere Motivation, gemeinsam auf geteilte Ziele hinzuarbeiten.

2 Die Neudefinition von Distanz

Viele Leute wollten wissen, warum wir das Phänomen *virtuelle Distanz* genannt haben. Wie im letzten Kapitel erläutert, schienen die Ergebnisse unserer ursprünglichen Feldstudien auf eine Distanz ganz eigener Art hinzudeuten – eine Distanz mit sozialen und emotionalen Komponenten.

Wir waren jedoch nicht die ersten Wissenschaftler, die den Begriff Distanz in diesem Kontext benutzten. Der Hintergrund – wie Distanz gedeutet werden kann –, ist in verschiedenen Unternehmenszusammenhängen relevant.

Stellen Sie sich vor, ein Zeitreisender aus den 1960er Jahren würde wie von Zauberhand in das Jahr 2020 versetzt. Er würde wirklich erstaunliche Dinge zu Gesicht bekommen: Menschen, die über Städte, Zeitzonen und Kontinente hinweg zusammenarbeiten; Menschen, die ohne staatliche Postdienstleistungen Nachrichten zu jeder Zeit an jede Person und an jeden Ort übermitteln; Menschen, die sich in ihrem Büro, im Hotel oder Zuhause befinden und an Meetings in einem virtuellen Raum teilnehmen; und die Fähigkeit, problemlos mit Kollegen an jedem beliebigen Ort Kontakt zu halten, sei es in Flughafenterminals, Zügen, Autos oder auf Golfplätzen. Die Welt der Arbeit ist im 21. Jahrhundert völlig anders geartet als in den 60er-Jahren.

Es ist die Technologie, die diese unterschiedlichen Arbeitsweisen ermöglichte. Niemand, nicht einmal die besten Science-Fiction-Autoren, konnte sich vorstellen, wie groß der Wandel sein oder wie rapide er eintreten würde. In mancherlei Hinsicht hat es den Anschein, als wäre es uns gelungen, die Distanz als Hindernis für effektives Arbeiten zu beseitigen. Schließlich können wir unseren Teamkollegen in China eine Nachricht schicken, während wir alle auf die gleichen PowerPoint-Vorlagen blicken. Oder wir stellen per Laptop oder Smartphone einen Videokontakt her.

Doch Trauerfeiern für den »Tod der Distanz« und ähnliche futuristische Hypothesen einzuplanen wäre verfrüht. Obwohl uns die Technologie neue Kommunikationsmöglichkeiten eröffnet, ist die Distanz nach wie vor ein Problem. Wie bereits erwähnt, definieren viele Menschen sie in erster Linie als geografische Entfernung. Wie sich herausgestellt hat, ist die geografische Entfernung jedoch nur ein Teil der Gleichung.

Distanz kann mehrere Bedeutungen haben. Sie kann sich auf die zeitliche, die räumliche oder auf die emotionale Entfernung beziehen. Unsere Forschungen zu virtuellen Teams begannen mit der Vorstellung, dass die geografische Entfernung eine emotionale Entfernung zwischen Kollegen schafft. Doch uns wurde schnell klar, dass die geografische Entfernung nur ein Element, und nicht einmal das wichtigste ist, das ein Gefühl der Distanz hervorzurufen vermag. Wir haben den Begriff *virtuelle Distanz* geprägt, um auf die psychologische Distanz hinzuweisen, die entsteht, wenn Menschen hauptsächlich über smarte digitale Geräte (SDDs) interagieren – ungeachtet dessen, wo diese Kommunikationsformen beginnen und enden. Virtuelle Distanz kann variieren, abhängig von verschiedenen Faktoren, realen und vermeintlichen. Darauf gehen wir im dritten Kapitel näher ein. Betrachten wir zuerst den Mythos vom »Tod der Distanz«, der uns aufs Glatteis und bestenfalls in die Irre führt, wenn es gilt, menschliches Verhalten zu verstehen.

Standort, Standort, Standort

In den 1970er Jahren führte Thomas Allen, Forscher am Massachusetts Institute of Technology (MIT), eine Studie zu den damals gängigen Kommunikationsmustern durch. Er besuchte sieben verschiedene Forschungs- und Entwicklungslaboratorien und bat die Wissenschaftler und Ingenieure um Informationen, mit welchen Personen sie kommunizierten und wie häufig die Kontakte stattfanden. Danach ermittelte Allen die Entfernungen zwischen den Schreibtischen der Befragten in den einzelnen Organisationen. Er stellte fest, dass die Kommunikationswahrscheinlichkeit mit wachsender Entfernung zwischen den Schreibtischen abnahm. Die Entdeckung dieser linearen Beziehung war keine Überraschung; überraschend war lediglich, dass die Distanz nur bei den ersten 30 Metern ins Gewicht fiel. War die Entfernung größer, flachte die Kommunikationswahrscheinlichkeit gegen Null ab. Diese lineare Beziehung blieb auch bestehen, als Allen organisationsspezifische Faktoren wie Gruppen- und fachliche Zugehörigkeit berücksichtigte. Kurz gesagt: Wenn sich der Kollege im Nachbargebäude befand, hätte er auch 3000 Kilometer entfernt sein können.[1]

Vermutlich denken Sie jetzt, dass Allens Studie vor der Ankunft des Internets erfolgte. Aber wie sich diejenigen erinnern werden, die in den 1970er Jahren berufstätig waren, gab es da bereits ein Gerät namens Telefon. Was Allen herausfand, kann also nicht vollständig durch die Informations- und Kommunikationstechnologie (ICT) erklärt werden, wie beispielsweise diejenige, die für Internet, E-Mail, Instant Messaging (IM) oder Smartphones eingesetzt wurde.

Wenn wir 40 Jahre im Zeitraffer vorspulen, sehen wir, dass das Problem der physischen und räumlichen Distanz noch komplizierter geworden ist. Das »Großraumbüro« ist ein Konzept, das es seit Ende der 1950er Jahre gibt.[2] Statt die Schreibtische in getrennten Büros unterzubringen, werden sie in einem großen offenen Raum aufgestellt, ohne Barrieren gleich welcher Art zwischen den Mitarbeitern. Die Befürworter des Großraumbüros erklärten, dieses Arrangement würde die Kommunikation und Zusammenarbeit fördern und bereichern. Sie deuteten sogar an, dass zufällige Begegnungen in der offenen Umgebung Ideen und Kreativität Vorschub leisten. Auf den ersten Blick schien das Konzept sinnvoll zu sein, doch es fehlten empirische Belege für die vermeintlichen Vorteile. In jüngerer Zeit beschlossen zwei Forscher, Daten zu sammeln, die Aufschluss über die Effektivität der Großraumbüros geben könnten.[3] Sie führten zwei Studien durch, an denen Fortune-500-Unternehmen und mehr als 150 Beschäftigte teilnahmen, die von traditionellen Arbeitsplätzen in eine völlig offene Bürolandschaft überwechselten. Alle Mitarbeiter trugen »soziometrische Badges«, die Kontakte zu anderen Mitarbeitern drahtlos erfassten – Häufigkeit und Dauer der Face-to-Face(F2F)-Interaktionen inbegriffen. Die Forscher waren imstande, die Interaktionen vor und nach dem Ortswechsel zu messen. Die Ergebnisse waren aufschlussreich. Die F2F-Interaktionen gingen um 70% zurück, während sich E-Mail und Nachrichtenversand (Instant Messaging, IM) dramatisch erhöhten. Wie die Autoren anmerkten: »Elektronische Interaktionen ersetzten die F2F-Interaktionen.« Paradoxerweise reduzierte das Großraumbüro die physische Distanz, vergrößerte aber die virtuelle Distanz. Und noch wichtiger: Wie das Management außerdem berichtete, war die Produktivität nach dem Umzug in die offene Architektur rückläufig.

Mythenkiller

Großraumbüros haben nachweislich einen Rückgang der persönlichen Interaktionen und eine Zunahme der virtuellen Distanz zur Folge.

Eine andere Studie erforschte, wie die Auswirkungen der »wahrgenommenen Distanz« die Interaktionen zwischen zwei Menschen beeinflussen. Die Teilnehmer wurden nach dem Zufallsprinzip zwei Gruppen zugeordnet. Der ersten Gruppe sagte man, dass sie mit einem Partner in derselben Stadt kommunizieren würden, nur wenige Meilen entfernt. Der zweiten Gruppe wurde mitgeteilt, dass sich der Partner in einer 3000 Meilen entfernten Stadt befand. Die Ergebnisse zeigten, dass die Wahrnehmung der Distanz erhebliche Auswirkungen hatte. Wenn die Probanden glaubten, ihre Kommunikationspartner wären weit entfernt, war die Bereitschaft geringer, zu kooperieren, mit offenen Karten zu spielen oder sich von ihnen überzeugen zu lassen. Ob die Interaktion per IM oder Videokonferenz stattfand, spielte dabei keine Rolle. In Wirklichkeit befand sich der Partner im benachbarten Raum, so dass diese Ergebnisse ausschließlich auf die kognitive Deutung oder das Gefühl der Distanz zurückzuführen waren.[4] So viel zur Hypothese, dass die Technologie den »Tod der Distanz« herbeiführen wird!

Die physische oder geografische Entfernung ist zweifellos ein wichtiger Faktor für die Beschaffenheit der Beziehungen, die wir zu anderen entwickeln. Aber warum verändert allein der *Gedanke*, dass jemand weit entfernt ist, unser Verhalten? Ein Grund ist die Erwartung, dass künftige Interaktionen und vor allem Face-to-Face-Begegnungen unwahrscheinlich sind, wenn sich jemand 3000 Kilometer weit entfernt befindet. Wenn wir uns unerfreulich verhalten, werden wir vermutlich nicht persönlich zur Rede gestellt. Deshalb werden Interaktionen, die nicht in unmittelbarer physischer Nähe stattfinden, weniger Konsequenzen und Bedeutung zugeschrieben.

Ein zweiter Grund ist die emotionale Sensibilität. Betrachten Sie einmal folgendes Szenario: Stellen Sie sich vor, Sie befinden sich in einem Kontrollzentrum; Ihre Aufgabe besteht darin, den Schienenverkehr zu überwachen. Das rechnergestützte System ermöglich Ihnen, Hindernisse auf den Schienen frühzeitig zu erkennen und Weichen umzustellen. Plötzlich sehen Sie, dass sich an einem 100 Kilometer entfernten Ort ein Zug mit Höchstgeschwindigkeit der linken Seite einer Gabelung nähert. Dort führen gerade fünf Gleisarbeiter Instandsetzungsarbeiten durch. Auf der rechten Seite befindet sich nur ein Arbeiter. Sie müssen nun entscheiden, ob Sie den Zug nach rechts umleiten oder den Status quo belassen, sodass der Zug auf die fünf Arbeiter zusteuert.

Ein unliebsames moralisches Dilemma, doch die Forschung zeigt, dass die meisten Menschen den Hebel umlegen und ein Menschenleben opfern würden, um fünf zu retten. Und jetzt stellen Sie sich eine abgewandelte Version dieses Szenarios vor: Sie stehen auf einer Brücke und sehen, wie ein Zug auf fünf Gleisarbeiter zurast, die sich hinter einem Hügel auf den Schienen befinden. Wenn der Zug nicht sofort anhält, werden die Arbeiter mit Sicherheit erfasst werden und sterben. Sie bemerken zufällig einen großgewachsenen Mann, der an einer ungesicherten Stelle der Brücke steht und den Zug ebenfalls beobachtet. Wenn Sie sich leise anschleichen und ihn von der Brücke stoßen würden, würde er auf die Gleise stürzen und sich das Genick brechen. Doch aufgrund seiner Größe wäre er nicht zu übersehen und der Zug käme zum Stillstand. Sie müssen nun entscheiden, ob Sie ihn hinunterstoßen oder zulassen, dass die fünf Gleisarbeiter den Tod finden.

Dieses zweite Szenario ist noch unliebsamer, aber die Folgen Ihrer Wahl wären haargenau dieselben. Studien zeigen, dass in einem solchen Fall nur wenige Menschen bereit wären, den großgewachsenen Mann von der Brücke zu stoßen, auch wenn sie dadurch fünf Menschenleben retten könnten.

Modifizierte Versionen dieser beiden Szenarien[5] wurden verwendet, um moralischem und ethischem Verhalten auf den Grund zu gehen. Um zu verstehen, warum Menschen so unterschiedlich darauf reagieren, nutzten die Forscher der Princeton University die Magnetresonanztomografie (MRT), um zu zeigen, dass das erste Szenario Hirnregionen aktiviert, die gewöhnlich an logischen, unpersönlichen Entscheidungen beteiligt sind, beispielsweise an der Auswahl einer Reiseroute. Das zweite Szenario aktiviert einen völlig anderen Bereich des Gehirns – der vor allem dann in Gang gesetzt wird, wenn Gefühle im Spiel sind.

Virtuelle Distanz erzeugt ähnliche Unterschiede bei den emotionalen Reaktionen von Personen, die miteinander arbeiten. Ist die virtuelle Distanz gering, sind die emotionalen Verbindungen zwischen Kollegen stärker. Geringe virtuelle Distanz bedeutet auch, dass sie einander mehr Vertrauen entgegenbringen, sich motiviert fühlen und ihren Aufgaben mit größerem persönlichem Einsatz nachgehen. Das heißt aber nicht, dass sie räumlich enger zusammenrücken müssen, um die virtuelle Distanz zu verringern. Ganz im Gegenteil: Unsere Daten belegen eindeutig, dass die virtuelle Distanz zwischen zwei Menschen, die im selben Gebäude arbeiten, durchaus groß sein kann. Und je größer die virtuelle Distanz zwischen Teammitgliedern, desto größer die Anzahl der Probleme – Fehlkommunikation, Mangel an klar definierten Rollen oder Aufgaben, persönliche und kulturelle Konflikte –, mit denen sich ein Team konfrontiert sieht.

Gedankenexperiment

Denken Sie an Freunde, die Sie seit Langem kennen, aber seit geraumer Zeit nicht mehr gesehen haben, weil sie weit entfernt wohnen. Wenn Sie mit ihnen telefonieren oder eine E-Mail von ihnen lesen, haben Sie das Gefühl, als wäre die letzte Begebung erst gestern gewesen, und Sie können nahtlos an die alte Freundschaft anknüpfen.

Das ist ein anschauliches Beispiel für geringe virtuelle Distanz trotz großer geografischer Entfernung.

Denken Sie nun an Kollegen, die vielleicht im selben Gebäude arbeiteten, nur ein paar Boxen oder Büros entfernt. Sie reden selten mit ihnen, und wenn es etwas zu besprechen gibt, schicken sie Ihnen eine E-Mail, statt an Ihren Schreibtisch zu kommen. Wenn Sie sich persönlich begegnen, fühlen sich alle ein wenig unbehaglich – schließlich findet der größte Teil der Kommunikation per Computer statt und Sie kennen sich kaum.

Das ist ein Beispiel für große virtuelle Distanz trotz geringer geografischer Entfernung.

Dieses Gedankenexperiment unterstreicht das Primäre Prinzip der virtuellen Distanz: Heute ist jeder ein Teil der virtuellen Welt, und deshalb wirkt sich die virtuelle Distanz auf jeden aus, an gleich welchem Ort. Vor allem in Unternehmen repräsentiert sie einen Zustand, der Auswirkungen auf das gesamte Ökosystem der Organisation hat, von der Chefetage bis zur Werkbank, vom Kundendienst bis zu den Kunden der Unternehmenskunden. »Virtuelle Teams«, gewöhnlich als standortverteilte Mitarbeitergruppen beschrieben, die sich bisweilen kulturell voneinander unterscheiden und weitgehend digital kommunizieren, stellen nicht die einzige Teilmenge der Unternehmensressourcen dar, die von der Überwindung der virtuellen Distanz profitieren würden.

Einige von uns können sich vielleicht noch an die Zeit erinnern, als die meisten Interaktionen mit Firmenangehörigen im gleichen Gebäude stattfanden, E-Mails kaum verbreitet waren und die Kommunikation überwiegend synchron erfolgte. Der Postdienst kümmerte sich noch um die Beförderung des Schriftverkehrs und wir konnten auf die Ausrede zurückgreifen, dass der fällige Bericht »unterwegs« sei.

Das alles hat sich geändert, und der Wandel kam schnell. E-Mails gibt es beispielsweise erst seit ungefähr 25 Jahren. Das erste iPhone kam 2007 in den Handel. Gleichzeitig fanden andere fundamentale Veränderungen statt: zunehmende Globalisierung, größere Diversität auf kultureller, Unternehmens- und nationaler Ebene, der Übergang von hierarchischen zu vernetzten Organisationsstrukturen und ein stetig wachsendes Beziehungsgeflecht.

Globalisierung, Diversität und Netzwerke

Die folgende Beschreibung eines Unternehmens könnte Ihnen vertraut vorkommen: Die Führungsmannschaft ist weltweit verstreut, kommt nur selten persönlich zusammen und kommuniziert vorwiegend asynchron. Kritische Geschäftsbereiche werden an Experten ausgelagert, deren Sprache, Kultur und Werte erhebliche Unterschiede aufweisen. Diese Merkmale treffen heute auf die meisten globalen Organisationen zu, doch in diesem Fall handelt es sich um ein Unternehmen, das vor mehr als dreihundert Jahren in Großbritannien gegründet wurde.

Die Hudson Bay Company ist heute vor allem als kanadische Warenhauskette bekannt, doch im 18. und 19. Jahrhundert war sie das größte Pelzhandelsunternehmen der Welt.[6] Die Führungskräfte waren in weit voneinander entfernten Außenposten über ganz Nordamerika verstreut und hatten aufgrund der geografischen Entfernung der einzelnen Standorte einen großen Ermessensspielraum und weitgehend freie Hand, was ihre Entscheidungen betraf – ein Beispiel für das, was wir heute als *Empowerment* (Befähigung, Ermächtigung) bezeichnen.

Outsourcing war für die Hudson Bay Company ebenfalls von großer Bedeutung. Alle Felle stammten von Fallenstellern und Pelztierjägern, Angehörigen der indigenen Völker, die im heutigen Nordamerika und in Kanada lebten. Obwohl sie kein Smartphone besaßen, sahen sich die Führungskräfte des Unternehmens oft den gleichen Herausforderungen gegenüber wie die heutigen Manager. Geografische Entfernung, kulturelle Unterschiede, asynchrone Kommunikation und die Koordination und Verflechtung der Aufgaben stellten Probleme dar, die sich auf die virtuelle Distanz zwischen den Führungskräften der Hudson Bay Company auswirkten.

Das Beispiel zeigt, dass die Globalisierung kein neues Phänomen ist. Das Römische Imperium war ebenfalls eine globale Institution, zumindest für den damals bekannten Teil der Welt. Jahrhundertelang gelang es dem Imperium überaus effektiv, geografisch verstreute und kulturell unterschiedliche soziale und ökonomische Gruppen zu lenken. Die Seidenstraße während der Mongolenherrschaft ist ein weiteres Beispiel. Neu sind heute nur die Ausbreitungsgeschwindigkeit und Allgegenwärtigkeit der Globalisierung im Verlauf der letzten Jahrzehnte.

Wissenschaftler der Schweizerischen Gesellschaft für Konjunkturforschung in Zürich haben die zunehmende weltweite Verflechtung seit 1979 verfolgt. Sie erstellten den sogenannten KOF Index of Globalization, der die ökonomischen, politischen und sozialen Messwerte in quantifizierter Form zusammenfasst. Zu den ökonomischen Faktoren gehören Waren-, Kapital- und Dienstleistungsströme über weite Entfernungen, aber auch Informationen und Sichtweisen, die Marktveränderungen begleiten. Die soziale Dimension misst die Ausbreitung von Ideen, Informationen, Symbolsprachen und Menschen, während die politische Dimension die Verbreitung regierungspolitischer Leilinien erfasst.[7]

Die Technologie ist zweifellos einer der wichtigsten Faktoren der zunehmenden Globalisierung. Wir können tausende Kilometer voneinander entfernt sein, aber problemlos riesige Datenmengen mit hoher Geschwindigkeit übertragen, akustisch relativ klar miteinander kommunizieren und gleichzeitig am selben Dokument arbeiten. Einige Aufgaben lassen sich auf große Entfernung leicht bewältigen, aber nicht alle. Oft ist es unumgänglich, Beziehungen aufzubauen und mit firmenexternen

Experten, Teammitgliedern und Mitarbeitern zu kooperieren, denen wir nie zuvor begegnet sind (und die wir vielleicht auch nie persönlich kennenlernen werden).

Die Arbeit über internationale Grenzen hinweg bringt zusätzliche Komplikationen mit sich. Die Teammitglieder stammen oft aus völlig unterschiedlichen Kulturen mit spezifischen Kommunikationsstilen, Überzeugungen und Einstellungen. Die zunehmende Diversität hat zahlreiche positive Aspekte. Die lokalen kulturellen Gepflogenheiten zu verstehen kann wichtig sein: Wenn beispielsweise die Markteinführung eines neuen Produkts geplant ist, können sich die spezifischen Kenntnisse, Fähigkeiten und Denkweisen, über die multikulturelle Teams verfügen, für die Entwicklung neuer Herangehensweisen an die Lösung von Unternehmensproblemen als Vorteil erweisen.[8]

Die Dezentralisierung kann ebenfalls förderlich sein. Wenn Mitarbeiter und Teams befähigt sind, können sie schneller Entscheidungen treffen. Und die Geschwindigkeit ist ein entscheidender Faktor bei der Produkteinführung, weil die Strategie, als erstes Unternehmen am Markt zu sein, oft mit einem großen Wettbewerbsvorteil verbunden ist.

Doch Dezentralisierung bedeutet auch, dass sich die Kommunikationsweise verändert. Statt eine Weisungskette zu durchlaufen, kann die Kommunikation auf direktem Weg zwischen Menschen, Teams und Unternehmenseinheiten stattfinden. Das bedeutet auch, dass informelle Netzwerkstrukturen wichtiger als jemals zuvor sind. Netzwerkstrukturen liefern beispielsweise eine präzisere Beschreibung der Beziehungen zwischen multinationalen Unternehmenseinheiten und ihren Lieferanten, aber auch zwischen den Personen, die im Rahmen dieser Strukturen arbeiten. Die soziale Netzwerkanalyse (SNA), eine Methode der empirischen Sozialforschung, bietet beispielsweise eine Reihe nützlicher Verfahren zur Beschreibung der Beziehungen zwischen Unternehmen, Untereinheiten und Einzelpersonen innerhalb dieser vernetzten Organisationen. Wie wir später sehen werden, haben viele SNA-Konzepte unmittelbare Auswirkungen auf die virtuelle Distanz.

Das Yin und Yang der Arbeit

Antonio Damasio ist ein Neurowissenschaftler, der sich der Frage gewidmet hat, wie unser Gehirn arbeitet, wenn wir Entscheidungen treffen.[9] Aufgrund von Fallstudien zu Hirnverletzungen gelangte er zu einer interessanten Schlussfolgerung. Wenn Entscheidungen anstehen, ist unser Gehirn mit zwei Aktivitäten befasst: Es führt eine Analyse der Situation und der Alternativen durch, die mit der Entscheidung in Zusammenhang stehen, und es nimmt eine emotionale Einschätzung der Situation und der Optionen vor. Wie sich herausstellte, können wir keine klare Entscheidung treffen, wenn die Verbindung zwischen dem emotionalen und dem analytischen Zentrum unseres Gehirns unterbrochen ist. Wir sind vielleicht imstande, eine sorgfältige Analyse aller Faktoren vorzunehmen, die für und gegen eine Option sprechen, doch ohne die emotionale Verbindung können wir uns einfach nicht entscheiden.

Was hat die Funktionsweise des Gehirns mit unserer Arbeitsweise zu tun? Darauf gehen wir insbesondere im zehnten Kapitel über die seelenbasierte Führung ein. Für den Augenblick reicht es aus, sich Arbeit als eine Abfolge von Entscheidungen vorzustellen. Einige können weitgehend vorprogrammiert sein und ohne lange Überlegungen erfolgen. Doch der Großteil der interessanteren Aufgaben, die wir verrichten, beziehen die Aktivierung unseres Gehirns bei der Entscheidungsfindung ein – sowohl die emotionale als auch die analytische Hälfte. Das chinesische Konzept des Yin und Yang, das zwei entgegengesetzte, aber einander ergänzende Kräfte beschreibt, trägt dieser Dichotomie Rechnung. Viele Führungskräfte verfügen über hervorragende analytische Fähigkeiten, tun sich aber schwer, Kontakt zur emotionalen Seite der Mitarbeiter herzustellen, die mit der Erledigung der Aufgaben betraut sind. Diese Dichotomie tauchte im zwanzigsten Jahrhundert immer wieder in verschiedener Gestalt in den Ideen und Theorien der Sozialwissenschaftler auf, die das Arbeitsverhalten studierten.

Von dieser Dichotomie zeugen auch die unterschiedlichen Theorien des US-amerikanischen Ingenieurs Frederick Winslow Taylor und des australischen Soziologen Elton Mayo. 1911 veröffentlichte Taylor *Scientific Management*[10], sein Hauptwerk, in dem er beschrieb, wie sich Arbeit durch die Entwicklung spezifischer Werkzeuge und Optimierungsverfahren effizienter gestalten ließ. Taylor war der Meinung, dass der Arbeiter, der die Werkzeuge benutzte, eine ineffiziente, aber leider unverzichtbare Produktionskomponente darstellte. Seine Ansichten über »den durchschnittlichen Arbeiter« brachte er in seiner Aussage vor dem Untersuchungsausschuss des US-Kongresses 1913 zum Ausdruck: »Ich kann ohne das leiseste Zögern sagen, dass die wissenschaftlich ausgerichtete Herangehensweise an die Bearbeitung von Roheisen so anspruchsvoll ist, dass ein Mann, der ... körperlich imstande und sowohl ausreichend phlegmatisch als auch dumm genug ist, sich die Bearbeitung von Roheisen als Broterwerb auszusuchen, kaum in der Lage sein dürfte, die rein wissenschaftliche Herangehensweise zu begreifen.«[11]

Taylor war Ingenieur. Er gilt als Begründer des Industrial Engineering, ein Arbeitsgebiet, in dem es um die Optimierung von Leistungserstellungsprozessen mit Hilfe von weitgehend ingenieurwissenschaftlichen Methoden geht. Ingenieure haben gelernt, Probleme analytisch anzugehen und nach technologisch basierten Lösungen Ausschau zu halten. Diese Herangehensweise ebnete zwar vielen wichtigen Fortschritten den Weg, ignorierte aber beharrlich Einstellungen, Werte und Gefühle der Menschen, die die Arbeit ausführten. Bemerkenswert ist, dass dieses Phänomen während des gesamten zwanzigsten Jahrhunderts fortbestand und sogar noch unsere heutigen Arbeitsumgebungen beeinflusst.

Natürlich stand Taylor mit seiner Sicht auf die Arbeiter nicht alleine da. In den 1890er Jahren, als er mit seinen Studien begann, umfasste die übliche Arbeitswoche etwa sechzig Stunden, verteilt auf sechs Tage.[12] Es gab keine Krankenversicherung, keine Altersvorsorge und keine Überstundenregelung. Bedenken wegen der »Gefühle« der Betroffenen hatten nicht gerade Vorrang. Doch in den 1920er Jahren begann sich diese düstere Auffassung, der zufolge Arbeiter nichts weiter als ein Rädchen im Getriebe waren, zu verändern.

Es war ein Experiment mit Signalwirkung, entwickelt in dem Bemühen, den »Taylorismus« umzusetzen. Wirtschaftsingenieure der Western Electric Company waren daran interessiert, die optimalen Lichtverhältnisse für Industriearbeiter zu finden. Sie führten die ersten Studien während der 1920er Jahre in der Hawthorne-Fabrik in Cicero, Illinois, durch. Sie wählten eine Gruppe von Arbeitern aus, verstärkten die Beleuchtung in der Halle und stellten fest, dass sich die Arbeitsleistung erhöhte. Als man danach zur ursprünglichen Beleuchtung zurückkehrte, blieb der Produktivitätsanstieg seltsamerweise erhalten. Allem Anschein nach waren nicht allein die Lichtverhältnisse die Ursache der Produktivitätsveränderungen. Der Wissenschaftler Elton Mayo wurde als Berater hinzugezogen, um der Lösung des Rätsels auf die Spur zu kommen.

Nach einem Blick auf die Ergebnisse der Beleuchtungsstudien, Gesprächen mit den Arbeitern und eigenen Nachforschungen gelangte Mayo zu der Schlussfolgerung, dass eine Reihe völlig anders gearteter Faktoren an der Produktivitätssteigerung beteiligt war. Er stellte beispielsweise fest, dass sich das Interesse und Verständnis des Vorarbeiters und die Aufmerksamkeit, die den Arbeitern zuteilwurde, auf die Motivation auswirkten. Und er fand heraus, dass sich die Arbeiter als Teil eines Teams betrachteten, wenn man ihnen ein gewisses Maß an Autonomie zugestand, was ihr Gefühl der Kontrolle und ihr Engagement am Arbeitsplatz stärkte. Mayos Schlussfolgerungen mögen heute offensichtlich sein, doch in den 1920er Jahren galten seine Ansichten als radikal – so sehr, dass die US-amerikanische Wirtschaft und Industrie seine Erkenntnisse weitgehend ignorierte.[13]

Die Abgrenzung zwischen analytischen Aufgaben und emotionalem Verhalten setzte sich fort. 1950 gelangten beispielsweise Forschungsstudien der Ohio State University zu dem Ergebnis, dass Mitarbeiterorientierung und Aufgabenorientierung die beiden wichtigsten Faktoren waren, die sich auf die Leistung von Führungskräften auswirkten. Aufgabenorientierte Führung ist ein Kürzel für Analyse, Planung und Problemlösungsprozesse, mit anderen Worten, für die analytische Seite der Arbeit. Mitarbeiterorientierte Führung bezieht sich auf das Interesse der Führungskräfte an sozialen und zwischenmenschlichen Aspekten, das heißt, an der emotionalen Komponente der Arbeit. Das Managerial Grid, auch Verhaltensgitter genannt, ist ein wissenschaftliches Modell, das in den 1960er Jahren auftauchte und ebenfalls diese zwei Dimensionen umfasst: Es bewertete Führungskräfte sowohl nach ihrer Aufgaben- als auch nach ihrer Mitarbeiterorientierung. Abbildung 2.1 zeigt, dass diese beiden Faktoren immer wieder bei der Erforschung von Führungskompetenz, Vertrauen, Prognose der Arbeitsleistung, Arbeitszufriedenheit und Projektperformance auftauchen.

Theorie oder Studie	Analytisch (Yin)	Emotional (Yang)
Ohio State Leadership Studies (1950er Jahre)	Aufgabenorientierte Führung: Planung, Organisation, Problemlösungsprozesse	Mitarbeiterorientierte Führung: Führungskräfte sollten die sozialen und zwischenmenschlichen Bedürfnisse ihrer Mitarbeit in Betracht ziehen
Theorie X und Theorie Y (1960er Jahre)	Die Aufgabe von Führungskräften besteht darin, Aufgaben zu strukturieren und Mitarbeiter zu aktivieren	Mitarbeiter sind selbstmotiviert durch die Befriedigung, gute Arbeit zu leisten
Managerial Grid/ Verhaltensgitter (1964)	Ausrichtung an der Produktion	Ausrichtung an den Bedürfnissen der Menschen
Full Range Leadership Theory/ Modell des umfassenden Führungsverhaltens (1980er Jahre)	Transaktionale Führung	Transformationsorientierte Führung
Projektmanagement-Forschung (1990er Jahre -2000)	Budgets, Terminpläne und Meilensteine	Projektkultur, Führung und Verhalten
Theorien des zwischenmenschlichen Vertrauens (1990er Jahre)	Kognitives Vertrauen – auf rationale Erwartungen gestützt	Affektives Vertrauen – gestützt auf soziale Beziehungen
Prognose der Arbeitsleistung (Personalauswahl-Forschung)	Kognitive Fähigkeiten	Persönlichkeit und emotionale/soziale Intelligenz
Arbeitszufriedenheit	Zufriedenheit, die sich aus dem Arbeitsinhalt ableitet	Zufriedenheit, die sich aus den Peerbeziehungen ableitet

Abb. 2.1: Das Yin und Yang der Organisationstheorien

Virtuelle Arbeit und virtuelle Distanz

Wie wir gesehen haben, ist die geografische Streuung und Globalisierung der Arbeit kein völlig neues Phänomen, doch Internet, Breitbandanschlüsse und andere Technologien haben gemeinsam den Weg für eine Form der Kommunikation und Zusammenarbeit gebahnt, die vor ihrer Ankunft unmöglich waren.

Virtuelle Arbeit geht mit neuen Herausforderungen für die Kommunikation, Führung und Teamarbeit einher. Wie Frederick Taylor suchen moderne Manager nach Lösungen, die auf besseren Tools und Techniken basieren. Das Werkzeug kann beispielsweise in einer kollaborativen Designsoftware, Highspeed-Videos oder besseren Konferenzsystemen bestehen. Doch wie Taylor betrachten die meisten die Technologie als Lösung, obwohl sie in Wirklichkeit nur anders geartete Probleme für das menschliche Wohlergehen erzeugt.

Unsere Forschungen und Erfahrungen bei der Beratung vielfältiger Unternehmen legen die Schlussfolgerung nahe, dass eine Effektivitätssteigerung der virtuellen Arbeitskräfte nicht allein auf eine bessere Technologie zurückzuführen ist. Ein ehemaliger Leiter des Media X-Labors der Stanford University erklärte: »Je größer die virtuelle Distanz, desto unkomplizierter sollte die Software sein.«

Wie kann ein Unternehmen also feststellen, ob die virtuelle Distanz ein Problem innerhalb der Organisation darstellt? Als Erstes muss es sich mit dem Thema auseinandersetzen. Damit entsteht eine wichtige Struktur, die als Fundament für einen effektiven Umgang mit den unzähligen komplexen Problemen dienen kann, die in virtuellen Teams ungeachtet des Standorts auftauchen.

Im nächsten Kapitel geht es um die Einzelheiten des Modells der virtuellen Distanz und das Gerüst für die Bewältigung der damit verbundenen Herausforderungen.

Zusammenfassung

1. Die Hypothese vom »Tod der Distanz« ist ein Mythos. Fakt ist, dass wir auch weiterhin mit Problemen kämpfen, die sowohl auf einer geografischen als auch emotionalen Trennung basieren – genau wie seit Jahrhunderten der Fall.

2. Physische Distanz kann Kommunikationsbarrieren schaffen, trotz technologiegestützter Tools zur Verbesserung der Zusammenarbeit. Hier einige Beispiele:
   - Mitte der 1950er Jahre wurden 30 Meter als physische Grenze für die Face-to-Face-Kommunikation festgelegt, als Telefone zur Überbrückung der geografischen Distanz verfügbar waren.
   - 2004, ein halbes Jahrhundert später, stellte man anhand von Studien fest, dass die Bereitschaft der Mitarbeiter, zu kooperieren, mit offenen Karten zu spielen oder sich von anderen überzeugen zu lassen, geringer war, wenn die »Wahrnehmung« physischer Distanz wuchs.
   - Studien zu »Großraumbüros« haben gezeigt, dass die virtuelle Distanz auch dann zunehmen kann, wenn die Kollegen in unmittelbarer Nähe arbeiten.
   - Ethische Wahlmöglichkeiten und emotionale Bindungen werden durch physische Nähe nachhaltig beeinflusst.

3. Die Globalisierung der Arbeit und Outsourcing-Aktivitäten sind keine neuen Konzepte, doch die umfangreiche Nutzung der Highspeed-Informations- und Kommunikationstechnologie haben das Problem der Distanz im 21. Jahrhundert stärker als jemals zuvor in den Vordergrund gerückt – ein wichtiger Treiber für die Erneuerung unseres Verständnisses, wie sich Entfernung im Kontext unserer neuen Arbeitswelt auswirkt.

4. Sowohl emotionale als auch analytische oder sachbezogene Überlegungen haben seit der Ankunft der Managementwissenschaften in den Führungstheorien um Raum gekämpft. Die wahrgenommene Distanz, hervorgerufen durch die allgegenwärtigen Technologien, hat tiefgreifende und messbare Auswirkungen auf beide Dimensionen.

5. *Virtuelle Distanz* ist ein neuer, von uns geprägter Begriff. Er beschreibt Faktoren, die »Entfernung« in all ihren Aspekten umfassen und sich im digitalen Zeitalter besonders nachhaltig auswirken. Dazu gehören, was nicht überrascht, die geografische, soziale und emotionale Distanz sowie das Gefühl der Isolation, eine Kombination, die Zusammenarbeit, Kommunikation und Erfolg hemmen oder verhindern kann.

3 Der Umgang mit der virtuellen Distanz

Im 2. Kapitel ging es um die Distanz und die wichtige Rolle, die sie spielt. Wie bereits erwähnt, haben wir im Verlauf der letzten 15 Jahre entdeckt, dass die virtuelle Distanz einer effektiven Zusammenarbeit im digitalen Zeitalter im Weg steht.

Virtuelle Distanz lässt sich als gefühlte Entfernung beschreiben, die unbewusst wächst, wenn wir uns in hohem Ausmaß auf eine Kommunikationsform verlassen, die durch »intelligente« digitale Geräte vermittelt wird.

Sie unterscheidet sich von anderen Formen der Distanz, da sie Eigenschaften in sich vereint, die sich sowohl aus einer realen Entfernung wie beispielsweise einer physischen Trennung als auch aus einer wahrgenommenen Entfernung ergeben und infolge einer sozialen Kluft entstehen. Das Gefühl der Isolation kann sich auch im Alltag einstellen, wenn Menschen versuchen, ein Gleichgewicht zwischen der gewaltigen Arbeitslast und dem Aufbau sinnvoller Beziehungen herzustellen.

Virtuelle Distanz kann ein Chaos anrichten, bei dem finanzielle Ergebnisse, Wettbewerbsposition und andere wichtige Aspekte der Arbeit auf der Strecke bleiben. Doch bevor wir uns mit den Einzelheiten befassen, müssen wir verstehen, wodurch das Gefühl der Trennung ausgelöst wird. In diesem Kapitel sind die spezifischen Bausteine beschrieben, aus denen sich das Modell der virtuellen Distanz zusammensetzt. Es bildet das Fundament, auf dem Lösungen entwickelt werden können, um Leistungen zu verbessern, Vertrauen zu stärken, Innovation voranzutreiben und unter dem Strich bessere Ergebnisse mit den heutigen – ausnahmslos virtuellen – Arbeitskräften zu erzielen.

> **Denken Sie an das Primäre Prinzip der virtuellen Distanz:**
>
> Jeder arbeitet inzwischen virtuell. Deshalb wirkt sich die virtuelle Distanz auch auf jeden aus, gleich wo auf der Welt.

Fallbeispiel

Der IT-Leiter (CIO) einer großen internationalen Bank versuchte jahrelang zu verstehen, was bei seinen virtuellen Mitarbeitern funktionierte und was nicht. Während dieser Zeit hatte er einen großen virtuellen Mitarbeiterstab aufgebaut, einschließlich eines Teams, das weltweit an verschiedenen, teilweise entlegenen Standorten tätig war, und mit Hilfe ausgelagerter Unternehmen in Indien und China kostengünstige Personalentwicklungsaktivitäten in die Wege geleitet. Während unseres Interviews schilderte er die Methoden, mit denen er Hindernisse für seine virtuellen Mitarbeiter auszuräumen pflegte. Er hatte drei Jahre lang die Daten von mehr als fünfzig Projekten verfolgt und gesammelt – in der Hoffnung, Muster zu entdecken, die zu einer Verbesserung der virtuellen Teamarbeit führen könnten. Seine

Methoden waren durchaus innovativ. Doch am Ende sagten sie bedauerlicherweise wenig darüber aus, warum einige Projekte erfolgreich waren und andere scheiterten. Wir erklärten ihm, wie man mit dem Modell der virtuellen Distanz zielgenau und schnell genau die Probleme aufspürt, die den Sorgen um den Erfolg seiner Projekte zugrunde lagen.

Das Konzept der virtuellen Distanz scheint auf den ersten Blick leicht umsetzbar zu sein. Jeder hat Erfahrungen damit gemacht, entweder mit geringer oder mit großer virtueller Distanz. Das Gedankenexperiment aus dem 1. Kapitel zeigt eine Möglichkeit auf, sie hautnah zu erleben.

Doch die virtuelle Distanz hat eine darunterliegende, erkennbare Struktur, wie aus Abbildung 3.1 ersichtlich. Diese Struktur ermöglicht uns, sie unmittelbar zu messen. Sie repräsentiert die »DNA-Dynamik« der virtuellen Arbeitskräfte. Schauen wir uns das Modell der virtuellen Distanz also genauer an, um die Kräfte zu verstehen, die in uns das »Gefühl« der Isolation wecken.

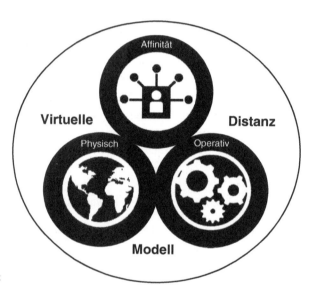

Abb. 3.1: Modell der virtuellen Distanz

Wie in der Einführung beschrieben, besteht die virtuelle Distanz aus drei Elementen:

- *Physische Distanz*: Arbeitsplatzmerkmale, die an Raum und Zeit gebunden sind, wie geografische Entfernungen, Zeitzonen, Unterschiede sowohl in der Zeitablaufsteuerung als auch in der Organisationsanbindung.
- *Operative Distanz*: die täglichen Störfaktoren, die eine fließende, tiefgründige Kommunikation beeinträchtigen.
- *Affinitätsdistanz*: Probleme, die ein Hindernis für die Entwicklung tieferer, dauerhafter und substanzieller Beziehungen darstellen, aufgebaut auf gemeinsamen Werten und wichtigen menschlichen Interdependenzen.

Physische Distanz

Physische Distanz (siehe Abbildung 3.2) repräsentiert die zahlreichen Möglichkeiten einer realen Trennung oder Entfernung, die beispielsweise auf unterschiedliche geografische Standorte, Zeitzonen und organisatorische Zugehörigkeit zurückzuführen ist. Wenn beispielsweise ein Teammitglied in der Herstellung und ein anderes in der Forschungs- und Entwicklungsabteilung tätig ist, besteht eine organisatorische Distanz zwischen ihnen, weil beide für unterschiedliche Unternehmensbereiche arbeiten. Wie im 2. Kapitel erwähnt, hat die Globalisierung das Ausmaß dieser Konstanten, der physischen Distanz zwischen uns, dramatisch verändert.

Laut einer Studie der Stanford University ist eines von fünf Teammitgliedern seinem unmittelbaren Vorgesetzen nie persönlich begegnet.[1]

> Ungefähr 20% der weltweit Erwerbstätigen haben ihren unmittelbaren Vorgesetzten nie persönlich kennengelernt.

Man stelle sich vor: 20% der Beschäftigten kennen ihre Vorgesetzen nur aus gelegentlichen Telefonaten, der Kurzbiografie mit Foto auf einer Website und zahlreichen E-Mails. Noch erstaunlicher ist, dass mehr als die Hälfte von ihnen bezweifelte, ihnen jemals persönlich zu begegnen.

Abb. 3.2: Physische Distanz

> Mehr als 50% derjenigen, die ihre Vorgesetzten nicht persönlich kennen, bezweifelt, ihnen jemals persönlich zu begegnen.

Ein großer Teil der virtuellen Mitarbeiter beginnt den Tag also ohne die Erwartung, ihren Vorgesetzten irgendwann einmal persönlich zu Gesicht zu bekommen.

Diese fehlende Aussicht auf künftige, persönliche Begegnungen leistet Verhaltensweisen Vorschub, die in traditionellen Managementmodellen nie bedacht wurden und einige unerwünschte Ergebnisse verursachen. Mitarbeitern kann es beispielsweise unter gleich welchen Umständen schwerfallen, »nein« zu Vorgesetzten zu sagen, um eine Gehaltserhöhung zu bitten oder Probleme offen anzusprechen. Noch schwieriger wird es, wenn keine Aussicht besteht, ihnen jemals persönlich zu begegnen. Wenn Führungskräfte erwarten, dass ihre virtuellen Mitarbeiter wichtige Themen von sich aus zur Sprache bringen, sind sie blind für das, was tatsächlich vorgeht, denn es ist unwahrscheinlich, dass sie auf Probleme hingewiesen werden.

Einige denken vielleicht, es sei leichter, Klartext zu reden, wenn man virtuell arbeitet.[2] Doch laut einer Studie von Bradner und Mark (siehe 2. Kapitel) verursacht allein schon die »Wahrnehmung« von Distanz dysfunktionale Verhaltensweisen wie Betrug und mangelnde Kooperationsbereitschaft.

Wenn also viele Mitarbeiter glauben, sie würden ihre Vorgesetzten nie persönlich kennenlernen und wenn es ihnen außerdem schwerfällt, »nein« zu sagen oder sich in irgendeiner Form zur Wehr zu setzen, überrascht es wohl kaum, dass sich die physische Distanz als Hürde bei Problemlösungen, bei der Präsentation neuer Ideen und bei anderen wichtigen Gesprächen erweist, die den Weg für Spitzenleistungen ebnen.

Die physische Distanz, ein Element des Modells der virtuellen Distanz, besteht aus drei Komponenten:

1. geografische Distanz,

2. zeitliche Distanz,

3. organisatorische Distanz.

Geografische Distanz

Geografische Distanz ist genau das, was sie besagt – die Entfernungen zwischen uns, die in Inches, Zentimetern, Fuß, Meilen, Kilometern usw. gemessen werden kann. Die geografische Distanz ist der Faktor, der bei Managern und Führungskräften, die mit der strategischen Planung befasst sind, die meiste Aufmerksamkeit erhält.

Die Topmanager von HP, Yahoo und IBM haben beispielsweise versucht, Remote-Arbeit zu verbannen, obwohl sie anfangs der Überzeugung waren, durch die Abschaffung der geografischen Distanz die Teamleistungen zu verbessern. Doch das erwies sich als Trugschluss, denn die geografische Distanz ist weder erforderlich noch reicht sie aus, um virtuelle Distanz zu erzeugen. Obwohl es der Intuition widersprechen mag, sind die anderen Elemente der virtuellen Distanz Hauptursache der rätselhaften Vorgänge in der heutigen Arbeitswelt. Wenn die geografische Distanz ein Problem darstellt, sollten Führungskräfte bedenken, dass diese »Konstante« in vielerlei Hinsicht eine Herausforderung darstellen kann, beispielsweise bei der Suche nach Methoden, die zur Entwicklung und Aufrechterhaltung einer effektiven Kommunikation beitragen.

Eine verzwickte Situation, denn wenn wir geografisch voneinander entfernt sind, können wir keinen Gebrauch von unseren angeborenen sozialen Fähigkeiten machen. Wenn beispielsweise jemand, mit dem wir uns von Angesicht zu Angesicht unterhalten, den Blickkontakt meidet, liegt die Vermutung nahe, dass er etwas zu verbergen hat. Dieser tief in uns verankerte Verdacht, der sich oftmals bestätigt, ist eine Folge unseres natürlichen ursprünglichen Kommunikationsmodus. Wir versuchen, aus visuellen Hinweisen Deutungen abzuleiten, beispielsweise aus Mimik und Körpersprache. Doch wenn wir einen Menschen nicht »leibhaftig« vor uns sehen, sind wir nicht in der Lage, unsere angeborenen Sinneswahrnehmungen zu nutzen, um Rückschlüsse auf die Absichten oder die Aufrichtigkeit unserer Gesprächspartner zu ziehen. Und wenn wir ein Verhalten nicht richtig entschlüsseln können, reagieren wir weder natürlich noch angemessen.

In den 15 Jahren der Zusammenarbeit mit Klienten an Projekten zur Lösung ihrer Probleme der virtuellen Distanz hat sich die Videotelefonie zunehmend verbreitet. Dabei bekamen wir oft zu hören, dass sich solche visuellen Signale besser deuten lassen, seit es diese Kommunikationsform gibt. Doch das ist nicht zwangsläufig der Fall. Oft wirken Gesichter durch die Kamera verzerrt, so dass es uns schwerfällt, kaum sichtbare Veränderungen im Mienenspiel wahrzunehmen. Viele Leute hassen es außerdem, auf dem Bildschirm zu erscheinen, und schalten die Videofunktion aus. Wenn die Kollegen darauf bestehen oder die Vorschriften es verlangen, erwecken sie den Eindruck, als würden sie sich unwohl fühlen, aus Gründen, die nichts mit der Arbeit zu tun haben. Wie dem auch sei, als Zuschauer neigen wir oft unbewusst zu Fehldeutungen des Eindrucks, den wir von den Fähigkeiten oder Befindlichkeiten der Teammitglieder gewinnen.

Ein weiteres Problem besteht darin, dass wir nur einen »sprechenden Kopf« sehen, der Teil einer Fassade sein kann, die den Blick auf den wahren Kontext der Umgebung versperrt. Einige Leute platzieren sich beispielsweise vor ihrer »Wunschkulisse«, verschieben Möbel und hängen Bilder um, damit für das Auge des Betrachters ein ansprechender Hintergrund entsteht.

In Wirklichkeit sitzen sie vielleicht in einem winzigen Apartment, fühlen sich eingeengt. Manchmal hört man Hundegebell, Kindergeschrei oder die Sirene eines Krankenwagens, der die Straße entlang rast. Solche Hintergrundgeräusche führen zu Ablenkungen in einem Face-to-Face-Gespräch, stören den Rhythmus der Unterhaltung und verursachen eine unsichtbare virtuelle Distanz. Wir sollten also nicht davon ausgehen, dass wir mit mehr Videoschaltungen das Problem lösen, aus der Mimik unseres Gegenübers intuitive Hinweise zu erhalten.

Natürlich können Videotelefonate bisweilen sehr hilfreich sein. Aber wir sollten nicht vergessen, dass unser sensorisches System hochempfindlich ist und auch kaum merkliche Reize registriert, die sich darauf auswirken, wie wir andere wahrnehmen.

Der Mangel an physischer Nähe weckt in uns allen ein Gefühl des Unbehagens. Ein hochrangiger Angehöriger der Streitkräfte, der mit Hilfe virtueller Teams einen tiefgreifenden Transformationsprozess angeschoben hatte, erklärte: »Virtuelle Anwesenheit ist physische Abwesenheit.« Nach der Zusammenarbeit mit Leuten, denen er sich nicht nahe fühlte, war er pessimistisch, was den Nutzen einer Ergänzung des Personalbestands durch virtuelle Mitarbeiter betraf.

Doch sowohl bei unseren ursprünglichen Studien als auch im Rahmen unserer gegenwärtigen Beratungstätigkeit sind wir vielen Menschen begegnet, die das Gefühl hatten, ein einziges persönliches Treffen zu Beginn oder in kritischen Phasen eines Projekts trage dazu bei, die Auswirkungen der geografischen Distanz zu mildern. Ein Studienteilnehmer sagte: »Ich glaube zwar, dass die Face-to-Face-Zusammenarbeit die beste ist, aber es können auch enge Beziehungen zu Menschen entstehen, die sich in weiter Entfernung befinden. Der Schlüssel besteht darin, Vertrauen aufzubauen, indem man die virtuelle Distanz bei jeder Interaktion in den Griff bekommt. Ich habe festgestellt, dass schon eine einzige persönliche Begegnung am Anfang eines Projekts eine enorme Hilfe bei der Entwicklung guter Beziehungen darstellen kann, wenn wir nicht am selben Ort zusammenkommen.«

Auch wir haben festgestellt, dass geografisch getrennte Teammitglieder eine enge persönliche Beziehung aufbauen können, obwohl sie nicht physisch anwesend sind. Wir arbeiten beispielsweise seit 12 Jahren eng mit einem bekannten australischen Neurowissenschaftler und politischen Entscheidungsträger im primären und sekundären Bildungsbereich (K-12) zusammen, obwohl wir uns nie persönlich begegnet sind! Trotzdem waren unsere gemeinsam verfassten Fachpublikationen höchst erfolgreich und gingen viral um den gesamten Globus. Daraus ist eine Freundschaft entstanden. Er nutzt ebenfalls das Konzept der virtuellen Distanz, um Bildungs- und Lernstrategien in seinem Land und auf globaler Ebene zu verbessern. Die virtuelle Distanz kann also auch zwischen Kollegen, die sich nicht persönlich kennen, gering sein.

Mythenkiller

Nur weil zwischen Teammitgliedern eine geografische Distanz besteht, muss die virtuelle Distanz nicht groß sein.

Kurz gesagt: Die virtuelle Distanz kann zu dem Gefühl beitragen, von anderen Teammitgliedern weit entfernt zu sein, weil es den Tatsachen entspricht. Wir können daher nicht erwarten, dass virtuelle Mitarbeiter Kommunikationsprobleme genauso in Angriff nehmen, wie sie es bei physischer Anwesenheit täten. Das bedeutet aber nicht, dass ihre Vorgehensweise schlecht sein muss. In unserer heutigen modernen Arbeitswelt ist ständige physische Präsenz oft unmöglich oder wenig erstrebenswert. Es gibt jedoch klar umrissene Zeiten, in denen sie optimal wäre. Die geografische Entfernung lässt sich in solchen Fällen relativ leicht überwinden. Verringert man die virtuelle Distanz bei anderen Einflussfaktoren, wird sie oft völlig unproblematisch.

Zeitliche Distanz

Mit zeitlicher Distanz ist die Entfernung oder Trennung gemeint, die durch unterschiedliche Zeitzonen und Arbeitsablaufpläne entsteht. Die größte Herausforderung, die durch zeitbezogene Probleme entsteht, ist die Koordination der Arbeit. Aufgaben in die richtige Reihenfolge zu bringen und einen stetigen Arbeitsrhythmus zwischen virtuellen Teammitgliedern zu entwickeln ist für qualitativ hochwertige Leistungen unabdingbar.

Wenn beispielsweise jemand an der Ostküste der USA lebt und der Standort eines anderen Teammitglieds sich in der chinesischen Metropole Beijing befindet, besteht zwischen ihnen ein maximaler Zeitunterschied, der 13 Stunden beträgt. Der eine schläft wahrscheinlich, während der andere arbeitet – unter »normalen« Umständen, wohlgemerkt. Das haben wir vor allem deshalb erwähnt, weil manche Manager Meetings mitten in der Nacht anberaumen, um Zeitzonen-Unterschiede zu überwinden. Mit dieser Arbeitsweise kann man natürlich aktuelle Probleme lösen, was aber oft unerwartete Beeinträchtigungen des Teamzusammenhalts zur Folge hat.

Regelmäßig eingeplante Besprechungen, die den gewohnten Arbeitsablauf stören (die innere Uhr), können auch als respektlos betrachtet werden. Wir haben beispielsweise bei einem der größten Getränkekonzerne der Welt mit einem Team zusammengearbeitet, das in Kenia ansässig und einer Organisation in den Vereinigten Staaten unterstellt war. Die Teamleiterin beschrieb, wie frustrierend es für ihre Mannschaft war, auf Führungskräfte aus der Zentrale zu warten, wenn diese zu spät zu den Meetings erschienen. Manchmal mussten sie bis spät in die Nacht im Büro bleiben, konnten nicht zu Abend essen oder den Feierabend mit der Familie verbringen.

Die Technologie bietet uns die Möglichkeit, rund um die Uhr zu arbeiten. Doch diese Option – 24 Stunden an 7 Tagen in der Woche – überschattet die physischen und emotionalen Bedürfnisse der Menschen und jene Aspekte eines erfüllten Lebens, die für unsere Sicherheit und Gesundheit sorgen. Sie werden unsichtbar, und wenn sie wiederholt verletzt werden, können sie die Beziehungen zwischen den Teammitgliedern schwächen und negative Auswirkungen haben, die von unangenehm bis schwerwiegend reichen.

Aus praktischer Sicht können die Unterschiede in den Zeitzonen und Arbeitsablaufplänen eine rasche Antwort auf Fragen erschweren. In einem großen Finanzdienstleistungsunternehmen waren beispielsweise Mitarbeiter aus mehreren Zeitzonen für die Entwicklung von Software-Anwendungen zuständig. Die Teammitglieder waren in New York, Südamerika, Osteuropa, Indien und China stationiert. Tauchten Fragen auf, kommunizierte man via E-Mail und musste 24 Stunden auf eine Antwort warten. Die Produktivität litt und die Frustration wuchs, vor allem angesichts eng gesteckter Termine. Es vergingen Tage und manchmal sogar mehr als eine Woche, bis auch nur ein einziges Problem gelöst war. Die Antriebskraft, die man anfangs in das Projekt investiert hatte, ließ nach, die Arbeit wurde zu spät abgeliefert und sprengte das Budget, was das Unternehmen Millionen kostete.

Unter dem Strich trägt die zeitliche Distanz vor allem zu dem Gefühl bei, dass wir Aufgaben nicht gut koordinieren und keinen vorhersehbaren oder regulären Rhythmus festlegen können. Die Lösung des Problems erfordert, dass Führungskräfte die Arbeitsumstände ihrer Teammitglieder respektieren und verlässliche Zusagen machen, wann bestimmte Aufgaben erledigt sein müssen und von wem. Nur dann können diejenigen, die sich aufgrund der Zeitverschiebung weit voneinander entfernt fühlen, durch die Vorhersehbarkeit verlässlicher Arbeitszeiten zu einem echten Team »zusammenrücken«.

Organisationsspezifische Distanz

Organisationsspezifische Distanz bezieht sich auf das Gefühl der Trennung, die infolge der Unterschiede in der Organisationsanbindung entsteht. In einem Konsumgüterunternehmen war unsere Klientin als Leiterin des Personalwesens für eine der wichtigsten Marken zuständig. Ihr Team umfasste Angehörige mehrerer Unternehmenseinheiten, u. a. aus den Bereichen Forschung und Entwicklung, Vertrieb und Marketing. Definitionsgemäß war sie also aufgrund der organisationsspezifischen Struktur von ihren firmeninternen Kunden getrennt, und diese Zugehörigkeitslücken erwiesen sich als Treiber der virtuellen Distanz.

Die organisationsspezifische Distanz ist heute weit verbreitet, weil viele Belegschaftsmitglieder grenzübergreifend mit Leuten zusammenarbeiten müssen, die nicht zum selben Unternehmensbereich gehören und nicht als Teil des »inneren Kreises« betrachtet werden. Das kann zur Entstehung eines mentalen Modells führen, in dem die Welt gespalten und aus der Perspektive »wir« gegen »sie« oder »Eigengruppe« gegen »Fremdgruppe« betrachtet wird. Als würden zwei gegnerische Baseball-Mannschaften wie die Yankees und die Red Sox gegeneinander antreten, nur in einem Kontext der virtuellen Arbeit.

Wenn sich diese Einstellung entwickelt, kann sie binnen kürzester Zeit Misstrauen schüren und die Produktivität untergraben, vor allem bei virtuell Beschäftigten, weil sich das Problem schwerer orten und somit auch schwerer aushebeln lässt. Ohne Informationen, die dieser Sichtweise entgegenwirken und in einer traditionelleren Arbeitsumgebung leichter zugänglich sind, können sich Gruppenvorurteile vertiefen. Die Mitglieder der Eigengruppe denken vielleicht, dass alle Teammitglieder, die Angehörigen der Fremdgruppe eingeschlossen, die gleiche Weltsicht haben, was in Wirklichkeit unwahrscheinlich ist. Wird das Problem nicht in Angriff genommen, verstärkt die organisationsspezifische Distanz solche Fehlauffassungen, weil es nahezu unmöglich ist, in virtuellen Arbeitsumgebungen Mutmaßungen über andere zu bestätigen oder zu widerlegen. Das hat zur Folge, dass die Hürden für die Zusammenarbeit den Misserfolg eines Teams oft vorprogrammieren.

Fallbeispiel

2004 hob die NASA ein Projekt zur Entwicklung des Orbiter Boom Sensor System (dt. Orbiter-Auslegersensorsystems) aus der Taufe, das der Besatzung der Raumfähre eine Inspektion des Hitzeschutzschildes im All ermöglichen sollte. Der Termin für das komplexe Unterfangen war strikt vorgegeben und unumstößlich – die Einführung sollte im Frühjahr 2005 erfolgen. Das NASA-Team in Houston schloss einen Subunternehmervertrag mit einer kanadischen Firma ab, die ein Schlüsselelement der Ausrüstung liefern sollte. Die organisationsspezifische Distanz blieb während des gesamten Projekts groß und unbeachtet, was einen Vertrauens- und Kommunikationsverlust nach sich zog. Das machte sich bemerkbar, als die kanadische Firma in Verzug geriet, ohne die NASA darüber zu informieren. Da alle Ausrüstungsteile gleichzeitig vor Ort sein mussten, damit der Start der Raumfähre termingerecht erfolgen konnte, stand der Erfolg des gesamten Projekts auf dem Spiel. Zum Glück wurde das Problem dank der Bemühungen eines leitenden Mitarbeiters im Subunternehmen gelöst, der als Verbindungsmann oder »Grenzgänger« zwischen NASA und der kanadischen Firma diente. Dank seiner persönlichen Beziehungen zu Mitarbeitern in beiden Organisationen konnte die organisationsspezifische Distanz, die sich entwickelt hatte, weitgehend verringert und das Projekt fristgerecht abgeschlossen werden.

Unterm Strich erzeugt die organisationsspezifische Distanz in formalen Unternehmensstrukturen den Eindruck räumlicher Distanz. Die Mitarbeiter haben das Gefühl, dass sie nicht Teil des Teams sind, trotz der Anweisung, auf ein gemeinsames Ziel hinzuarbeiten. Dieses Problem ist in abgegrenzten Unternehmensbereichen, in denen Silodenken vorherrscht, schon lange bekannt. Wenn es hinter den virtuellen Kulissen auftaucht, sind diese Unterschiede im Zugehörigkeitsgefühl noch undurchdringlicher. Lösungen, die auf einen Abbau der virtuellen Distanz ausgerichtet sind, stützen sich auf den Versuch, die Realität der Gruppenunterschiede aufzudecken und eine gemeinsame Gruppenidentität zu entwickeln, die von allen geteilt werden kann, ungeachtet dessen, wo die Teammitglieder arbeiten und wem sie unterstellt sind.

Zusammenfassung – physische Distanz

Physische Distanz leistet dem Gefühl Vorschub, dass andere weit entfernt sind, was bei entsprechender räumlicher Distanz den Tatsachen entspricht. Doch wie bereits erwähnt, kann die virtuelle Distanz auch ohne physische Trennung oder Entfernung groß sein. Und das gilt auch im umgekehrten Fall: Trotz erheblicher physischer Distanz kann die virtuelle Distanz als gering empfunden werden. Wir haben im Lauf der Zeit entdeckt, dass virtuelle, operative und Affinitätsdistanz die Ergebnisse auf individueller und Unternehmensebene in weit höherem Maß beeinträchtigen. Doch diese Stränge der DNA, die sich dynamisch aktualisieren lassen, können durch eine Verringerung der virtuellen Distanz umgekehrt und in Leistungssteigerungen umgewandelt werden.

Operative Distanz

Operative Distanz (siehe Abbildung 3.3) bezieht sich auf diejenigen Probleme, die sich im Arbeitsalltag als Hindernis für den Kommunikationsfluss erweisen. Sie manifestiert sich als das Gefühl, dass sich die Teammitglieder auf unterschiedlichen Spielfeldern befinden. Haben Sie beispielsweise jemals einen Videoanruf »aus der Hölle« erhalten, bei dem Sie hinterher das Gefühl hatten, auf einem anderen Planeten zu leben als Ihre Entsprechung am anderen Ende der Leitung? Wenn ja, kennen Sie die operative Distanz aus eigener Erfahrung – den Eindruck, dass keine Verbindung zwischen Ihnen und Ihren Kommunikationspartnern besteht. Die alltäglichen Kommunikationsprobleme, verursacht durch die Unwägbarkeiten der Technologie, beispielsweise eine stabile Verbindung bei Videotelefonaten aufrechtzuerhalten, oder aufgrund der Arbeitsüberlastung ohne angemessene unterstützende Strukturen stellen große Herausforderungen dar und leisten einem Anstieg der virtuellen Distanz Vorschub.

KOMMUNIKATION
EINSATZFÄHIGKEIT
MULTIBELASTUNG

Abb. 3.3: Operative Distanz

Doch die operative Distanz ist nicht an einen spezifischen Ort oder eine bestimmte Zeit gebunden – sie setzt sich aus einem Sammelsurium von Schwierigkeiten zusammen, die Teammitglieder von Moment zu Moment belasten. Sobald sie ermittelt sind, lässt sich die operative Distanz durch Teammitglieder und Projektleiter steuern.

Um zu verstehen, wie operative Distanz entsteht, müssen wir einen Blick auf drei Schlüsselelemente werfen:

1. Kommunikationsdistanz,

2. Multibelastung,

3. Einsatzfähigkeitsdistanz.

Kommunikationsdistanz

Kommunikationsdistanz manifestiert sich oft als ein Gefühl mangelnder Verbindung zu anderen. Es entsteht aufgrund von Interaktionen, die unverständlich sind. Haben Sie jemals eine E-Mail mit einer Botschaft erhalten, auf die Sie sich keinen Reim machen konnten, und Ihre Aufmerksamkeit schließlich anderen Dingen zugewandt? Oder haben Sie einmal jemandem eine Nachricht mit der Bitte um Klärung einer

Frage hinterlassen und eine Antwort erhalten, die allem Anschein nach nicht das geringste mit dem Problem zu tun hatte?

Bei solchen Vorkommnissen denken viele, die andere Person sei »schwer von Begriff« und müsse irgendetwas falsch verstanden haben. Fehlkommunikationen wie diese sind ein Kennzeichen der Kommunikationsdistanz, obwohl die tatsächlichen Gründe in den meisten Fällen nicht das geringste mit den Fähigkeiten und Fertigkeiten der Betreffenden zu tun haben.

Gedankenexperiment

Stellen Sie sich vor, Sie setzen sich hin, um eine E-Mail zu schreiben. Stellen Sie sich vorab eine einfache Frage:
    An wen ist sie gerichtet?
    Genauer gesagt: Wer ist die Person, mit der Sie in einen Dialog treten? Denken Sie einmal darüber nach.

Wie die meisten Leute, denen wir die Frage gestellt haben, gelangen Sie vermutlich irgendwann zu der Erkenntnis, dass Sie in Wirklichkeit ein Selbstgespräch führen. Ganz im Ernst! In dem Augenblick, in dem Sie eine E-Mail schreiben, haben Sie absolut keinen Einblick in den Kontext der Gedanken oder Gefühle Ihrer Ansprechpartner. Und Ihren Ansprechpartnern geht es umgekehrt genauso, wenn sie eine E-Mail von Ihnen lesen.

Ohne es zu merken, verlieren wir den Bezug zum Kontext rund um die Menschen in unserem Umfeld, wenn wir den ganzen Tag kaum etwas anderes tun als am Computer zu arbeiten. Deshalb sind wir bei unseren Deutungen auf Mutmaßungen angewiesen, die sich fast immer als falsch erweisen und auf Zuschreibungen basieren. Solche Reaktionen und übereilten fehlgeleiteten Schlussfolgerungen sind an der Tagesordnung und verstärken noch das Gefühl der mangelnden Verbindung. Das hat wiederum Frustration, eine Zuspitzung der Situation und eine schleichende, unbeabsichtigte Auswirkung zur Folge: das Gefühl einer zunehmenden sozialen Isolation. Und das beeinträchtigt oft die Arbeitszufriedenheit auf individueller Ebene und die Produktivität auf Unternehmensebene.

In einer virtuellen arbeitsbezogenen Kommunikation sind verschiedene Kräfte wirksam. Wird die Kommunikation via Bildschirm vermittelt, entdecken wir nicht auf Anhieb einen gemeinsamen Kontext. Wie das Gedankenexperiment offenbart, denken wir nicht wirklich darüber nach, was unsere Ansprechpartner wissen müssen, um unsere Worte richtig zu deuten, und im Raten sind wir sehr schlecht.

Wenn wir Nachrichten an Kollegen schicken, die Remote arbeiten oder in der Box nebenan sitzen, teilen wir weder den physischen Raum noch widmen wir ihnen besondere Aufmerksamkeit, so dass Hinweise fehlen, die uns sagen, was sie in einem bestimmten Zusammenhang wirklich meinen. Wenn sie uns nie persönlich begegnet sind oder selten Themen zur Sprache kommen, die Aufschluss über ihre Denkweise geben, können wir nicht wissen, ob wir einen mentalen Kontext teilen. Und dennoch ist der geteilte Kontext das wichtigste Element eines sinnvollen Austauschs.

Ein anschauliches Beispiel stammt von einem ehemaligen Admiral der US Navy. Zum Zeitpunkt des Interviews bekleidete er eine zivile Stellung und arbeitete mit vielen virtuellen Teams. Während seiner Dienstzeit in der Marine war er Kommandant von fünf Flugzeugträgern, auf dem Kampfjets landeten. Er beschrieb seine Erfahrungen mit der Kommunikation virtueller Teams folgendermaßen:

> Ich hätte einem frischgebackenen Piloten nie die Anweisung gegeben, mitten in der Nacht, mitten im Ozean bei Neumond ein Kampfflugzeug auf dem Deck des Flugzeugträgers zu landen. Ringsum ist alles pechschwarz. Man kann die Hand vor Augen nicht sehen. Der Pilot hat zwar alle Fluginstrumente eingeschaltet. Er kennt stets die genaue Flughöhe, die Fluggeschwindigkeit und die Entfernung zum Schiff. Doch eines fehlt, um sicher zu landen. Und das ist die Tiefenwahrnehmung. Und genauso fühle ich mich, wenn ich mich mit Leuten online »unterhalte« – mir fehlt die Tiefenwahrnehmung.

Wenn wir virtuell kommunizieren und die »Tiefenwahrnehmung« fehlt, die wir brauchen, um uns ein klares Bild von jemandem zu machen, befinden wir uns quasi im Blindflug. Wir wissen nicht, was andere zu übermitteln versuchen, und die wahre Bedeutung zu erraten ist fast immer unmöglich.

Selbst wenn wir anderen physisch nahe sind, kann die Kommunikationsdistanz wachsen. Ein Beispiel, das die Kommunikationsdistanz »am gleichen Ort« veranschaulicht, stammt von einer Klientin, die als Projektmanagerin für eine IT-Abteilung in einem Versicherungskonzern, einem Fortune-100-Unternehmen, tätig war. Sie saß in einem Großraumbüro, in dem die Boxen weniger als einen halben Meter voneinander entfernt waren. Ihr Chef arbeitete in der Box direkt nebenan und schickte ihr eine E-Mail, wenn er kommunizieren wollte. Das tat er ständig, und damit schuf er eine psychologische Kluft, die sie als abgrundtief empfand, wie ein »Tal zwischen hohen Gebirgszügen«. Und wenn sie tatsächlich einmal Blickkontakt hatten, fühlte sie sich unwohl und er schlug die Augen nieder, wandte sich ab und schickte eine weitere E-Mail.

Unter dem Strich entsteht Kommunikationsdistanz, wenn es an einem geteilten Kontext mangelt und wir uns im Übermaß auf einen einzigen Kommunikationsmodus konzentrieren, anstatt zu einem Kommunikationsmix zu greifen, um uns ein besseres Bild von Kollegen machen zu können.

Multibelastung

Als wir unser Modell der virtuellen Distanz entwickelten, war Multitasking eine Komponente der operativen Distanz. Doch nach jahrelanger Zusammenarbeit mit Klienten wurde offensichtlich, dass das gleichzeitige Verrichten mehrerer Tätigkeiten an sich weniger problematisch war als die Projekt- oder Arbeitsüberlastung. Deshalb haben wir beides kombiniert und diesen Aspekt der operativen Distanz als Multibelastung bezeichnet.

Eine Projektbelastung liegt vor, wenn gleichzeitig mehrere Termine eingehalten werden müssen und die Teammitglieder verschiedenen Projekten zugeteilt sind. Die Belastung ist fast immer hoch, doch die gleichzeitige Arbeit an mehreren Projekten mit mehreren Terminen kann erstaunlicherweise sogar Leistungssteigerungen bewirken. Der Hauptgrund: Lektionen, die man aus einem Projekt lernt, können oft auf ein anderes Projekt übertragen werden, was zu einem Leistungszuwachs führt.

In einem solchen Fall wird der Stress, unter dem der Einzelne angesichts längerfristiger mehrfacher Aufgaben steht, durch eine geringe virtuelle Distanz in fast allen anderen Bereichen gemindert. Das liegt daran, dass sich die Teammitglieder sicherer und besser unterstützt fühlen, wenn sie wissen, dass andere ihnen notfalls zur Hilfe kommen, falls sie mit ihrer Arbeit in Rückstand geraten. Dieser Stress, der mit dem Multitasking einhergeht, wird fälschlicherweise oft als Leistungsproblem gedeutet.

Das heißt nicht, dass wir Vorteile haben, wenn wir gleichzeitig mit mehreren Aufgaben befasst sind. Es gibt wohl niemanden, der sich heute nicht hin und wieder überfordert fühlt. Doch solange wir mehr tun können, tun wir auch mehr. Es gibt jedoch Grenzen, die der emeritierte Psychologieprofessor Mihaly Csikszentmihalyi in seinem Buch *Flow. Das Geheimnis des Glücks* beschreibt. Die Grenzen des Bewusstseins offenbaren sich für ihn darin, dass wir Informationen in Höhe von 40 Bits pro Sekunde verarbeiten müssen, um zu verstehen, was ein anderer Mensch sagt. Wenn wir 126 Bits pro Sekunde als Obergrenze der Verarbeitungskapazität annehmen, wäre es theoretisch also möglich, zu verstehen, was drei Menschen gleichzeitig sagen, aber nur dann, wenn es uns gelingt, jeden Gedanken und jedes Gefühl aus unserem Bewusstsein auszuschließen. Wir könnten beispielsweise weder die Mimik der Sprecher wahrnehmen noch darüber nachdenken, was sie sagen oder welche Kleidung sie tragen.

Natürlich fügte Csikszentmihaly hinzu, dass es sich hier um Annäherungswerte handelt. Doch was er 1990 als die Grenzen des Bewusstseins beschrieb, ist auch bei den heutigen Neurowissenschaftlern Gegenstand der Forschung.

Dr. Martin Westwell[3] entdeckte, dass uns Unterbrechungen durch zu viel elektronische Kommunikation am meisten stören, wenn wir mit schwierigen oder »kognitiv anspruchsvollen« Aufgaben befasst sind, beispielsweise Probleme lösen müssen.[4] Doch der Problemlösungsprozess, der intensives Nachdenken erfordert, ist das A und O bei der Entwicklung von Wettbewerbsvorteilen. Wenn Mitarbeiter also ein Maximum an Arbeitsaufgaben zugewiesen bekommen, die an die Grenzen ihrer Belastbarkeit führen, insbesondere zu einem ungünstigen Zeitpunkt, untergraben die Unternehmen unter Umständen ihre eigene Innovationkraft und künftigen Erfolge.

Laut Westwell beeinträchtigen Multitasking und Informationsüberlastung die Exekutiven Funktionen des Gehirns (EF), einen Kontrollprozess, der unter anderem darüber entscheidet, was wichtig ist und was nicht, worauf geachtet werden sollte und was man ignorieren kann. Wenn wir überlastet sind, entwickeln wir Verhaltensweisen, die autistisch anmuten, weil unsere körpereigene Kontrollinstanz nicht in der Lage ist, das »Hintergrundrauschen« von den wirklich wichtigen Dingen zu trennen. Wenn das geschieht, leidet unsere Entscheidungs- und Innovationsfähigkeit.

Unter dem Strich kann die gleichzeitige Arbeit an mehreren Projekten die Leistung durchaus steigern, wenn die virtuelle Distanz bei anderen wichtigen Faktoren, vor allem bei der Affinitätsdistanz, gering ist. Ist sie jedoch groß, führt die Überlastung schneller zu einem Burnout und das bereits spürbare Gefühl der Distanz wird durch das Multitasking zusätzlich verstärkt. Unter dem Strich lässt sich über die Multibelastung sagen, dass die gleichzeitige Arbeit an mehreren Projekten Innovation und Erfolg nur dann zu fördern vermag, wenn die virtuelle Distanz in allen anderen Bereichen gering ist. Andernfalls lässt sich der Stress des Multitasking, der mit hohen Projektbelastungen einhergeht, nicht abbauen, und deshalb lässt die Leistung nach, wenn die Multibelastung hoch ist.

Einsatzfähigkeitsdistanz

Einsatzfähigkeitsdistanz trägt zur virtuellen Distanz bei, wenn die Technologie nicht bereitsteht oder die Fähigkeiten der Teammitglieder, sie zu nutzen, zum benötigten Zeitpunkt nicht vorhanden sind.

Vermutlich kennen Sie die Einsatzfähigkeitsdistanz aus eigener Erfahrung, wenn Sie beispielsweise bei einer Videokonferenz, einem Webinar, einer Konferenzschaltung, einer Präsentation, Softwaredemonstration oder während einer anderen technologieabhängigen Veranstaltung auf die Behebung einer technischen Panne warten mussten.

Die Einsatzfähigkeitsdistanz führt zu einer »mentalen Abwanderung«, wenn die Gedanken der Teilnehmer davondriften und sich anderen Aufgaben zuwenden, während jemand den technischen Fehler zu beheben versucht. Dauert das Problem mehr als dreißig Sekunden an, verlassen die Leute psychologisch den Raum, mit dem Ergebnis, dass Projekte zeitweilig aus dem Ruder laufen. In einigen Fällen können daraus kontinuierliche, hartnäckige Probleme erwachsen.

Unter dem Strich nimmt die Einsatzfähigkeitsdistanz zu, wenn die Technologie nicht funktioniert oder nicht verfügbar ist, wenn sie gebraucht wird, und wenn es an Unterstützung oder Kooperation mangelt. Die Lösung des Problems besteht darin, sich zu vergewissern, dass die Teammitglieder mehrere Ersatzpläne in petto haben, die sie unverzüglich umsetzen können, für den Fall, dass die Technologie versagt, damit sie nicht Gefahr laufen, einer kostenintensiven virtuellen Distanz Vorschub zu leisten.

Zusammenfassung – operative Distanz

Operative Distanz hat zur Folge, dass sich Mitarbeiter ein mentales Bild von anderen machen, das wahrscheinlich nicht mit der Realität übereinstimmt. Da uns der erforderliche Kontext fehlt, um mit Hilfe von äußeren Informationen einen Bezugsrahmen zu schaffen, in dem wir sie verorten, sind wir gezwungen, Kenntnisse zu nutzen, die wir aus unseren eigenen Erfahrungen herleiten. Das führt zu einem Mangel an »Tiefenwahrnehmung« in Bezug auf andere und ihre Situation, was ständig Fehlkommunikation und Schwierigkeiten verursacht, wenn es gilt, sich von negativen Gefühlen zu befreien, die infolgedessen entstehen. Unsere Gedanken wandern außerdem ab, wenn die Technologie nicht so funktioniert wie sie sollte oder wenn es uns an der Fähigkeit mangelt, sie einzusetzen. Und während wir versuchen, uns einen Weg durch die hektischen und bisweilen schwierigen Arbeitstage zu bahnen, kann es passieren, dass wir andere mental ausschließen, es sei denn, wir sind imstande, die virtuelle Distanz an allen Fronten erfolgreich zu steuern. Meistens wächst die operative Distanz, ohne dass wir es bewusst wahrnehmen. Wir wissen nur, dass sie großen Schaden anrichten kann. Dennoch lässt sich die operative Distanz, verglichen mit den anderen Bausteinen des Modells der virtuellen Distanz, durch ein achtsames und kompetentes Management am leichtesten in Schach halten.

Affinitätsdistanz

Affinitätsdistanz (siehe Abbildung 3.4) blockiert den Aufbau tiefer Beziehungen im Verlauf der Zeit. Diese Komponente der virtuellen Distanz hat die stärksten Auswirkungen auf die Unternehmensergebnisse. Ist sie groß, wird eine effektive Zusammenarbeit beeinträchtigt. Doch wenn man sie mit der Zeit in den Griff bekommt und sie relativ gering bleibt, kann sie die operative und physische Distanz ausgleichen.

- KULTURELL
- BEZIEHUNG
- SOZIAL
- INTERDEPENDENZ

Abb. 3.4: Affinitätsdistanz

In beruflichen Beziehungen fördert die Affinität den Zusammenhalt der Teams trotz unterschiedlicher Standorte, Nationalität oder Organisationsanbindung. Fehlende oder geringe Affinität hat den größten Einfluss auf die virtuelle Distanz. Die mangelnde Bereitschaft, mit anderen zu kooperieren oder zum Wohl des Teams Risiken einzugehen, spiegelt sich in Leistungsdefiziten wider. Manager berichten oft, dass es ihnen schwerfällt, Mitarbeiter zu motivieren, die sie selten persönlich zu Gesicht bekommen oder die sich außerhalb ihrer unmittelbaren Einfluss- oder Kontrollsphäre befinden.

Meistens ist dieses Problem weniger auf die Matrixorganisation, als vielmehr auf eine übergreifende Affinitätsdistanz zurückzuführen. Die Verringerung der Affinitätsdistanz ist daher langfristig ein Unterfangen von zentraler Bedeutung für

Teammitglieder und Management. Wenn es von Erfolg gekrönt ist, werden die negativen Auswirkungen der beiden anderen virtuellen Distanzprobleme – die physische und die operative Distanz – ebenfalls eingedämmt.

Es gibt vier Beziehungsdynamiken, die in Kombination ein Affinitätsvakuum erzeugen:

1. Kulturelle Distanz
2. Beziehungsdistanz
3. Soziale Distanz
4. Interdependenzdistanz

Kulturelle Distanz

Die kulturelle Distanz repräsentiert Unterschiede, die sich in einem Mangel an geteilten Werten offenbaren. Diese inneren Regeln oder Leitlinien sind richtungsweisend für unser Leben und unsere Entscheidungsfindung. Wie bereits erwähnt, wissen virtuelle Mitarbeiter oft nicht einmal, ob sie mit ihren Kollegen bestimmte Werte teilen, was auf die Unsichtbarkeit der virtuellen Arbeitsdynamiken zurückzuführen ist. Werte können in vielfältigen Formen vorkommen, wie in Abbildung 3.5 beschrieben.

WAHRNEHMUNG DER VIRTUELLEN DISTANZ

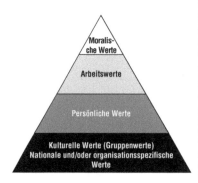

Moralische Werte – Eine Reihe absoluter persönlicher Werte als Leitlinie bei der Zuordnung von »richtig« und »falsch«. Werden sie verletzt, neigen wir zu drastischen Maßnahmen. Whistleblower sind ein anschauliches Beispiel für die Missachtung moralischer Werte, die in ihrer Arbeitsumgebung herrschen.

Arbeitswerte – Die innere Landkarte, die wir als Orientierungshilfe bei der Arbeit entwickeln, bestehend aus unseren persönlichen Werten, die in den individuellen Arbeitsgewohnheiten und Arbeitsstilen zum Ausdruck kommen.

Persönliche Werte – Die innere Landkarte, die wir als Orientierungshilfe für uns selbst entwickeln, gestützt auf die Verinnerlichung der Gruppenwerte in Kombination mit unserer individuellen Weltsicht.

Kulturelle Werte – Gruppenwerte, die aus der Zugehörigkeit zu verschiedenen Gemeinschaften sowohl im Privat- als auch im Berufsleben entstehen.

Abb. 3.5: Wertepyramide

Affinität ist schwer erreichen, wenn unsere Werte nicht übereinstimmen oder »unsichtbar« sind.

Fallbeispiel

Wir arbeiteten an einem Projekt für Port Authority, die Hafenverwaltung von New York und New Jersey. Es galt, Möglichkeiten zur Verbesserung der Kommunikation zwischen Bundesbehörden, Landesbehörden und städtischen Behörden aufzuzeigen, wobei sicherheitsbezogene Aspekte im Fokus standen. Interessanterweise stellten wir fest, dass die kulturelle Distanz zwischen den Behörden auf die unterschiedlichen, fest verwurzelten organisationsspezifischen Werte zurückzuführen war (zum Beispiel Geheimhaltung als Leitwert in manchen staatlichen Dienststellen versus offene Wertesysteme bei Notfallhelfern). Diese Unterschiede entpuppten sich als das größte Hindernis bei der Entwicklung offener und effektiver Beziehungen.[5]

Die unterschiedliche Aufgabenstellung der Teammitglieder kann ebenfalls Probleme verursachen. Aber auch hier wissen wir oft nicht, ob wir mit unseren virtuellen Kollegen die gleichen Werte teilen, da diese Werte weitgehend unsichtbar bleiben.

Besonders viel Kopfzerbrechen bereiten geteilte Werte, die sich in der Überbetonung kulturspezifischer Werte verbergen. Das Herzstück vieler interkultureller Trainingsprogramme wurde vor langer Zeit nach einem Bewertungsschema entwickelt, das Ost und West miteinander vergleicht. Im Hofstede-Modell steht beispielsweise bei Menschen in westlichen Gesellschaften das Interesse des Individuums und in fernöstlichen Gesellschaften eher das Wohl des Kollektivs im Vordergrund. Diese einander entgegengesetzten Wertesysteme spiegeln ein sinnstiftendes Rahmenwerk wider, das von dem niederländischen Kulturwissenschaftler Gert Hofstede in den 1970er Jahren entwickelt wurde, um es Menschen zu erleichtern, im Ausland Fuß zu fassen und durch das Verständnis der kulturellen Normen Fehler auf der gesellschaftlichen Ebene zu vermeiden.

Doch auf nationale Normen zu bauen trägt wenig zum Verständnis bei, wie einzelne Personen die Welt sehen – vor allem, weil sich die Welt seit der Einführung dieser ursprünglichen Kulturmodelle erheblich verändert hat. Dazu kommt, dass diese Perspektive unbeabsichtigt Stereotypen erzeugt, die faktisch zu Annahmen werden, mit denen wir Menschen aus anderen Ländern, die wir vielleicht nie oder selten zu Gesicht bekommen, in Klischees pressen. Doch Menschen treffen Entscheidungen auf der Grundlage ihrer persönlichen Einstellung zu bestimmten Themen, die nicht zwangsläufig mit nationalen Verallgemeinerungen »übereinstimmen«. Das ist tatsächlich nur selten der Fall. Der Schlüssel zur Verringerung der kulturellen Distanz ist das Bemühen, zu verstehen, was Menschen in ihrem Berufs- und Privatleben wichtig ist und zu entdecken, was uns verbindet, statt in Trainings nach Unterschieden Ausschau zu halten, die in der Welt der virtuellen Arbeit Hindernisse statt der ursprünglich erhofften Türöffner darstellen.

Ein weiterer Aspekt der kulturellen Distanz ist auf die Unterschiede im Kommunikationsstil zurückzuführen. In einem unserer Kundenunternehmen, einem großen Pharmakonzern, verfassten einige Mitarbeiter ellenlange E-Mails an ihre Kollegen, um Probleme oder Anliegen zu beschreiben. In anderen Bereichen des Unternehmens war der Kommunikationsstil kürzer gefasst. Die Diskussion über Einzelheiten fand dort hauptsächlich telefonisch statt. Die Gruppe, die E-Mails als deskriptives Werkzeug bevorzugte, empfand die kürzere Methode als unhöflich und aggressiv und den eigenen Stil als freundlicher und dialogorientierter.

Keine der beiden Herangehensweise war richtig oder falsch. Sie waren nur unterschiedlich. Auch hier versperrt der Schleier der virtuellen Kommunikation den Blick auf das, was wir über andere wissen müssen. Wenn man die bevorzugten Kommunikationsstile von Mitarbeitern bewusst macht, lässt sich verhindern, dass sie als persönliches Defizit gesehen werden, ein Problem, das sich nur schwer objektivieren und lösen lässt.

Unter dem Strich ist kulturelle Distanz nach unserer Definition kein Problem der nationalen kulturellen Identität, sondern der individuellen Werthaltungen. Menschen werden motiviert, sich auf die eine oder andere Weise zu verhalten, abhängig von den Werten, die sie als Individuen der Welt und der Arbeit beimessen. Die kulturelle Distanz ist der stärkste Treiber der Affinitätsdistanz. Die Lösung von Problemen der kulturellen Distanz erfordert eine Offenlegung der geteilten Wertesysteme aller Teammitglieder und die Fokussierung auf Gemeinsamkeiten statt abstrakter Unterschiede, die es möglicherweise gar nicht gibt.

Beziehungsdistanz

Beziehungsdistanz beschreibt das Ausmaß der mangelnden Vernetzung mit Teammitgliedern aus früheren Arbeitsinitiativen oder Personen im Unternehmen, mit denen sie bisher noch nicht zusammengearbeitet haben. Diese Bindungen, gleich ob stark oder locker, sind für eine zuträgliche Kommunikation und den Aufbau robuster Beziehungen unerlässlich. Beziehungsdistanz macht sich bemerkbar, wenn keine gewachsenen Bindungen an zwei oder mehr Menschen bestehen, wenn sie sich auf einen kleinen, weit verstreuten Personenkreis beschränken oder wenn wir nicht wissen, dass wir Erfahrungen mit einer bestimmten Person oder Gruppe teilen.

Am 11. September wurden die zentralen Kommunikationsschaltstellen in New York, die für den Bereich rund um das World Trade Center zuständig waren, entweder zerstört oder lahmgelegt. Meilenweit entfernt, in New Jersey, wurde in aller Eile eine Krisensitzung einberufen. Einer der Finanzchefs des Telekommunikationsanbieters trommelte eine Gruppe langjähriger Manager, die schon vorher zusammengearbeitet hatten, auf dem Rasen an der Frontseite des Firmengeländes zusammen. Tische wurden aufgestellt und verschiedene Teams den jeweiligen Einsatzzentralen zugeteilt. Die Teammitglieder hatten ebenfalls schon einmal zusammengearbeitet oder wurden, wenn es um wichtige Aufgaben ging, von zuverlässigen Kollegen empfohlen. Dem Unternehmen gelang es, angesichts der Schwere der Situation rasch ein Sicherungsprogramm auf die Beine zu stellen und zum Laufen zu bringen. Die geringe Beziehungsdistanz war einer der Hauptgründe dafür, dass der Krisenstab binnen kürzester Zeit zusammenkommen, effektiv kommunizieren und die Probleme lösen konnte.

Unter dem Strich manifestiert sich Beziehungsdistanz als Gefühl mangelnder Vertrautheit. Wenn Mitarbeiter keine Ahnung haben, wer die anderen Teammitglieder sind oder selbst indirekte Verbindungen fehlen, ist es schwer, Vertrauen in Beziehungen herzustellen, die aus dem Nichts aufgebaut werden müssen. Die Lösung des Problems erfordert ein aufmerksames Management, das fähig ist, Teams oder Gruppen aus Personen zusammenzuschweißen, die sich bereits kennen oder einigen Mitgliedern bekannt sind. Wie wir im 6. Kapitel sehen werden, lassen sich Probleme mit diesem Affinitätsfaktor am leichtesten lösen, denn es gibt viele Möglichkeiten, gemeinsame soziale Bindungen zu entdecken, die sich direkt unter der Oberfläche verbergen.

Soziale Distanz

Soziale Distanz entwickelt sich, wenn Menschen unterschiedliche gesellschaftliche Positionen innehaben. Der Status innerhalb der Gruppenstruktur und gruppenübergreifend ist für die Zusammenarbeit in gleich welcher Form relevant. Beispielsweise sind die Angehörigen lokaler Gemeinschaften auf unterschiedlichen sozialen Statusebenen verortet, die unter anderem von Faktoren wie politische Einstellung oder Vermögen beeinflusst werden. Fakt ist, dass einigen Mitgliedern der Gesellschaft mehr Bedeutung zugemessen wird als anderen, was ein Gefühl der unfairen Behandlung hervorruft und die soziale Distanz vergrößert.

Ähnliche Statusunterschiede findet man auch in Unternehmen; diejenigen mit einem höheren Status oder »Rang« gebieten meistens über mehr politische Macht und Einfluss. Je weiter die formalen Ebenen der Hierarchie voneinander entfernt sind, desto größer das Gefühl der Distanz, das sich bei gleich welcher kollektiven Anstrengung der Mitarbeiter einstellt. Das erzeugt eine firmeninterne soziale Distanz und erhöht die virtuelle Distanz.

Dem formalen Status weniger Gewicht beizumessen und stattdessen die Beiträge der einzelnen Teammitglieder hervorzuheben ist für die virtuelle Arbeit von zentraler Bedeutung, denn dadurch wird das Sozialkapital – Vertrauen, gegenseitige Unterstützung, informelle Beziehungen, usw. – innerhalb des Teams aufgebaut. In unserer heutigen Arbeitswelt legen viele Unternehmen Wert darauf, dass sich ihre Mitarbeiter als gleichrangig betrachten und kooperativ verhalten. Sie bevorzugen eine flache Organisationsstruktur. Doch die meisten Unternehmen halten an den herkömmlichen Titeln und Hierarchien fest, um eine vertikale Managementstruktur zu schaffen, was zu natürlichen Bindungen an diejenigen Statusgruppen führt, denen die größte Bedeutung beigemessen wird. Wenn der formale Status stärker gewichtet wird als der individuelle Beitrag, können Produktivitätsprobleme entstehen.

Fallbeispiel

Bei einem unserer Klienten, einer großen Bank mit Hauptsitz in New York, nutzten die IT-Sparten personelle Ressourcen aus unterschiedlichen Ländern, in denen der Status sehr wichtig ist. Man bekundete dort beispielsweise den Vorgesetzten Respekt, indem man ihnen widerspruchslos in allem zustimmte, ungeachtet dessen, wie die Untergebenen wirklich dachten.

Diese Gepflogenheit fand ihren Weg in die Bank. Die Mitarbeiter auf den unteren Stufen der Hierarchie sprachen kaum über die Herausforderungen in ihrem Arbeitsalltag. Da man das Management selten auf Probleme aufmerksam machte, wurden zahlreiche Projekte zu spät fertiggestellt und sprengten das Budget. In diesem Fall war die soziale Distanz dafür verantwortlich, dass ein Multimillionen-Dollar-Projekt krachend scheiterte und alle Einsparungen zunichtemachte, die das Unternehmen zu erzielen hoffte.

Unter dem Strich ist leicht zu erkennen, wie der soziale Status die virtuelle Distanz begünstigt. Das Problem ist schwer in den Griff zu bekommen, wenn Führungskräfte das Gefühl haben, sie müssten Kontrolle abgeben, wenn sie die Auswirkungen verringern. Doch wenn Teammitglieder zu der Auffassung gelangen, dass sie sich auf Augenhöhe mit allen anderen auf dem Spielfeld befinden und ausschließlich Kompetenz und individueller Beitrag statt formaler Status ihrer sozialen Position zählen, sind sie eher bereit, so konstruktiv zusammenzuarbeiten, dass es der Unternehmensbilanz zugutekommt. Ein starker Motivationsfaktor für jeden von uns ist das Gefühl, anerkannt zu werden, gleichgültig auf welcher Stufe der Hierarchie wir uns befinden – vor allem, wenn wir nur wenig Einblicke in den Kontext haben, in dem unser Einsatz im Rahmen der virtuellen Arbeit bewertet wird. Um die soziale Distanz abzubauen, sind Führungskräfte gut beraten, die Leistungen aller Beteiligten zur Geltung zu bringen und eine Teamkultur zu schaffen, in der sich alle wahrgenommen fühlen.

Interdependenzdistanz

Interdependenzdistanz beschreibt das Gefühl der Teammitglieder, dass ihnen eine gemeinsame Zukunfts- und Schicksalsperspektive fehlt. Wenn Teams die gemeinsame Verantwortung für Erfolg oder Misserfolg eines Projekts verinnerlichen, lässt sich diese Komponente der virtuellen Distanz weitgehend reduzieren. Doch wie bereits erwähnt, wissen die meistens Teams, mit denen wir arbeiten, überhaupt nicht, welche wechselseitigen Abhängigkeiten bestehen, ganz zu schweigen davon, wie man sie als positive Kraft nutzt.

Die Interdependenzdistanz ist eines der Hauptprobleme bei Partnerschaften auf Unternehmensebene. Ein großes Kreditkartenunternehmen sah sich beispielsweise mit einem schwerwiegenden Datensicherheitsproblem konfrontiert, als ein Outsourcing-Provider einen Teil der Arbeit an einen weiteren Dienstleister auslagerte. Obwohl das Kreditkartenunternehmen einen Vertrag ausgehandelt hatte, der die Governance-Struktur, sprich die Rahmenbedingungen der Beziehungen zum Provider, einschloss und das hohe Maß an Interdependenz widerspiegelte, gab es kaum vertragliche Regelungen bezüglich »nachgeschalteter« Outsourcing-Anbieter. Die Datenpanne war das Ergebnis eines Beziehungsgefüges, das aus dem Ruder gelaufen war. Es bestand keine Interdependenz zwischen dem Kundenunternehmen und dem zweiten Outsourcing-Anbieter. Der leitende Technologie-Architekt des Kreditkartenunternehmens erklärte einer Gruppe von Topmanagern aus dem Finanzdienstleistungsbereich, das Problem sei so stark verbreitet, dass man den Begriff »Interdependenz-Risiko« geprägt hatte. Heute gilt er in vielen führenden Finanzinstitutionen formal als Indikator für potenzielle finanzielle Verluste und die Gefahr einer Schädigung des guten Rufs.

Unter dem Strich rangiert die Interdependenzdistanz an zweiter Stelle hinter der kulturellen Distanz, was die Auswirkungen auf die Leistung und Innovationskraft betrifft. In den meisten Fällen haben die Leute das Gefühl, nicht im selben Boot zu sitzen, oder dass es überhaupt ein Boot gibt. Führungskräfte sollten sich bemühen, auf die wechselseitigen Abhängigkeiten hinzuweisen, während Teammitglieder lernen können, sich als Schicksalsgemeinschaft zu verstehen, nicht nur durch aufgabenbezogene Verknüpfungen miteinander verbunden, sondern auch durch Erfolge und Verantwortlichkeiten, die auf das Konto des gesamten Teams gehen, wenn die Dinge nicht so laufen, wie sie sollten.

Zusammenfassung – Affinitätsdistanz

Affinitätsdistanz entsteht aus einem Mangel sichtbarer Gemeinsamkeiten zwischen Wertesystemen und Kommunikationsstilen, sozialen Verhaltensweisen, gewachsenen Beziehungsgefügen, Weltsichten oder geteilten mentalen Modellen. Die vier Bereiche der Affinitätsdistanz repräsentieren diese Dynamiken, die enge zwischenmenschliche Beziehungen auf einer tiefgreifenden Ebene antreiben. Sie bieten den Kontext, in dem wir bedeutungsvolle und langfristige zwischenmenschliche Bindungen entwickeln und beibehalten. Deshalb sollte vor allem in einer virtuellen Arbeitswelt die Verringerung der Affinitätsdistanz oberste Priorität haben.

Das Modell der virtuellen Distanz: Die Bausteine zusammenfügen

Das Modell der virtuellen Distanz besteht aus drei Merkmalen der virtuellen Arbeitswelt, die Distanz verursachen, wobei jedes zu gleich welcher Zeit in unterschiedlichen Kombinationen mit unterschiedlicher Gewichtung aktiv sein kann.

Kehren wir noch einmal zu dem CIO zurück, der drei Jahre lang mit Hilfe von mehr als fünfzig Erfolgskriterien versucht hatte, sein globales Projektportfolio zu verstehen. In den meisten Fällen trugen die verteilten Standorte, Fehlkommunikation und Mitarbeitergruppen, die sich nicht persönlich kannten, zu den Problemen bei. Als er die vielfältigen Herausforderungen im Modell der virtuellen Distanz verortete, hatte er einen weit besseren Überblick, warum die Projekte nicht vorankamen, und konnte sie durch eine Verringerung der virtuellen Distanz in den Griff bekommen.

Doch die Herausforderung, Probleme zu beseitigen, endet nicht an dieser Stelle. Es ist unerlässlich, dass Führungskräfte ermessen, in welchem Ausmaß die virtuelle Distanz wichtige Ergebnisse beeinflusst. Hier übernimmt der Index der virtuellen Distanz und seine Auswirkung auf die Leistung eine entscheidende Rolle. Im nächsten Kapitel stellen wir die aktuellen Benchmark-Daten vor, die während der letzten 15 Jahre gesammelt wurden und die Wirkung der virtuellen Distanz auf verschiedene Branchen, Unternehmensabteilungen und Managementprofile beschreiben.

4 Die Parameter der virtuellen Distanz

In unseren ursprünglichen Forschungsprojekten entdeckten wir verblüffende Belege für die Verbindung zwischen virtueller Distanz und mehreren wichtigen Unternehmensergebnissen. Unsere 2006 veröffentlichten Studien enthielten Daten von mehr als dreihundert verschiedenen Projekten, bei denen die virtuelle Distanz zwischen allen Teammitgliedern gemessen wurde. Sie schlossen eine breit gefächerte Palette von Arbeitsprozessen und Branchen ein.

Wie bereits an verschiedenen Stellen erwähnt, umfassen unsere aktualisierten und erweiterten Untersuchungen die Ergebnisse von

- mehr als 1400 Studien,
- mehr als 36 Branchen,
- 55 Ländern und
- Mitarbeitern mit und ohne Führungsverantwortung

Analysen unserer neuen Benchmark-Daten zeigen, wie robust die Beziehungen zwischen virtueller Distanz und Unternehmensleistung sind. Jahr für Jahr lassen sich statistisch relevante Unterschiede ausmachen, und die Auswirkungen der virtuellen Distanz auf die Leistungsbilanz werden zunehmend stärker.

Wir haben außerdem festgestellt, dass die drei Komponenten der virtuellen Distanz in einer exponentiellen Beziehung zu den kritischen Erfolgsfaktoren stehen. Diese Beziehung spiegelt sich in der Ratio der virtuellen Distanz wider:

Ratio der virtuellen Distanz

$1 : 2 : 4$

- Die physische Distanz ist nur halb so entscheidend für den Erfolg wie
- die operative Distanz, die nur halb so entscheidend für den Erfolg ist wie
- die Affinitätsdistanz.

Insgesamt führt die virtuelle Distanz zu schwerwiegenden Veränderungen im Hinblick auf die Gesundheit und das Wohlergehen der Unternehmen und ihrer Belegschaften. Außerdem zeigte sich, dass die virtuelle Distanz weltweit an Intensität gewinnt und immer mehr ernstzunehmende Auswirkungen hat.

Methodologie

Unser ursprüngliches Ziel bestand darin, empirisch zu belegen, dass eine Beziehung zwischen virtueller Distanz und Unternehmensergebnissen besteht. Wir verwendeten das statistische Verfahren der linearen Modellierung, um die Bausteine der virtuellen Distanz mit den kritischen Erfolgsfaktoren zu verknüpfen.

Unsere ursprüngliche Formel integrierte alle drei Facetten des Modells der virtuellen Distanz: physische, operative und Affinitätsdistanz. Das Modell ermöglichte uns die Entwicklung eines umfassenden Index der virtuellen Distanz (Virtual Distance Index, VDI), in dem höhere Kennziffern einer größeren Distanz entsprechen. Die aktualisierte Formel ist in Abbildung 4.1 abgebildet.

Kritische Erfolgfaktoren als Funktion des Virtuellen Distanzverhältnisses

Funktion (kritische Erfolgsfaktoren) = 1 × physische Distanz + 2 × operative Distanz + 4 × Affinitätsdistanz

---

Abb. 4.1: Unternehmensergebnisse als Funktion der virtuellen Distanz

Die relative Auswirkung auf jede einzelne Komponente der virtuellen Distanz wird anschaulicher, wenn sie als Funktion des virtuellen Distanzverhältnisses dargestellt wird, wie in Abbildung. 4.2.

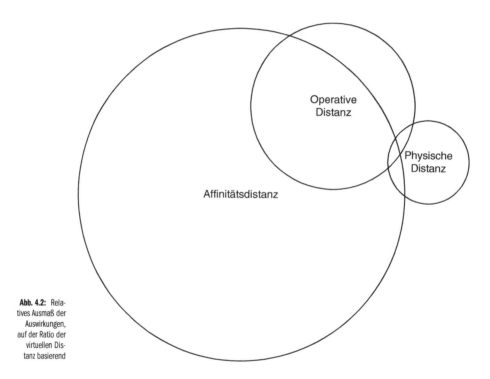

Abb. 4.2: Relatives Ausmaß der Auswirkungen, auf der Ratio der virtuellen Distanz basierend

Um das Ausmaß der Auswirkungen noch einmal zu verdeutlichen, haben wir die drei Faktoren der virtuellen Distanz in Bezug zu den Schlüsselindikatoren der Leistung aufgelistet. Wie aus den Balken in Abbildung 4.3 ersichtlich, hat die Affinitätsdistanz die größte Auswirkung auf sämtliche Ergebnisse, wobei die operative Distanz Platz zwei einnimmt. Die Balken für die Affinitäts- und operative Distanz sind statistisch signifikant, während die Balken für die physische Distanz nicht ins Gewicht fallen. Das bedeutet: Entscheidungen, Mitarbeiter wieder an einem Standort zusammenzubringen, in der Hoffnung, damit das Ergebnis vorhersehbar zu verbessern, basieren auf einer Annahme, die nicht von Daten unterstützt wird.

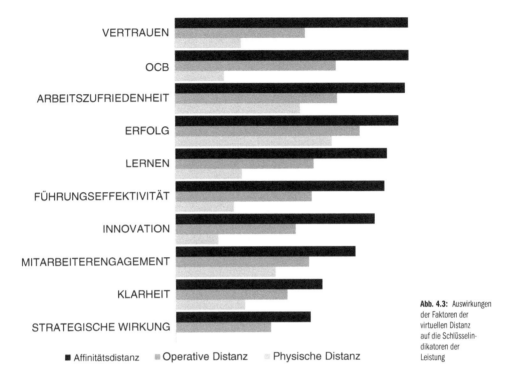

Abb. 4.3: Auswirkungen der Faktoren der virtuellen Distanz auf die Schlüsselindikatoren der Leistung

Abbildung 4.3 zeigt auch, dass die virtuelle Distanz Vorhersagen über den Erfolg oder Misserfolg von Projekten ermöglicht.

Abbildung 4.4 fasst die Definition aller in Abbildung 4.3 aufgeführten Schlüsselindikatoren der Leistung zusammen.

Virtuelle Distanz und Vertrauen

Es liegt auf der Hand, dass das Vertrauen am meisten unter der virtuellen Distanz leidet. Ein hohes Maß an virtueller Distanz kommt rein statistisch einem Misstrauensvotum gleich, wie wir feststellen konnten. Doch das lässt sich ändern. Wird die virtuelle Distanz verringert, kann man rein statistisch sogar ein hohes Maß an Vertrauen aufbauen.

Wenn wir konstruktiv zusammenarbeiten, erleben wir Interaktionen auf zwei Ebenen: analytisch und emotional. Daher überrascht es wohl nicht, dass Studien zwei Formen des Vertrauens entdeckt haben: kognitives Vertrauen und affektives Vertrauen, wie in Abbildung 4.5 veranschaulicht.

(geordnet nach Auswirkungen auf die Affinitätsdistanz)
1. **Vertrauen:** Das Ausmaß, in dem Menschen einander vertrauen.
2. **OCB:** Das Ausmaß, in dem Menschen freiwillig zu altruistischem Verhalten am Arbeitsplatz neigen, indem sie beispielsweise Kollegen unterstützen; Verhaltensweisen, die im Rahmen ihrer formalen Aufgabenstellung nicht obligatorisch sind; und das Teilen von Informationen zugunsten des gesamten Teams.
3. **Arbeitszufriedenheit:** Das Ausmaß, in dem Menschen in ihrer beruflichen Tätigkeit Befriedigung finden.
4. **Erfolg:** Das Ausmaß, in dem Projekte frist- und budgetkonform abgeschlossen werden, gleich ob für firmeninterne oder externe Auftraggeber/Kunden. Dieses Ergebnis steht, genau wie die Innovation, in besonders engem Zusammenhang mit dem finanziellen Erfolg.
5. **Organisationsspezifisches Lernen**: Diese Variable wurde ursprünglich nicht von uns gemessen. Doch als immer mehr Führungskräfte Remote-Arbeit zu verbannen begannen, weil sie negative Auswirkungen auf organisationsspezifische Lernprozesse befürchteten, gelangten wir zu der Schlussfolgerung, dass es wichtig war, zu verstehen, wie die virtuelle Distanz auch diesen Aspekt der Arbeit beeinflusst. Wir stellten fest, dass Lernprozesse den gleichen Mustern folgten wie alle anderen ergebnisrelevanten Leistungsparameter und auch die Auswirkungen der virtuellen Distanz auf das Lernverhalten vorhersehbar waren. Die virtuelle Arbeit spielte keine Rolle mehr, wenn man die virtuelle Distanz berücksichtigte.
6. **Führungseffektivität**: Das Ausmaß, in dem Teams ihre Führungskräfte als effektiv bewerten. Je geringer die virtuelle Distanz, desto größer die Anzahl der Teammitglieder, die ihren Führungskräften Kompetenz bescheinigte. Doch das Problem der Führung in der Welt der virtuellen Arbeit wird immer komplexer. Deshalb haben wir das letzte Kapitel des Buches der wachsenden Bedeutung einer seelenbasierten Führung gewidmet.
7. **Innovation:** Das Ausmaß, in dem Menschen bei der Zusammenarbeit neue Wege gehen.
8. **Mitarbeiterengagement:** Ursprünglich hatten wir den Einfluss der virtuellen Distanz auf dieses Ergebnis nicht gemessen. Doch einer unserer größten Klienten wollte wissen, wie sich die virtuelle Distanz auf diese wichtige Metrik auswirkt, deshalb haben wir sie 2011 hinzugefügt. Wir stellten fest, dass die virtuelle Distanz einen erheblichen Einfluss auf die Einsatzbereitschaft der Mitarbeiter hat, und seither haben wir auch sie im Blick behalten.
9. **Klarheit:** Das Ausmaß, in dem Mitarbeiter ihre Aufgaben oder Funktion, die Ziele und die langfristige Vision bei jedem Projekt oder jeder Arbeitsinitiative vorbehaltlos verstehen.
10. **Strategische Wirkung:** Das Ausmaß, in dem Teammitglieder das Gefühl haben, Einfluss auf die Strategie des Unternehmens nehmen zu können. Das ist ein hochgradig prädiktives Instrument, um Aufschluss über die Motivation zu gewinnen, das man zwar in der akademischen Literatur findet, aber in praxisorientierten Fachzeitschriften selten erwähnt wird.

Abb. 4.4: Definitionen der Schlüsselindikatoren der Leistung

Kognitives Vertrauen:
- Vertragsgemäß
- Kurzlebig
- Ausreichend für eigenständige Arbeit

Affektives Vertrauen:
- Tief und bedeutungsvoll
- Langlebig
- Entscheidend für die Zusammenarbeit

Abb. 4.5: Kognitives versus affektives Vertrauen

Wächst die virtuelle Distanz, wird Vertrauen auf der kognitiven Ebene verortet. Es gibt, falls überhaupt, nur wenige persönliche Bindungen und Beziehungen, die kaum von Belang sind. Das Vertrauen stützt sich daher vornehmlich auf die rationale Überzeugung, dass sich andere vertrauenswürdig verhalten, so wie es in einem Arbeitsvertrag festgelegt sein könnte. Es überrascht wohl auch nicht, dass kognitiv basiertes Vertrauen zerbrechlich ist. Anders ausgedrückt: Die Gefahr ist größer, dass Vertrauen in einer Beziehung in Misstrauen umschlägt, wenn es auf einer rein rationalen Grundlage basiert.

Wird die virtuelle Distanz abgebaut, entwickeln sich bedeutungsvolle Bindungen. Das Vertrauen nimmt eine affektive Form an, die erheblich tiefer greift und ein starkes, tragfähiges Fundament für kollaboratives Arbeiten schafft.

Diese Dynamiken offenbaren sich in den Daten, wie in Abbildung 4.6 gezeigt. War die virtuelle Distanz gering, herrschte bei 90% der Teammitglieder laut eigenen Angaben ein hohes Maß an Vertrauen. War die virtuelle Distanz groß, erklärten nur 26% der Befragten, dass sie anderen vertrauen.

Abb. 4.6: Virtuelle Distanz und Vertrauen

Je nach Persönlichkeit unterscheidet sich das Ausmaß des Vertrauens zu Kollegen, Vorgesetzten und zum Unternehmen.[1] Dieser Persönlichkeitsfaktor wird als »Vertrauensneigung« bezeichnet und hat sich als verlässliches, prädiktives Anzeichen von Vertrauen im Unternehmensumfeld erwiesen.[2] Wenn alle anderen Bedingungen gleich sind, ist es von Vorteil, Mitarbeiter mit hoher Vertrauensneigung für Projekte zu rekrutieren, die ungeachtet ihres Standorts zusammenarbeiten. Und die Wahrscheinlichkeit, dass Teammitglieder einander in stärkerem Maß vertrauen, ist größer, wenn die virtuelle Distanz gering ist.

In einer anderen Studie[3] haben wir das Ausmaß des Vertrauens zwischen zwei Kollegen gemessen, die eng zusammenarbeiten. Die Vertrauensneigung spielte eine erheblich wichtigere Rolle, wenn die beiden Teammitglieder virtuell statt am gleichen Ort arbeiteten.

Doch es gibt drei weitere wichtige Faktoren, die zur Entwicklung von vertrauensvollen Beziehungen führen: Wohlwollen, Kompetenz und Integrität:

- Je stärker die Überzeugung, dass meine Kollegen meine besten Interessen im Sinn haben (Wohlwollen), desto größer die Wahrscheinlichkeit, dass ich ihnen vertraue.
- Je stärker die Überzeugung, dass meine Kollegen über das Wissen und die Fähigkeit verfügen, eine Aufgabe zu bewältigen (Kompetenz), desto größer die Wahrscheinlichkeit, dass ich ihnen vertraue.
- Je stärker die Überzeugung, dass meine Kollegen ihre Zusagen einhalten (Integrität), desto größer die Wahrscheinlichkeit, dass ich ihnen vertraue.

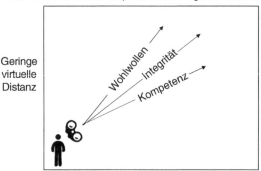

Abb. 4.7: Geringe virtuelle Distanz und Vertrauen, als Wohlwollen, Kompetenz und Integrität wahrgenommen

Alle drei Einflussfaktoren stützen sich auf die Informationen, die wir über unsere Kollegen haben. Diese Informationen können aus früheren Arbeitsbeziehungen stammen, auf Hörensagen beruhen oder, was wahrscheinlicher ist, aus eigenen Erfahrungen mit ihnen abgeleitet sein.

Virtuelle Distanz beeinflusst nicht nur das Ausmaß des gegenseitigen Vertrauens, sondern auch, wie aus Abbildung 4.7 hervorgeht, in welchem Ausmaß Kollegen als wohlwollend, integer und kompetent wahrgenommen werden. Diese Kennziffern sind statistisch aussagekräftig, aber, was noch wichtiger ist, in der Praxis entscheidend für Teams gleich wo auf der Welt.

Vertrauen und das Geheimnis des Lebens

Anfang der 1950er Jahre arbeiteten zwei britische Wissenschaftler an einem Problem, das für unser Verständnis des menschlichen Lebens von fundamentaler Bedeutung war. Den meisten Berichten zufolge verdankten James Watson und Francis Crick, die als Entdecker der DNA-Struktur den Nobelpreis für Medizin erhielten, ihren Erfolg der Arbeit von Maurice Wilkins und Rosalind Franklin, zwei Biochemikern, die in einem nahegelegenen Labor tätig waren. Crick und Watson kannten Franklin, allerdings nur vom Sehen. Das Bindeglied war Maurice Wilkins, der eine enge Beziehung zu Crick und Watson hatte und auch Franklin recht gut kannte. Wilkins vertraute Watson und Crick genug, um ihnen eine von Franklin stammende Röntgenstrahl-Kristallographie-Aufnahme zu zeigen, auf der klar zu erkennen war, dass es sich bei der DNA um eine Doppelhelix handelte. Damit wurde zum ersten Mal die von Crick und Watson aufgestellte Hypothese bestätigt. Das führte zu Cricks Ankündigung, dass sie »das Geheimnis des Lebens« entdeckt hatten.

Vertrauen ist der Klebstoff, der Teams und Organisationen zusammenschweißt. Fehlt es, leiden die Produktivität der Teammitglieder und die Bereitschaft, Informationen zu teilen oder sich gegenseitig zu unterstützen. Energie, die in Innovationen investiert werden könnte, wird damit vergeudet, die vermeintlichen Bedrohungen durch andere zu vermeiden.

Einige Faktoren, die das Ausmaß des Vertrauens beeinflussen, werden im Rest des Kapitels eingehender beschrieben, doch aus unseren Forschungen geht klar hervor, dass diejenigen, die zur virtuellen Distanz beitragen, auch die Vertrauensbasis beeinträchtigen. Ist die virtuelle Distanz groß, mangelt es an Vertrauen, was sich oft in Misstrauen verwandelt. Daher ist es nicht verwunderlich, dass viele Unternehmen nach Lösungen suchen, um virtuelle Teams effektiv zu führen.

Virtuelle Distanz und Organizational Citizenship Behavior

Eine Mitarbeiterin der State Farm Mutual Insurance Co. war damit beauftragt, Papierdateien elektronisch zu archivieren. »Warum machst du dich mit so viel Elan an die Arbeit?«, fragte jemand. »Weißt du nicht, dass du dich damit um deinen Job bringst?« »Natürlich ist mir das klar«, erwiderte sie. »Aber ich bin lange genug im Unternehmen, um zu wissen, dass ich den Leuten vertrauen kann. Sie werden etwas anderes für mich finden. Wäre ich nicht davon überzeugt, könnte ich in Versuchung geraten, den Prozess zu sabotieren.«[4]

Der Begriff Organizational Citizenship Behavior (OCB) schließt positive Verhaltensweisen ein, die laut Arbeitsplatzbeschreibung nicht zwingend gefordert werden. Einige Mitarbeiter sind von Natur aus hilfsbereit und altruistisch, unterstützen andere bei ihren Aufgaben, teilen Informationen, nehmen sich Zeit, um Kollegen zu helfen und ihnen Mut zuzusprechen, wenn sie niedergeschlagen sind. Andere spiegeln »Bürgertugenden«, beweisen Gemeinsinn, indem sie sich beispielsweise in Bezug auf innerbetriebliche Entwicklungen auf dem Laufenden halten, auf freiwilliger Basis Funktionen übernehmen oder an Besprechungen teilnehmen, ohne eine Gegenleistung zu erwarten. OCB kann aber auch Schattenseiten haben, wenn sich Mitarbeiter beispielsweise ständig über Nichtigkeiten beklagen, Probleme größer machen als sie sind und sich ständig auf die negativen Aspekte einer Situation fokussieren. Die negativen Verhaltensweisen können eskalieren und zu destruktiven Verhaltensmustern führen, beispielsweise Sabotage oder unverhohlener Diebstahl. Eine Studie belegte, dass sich die Eigentumsdelikte mehrten, als Unternehmen Lohn- und Gehaltskürzungen in einer Weise ankündigten, die Misstrauen hervorrief.[5]

Wie das Beispiel von der Mitarbeiterin der State Farm Versicherungsgesellschaft zeigt, kann das Ausmaß des Vertrauens den Kontext für positives oder negatives Verhalten in der Arbeitsumgebung prägen. Der Zusammenhang zwischen Vertrauen und OCB geht aus Abbildung 4.8 hervor.

Ein hohes Ausmaß an Vertrauen ermöglicht den Teammitgliedern, sich auf die Aufgaben zu konzentrieren, die erledigt werden müssen, ohne sich Sorgen zu machen, dass jemand ihre Arbeit untergraben oder die Lorbeeren dafür einheimsen könnte. Wenn wir unseren Kollegen vertrauen, denken wir nicht lange darüber nach, ob wir Informationen teilen oder uns die Mühe machen sollten, ihnen zu helfen. Altruistisches Verhalten gewinnt beim Übergang zu Remote- und virtueller Arbeit zunehmend an Bedeutung.

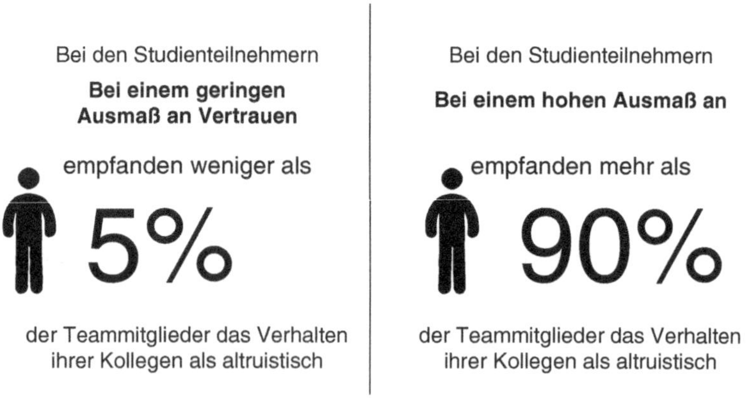

Bei den Studienteilnehmern
Bei einem geringen Ausmaß an Vertrauen

empfanden weniger als

5%

der Teammitglieder das Verhalten ihrer Kollegen als altruistisch

Bei den Studienteilnehmern
Bei einem hohen Ausmaß an

empfanden mehr als

90%

der Teammitglieder das Verhalten ihrer Kollegen als altruistisch

Abb. 4.8: Vertrauen und OCB

Die virtuelle Distanz kann dieses altruistische Verhalten in zweierlei Hinsicht beeinflussen. Da sie sich auf das Ausmaß an Vertrauen auswirkt und das Vertrauen umgekehrt das OCB beeinflusst, hat sie sowohl einen indirekten als auch einen direkten Effekt. Abbildung 4.9 zeigt den Unterschied zwischen unseren Studienteilnehmern mit großer oder geringer virtueller Distanz und das Ausmaß des hilfreichen Verhaltens in der Arbeitsumgebung.

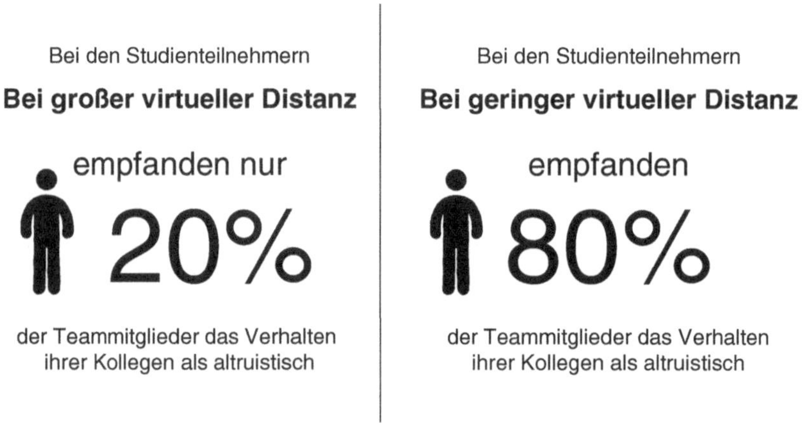

Bei den Studienteilnehmern
Bei großer virtueller Distanz

empfanden nur

20%

der Teammitglieder das Verhalten ihrer Kollegen als altruistisch

Bei den Studienteilnehmern
Bei geringer virtueller Distanz

empfanden

80%

der Teammitglieder das Verhalten ihrer Kollegen als altruistisch

Abb. 4.9: Virtuelle Distanz und OCB

Ein hohes Maß an OCB macht die Arbeit nicht nur angenehmer und lohnenswerter, sondern führt auch zu Leistungssteigerungen. Laut einer Studie, an der Arbeitsgruppen in einer Fabrik teilnahmen, hatte das altruistische Verhalten sowohl Qualitätsverbesserungen als auch eine Erhöhung der Produktivitätsrate zur Folge.[6] Eine andere Studie gelangte zu ähnlichen Resultaten hinsichtlich der Leistungen bei Projektarbeiten.[7] Auch unsere Studien belegen, dass ein starker Zusammenhang zwischen OCB und Projekterfolg besteht.

Virtuelle Distanz und Arbeitszufriedenheit

Wenn man Leute fragt, warum sie arbeiten, scheint eine Antwort auf der Hand zu liegen – um Geld zu verdienen. Zweifellos sind Arbeitsentgelt und Zusatzleistungen wichtig, doch unsere Forschungen haben ergeben, dass wir auch aus anderen Gründen mit unserer Tätigkeit zufrieden oder unzufrieden sein können: Die Qualität der Führung, die Frage, ob die Arbeit Spaß macht, und die Interaktionen mit unseren Kollegen spielen ebenfalls eine Rolle. Wenn wir einen Vorgesetzten haben, der etwas von seinem Handwerk versteht, freuen wir uns vielleicht jeden Tag auf die Arbeit, während ein inkompetenter Chef die Arbeit unerträglich machen kann. Wenn wir eine Tätigkeit ausüben, in der wir voll »aufgehen«, kann der Tag schneller vergehen und ein Erfolgsgefühl erzeugen. Und nette Kollegen tragen zur Entstehung eines Klimas bei, in dem wir uns rundum wohlfühlen, unsere Bedürfnisse nach sozialen Interaktionen befriedigt und die Arbeitsergebnisse verbessert werden.

Uns interessierte, wie sich die virtuelle Arbeit auf die Arbeitszufriedenheit auswirkt, vor allem angesichts von Kommentaren wie: »Die Arbeit am selben Standort kann Interaktionen und Teamarbeit fördern, aber nicht immer.«

Und ein anderer Studienteilnehmer erklärte: »Distanz ist kein Problem. Ich gehöre zum besten Team, habe die nettesten, rücksichtsvollsten Kollegen, die man sich nur vorstellen kann, und einen Vorgesetzten, der immer positiv ist und uns unterstützt. Wir können uns glücklich schätzen.«

Wir brannten darauf, herauszufinden, ob die standortgebundene oder standortverteilte Zusammenarbeit für den Unterschied im Ausmaß der Arbeitszufriedenheit verantwortlich war.

Wir baten unsere Studienteilnehmer, ihre Übereinstimmung mit den nachfolgenden Aussagen zu bewerten:

1. Ich würde jederzeit wieder mit denselben Teammitgliedern zusammenarbeiten.
2. Ich habe gerne mit dem Leiter dieses Projekts zusammengearbeitet.
3. Die Arbeit an diesem Projekt hat Spaß gemacht.
4. Ich war zufrieden mit der Anerkennung oder finanziellen Vergütung, die ich für die Arbeit an diesem Projekt erhalten habe.

Wir stellten fest, dass die standortgebundene Zusammenarbeit an sich mit keinem der Aspekte, die in den Aussagen angesprochen wurden, in Zusammenhang stand. Dann untersuchten wir die Beziehungen zwischen virtueller Distanz und den vier Aspekten der Arbeitszufriedenheit. Wir fanden keinen Zusammenhang mit dem Arbeitsentgelt, doch das hatten wir auch nicht erwartet, da es nicht durch die virtuelle Arbeit beeinflusst wurde. Bei den drei anderen Aspekten waren die Beziehungen gleichwohl signifikant. Abbildung 4.10 zeigt den Zusammenhang zwischen der virtuellen Distanz und den anderen Kennziffern der Arbeitszufriedenheit.

Bei den Studienteilnehmern	Bei den Studienteilnehmern
Bei großer virtueller Distanz	**Bei geringer virtueller Distanz**
waren nur **16%**	waren **80%**
der Teammitglieder mit ihrer Arbeit und ihren Kollegen zufrieden	der Teammitglieder mit ihrer Arbeit und ihren Kollegen zufrieden

Abb. 4.10: Virtuelle Distanz und Arbeitszufriedenheit

Fest steht: Je geringer die virtuelle Distanz, desto größer die Zufriedenheit mit Kollegen, Vorgesetzten und der Struktur der Arbeitsaufgaben, die jemand verrichtet – ungeachtet des Standorts!

Aus der Organisationsperspektive wissen wir, dass zufriedene Mitarbeiter mit höherer Wahrscheinlichkeit dem Unternehmen die Treue halten und somit zur Senkung der Rekrutierungs- und Selektionskosten beitragen. Sie sorgen außerdem für sogenannte »Übertragungseffekte«, indem sie beispielsweise dabei helfen, Jobkandidaten zu finden, Produkte und Dienstleistungen des Unternehmens empfehlen und das Ansehen des Unternehmens generell steigern. Darüber hinaus hat die Arbeitszufriedenheit einen zwar geringen, aber dennoch signifikanten Einfluss auf die Produktivität. In der Regel gilt: Je zufriedener die Mitarbeiter, desto größer die Leistung. Mit Maßnahmen zur Erhöhung der Arbeitszufriedenheit und Verringerung der virtuellen Distanz kann man also auch die Unternehmensbilanz verbessern.

Virtuelle Distanz und Projekterfolg

Projekten haftet der Ruf an, ständig in Verzug zu geraten und das Budget zu überziehen. Erfolg lässt sich anhand dieser beiden Kriterien folglich nur schwer messen. Es überrascht wohl nicht, dass die virtuelle Distanz auch auf den Erfolg eines Projekts Einfluss hat. Aus Abbildung 4.11 geht eindeutig hervor, dass sich die virtuelle Distanz unmittelbar auf zeit- und budgetkonforme Leistungen auswirkt, was gleichermaßen unmittelbar Eingang in der Unternehmensbilanz findet. Diese Statistik zeigt, welche finanziellen Chancen sich eröffnen, wenn die virtuelle Distanz reduziert wird.

Virtuelle Distanz und Lernen

Lernen ist ein kritischer Faktor für den Erfolg eines Teams und, nebenbei bemerkt, des gesamten Unternehmens. Wir wollten von unseren Studienteilnehmern wissen, in wel-

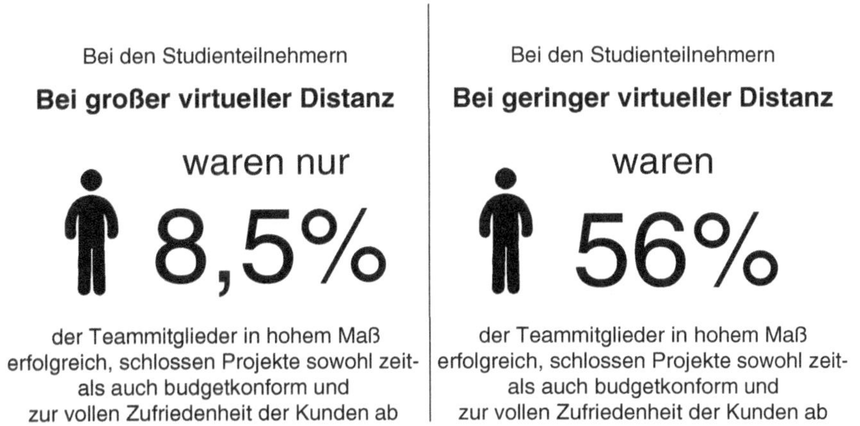

Bei den Studienteilnehmern	Bei den Studienteilnehmern
Bei großer virtueller Distanz	**Bei geringer virtueller Distanz**
waren nur **8,5%** der Teammitglieder in hohem Maß erfolgreich, schlossen Projekte sowohl zeit- als auch budgetkonform und zur vollen Zufriedenheit der Kunden ab	waren **56%** der Teammitglieder in hohem Maß erfolgreich, schlossen Projekte sowohl zeit- als auch budgetkonform und zur vollen Zufriedenheit der Kunden ab

Abb. 4.11: Virtuelle Distanz und Erfolg

chem Ausmaß sie von anderen Teammitgliedern gelernt hatten, ob ihre Erfahrungen zu einer Erweiterung ihres Wissens und ihrer Fähigkeiten geführt hatten und inwieweit sich die gelernten Lektionen auch auf andere Projekte und Arbeitsinitiativen übertragen ließen. Wie aus Abbildung 4.12 ersichtlich, bewirkt die virtuelle Distanz auch hier einen großen Unterschied.

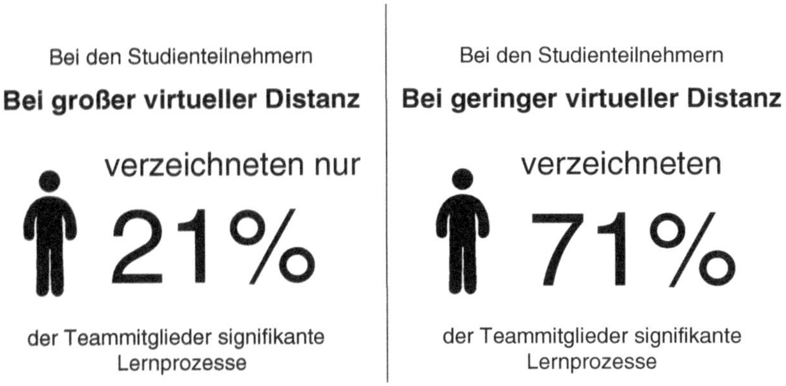

Bei den Studienteilnehmern	Bei den Studienteilnehmern
Bei großer virtueller Distanz	**Bei geringer virtueller Distanz**
verzeichneten nur **21%** der Teammitglieder signifikante Lernprozesse	verzeichneten **71%** der Teammitglieder signifikante Lernprozesse

Abb. 4.12: Virtuelle Distanz und Lernen

Wie schon erwähnt, findet sich die Erklärung für diese Ergebnisse in der direkten Auswirkung, die virtuelle Distanz auf zwei Schlüsselkennziffern hat: Vertrauen und freiwilliges altruistisches Verhalten in der Arbeitsumgebung (OCB). Mit Hilfe der sogenannten Pfadanalyse, mit der man die Abhängigkeiten zwischen Variablen untersucht, wurde eine Verbesserung der Lernprozesse deutlich, die dem Einfluss der virtuellen Distanz auf Vertrauen und OCB geschuldet war, wobei sich diese beiden Faktoren wiederum auf den Lernprozess auswirkten.

Teamlernen findet statt, wenn die Teammitglieder Wissen durch gemeinsame Erfahrungen erwerben, teilen und kombinieren. Die Lernprozesse werden vereinfacht, wenn zwischen den Teammitgliedern und zwischen Team und Management ein hohes Ausmaß an Vertrauen herrscht. Ist die Vertrauensbasis stark, sind Mitarbeiter eher geneigt, sich auf offene Diskussionen einzulassen, die einen Transfer von Informationen, Fähigkeiten und Fertigkeiten anstoßen können. Die OCB-Kennziffer gibt Aufschluss über die altruistischen Verhaltensweisen und die Unterstützung, die Teammitgliedern ermöglichen, voneinander zu lernen. Insgesamt gesehen werden Lernprozesse optimiert, weil eine geringe virtuelle Distanz sowohl das Vertrauen als auch das OCB fördert. Die Bedeutung dieser beiden Faktoren kann man nicht genug betonen. Wenn es gelingt, Vertrauen und altruistisches Verhalten in der Arbeitsumgebung zu verbessern, lassen sich in vielen Bereichen positive Ergebnisse erzielen.

Virtuelle Distanz und Innovation

Ein weiterer wichtiger Aspekt unserer heutigen Arbeitswelt ist natürlich die Innovation. PricewaterhouseCoopers (PwC) führte 2003 eine Umfrage zum Thema Innovation quer durch die unterschiedlichsten Unternehmen durch. Hier ein Zitat aus dem Abschlussbericht der globalen Wirtschaftsprüfungsgesellschaft: »Der Kern der Probleme, die sich auf die Zusammenarbeit der Beschäftigten auswirken, ist das Vertrauen. Unter den quantitativen Daten, die erhoben wurden, war das Vertrauen, das einen ungehinderten Ideenaustausch ermöglichte, *der wichtigste einzelne Faktor*, der erfolgreiche Innovatoren von allen anderen unterschied.«[8]

Wie hängen Vertrauen und Innovation zusammen? Es gibt drei wichtige Verknüpfungen: fruchtbarer Austausch, konstruktive Kritik und Akzeptanz von Misserfolgen. Erstens entwickeln sich die meisten guten Ideen aus Interaktionen mit Kunden, Kollegen, Mitarbeitern oder Angehörigen anderer Berufsfelder. Dieser fruchtbare Austausch findet nur dann statt, wenn Informationen bereitwillig geteilt werden. Gleichwohl machen wir uns verletzlich, wenn wir Informationen weitergeben. Wenn wir Ideen preisgeben, steht zu befürchten, dass wir Spott ernten oder andere die Lorbeeren dafür einheimsen. Bei der Entdeckung der Doppelhelix hatte Wilkins ein vertrauensvolles Verhältnis zu Crick und Watson und gab einige Informationen an sie weiter, die zur Entschlüsselung der DNA-Struktur führten. Am Ende wurden Crick und Watson von Wilkins und Franklin in ihrem veröffentlichten Werk zitiert. Was hatte der Vertrauensbeweis zur Folge? Wilkins teilte 1962 den Nobelpreis für Medizin mit ihnen!

Zweitens kann man davon ausgehen, dass Ideen Feinschliff erhalten, wenn man sie ins Gespräch bringt, auf ihnen aufbaut und in einem konstruktiven Rahmen darüber diskutiert. Bei der Zusammenarbeit an einem Projekt entstehen häufig Konflikte – aufgabenbezogene (positiv) oder persönliche (negativ) Konflikte – die wir bei Teams mit unterschiedlichem Ausmaß an Vertrauen verglichen haben. Ohne Vertrauen finden Gespräche, die aufgabenbezogenen Konflikte und Meinungsverschiedenheiten beinhalten, oft gar nicht erst statt, und falls doch, verwandeln sie sich schnell in einen persönlichen Konflikt. Forschungen belegen: Bei einem hohen Ausmaß an Vertrauen innerhalb des Teams ist die Wahrscheinlichkeit wesentlich geringer, dass aufgabenbezogene Konflikte zu persönlichen Konflikten eskalieren.[9]

Und drittens beinhaltet Innovation Risiken und gelegentlich Misserfolge. Mitarbeiter gehen nur dann Risiken ein, wenn sie sich darauf verlassen können, dass Scheitern akzeptiert wird und als Teil eines gesunden Wachstumsprozesses gilt. Die Führungskräfte müssen ihnen genug Vertrauen entgegenbringen, um ihnen die Freiheit zuzugestehen, neue Ideen zu entwickeln und zu erproben. Eines der innovativsten Unternehmen der Welt, die 3M Corporation, zeichnet sich durch dieses bedingungslose Vertrauen aus: Die Mitarbeiter haben die Möglichkeit, 15% ihrer Arbeitszeit in die Ausarbeitung ihrer eigenen Ideen zu investieren.[10]

Abbildung 4.6 zeigt, wie nachhaltig die virtuelle Distanz das Ausmaß des Vertrauens beeinflusst. Statistisch gesehen lautet die Formel: Große virtuelle Distanz = Geringes Vertrauen/Misstrauen.

Das leuchtet ein, und zwar nicht nur aufgrund der empirischen Daten, sondern auch aus der rein logischen Perspektive. Die physische Distanz verringert das Ausmaß der sozialen Präsenz, das Gefühl, mit anderen verbunden zu sein, das für den Aufbau von Beziehungen und Vertrauen von entscheidender Bedeutung ist. Doch virtuelle Distanz lässt sich auch mit Hilfe von zwei anderen Faktoren reduzieren. Die operative Distanz – die tagtäglichen Störfaktoren im System, die eine sinnvolle Kommunikation verhindern – begrenzt das Ausmaß, in dem Beziehungen geknüpft und im Lauf der Zeit gestärkt werden können. Und die Affinitätsdistanz stellt das Herzstück vertrauensvoller Beziehungen dar. Wenn sich Werte und Kommunikationsstile unterscheiden, eine direkte oder indirekte Beziehungshistorie fehlt, formales Statusdenken die Arbeitsbeiträge der Teammitglieder überschattet und das Gefühl vorherrscht, keine gemeinsame Zukunft zu haben, ist es schwer, Vertrauen aufzubauen. Abbildung 4.13 veranschaulicht den Zusammenhang zwischen Vertrauen und Innovation.

Bei den Studienteilnehmern	Bei den Studienteilnehmern
Bei einem geringem Ausmaß an Vertrauen	**Bei einem hohen Ausmaß an Vertrauen**
hatten nur **11%** der Teammitglieder das Gefühl, dass ihre Kollegen innovatives Verhalten erkennen ließen	hatten **90%** der Teammitglieder das Gefühl, dass ihre Kollegen innovatives Verhalten erkennen ließen

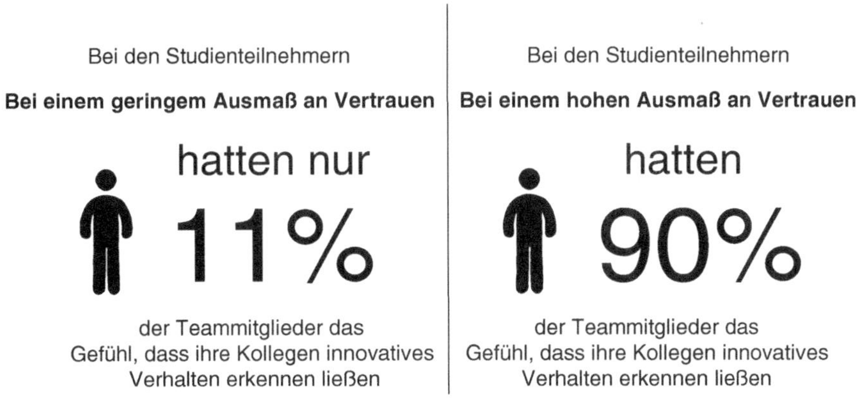

Abb. 4.13: Vertrauen und Innovation

Ein hohes Maß an Vertrauen führt zu mehr innovativem Verhalten. Doch das ist nur ein Teil der Geschichte. Die virtuelle Distanz ist nicht nur ein Treiber des Vertrauens, das wiederum die Innovation antreibt, sondern hat noch eine zusätzliche Auswirkung auf die Innovationstätigkeit, die über den Einfluss auf das Vertrauen hinausgeht.

Der Pfad der virtuellen Distanz, das im 1. Kapitel erwähnte Modell, veranschaulichte den Zusammenhang (hier in Abbildung 4.14 dargestellt).

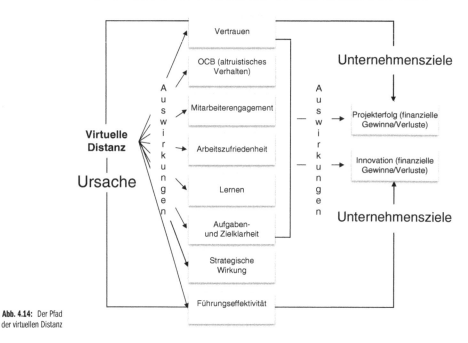

Abb. 4.14: Der Pfad der virtuellen Distanz

Unsere Analyse ergab, dass die virtuelle Distanz die Innovation in zweifacher Hinsicht beeinflusst. Erstens wirkt sie sich auf das Vertrauen aus, das sich seinerseits auf die Innovation auswirkt. Das bezeichnet man als indirekten Effekt.

Doch sie hat auch eine zusätzliche, direkte Auswirkung auf die Innovation, wie man in Abbildung 4.15 erkennt.

Abb. 4.15: Virtuelle Distanz und Innovation

Wenn wir uns die direkten und indirekten Einflüsse der virtuellen Distanz auf die Innovation vor Augen halten, wird klar, dass es für Unternehmen von zentraler Bedeutung ist, sie zu verringern, um Wettbewerbsvorteile durch Innovation aufzubauen und zu halten.

Einer unserer Klienten, der bemüht war, die Innovationsfähigkeit seiner weit verstreuten Produktentwicklungsorganisation anzukurbeln, siedelte die gesamte Belegschaft in ein gemeinsames, speziell konzipiertes Gebäude am gleichen Standort um, eine Aktion, die mehr als $7 Millionen kostete. Man hoffte, das Problem damit zu lösen.

Eine Fehlannahme, wie sich herausstellte.

Virtuelle Distanz und Mitarbeiterengagement

Wie zuvor erwähnt, gehörte das Engagement der Mitarbeiter ursprünglich nicht zu den Parametern der virtuellen Distanz, die wir untersuchten. Inzwischen liegen uns Daten vor, die im Verlauf von sieben Jahren gesammelt wurden und eine breit gefächerte Palette von Unternehmen und Branchen umfassen. Die Ergebnisse unserer Analyse sind spektakulär. Das Mitarbeiterengagement leitet sich unter anderem aus dem Stolz auf das Unternehmen und dem Gefühl geteilter Werte her, wobei individuelle Arbeitsleistung, Loyalität und Motivation über die normalen Erwartungen hinausgehen.

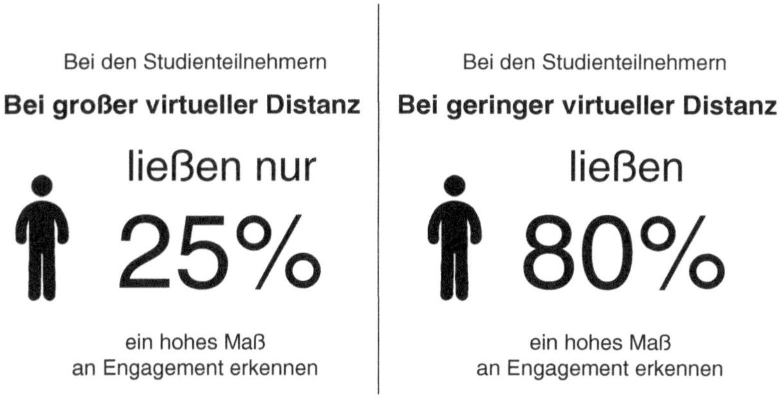

Bei den Studienteilnehmern	Bei den Studienteilnehmern
Bei großer virtueller Distanz	**Bei geringer virtueller Distanz**
ließen nur **25%**	ließen **80%**
ein hohes Maß an Engagement erkennen	ein hohes Maß an Engagement erkennen

Abb. 4.16: Virtuelle Distanz und Mitarbeiterengagement

Wie aus Abbildung 4.16 ersichtlich, belegen unsere Daten, dass große virtuelle Distanz zu geringem Mitarbeiterengagement führt.

Angesichts unserer Ergebnisse erstaunt es wohl nicht, dass das Engagement der Mitarbeiter von der virtuellen Distanz beeinflusst wird.

Virtuelle Distanz und Klarheit der Aufgaben, Ziele und Vision

Im 3. Kapitel haben wir geschildert, wie die virtuelle Distanz bei einem Projekt der NASA Probleme verursachte.

Ein paar Hintergrundinformationen verdeutlichen, wie die Klarheit der Aufgaben, Ziele und Vision am Ende doch noch zum Erfolg des Projekts beitrug. Am 1. Februar 2003 brach das Orbiter-Modul der Raumfähre *Columbia* aufgrund von Schäden an den Hitzeschutzkacheln beim Wiedereintritt in die Erdatmosphäre auseinander. Alle sieben Besatzungsmitglieder kamen ums Leben. Nur wenige Stunden nach der Katastrophe berief die NASA eine interne Untersuchungskommission ein, das Columbia Accident Investigation Board (CAIB), das im August 2003 seinen Abschlussbericht vorlegte. Zu den Verbesserungsvorschlägen gehörte auch die Entwicklung eines Systems zur Überwachung der Kacheln im Hitzeschild, sobald das Orbiter-Modul in die Erdumlaufbahn einschwenkte. Am 3. September 2003 wurde mit der Arbeit am Orbiter Boom Sensor System (OBSS) im Johnson Space Center begonnen. Das OBSS-Projekt wurde trotz des eng bemessenen Termins pünktlich abgeschlossen und präsentierte außerdem eine innovative Lösung für ein schwerwiegendes Problem im Space-Shuttle-Programm. Einer der Hauptgründe für den Erfolg war die klare Vision, die von Anfang an formuliert worden war.

Die Vision war schon in den Anfangsphasen des Projekts offenkundig: »Die Entwicklung eines Systems, das der Besatzung im All die Inspektion von Schäden am Orbiter TPS, dem thermischen Schutzsystem, ermöglicht.« Das übergeordnete Ziel war klar und wurde von allen Teammitgliedern als gegeben akzeptiert, obwohl es noch ein paar Unwägbarkeiten gab. Zwei der größten Herausforderungen waren zum einen die technischen Anforderungen an die Lasersensoren und zum anderen die Fähigkeit, Reparaturen an den Kacheln durchzuführen, sobald Schäden entdeckt waren. Die Mitglieder des Projektteams verstanden und akzeptierten die Ungewissheiten, ließen sich dadurch aber nicht in ihrer Arbeit behindern. Alle ließen ein hohes Maß an Engagement erkennen und hoben die Bedeutung des Projekts für die Wiederaufnahme der Shuttle-Aktivitäten nach der Katastrophe hervor. »Das OBSS ist in der Lage, Schäden bis in eine Tiefe von 0,25 Inch zu entdecken.« Die Vision für das Team war klar, die Teammitglieder waren in der Lage, Entscheidungen zu treffen, Probleme zu lösen und innovativ zu denken und zu handeln. Diese Befähigung trug zu einem Gefühl der Eigenverantwortung und einem hohen Maß an Engagement auf Seiten der Teammitglieder bei.

Das OBSS ist ein Beispiel dafür, dass eine klare Vision das Fundament des Erfolgs bilden kann. Klarheit bedeutet, dass alle Teammitglieder die Ziele des Projekts und ihre jeweilige Aufgabe verstanden haben, dass sie wissen, welche Arbeiten notwendig sind und wie und von wem sie erledigt werden. Das im 3. Kapitel beschriebene Problem der NASA wurde dadurch gelöst, dass man die virtuelle Distanz reduzierte und das kanadische Subunternehmen dazu brachte, zum Rest des Teams aufzuschließen. Teamforscher verwenden ein ähnliches Konzept, das sogenannte »geteilte mentale Modell«, um eine Eigenschaft zu beschreiben, die bei den meisten Teams vorhanden ist. Sie wissen, wie Teams interagieren, wer über spezifische Kenntnisse und Expertise verfügt, und wie Informationen geteilt und kommuniziert werden können.

Das NASA-Projekt ist nicht das einzige, bei dem Klarheit wichtig war. In unserer Studie, an der über siebenhundert Neuproduktentwicklungsteams teilnahmen, stellten wir fest, dass die Klarheit der Vision das wichtigste Unterscheidungsmerkmal zwischen erfolgreichen und gescheiterten Projekten darstellt.[11] Doch eine wichtige Frage hatten wir noch nicht in Betracht gezogen. Wie wirkte sich die virtuelle Distanz auf diese Klarheit aus?

Zuerst warfen wir nur einen Blick darauf, ob es Bedeutungsunterschiede im kontextuellen Zusammenhang gab, um zu sehen, ob sie einen Einfluss auf die Klarheit der Vision, Aufgaben und Ziele hatten. Das war nicht der Fall. Die virtuelle Distanz hatte indes dramatische Auswirkungen. Abbildung 4.17 zeigt den Unterschied bei der Klarheit der Vision im untersten und obersten Bereich (25%) der virtuellen Distanz.

Bei den Studienteilnehmern	Bei den Studienteilnehmern
Bei großer virtueller Distanz	**Bei geringer virtueller Distanz**
herrschte bei	herrschte bei
44%	**93%**
ein hohes Maß an Klarheit	ein hohes Maß an Klarheit

Abb. 4.17: Virtuelle Distanz und Klarheit der Aufgaben, Ziele und Vision

Virtuelle Distanz und strategischer Effekt

Ungefähr zur gleichen Zeit, als wir beschlossen, das Engagement der Mitarbeiter in unsere Studie einzubeziehen, fügten wir ein weiteres Ergebnis hinzu, den strategischen Effekt. Er umfasst Aktivitäten, die entweder zu verbesserten Arbeitsabläufen und Regeln führen oder den Weg für eine Weiterentwicklung neuer Geschäftspraktiken oder Kundendienstleistungen ebnen. Wichtig ist: Wenn Mitarbeiter das Gefühl haben, direkten Einfluss auf Strategieplanung und Wachstum ihres Unternehmens nehmen zu können, sind sie stärker motiviert, sich für ein angestrebtes Ziel einzusetzen.

Der strategische Effekt wird selten in die Metriken der typischen Unternehmensführung einbezogen, obwohl er in hohem Maß den Erfolg von Initiativen gefährden kann.

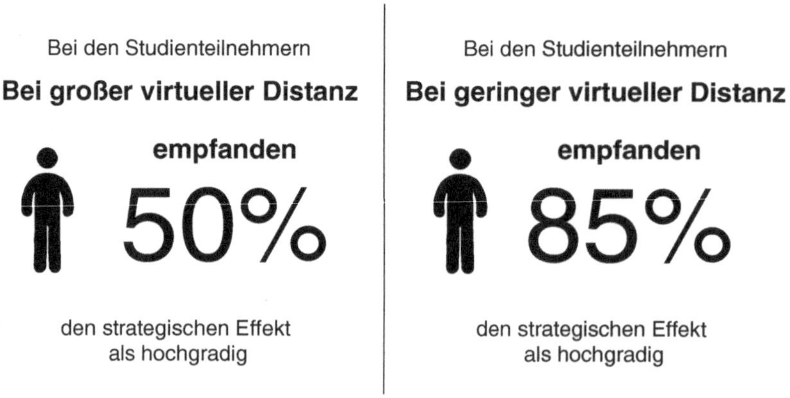

Abb. 4.18: Virtuelle Distanz und strategischer Effekt

Bei den Studienteilnehmern
Bei großer virtueller Distanz
empfanden
50%
den strategischen Effekt als hochgradig

Bei den Studienteilnehmern
Bei geringer virtueller Distanz
empfanden
85%
den strategischen Effekt als hochgradig

Lässt sich die virtuelle Distanz im Lauf der Zeit jedoch verringern und steuern, kann sich der strategische Effekt erheblich verstärken und eine Antriebskraft darstellen, die Innovations- und Projekterfolge nahezu vorprogrammiert, wie aus Abbildung 4.18 hervorgeht.

Die Bausteine zusammenfügen: Virtuelle Distanz und Erfolg

Wir haben beschrieben, wie die virtuelle Distanz Vertrauen, altruistisches Verhalten im Arbeitsumfeld, Arbeitszufriedenheit, Erfolg, Lernen, Führungseffektivität, Innovation, Mitarbeiterengagement, Klarheit der Aufgaben, Ziele und Visionen und die strategische Wirkung beeinflusst.

Unsere aktualisierten weltweiten Analysen und unsere Erfahrungen mit zahlreichen Organisationen lassen eindeutig erkennen, dass die Folgen der virtuellen Distanz auf Unternehmensebene offensichtlich sind und künftig noch mehr ins Gewicht fallen werden, wenn die virtuelle, standortverteilte und projektbasierte Arbeit zunimmt. Die Verringerung der virtuellen Distanz hat positive Auswirkungen auf alle zuvor beschriebenen Schlüsselindikatoren der Leistung. Doch diese Maßnahmen alleine sind nur der erste Schritt bei der Lösung des Problems. Eine Kartierung der virtuellen Distanz ist unerlässlich, um den Blick für diejenigen Bereiche zu schärfen, in denen sie verortet ist.

Hier einige Schlüssellektionen zur Messung der virtuellen Distanz:

- Die Ansicht, die Hauptursache von Dysfunktionen auf Unternehmensebene sei die geografische Entfernung der Mitarbeiter, ist weit verbreitet, hat sich aber als Ammenmärchen erwiesen.
- Die Ratio der virtuellen Distanz zeigt, dass es drei Faktoren der virtuellen Distanz mit unterschiedlich starken Auswirkungen auf die Schlüsselindikatoren der Leistung gibt. Die physische Distanz hat die geringste, die operative Distanz die zweitgrößte und die Affinitätsdistanz die größte Auswirkung.

- Die Verringerung der virtuellen Distanz stärkt das Vertrauen, einen der wichtigsten Faktoren für die Effektivität eines Unternehmens. Das Vertrauen beeinflusst wiederum viele andere wichtige Ergebnisse.
- Die virtuelle Distanz wirkt sich auf den Gesamterfolg der Projekte aus, und auf
    - OCB,
    - Mitarbeiterengagement,
    - Arbeitszufriedenheit,
    - organisationales Lernen,
    - Innovation,
    - Klarheit der Aufgaben, Ziele und Vision,
    - strategische Wirkung,
    - Führungseffektivität.

5 Die Kartierung der virtuellen Distanz

Wie wir im 4. Kapitel gesehen haben, hat die virtuelle Distanz quantifizierbare Auswirkungen sowohl auf der Unternehmens- als auch auf Mitarbeiterebene. Sobald diese ermittelt sind, ist es an der Zeit, die Probleme »vor Ort« anzugehen. Der Index der virtuellen Distanz (VDI) gibt Führungskräften die Informationen an die Hand, die sie brauchen, um die einzelnen Bausteine zu einem Gesamtbild zusammenzusetzen und bessere Leistungen sicherzustellen, wenn sie ihren Blick auf die Zielbereiche richten, die einer Optimierung bedürfen.

Der nächste Schritt besteht darin, die virtuelle Distanz zu kartieren, um zu verstehen, wie sie auf verschiedenen Mitarbeiterebenen empfunden wird und wie sie im Alltag der Teammitglieder in Erscheinung tritt. Im Anschluss daran gilt es, konkrete Aktionspläne zu entwickeln, um die Probleme in spezifischen Situationen und unterschiedlichen Mitarbeiterkonstellationen anzugehen.

Der Kartierungsprozess

Abbildung 5.1 zeigt eine Landkarte der virtuellen Distanz, die im Rahmen eines Workshops für einen Klienten entstand. Schon auf ersten Blick kann man feststellen, dass sie ziemlich chaotisch wirkt.

Das liegt daran, dass die menschliche Dynamik ungeordnet und unbeständig ist. Unter der Oberfläche fein säuberlich ausgearbeiteter Organigramme, auf die wir uns gerne verlassen, um Strukturen zu verstehen, finden zahlreiche informelle Interaktionen statt, die Aufschluss darüber geben, wie Aufgaben tatsächlich erledigt werden. Obwohl wir diese grafischen Darstellungen brauchen, um Einblick in die Weisungsbeziehungen zu gewinnen, wäre es ein Fehler zu glauben, dass sich die wichtigste Antriebskraft virtueller Mitarbeiter in ihnen widerspiegelt. Dafür müssen wir Landkarten der virtuellen Distanz erstellen.

Um die verborgenen Dynamiken aufzuspüren, verwenden einige Unternehmen eine Software, die Karten von den sozialen Netzwerken liefert, gestützt auf eindeutige Merkmale menschlicher »Beziehungsmuster«. Doch dieser Prozess erzeugt oftmals irreführende und verwirrende Informationen.

Fallbeispiel

Bei einem der größten Chiphersteller der Welt entwickelte ein Spezialist für Organisationsdesign eine Software, die Karten von sozialen Netzwerken erstellte. Sie sollten Aufschluss über das Beziehungsgefüge der Teammitglieder geben, beispielsweise E-Mail-Aktivitäten, Anzahl der ihnen zugewiesenen Projekte, geografischer Standort und andere Kennzeichen. Doch das Unternehmen legte das System schließlich auf Eis, weil die Software nichts zeigte, was von Nutzen gewesen wäre, um die grundlegende Struktur der Beziehungen zwischen den Teammitgliedern zu entschlüsseln, die sich auf die Leistungen auswirkte.

Abb. 5.1: Karte der virtuellen Distanz, Foto von einem »live« engagierten Klienten

Wir stellten beispielsweise fest, dass Mitarbeiter mit geringer virtueller Distanz seltener per E-Mail kommunizierten. Sie telefonierten häufiger miteinander. Doch die Software, die soziale Netzwerke darzustellen versucht, stützt sich dabei meistens auf E-Mail-Muster. Die Ergebnisse legen oft die Schlussfolgerung nahe, dass diejenigen Mitarbeiter, die die meisten E-Mails erhalten, die einflussreichsten oder mächtigsten im Netzwerk sind. Wir haben jedoch festgestellt, dass Führungskräfte dadurch leicht von den tatsächlichen Vorgängen abgelenkt werden, weil wahrscheinlich das Gegenteil der Fall ist. Oft fokussieren sich die Software-Analysen vor allem deshalb auf die Empfänger der meisten E-Mails, weil andere Mitarbeiter glauben, sie müssten diese »in Kopie setzen«, beispielsweise um ihre innerbetriebliche Position zu schützen.

Mythenkiller

Mitarbeiter kommunizieren nicht häufiger, sondern seltener per E-Mail, wenn die virtuelle Distanz gering ist. Das hat Produktivitätssteigerungen zur Folge. Eine Social Networking Software, die auf E-Mail-Mustern basiert und darauf ausgelegt ist, verborgene Machtstrukturen aufzudecken, führt oft zu irreführenden Umwegen, ohne Aufschluss darüber zu geben, wer mit wem am besten zusammenarbeitet.

Während der Arbeit an diesem Kapitel wurden wir zu einer Konferenz über HR People Analytics – die Analyse von Daten aus dem Personalwesen – eingeladen, bei der viele Anbieter für eine Software warben, die Karten von sozialen Netzwerken der einen oder anderen Art erstellten. Eine große Beratungsfirma sagte unlängst voraus, dass der HR-Analytics-Markt explodieren würde, weil

> die Möglichkeit, Zugang zu riesigen unstrukturierten Datenmengen in Realzeit zu erhalten und sie zu analysieren, um unternehmerische Entscheidungen bezüglich der Nutzung personeller Ressourcen zu optimieren, für die Geschäftsentwicklung von zentraler Bedeutung sind. Doch bei den großen Unternehmen *gibt es eine klar erkennbare Lücke in der optimalen Nutzung der Arbeitskräfteanalysen*.[1]

Es ist jedoch reines Wunschdenken, zu glauben, dass »riesige unstrukturierte Datenmengen« und eine Software, die »Realzeit«-Analysen durchführt, irgendetwas über die Gefühle und Empfindungen von Menschen hinsichtlich ihrer Arbeit aussagen können – ungeachtet dessen, wie hübsch geordnet die Diagramme und wie ausgefeilt die Rechenoperationen auch sein mögen.

Die Analyse der virtuellen Distanz leitet sich dagegen aus individuellen, persönlichen Erfahrungen mit zwischenmenschlichen Beziehungen her und stellt eine solide, wissenschaftlich fundierte Grundlage für die Entwicklung eines Index der virtuellen Distanz dar.

Deshalb führt die Kartierung der virtuellen Distanz – kein KI-getriebener, sondern ein menschenbasierter Prozess – zu Lösungen, mit denen immer wieder positive Auswirkungen erzielt werden können, weil sie auf einer prädiktiven Grundlage beruhen, die in der Best-Practice-Forschung wurzelt.

Der Kartierungsprozess der virtuellen Distanz umfasst drei Schritte:

1. Schritt: Ermittlung der wichtigsten Akteure

2. Schritt: Bewertung der Kernkomponenten der virtuellen Distanz

3. Schritt: Verortung der kritischen Beziehungspfade

Um den Prozess zu veranschaulichen, beginnen wir mit einem einfachen Fallbeispiel. Danach folgt ein komplexeres Fallbeispiel, wie es heute in größeren Unternehmen verbreitet ist.

Fallbeispiel: Kartierung der virtuellen Distanz: Fallbeispiel China

Ein großes Technologieunternehmen beabsichtigte, eine Akademie für Führungskräfte in Beijing zu errichten. Der Projektleiter einer US-Universität wandte sich an den Topmanager des Hightech-Unternehmens in New York, der sich einverstanden erklärte, die Universität als Berater für das Projekt in Betracht zu ziehen. Nach zwei persönlichen Meetings in der Unternehmenszentrale erhielt er die Chance, gemeinsam mit dem Projektmanager in China einen Projektplan zu entwickeln. Sobald der Plan vorlag, würde der Topmanager in New York die endgültige Entscheidung über die Finanzierung des umfangreichen Führungsprojekts treffen.

Die erste offizielle Projektbesprechung zwischen Joe, dem Projektleiter der Universität in New Jersey, und dem Projektmanager in Beijing fand via Konferenzschaltung statt und wurde von Joe moderiert. Diese Kick-off-Veranstaltung zielte darauf ab, sich gegenseitig kennenzulernen und sich auf einen Plan für den weiteren Ablauf der Zusammenarbeit zu verständigen.

Die Besprechung lief nicht gut.

Kommunikationsprobleme, einschließlich Sprachbarrieren und mangelnde Übereinstimmung der Erwartungen hinsichtlich der Bedeutung des Projekts, verhinderten einen sinnvollen Austausch. Joe war frustriert und sah sich gezwungen, die Besprechung abzubrechen und einen neuen Ansatz auszuarbeiten.

Erster Schritt: Ermittlung der wichtigsten Akteure

Joe erstellte eine Landkarte der Beziehungen zwischen denjenigen Personen, mit denen er bei dem Projekt zusammenarbeiten würde. Damit hatte er sich ein erstes Bild von der Situation verschafft. Die ursprüngliche soziale Netzwerkkarte finden Sie in Abbildung 5.2.

Das erste Meeting zwischen Joe und dem Topmanager in New York fand in der Zentrale des Unternehmens statt. Diese Führungskraft war in der Position, das Projekt zu bewilligen, aber die Leitung der tagtäglichen Projektarbeit gehörte nicht zu seinem Aufgabenbereich. Dafür war ein Projektmanager in Beijing zuständig, wo das Vorhaben umgesetzt werden sollte. Joe kannte ihn nicht, wusste aber, dass er die virtuelle Distanz zwischen ihnen beiden verringern musste, damit das Projekt reibungslos über die Bühne gehen konnte. Nach der frustrierenden ersten Konferenzschaltung »bewertete« er die verschiedenen Probleme der virtuellen Distanz, die sich dabei offenbart hatten.

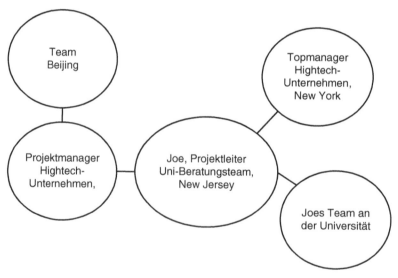

Abb. 5.2: Joes ursprüngliche Netzwerkkarte

Zweiter Schritt: Bewertung der Kernkomponenten der virtuellen Distanz

Die *physische Distanz* zwischen Joe und dem Projektmanager in Beijing war eindeutig groß. Die *geografische Distanz* hätte nicht größer sein können. Die *zeitliche Distanz* war ebenfalls erheblich, da sie durch viele Zeitzonen getrennt waren. Das Gleiche galt für die *organisationsspezifische Distanz*. Schließlich arbeiteten sie für zwei verschiedene Organisationen und in diesem Fall in zwei unterschiedlichen Branchen: Hightech- und Bildungsbereich.

Es überraschte Joe nicht, dass auch die *operative Distanz* groß war, genau wie die *Kommunikationsdistanz*: Beide Seiten hatten mit Sprachbarrieren und der Unfähigkeit zu kämpfen, die Körpersprache und andere soziale Hinweise zu entschlüsseln. Per Telefon oder E-Mail ließ sich kein geteilter Kontext entdecken. Der chinesische Manager hatte nicht einmal gewusst, dass ein solches Gemeinschaftsprojekt überhaupt in Erwägung gezogen worden war!

Und schließlich entdeckt Joe auch noch eine beträchtliche *Affinitätsdistanz* zwischen ihnen. Sie hatten keine Möglichkeit, festzustellen, ob ihre Werte und Kommunikationsstile auf einen gemeinsamen Nenner gebracht werden konnten. Die Frustration bezüglich der Kommunikation führte sogar zu dem »irrationalen« Eindruck, der Gesprächspartner sei schwierig, was sich als weitere Hürde für den Affinitätsaufbau erwies. Ihre Probleme leiten sich außerdem aus der *Affinitätsdistanz* her, da sie noch nie zusammengearbeitet hatten. Die »losen Verbindungen« über den Topmanager in New York waren kaum der Rede wert und bewirkten daher auch keinen großen Unterschied. Die *soziale Distanz* trug ebenfalls zu dysfunktionalen Verhaltensweisen bei. Joe hatte angenommen, der formale Status des Topmanagers in New York würde die mangelnde Übereinstimmung der Erwartungen hinsichtlich der Bedeutung des Projekts überwinden. Doch das war nicht der Fall, was teilweise daran lag, dass sich auch die *Interdependenzdistanz* auf die Beziehung auswirkte. Anhand der wenigen Bruchstücke der Unterhaltung, die sich Joe zusammenreimen konnte, hatte er den Eindruck gewonnen, dass das Projekt nicht den Zielsetzungen des Managers in Beijing entsprach.

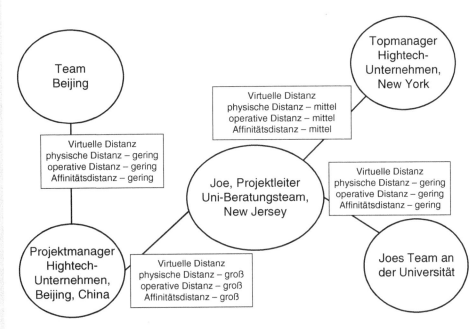

Abb. 5.3: Joes Bewertung der virtuellen Distanz

Abbildung 5.3 veranschaulicht Joes erste Bewertung bei der Kartierung der virtuellen Distanz.

Anhand der ursprünglich kartierten virtuellen Distanz erkannte Joe, dass es einige Probleme gab, die gelöst werden mussten, um das Projekt auf Erfolgskurs zu bringen – vor allen die Affinitäts- und operative Distanz, wie aus dem Modell der virtuellen Distanz ersichtlich. Er wusste, wenn er eine konstruktive Beziehung anbahnen und die Kommunikationsdistanz reduzieren wollte, würde ihm das nur in einem persönliche Austausch mit dem chinesischen Team gelingen. Und so flog er mit seinem Uni-Team nach Beijing und traf sich dort mit dem Projektmanager und seinen Mitarbeitern.

Trotz der Sprachbarrieren verringerte sich die Kommunikationsdistanz schon bei der ersten Reise. Die beiden Teamleiter konnten einen Zeitplan und einen gemeinsamen Kontext für ihre Besprechungen entwickeln, was das Verständnis auf beiden Seiten förderte. Infolge der verbesserten Kommunikation waren sie danach in der Lage, einen Konsens bezüglich wichtiger Eckpunkte des Projekts zu erreichen, und bald darauf hatten alle Beteiligten das Gefühl, auf ein gemeinsames Ziel hinzuarbeiten.

Joe stellte außerdem fest, dass der chinesische Manager nicht ausreichend über die Beschaffenheit des Projekts, seine Aufgabenstellung und die damit verbundenen Vorteile für seinen Arbeitsbereich informiert worden war. Erst als er von Joe erfuhr, worüber dieser mit dem Topmanager in New York gesprochen hatte, wurde ihm klar, welche unmittelbaren, positiven Auswirkungen diese Initiative auf seine langfristigen Ziele haben würde. Sie entdeckten darüber hinaus auch gemeinsame berufliche und persönliche Werte, was dem Projekt neue starke Impulse verlieh. Die Bindung zwischen ihnen verstärkte sich, die virtuelle Distanz verringerte sich zusehends. Durch die persönliche Begegnung zu Beginn des Projekts schaffte es Joe, diejenigen Faktoren der virtuellen Distanz zu verringern, die ihre anfänglichen Konferenzschaltungen und E-Mails beeinträchtigt hatten.

Als Joe China verließ, hatte er das Gefühl, einen großen Schritt in die richtige Richtung gemacht zu haben. Im Lauf der folgenden Wochen wurden beträchtliche Fortschritte erzielt. Obwohl die Sprachprobleme nicht vollends beseitigt waren, »wusste« Joe, was der chinesische Projektmanager in seinen E-Mails zum Ausdruck zu bringen versuchte, und auch die regelmäßig anberaumten Konferenzschaltungen erwiesen sich als positiv und erfolgreich. Die Beziehungsqualität verbesserte sich, und zwei Monate später hatten sie die erste Phase des Projekts abgeschlossen. Kurz danach bereiteten sie eine Präsentation für den Topmanager in New York vor und waren optimistisch, grünes Licht für die weitere Projektarbeit zu erhalten.

Bei einem Rückblick auf die Erfahrung wurde Joe bewusst, dass er an den »Stellschrauben« der virtuellen Distanz zwischen ihm und dem Projektmanager in China drehen konnte.

Er wusste, dass die *physische Distanz* bei diesem globalen, grenzüberschreitenden Projekt auch weiterhin Probleme verursachen würde, sich aber durch entsprechende Maßnahmen überwinden ließ. Trotz der großen geografischen, zeitlichen und organisationsspezifischen Distanz gelang es ihm, die Auswirkungen durch Face-to-Face-Besprechungen am Anfang und Ende der Projektarbeit zu neutralisieren, indem er die Strategien zur Verringerung der virtuellen Distanz umsetzte und damit ein Gefühl der Vertrautheit zwischen den Projektpartnern aufbaute. Diese starke Vertrauensbasis trug dazu bei, dass sich die beiden Teams auf ihre Aufgaben und Ziele fokussierten und motivierte sie, sich gegenseitig zu unterstützen.

Die *operative Distanz*, eine ernstzunehmende Hürde gleich zu Beginn des gemeinsamen Weges, wurde durch das Kick-off-Meeting – das persönliche Treffen in der Startphase des

Projekts – reduziert, und damit auch die *Kommunikationsdistanz*. Allein die Sprachprobleme machten die Zusammenarbeit anfangs schwierig. Sie verschwanden zwar nicht ganz, hatten aber keine schwerwiegenden Folgen, und die Qualität der Beziehungen verbesserte sich. Wenn eine E-Mail zu Missverständnissen führte, waren die Projektteilnehmer nun eher bereit, telefonisch oder per Videokonferenz um eine Klärung zu bitten.

Und schließlich wurde auch die *Affinitätsdistanz* merklich abgebaut, was eine allgemeine Minderung der virtuellen Distanz zur Folge hatte. Wie zuvor erwähnt, fanden Joe und der Projektmanager in Beijing schnell heraus, dass sie ähnliche Werte bezüglich ihrer Ansichten über Arbeit und Erfolg teilten. Da beide nützliche Einsichten und Aktivitäten in ihre gemeinsame Arbeit einbrachten, verringerte sich nicht nur die *Affinitätsdistanz* zwischen ihnen, sondern auch die ehemals große *soziale Distanz*. Die formalen Statusunterschiede verblassten, wurden durch gegenseitigen Respekt und die Anerkennung der individuellen Leistungen ersetzt. Und als offensichtlich wurde, dass die gemeinsame Arbeit auch den persönlichen Erfolg beider Projektpartner förderte, nahm auch die *Interdependenzdistanz* schlagartig ab.

Joes überarbeitete Karte der virtuellen Distanz ist in Abbildung 5.4 dargestellt.

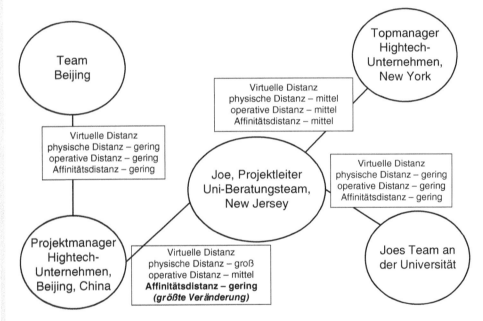

Abb. 5.4: Joes aktualisierte Karte der virtuellen Distanz am Ende des Projekts

Doch das Fallbeispiel China endete nicht an dieser Stelle. Joe und der chinesische Projektmanager präsentierten das Ergebnis ihrer Zusammenarbeit voller Zuversicht dem Topmanager in New York. Sie waren überzeugt, dass es gerechtfertigt war, das Projekt fortzusetzen und durch eine umfassendere Initiative zu erweitern, die eine beträchtliche Kapitalinvestition und die Bereitstellung weiterer Ressourcen erforderte. Doch zu ihrer Enttäuschung ließ sich der New Yorker Topmanager nicht von ihren Argumenten überzeugen und strich das Projekt. Die beiden wunderten sich über die Entscheidung, die für sie keinen Sinn ergab. Sie hatten die ursprünglichen Ziele sogar noch übertroffen und gezeigt, dass die globalen Aktivitäten des Unternehmen durch ein weiter ausgreifendes Projekt gefördert wurden.

Ihnen war entgangen, dass sie zwar die Lücke bei ihrer eigenen virtuellen Distanz geschlossen, aber die virtuelle Distanz übersehen hatten, die sich zwischen ihnen und dem ultimativen Entscheider ausbreitete.

Dritter Schritt: Verortung der kritischen Beziehungspfade

Bei der Zusammenführung virtueller Teams muss nicht nur die virtuelle Distanz zwischen einzelnen Teammitgliedern, sondern auch entlang den sogenannten kritischen Beziehungspfaden (Critical Relationship Paths, CRPs) ausgelotet und verringert werden. Diese CRPs zeigen auf, ähnlich wie die kritischen Pfade im Projektmanagement, welche Personen für ein bestimmtes Projekt am wichtigsten sind. Es ist unerlässlich (wie Joe erkennen musste), die virtuelle Distanz zwischen den Personen an den Knotenpunkten der kritischen Beziehungspfade ständig im Blick zu behalten, um Projektverzögerungen, oder schlimmer noch, einer unbeabsichtigten Beendigung vorzubeugen. Die kritischen Beziehungspfade und die abschließende Bewertung der virtuellen Distanz im Fallbeispiel China sind in Abbildung 5.5. dargestellt.

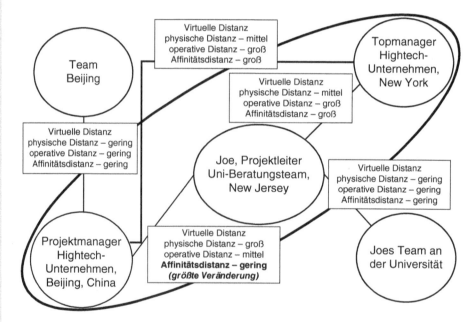

Abb. 5.5: Kritische Beziehungspfade (CRP) im Fallbeispiel China

Mit der *Kartierung der virtuellen Distanz* helfen wir Unternehmen, neuralgische Punkte in einem sozialen Netzwerk »auszuleuchten«, an denen die virtuelle Distanz eine konstruktive Zusammenarbeit und Kooperation beeinträchtigt. Danach sind Führungskräfte in der Lage, Engpässe oder Schwachstellen klarer zu erkennen. Sie erhalten einen Blick auf das übergeordnete Bild, das sie brauchen, um Probleme in den Fokus zu rücken und zu beseitigen.

Die Kartierung der virtuellen Distanz ist ein leicht zu handhabendes, wirkmächtiges Werkzeug, das Mitarbeiter mit und ohne Führungsfunktion einsetzen können, um das Problem der virtuellen Distanz an seinem tatsächlichen Ursprung in Angriff zu nehmen.

Sie hat aber auch noch andere Vorteile.

Erstens ermöglicht sie Führungskräften, zu sehen, wo die virtuelle Distanz die größten Risiken erzeugt. Wenn man punktgenau festlegen kann, an welcher Stelle Projekte, bei denen viel auf dem Spiel steht, am meisten gefährdet sind, lassen sich die anvisierten Problemlösungen leichter priorisieren. Es gilt zu bedenken, dass nicht alle Aspekte der virtuellen Distanz für den Zusammenhalt des Teams gleichermaßen abträglich sind, und deshalb wäre der Versuch, ihr dort entgegenzuwirken, wo sie wenig oder gar keine negativen Folgen hat, Zeitverschwendung.

Zweitens haben die Teammitglieder durch die Kartierung der virtuellen Distanz einen Leitfaden zur Hand, mit dem sich Fortschritte nachverfolgen lassen. Sobald das Ausmaß der virtuellen Distanz ermittelt und die kritischen Beziehungspfade zugeordnet wurden, kann man von Zeit zu Zeit darauf zurückgreifen, um zu sehen, ob die implementierten Lösungen einen Unterschied bewirken. Die Überprüfung kann außerdem eine Hilfe sein, wenn man herausfinden möchte, ob sich die virtuelle Distanz in den verschiedenen Gruppen und Teams verlagert haben könnte.

Und drittens lassen sich die Erkenntnisse, die bei der Kartierung der virtuellen Distanz gewonnen wurden, leicht auf andere Projekte übertragen. Sie können auch für die strategische Planung und andere langfristige Initiativen genutzt werden, um die virtuelle Distanz zu reduzieren, bevor sie zu wachsen beginnt.

Gedankenexperiment: Die Kartierung der virtuellen Distanz in Ihrem eigenen Kontext

Denken Sie einmal an Projekte oder Arbeitsinitiativen, an denen Sie beteiligt sind. Erstellen Sie nun eine soziale Netzwerkkarte mit Ihnen im Mittelpunkt. Fügen Sie alle Personen hinzu, die in das Projekt oder in die Arbeitsinitiative eingebunden sind, entweder direkt (diejenigen, die Eins-zu-Eins mit Ihnen zusammenarbeiten) oder indirekt (diejenigen, die Ihrer Meinung nach wichtig sind, aber nicht unbedingt regelmäßig mit Ihnen zusammenarbeiten).

Halten Sie sich noch einmal das Fallbeispiel China vor Augen. Vergewissern Sie sich, dass Sie alle Organisationen und Personen berücksichtigt haben, die Ihr Projekt beeinflussen können, und diejenigen, die Ihnen spontan einfallen. Schließen Sie beispielsweise nicht nur die firmeninternen, sondern auch firmenexterne personelle Ressourcen ein.

Wichtig: Versuchen Sie gar nicht erst, Ihr gesamtes soziales Netzwerk zu kartieren. Andernfalls würden Sie rasch feststellen, dass es viel zu lange dauert und das Beziehungsgeflecht zu komplex wird. Das hat zur Folge, dass die Leute frustriert werden und aufgeben, weil sie sich verzetteln.

Bewerten Sie nun die virtuelle Distanz entlang den direkten und indirekten Verbindungslinien. Dieser Prozess muss nicht präzise sein. Es ist jedoch wichtig, die einzelnen Probleme der virtuellen Distanz sorgfältig zu überdenken. Ein Tool zur Einschätzung der virtuellen Distanz finden Sie als Orientierungshilfe in Abbildung 5.6.

Einschätzung
Gering

Physische Distanz
- Selber Ort
- Selbe Zeitzone
- Selber Arbeitszeitplan

Operative Distanz
- Teammitglieder teilen Großteil des Kontexts bezüglich Arbeitsumfeld und Denkweise
- Keine Probleme mit der technischen Unterstützung
- Einem einzigen Projekt oder einer Arbeitsinitiative zugewiesen, mit geringen oder ohne Terminüberschneidungen
- Andere Kerngruppen oder Teammitglieder weitgehend in die Kommunikation einbezogen

Affinitätsdistanz
- Arbeitsgruppen oder Teammitglieder verstehen und respektieren normalerweise die Arbeitsethik und Werte der anderen Beteiligten
- Kommunikationsstile innerhalb der Gruppen oder Teams sind hochgradig kompatibel
- Die meisten Mitglieder der Arbeitsgruppen kannten einander schon vor Beginn der Initiative/des Projekts oder haben viele gemeinsame Bekannte
- Der Status innerhalb der Arbeitsgruppen oder Teams basiert nicht auf formalen Titeln oder Verbindungen, sondern auf dem individuellen Arbeitsbeitrag
- Die meisten Teammitglieder haben das Gefühl, im gleichen Maß zum Arbeitsergebnis beizutragen

Einschätzung
Mittel

Physische Distanz
- Selbes Land
- Innerhalb von 3 Zeitzonen
- Ähnliche Arbeitszeitpläne

Operative Distanz
- Teammitglieder teilen bis zu einem gewissen Grad den Kontext bezüglich Arbeitsumfeld und Denkweise
- Zeitweilig Probleme mit der technischen Unterstützung
- Zwei oder drei Projekten oder Arbeitsinitiativen zugewiesen, mit einigen Terminüberschneidungen
- Andere Kerngruppen oder Teammitglieder in einen Teil der Kommunikation einbezogen

Affinitätsdistanz
- Arbeitsgruppen oder Teammitglieder verstehen und respektieren nicht immer die Arbeitsethik und Werte der anderen Beteiligten
- Kommunikationsstile innerhalb der Gruppen oder Teams sind einigermaßen kompatibel
- Einige Mitglieder der Arbeitsgruppen kannten sich schon vor Beginn der Initiative/des Projekts oder haben einige gemeinsame Bekannte
- Der Status innerhalb der Arbeitsgruppen oder Teams basiert manchmal auf dem individuellen Arbeitsbeitrag und manchmal auf formalen Titeln oder Verbindungen
- Einige Teammitglieder haben das Gefühl, im gleichen Maß zum Arbeitsergebnis beizutragen

Abb. 5.6: Tool zur Einschätzung der virtuellen Distanz

Einschätzung
Hoch

Physische Distanz
· Anderes Land
· Mehr als drei Zeitzonen Unterschied
· Unterschiedliche Arbeitszeitpläne

Operative Distanz
· Teammitglieder teilen wenig bis gar keinen Kontext bezüglich Arbeitsumfeld und Denkweise
· Regelmäßig Probleme mit der technischen Unterstützung
· Mehr als drei Projekten oder Arbeitsinitiative zugewiesen, mit etlichen Terminüberschneidungen
· Andere Kerngruppen oder Teammitglieder nur geringfügig in die Kommunikation einbezogen

Affinitätsdistanz
· Arbeitsgruppen oder Teammitglieder verstehen oder respektieren die jeweiligen Arbeitsethiken und Werte der anderen Beteiligten nicht
· Kommunikationsstile innerhalb der Gruppen oder Teams sind schwer verständlich
· Falls überhaupt, kannten nur wenige Mitglieder der Arbeitsgruppen einander schon vor Beginn der Initiative/ des Projekts und haben auch keine gemeinsamen Bekannten
· Der Status innerhalb der Arbeitsgruppen oder Teams basiert hauptsächlich auf formalen Titeln oder Verbindungen
· Die Teammitglieder haben nicht das Gefühl, im gleichen Maß zum Arbeitsergebnis beizutragen

Abb. 5.6: Tool zur Einschätzung der virtuellen Distanz

Als Nächstes gilt es, nach den CRPs Ausschau zu halten. Versehen Sie diejenigen Personen mit einem Kreis, die für den Erfolg des Projekts am wichtigsten sind (siehe Abbildung 5.5.). Denken Sie daran, dass es mehr als einen kritischen Beziehungspfad geben könnte, wie im Fallbeispiel China. Sie können das Tool zur Einschätzung der CRPs in Abbildung 5.7 als Orientierungshilfe verwenden.

Falls Sie: Ein Teammitglied ohne Führungsverantwortung sind: Manager oder Leiter einer Arbeitsinitiativgruppe oder eines Projektteams sind, treffen alle nebenstehenden Aussagen hinsichtlich Ihrer Vorgesetzten und Untergebenen zu	Einschätzungsleitlinien für kritische Beziehungspfade (Wird »Ja« angekreuzt, ist die Beziehung wahrscheinlich Teil des CRP) · Die Person innerhalb Ihres Unternehmens hat Ihnen gegenüber formale Weisungsbefugnis – entweder direkt oder indirekt **ODER** · Die Person außerhalb Ihres Unternehmens hat Ihnen gegenüber formale oder informelle Weisungsbefugnis – entweder direkt oder indirekt · Die Person entscheidet über die Ressourcen, die Sie für die Erledigung der Aufgabe benötigen · Die Person entscheidet über das Budget, das Sie für die Erledigung der Aufgabe benötigen · Die Person ist der formale oder informelle wichtigste Leistungsträger der Arbeitsinitiative oder des Projekts · Die Person ist ein einflussreicher Kunde oder Nutzer des Ergebnisses der Arbeitsinitiative oder des Projekts · Das Gruppen- oder Teammitglied hat großen Einfluss auf andere Gruppen- oder Teammitglieder · Das Gruppen- oder Teammitglied hat großen Einfluss und/oder direkte persönliche Beziehungen zu denjenigen Personen, die Sie anhand der oben genannten Leitlinien auf den kritischen Beziehungspfaden verortet haben	Ja	Nein

Abb. 5.7: Tool zur Einschätzung der kritischen Beziehungspfade

Im folgenden Fallbeispiel erfahren Sie etwas über ein vielschichtiges Beziehungsgeflecht, das bei einem großen Maschinenbau-Klienten auftauchte. Dieses Beispiel ist typisch für große Organisationen. Sie finden Informationen zum Hintergrund des Falls, zur Umsetzung des Kartierungsprozesses und zu dem damit verbundenen spektakulären Durchbruch beim Verständnis der Arbeitssituation, mit dem Einsparungen in Millionenhöhe und der Erhalt eines Schlüsselbereichs im Unternehmen erzielt wurden.

Fallbeispiel: Großer Maschinenbaukonzern

Ein großer Maschinenbaukonzern stellte Produkte sowohl für den Wirtschafts- als auch für den staatlichen Sektor her. Der Forschungs- und Entwicklungsbereich arbeitete mit einer großen IT-Organisation zusammen, zu der auch die Prozessoptimierungsgruppe gehört. Der Standort der wichtigsten Akteure befand sich in vier verschiedenen Ländern: Die Entwicklungseinrichtungen waren in Deutschland und Spanien, das Personalwesen in Kanada, und andere F&E- sowie Vertriebsaktivitäten in verschiedenen Regionen der USA angesiedelt. Die Produkte des Konzerns tragen zur Sicherheit von mehreren Millionen Menschen bei und finden vielfältige Anwendung im Rahmen privater und nationaler Sicherheitsvorkehrungen rund um die Welt.

Hier machten sich zwei schwerwiegende Probleme bemerkbar:

1. Die Prozessoptimierungsgruppe stand aufgrund mangelnder Auslastung kurz davor, aufgelöst zu werden. Doch da die Gruppe über die größte organisationsspezifische Wissensbasis verfügte, zögerte man, obwohl der Druck von oben wuchs. Da der Konzern Geschäftsverbindungen sowohl zu Wirtschaftsunternehmen als auch staatlichen Stellen unterhielt, galt es, sensible Informationen über Arbeitsprozesse so weit wie möglich unter Verschluss zu halten.
Doch das Vertrauen in die Fähigkeiten des Teams war gering – nicht aufgrund von Inkompetenz, sondern wegen der virtuellen Distanz. Deshalb engagierte die IT-Organisation weiterhin teure Berater, die statt der firmeninternen Gruppe die Prozessoptimierungsarbeit verrichteten. Sie gab mehrere Millionen Dollar für Ressourcen aus, die im Grunde überflüssig waren und besser in Projekte investiert worden wären, die das interne Know-how und eine klare Aufgabenverteilung förderten. Doch da die virtuelle Distanz zwischen der internen Optimierungsgruppe und der IT-Organisation groß war, war die Gruppe nicht ausgelastet. Deshalb drohte die Auflösung, wobei Dutzende hochqualifizierter Mitarbeiter entlassen worden wären, was eine »Fachkräfteabwanderung« oder den Verlust wichtiger organisationsspezifischer Kenntnisse zur Folge gehabt hätte.
2. Aufgrund der virtuellen Distanz hatte der Konzern außerdem einen großen Unternehmenskunden verloren und seine Reputation aufs Spiel gesetzt. Eines der Schlüsselprodukte war nicht termingerecht fertiggestellt worden, was beim Kunden einen schwerwiegenden Engpass verursachte. Dass es Produktionsprobleme gab, wurde ihm per E-Mail mitgeteilt. Als der Kunde herauszufinden versuchte, wann er mit der Lieferung rechnen könne, wurde er aufgefordert, Anfragen an verschiedene andere Abteilungen zu richten, um Informationen über den aktuellen Status zu erhalten. Diese Situation war für den Kunden unannehmbar und er stornierte den Milliarden-Dollar-Auftrag. Die Nachricht über das Leistungsdefizit des Maschinenbaukonzerns »machte die Runde«, was dazu führte, dass er weitere Kunden verlor.

Die Kartierung der virtuellen Distanz ermöglichte uns eine Analyse des ersten Problems, auf das wir uns konzentrierten.

Dann hielten wir einen Workshop mit den Topmanagern des Maschinenbaukonzerns und seinen leitenden Wissenschaftlern ab. Wir gingen mit ihnen die Ergebnisse unserer Untersuchungen durch, veranschaulichten sie anhand der Landkarte der virtuellen Distanz und entwickelten einen Aktionsplan, mit dem sich die hohen Ausgaben für firmenexterne Berater senken und die Arbeitsplätze der Mitarbeiter erhalten ließen, die für die Prozessoptimierung zuständig waren.

Die Prozessoptimierungsgruppe war Teil einer größeren IT-Organisation. Zu den wichtigsten Akteuren gehörten:

- Process Improvement – für die Projektplanung und Abwicklung (Design & Build) zuständige Organisation mit dem Auftrag, der Unternehmensführung neue Designprozesse zu präsentieren.
- Process Improvement – für das Berichtswesen zuständige Schnittstelle zu mehreren berichtspflichtigen Organisationen, um die Kennzahlen der Prozessoptimierungsprojekte nach oben weiterzuleiten.
- Process Delivery – für die Installation und Inbetriebnahme neuer Verfahren zuständige Organisation.
- Service Management – Asset-Management, für die Verwaltung des Sachanlagevermögens zuständig, Hardware und Software eingeschlossen.

Abgesehen von den Kollegen arbeiteten die Mitglieder der Prozessoptimierungsgruppe eng mit anderen Organisationen zusammen, die nicht demselben Manager unterstellt waren. Dazu gehörten:

- Die Business Management Gruppe – für die Zusammenarbeit mit der Führung der gesamten Organisation zuständig, um die Ergebnisse von Projekten aller Art auszuwerten und darauf zu achten, was erfolgversprechend ist.
- CTO – zentralisierte Organisation, die sich aus allen firmeninternen Technikvorständen zusammensetzte (mehr als ein Dutzend), zuständig für die Empfehlung neuer Technologiestrategien und Prozessoptimierungen an ihre jeweiligen Geschäftsbereiche.
- Employee Satisfaction – für fortlaufende Verbesserungen der Maßnahmen zum Erhalt der Arbeitszufriedenheit zuständig.

Die ursprüngliche Karte der virtuellen Distanz ist in Abbildung 5.8 dargestellt.

Angesichts der Größe und Komplexität unseres Klienten tauschten wir Schritt 1 und 2 aus und untersuchten als Erstes die kritischen Beziehungspfade (CRPs), wie in Abbildung 5.9 ersichtlich.

Als Nächstes schätzten wir die virtuelle Distanz zwischen den CRP ein, siehe Abbildung 5.10.

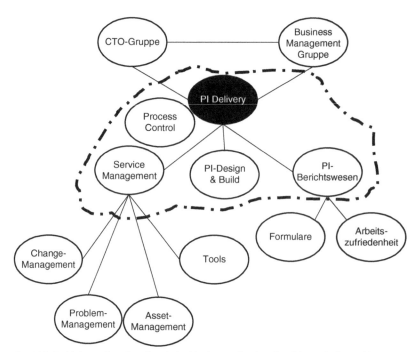

Gestrichelte Linie repräsentiert die mit der Kartierung der virtuellen Distanz befasste Kerngruppe

Abb. 5.8: Großer Maschinenbaukonzern – ursprüngliche Karte der virtuellen Distanz

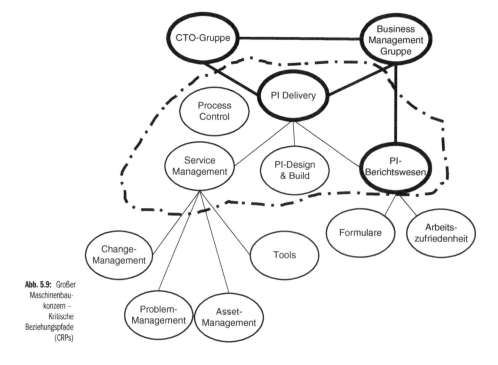

Abb. 5.9: Großer Maschinenbaukonzern – Kritische Beziehungspfade (CRPs)

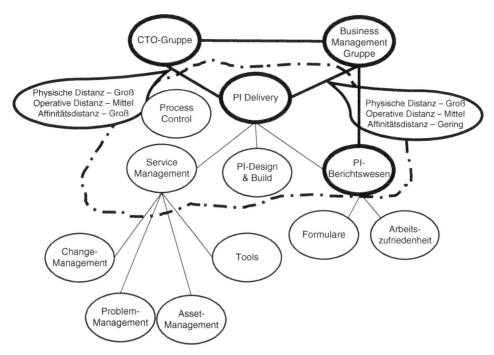

Abb. 5.10: Großer Maschinenbaukonzern – Einschätzung der virtuellen Distanz

Es stellte sich heraus, dass die Business-Management-Gruppe die Grundlagen für eine informelle Verbindung zwischen Process Improvement- und CTO-Teams geschaffen hatte. Die Manager merkten, dass sie diese Verbindung nutzen konnten, um zur Verringerung der virtuellen Distanz zwischen Prozessoptimierung und CTO beizutragen.

Sie verständigten sich auf einen Plan, die Business-Management-Gruppe als Fürsprecher zu gewinnen. Nach einer Besprechung, an der Repräsentanten der Business-Management- und IT-Teams teilnahmen, vertraute man der internen Prozessoptimierungsgruppe versuchsweise ein großes Projekt an. Es wurde rundum erfolgreich und zu voller Zufriedenheit des firmeninternen Kunden bereitgestellt. Daraufhin wurden weitere Projekte an die interne Gruppe vergeben, was zur Folge hatte, dass man weniger Geld für externe Berater aufwenden musste und bessere Ergebnisse – in Form von Kosteneinsparungen und höheren Erlösen – erzielte. Damit konnten wiederum die Arbeitsplätze der Gruppenmitglieder gesichert und die Ausgaben für die Beratungshonorare im gesamten Konzern gesenkt werden.

Dieses komplexe Fallbeispiel zeigt, dass die Kartierung der virtuellen Distanz eine hochwirksame Lösung sein kann, wenn Unternehmen mit der mühseligen Suche nach verborgenen Hindernissen für den Geschäftserfolg und echten Einsparungsmöglichkeiten befasst sind. Sie kann darüber hinaus zu robusteren Wettbewerbsvorteilen führen und die Mitarbeiterentwicklung durch den Aufbau echter Expertise und damit größerer Arbeitszufriedenheit fördern.

Die Kartierung der virtuellen Distanz hat eine ähnliche Wirkung wie die Scheinwerfer eines Autos – sie bringt Licht in das Dunkel potenzieller Gefahren, die zur Folge haben können, dass man vom Weg abkommt. Sie lässt sich nicht mit den heute weitgehend üblichen Teamstrategien vergleichen, die empfehlen, maßgeschneiderte Lösungen für Unternehmen aus dem »Industriezeitalter« in die virtuelle Arbeitswelt zu übertragen. Wir haben immer wieder gesehen, dass dieser Ansatz zum Scheitern verurteilt ist. Die Kartierung der virtuellen Distanz liefert eine Landkarte, die eine Fokussierung auf die Lösung von Problemen im Kontext der virtuellen Arbeit ermöglicht, auf wissenschaftlichen Methoden basiert und bei den Problemlösungskonzepten für virtuelle Teams bisher gefehlt hat.

Mit dieser Karte der virtuellen Distanz sind Sie bestens gerüstet, Ihren eigenen Aktionsplan zu erstellen und Beschlüsse umzusetzen, mit denen Sie die Zusammenarbeit und den Zusammenhalt virtueller Mitarbeit stärken.

Schlüssellektionen zur Kartierung der virtuellen Distanz auf einen Blick:

- Organigramme und Netzwerksanalysen sind nützlich, aber wenig geeignet, um Aufschluss darüber zu geben, wie Teammitglieder die virtuelle Distanz empfinden.
- Die Kartierung der virtuellen Distanz beginnt mit der Identifizierung der Hauptakteure und der Ermittlung, wer mit wem zusammenarbeitet.
- Der zweite Schritt des Kartierungsprozesses besteht darin, die Beziehungen zwischen den Hauptakteuren zu analysieren und die virtuelle Distanz zu messen.
- Der dritte Schritt beinhaltet die Bestimmung der kritischen Beziehungspfade (CRPs); sie rückt diejenigen Personen in den Mittelpunkt, die für die Projektergebnisse am wichtigsten sind. Die virtuelle Distanz entlang der CRPs sollte ständig beobachtet und gesteuert werden, um Projektverzögerungen oder ein Scheitern zu vermeiden.
- Unsere Fallstudien zeigen, dass die Kartierung der virtuellen Distanz den Unternehmen hochwirksame Lösungen bieten kann. Dieser Prozess deckt die verborgenen Hindernisse auf dem Weg zum Erfolg auf und führt zu einer Verbesserung sowohl der Wettbewerbsposition als auch der Personalentwicklung.

6 Die Steuerung der virtuellen Distanz

Wie sich herausgestellt hat, wurde die virtuelle Distanz in den vergangenen fünfzehn Jahren von den Unternehmen nie überprüft. Abgesehen von den massiven Einschlägen im Finanz- und Wettbewerbssektor führt sie auch zu toxischen Verhaltensweisen, die menschliche Erfahrungen am Arbeitsplatz und anderswo untergraben. Als Reaktion darauf haben Firmenchefs begonnen, die »kritische Masse« der Arbeitnehmer, Geschäftspartner und anderer relevanter Personen endlich zur Kenntnis zu nehmen, die infolge der Vernachlässigung Misstrauen gegenüber der Unternehmenskultur entwickelt haben. In einem »Statement on the Purpose of a Corporation« veröffentlichte Business Roundtable, eine US-amerikanische Lobbyorganisation von Wirtschaftsführern aus großen multinationalen Unternehmen, eine Art Manifest, in dem es hieß, die ausschließliche Fokussierung auf den Shareholder Value als Unternehmenszweck sei nicht länger angemessen. Sie erklären:

> Wir verpflichten uns:
> … auf einen fairen und ethischen Umgang mit unseren Zulieferern zu achten. Wir legen Wert darauf, gute Partner für andere kleine und große Unternehmen zu sein, die dazu beitragen, unsere langfristigen Ziele verwirklichen.
> … die Gemeinden zu unterstützen, in denen wir tätig sind. Wir respektieren die Mitglieder unserer Gemeinden und schützen die Umwelt, indem wir nachhaltige Verfahren in sämtlichen Geschäftsbereichen begrüßen.
> … langfristige Werte für unsere Shareholder zu schaffen, die das Kapital bereitstellen und unseren Unternehmen damit Investitionen, Wachstum und Innovation ermöglichen. Wir verpflichten uns zu Transparenz und einem effektiven Engagement gegenüber den Shareholdern.
> … Jeder unserer Shareholder ist von zentraler Bedeutung. Wir verpflichten uns, für alle relevanten Gruppen gleichermaßen Werte zu schaffen, um den künftigen Erfolg unserer Unternehmen, unserer Gemeinden und unserer Länder zu fördern.
> *Auszug aus »Statement on the Purpose of a Corporation«, Business Roundtable, 19. August 2019*

Doch diese klar formulierten Absichten lassen sich möglicherweise nicht einmal in einer idealen Welt kurzfristig realisieren. Sie können gleichwohl hilfreich sein, wenn es gilt, systemische Probleme an die Oberfläche zu befördern. Wie wir gesehen haben, nimmt die Intensität der virtuellen Distanz zu.

Die Auswirkungen der virtuellen Distanz lassen sich gleichwohl umkehren, wie wir bei der Arbeit mit Hunderten Teams aus aller Welt gezeigt haben. Die virtuelle Distanz lässt sich sogar in einen Vorteil verwandeln. Das mag auf den ersten Blick paradox erscheinen, aber das Modell der virtuellen Distanz kann sich als Blitzlicht in der Dunkelheit erweisen.

Sobald wir uns bewusst gemacht haben, dass sich in Folge allgegenwärtiger digitaler Aktivitäten unbeabsichtigt eine virtuelle Distanz entwickelt hat, können wir sie ergründen, um zu sehen, wo genau Probleme auftreten und welche Form sie wahrscheinlich annehmen, ungeachtet dessen, wie problembeladen die Situation bereits ist. Wir können außerdem vorhersagen, wo die virtuelle Distanz künftig Probleme verursachen könnte. Wird dieses Prognosewerkzeug bereits im Vorfeld angewendet, sind Führungskräfte daher in der Lage, virtuelle Distanz zu vermeiden.

Mit Hilfe unserer zahlreichen Best Practices, die anhand realer Erfahrungen entwickelt wurden und verschiedene Ursachen-Kombinationen widerspiegeln, lassen sich die Nachteile vorhersehbar ausklammern und die Leistungsverbesserungen hervorheben, die angestrebt werden.

Womit man anfangen sollte: Prioritäten setzen

Virtuelle Distanz taucht im Kontext der virtuellen Arbeit bei fast allen Interaktionen auf, gleich ob am Konferenztisch oder auf dem Videobildschirm, bei großen oder kleinen Herausforderungen und zwischen Menschen, die in einer Matrix mit kreuz und quer verlaufenden hierarchischen Ebenen verortet sind.

Wir haben bereits seit der Einführung des Themas im Vorwort damit begonnen, das Problem der virtuellen Distanz zu lösen. Wie aus Abbildung 6.1 ersichtlich wird, besteht der erste Schritt darin, sich dieses Phänomen des digitalen Zeitalters bewusst zu machen. Der nächste Schritt ist die Messung mit Hilfe des Index der virtuellen Distanz, um herauszufinden, wie groß sie ist und in welchen Kombinationen sie auftritt. Damit können wir ihren Fußabdruck erkennen. Als Nächstes ergründen wir, auf welchen Wegen die virtuelle Distanz ihren tagtäglichen Verlauf nimmt. Wir identifizieren die kritischen Beziehungspfade (CRPs), die wir bei der Kartierung der virtuellen Distanz entdeckt haben und die besonders anfällig für ein hohes Maß an virtueller Distanz sind. Das ermöglicht den Teams, die schlimmsten Problembereiche als Erstes ins Auge zu fassen und »rasch Erfolge« zu erzielen; damit nutzt man die Antriebskraft und stärkt die Motivation, die verbleibenden Problembereiche in Angriff zu nehmen.

Abb. 6.1: Die Steuerung der virtuellen Distanz

Der Rest des Kapitels konzentriert sich auf Strategien und Taktiken, die erforderlich sind, um einen Aktionsplan zur Lösung der Probleme zu entwickeln und umzusetzen, die mit der virtuellen Distanz einhergehen.

Die Priorisierung der Strategien und Taktiken bei der Entwicklung eines Aktionsplans zur Verringerung der virtuellen Distanz

Aus Abbildung 6.2 geht hervor, wie sich Lösungen zur Beseitigung der virtuellen Distanz in eine Rangfolge einordnen lassen. Wie Sie anhand der Achsenbeschriftungen erkennen, sollte man dabei zwei praktische Aspekte im Blick behalten:

1. Umsetzbarkeit von Strategien und Taktiken, und
2. Dauer der Wirksamkeit ausgewählter Strategien und Taktiken

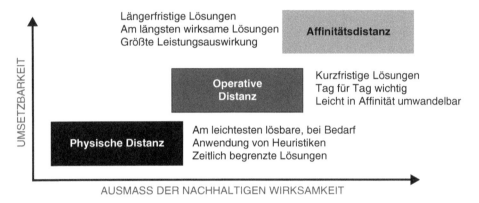

Abb. 6.2: Virtuelle Distanz: Prioritäten für die Entwicklung eines Aktionsplans

Die Schwerpunkte und Schlüsselaspekte sind in Tabelle 6.1 zusammengefasst.

Fallbeispiel

Ein global tätiger Pharmakonzern beschloss, eine weltweite Initiative zu starten, um »globaler« zu werden. Das mag seltsam klingen, doch in diesem Fall hatte das Unternehmen zwar einige hunderttausend Beschäftigte weltweit, war aber auf die Zentrale fokussiert, sodass Standorte in anderen Regionen bezüglich der Strategien und Geschäftsprozesse stiefmütterlich behandelt wurden.

Deshalb beschloss die Führungsspitze, anhand des Index der virtuellen Distanz (VDI) eine Analyse durchzuführen, um herauszufinden, wie verbreitet das Problem war. Im Vorfeld der VDI-Auswertungsbesprechung sprachen wir mit einem Country Manager des Konzerns, der für einen der größten Märkte außerhalb der USA zuständig war. Er erzählte uns eine erschreckende Geschichte, die zeigte, wie ernst die Situation wirklich war.

Der Country Manager leitete eine Tochtergesellschaft des Konzerns in Australien, dreizehneinhalb Stunden vor der Zeitzone in New Jersey, dem Standort der Zentrale. Nach Beginn der globalen Initiative schickte er eine E-Mail an den Leiter der Kommunikationstechnologie-Sparte mit der Bitte um Einrichtung einer Konferenzbrücke für ihn und sein Team im asiatisch/pazifischen Raum. Er erhielt eine Antwort per E-Mail mit folgendem Wortlaut:

»Tut mir leid, das geht nicht. Wir arbeiten nicht permanent« – wobei er auf die Tatsache Bezug nahm, dass es in New Jersey mitten in Nacht war, wenn in Australien der Arbeitstag begann, und umgekehrt.

Der Country Manager in Australien hielt das für einen Scherz; er antwortete, das sei ja unheimlich witzig, aber könne man bitte die Konferenzbrücke einrichten, so schnell wie möglich.

Und wieder erhielt er die Antwort:

»Das war kein Scherz – unsere Büros sind um diese Zeit nicht besetzt, deshalb können wir Ihnen die Unterstützung bei Software- und Hardwareproblemen nicht bieten und daher auch keine Konferenzbrücke zur Verfügung stellen.«

Der Country Manager war sehr erregt, als er uns die Geschichte erzählte, durchlebte noch einmal die Wut und Ungläubigkeit, die er empfunden hatte. Das passiert oft, wenn sich Leute an Unliebsamkeiten während eines E-Mail-Austauschs erinnern, die sie auf die Palme bringen.

Wie könne es sein, lautete seine rhetorische Frage, dass ein Konzern, der angeblich großen Wert auf mehr Globalität lege, einem so kritischen Erfolgsfaktor wie dem Kommunikationszugang rund um die Uhr an sieben Tagen in der Woche so wenig Wert beimesse? Auch nach der VDI-Einschätzung und Vorlage der Ergebnisse machte der zuständige Leiter des Kommunikationsbereichs keine Anstalten, auf die große virtuelle Distanz zu reagieren, die in der Analyse zutage getreten war.

Der Country Manager, der einen großen Teil seiner beruflichen Laufbahn im Dienst des Konzerns verbracht hatte, war so empört, dass er den CEO anrief, um mit ihm über die Angelegenheit zu sprechen. Die Geschichte endete schließlich mit einer gescheiterten Initiative, der Entlassung eines Bereichsleiters in der Zentrale und einem ähnlichen Sturm der Entrüstung auf Seiten anderer Country Manager.

Priorisierungsanalyse im Fall des globalen Pharmakonzerns

Dieser Fall zeigt eindeutig, warum die operative Distanz als Teil jedes Aktionsplans klar erkennbar Priorität haben sollte. In der oben beschriebenen Situation schien die ursprüngliche Anfrage relativ harmlos zu sein – ein langjähriger Manager brauchte eine 24/7 Konferenzschaltung, die der Konzern durchaus einrichten konnte. Hier wurde um operative Unterstützung gebeten. Was folgte, überschritt jedoch die Grenze von operativem Problem zum Affinitätsproblem. Die Antwort signalisierte dem Country Manager, dass sich die Konzernzentrale in Wirklichkeit wenig für ihn oder seine Unternehmensziele interessierte. Sie deutete außerdem darauf hin, dass ein gemeinsames Wertesystem fehlte. Der Country Manager fühlte sich wie ein Anhängsel und nicht wie ein wichtiger Bestandteil einer übergeordneten globalen Strategie – und das alles, ohne dass ein klärendes Wort erfolgte. Es gab auch keinen gemeinsamen Kontext, der imstande gewesen wäre, Fehlannahmen zu korrigieren, was sich als fatal für das Projekt erwies.

In den wenigen Minuten, die es dauerte, um die beiden E-Mails abzuschicken und zu empfangen, konnte die Affinitätsdistanz Fuß fassen und das Vertrauen erschüttern, das vor diesem Vorfall entstanden war. Es verwandelte sich schließlich in Misstrauen, das

Virtuelle Distanz, Faktor	Prioritätsschwerpunkte	Überlegungen
Physische Distanz	• Leicht umzusetzen • Wirkung der Beschlüsse lässt sich nicht über den unmittelbaren Zeitraum hinaus/ nur kurzfristig aufrechterhalten	• Nicht die Hauptursache der größten Herausforderungen für die virtuelle Arbeit • Physische Distanz spielt nur in bestimmten Situationen eine Schlüsselrolle für Erfolg oder Misserfolg • Problem lässt sich leicht lösen, da es binär ist – entweder Sie sind persönlich anwesend oder nicht, und wenn nicht, lässt sich die Situation leicht durch Reisen an den anderen Standort ändern • Es gibt eine begrenzte Reihe eindeutiger Heuristiken, anhand derer Sie erkennen, wann Sie persönlich präsent sein sollten
Operative Distanz	• Leicht von Tag zu Tag umzusetzen • Wirkung der Beschlüsse lässt sich kurzfristig aufrechterhalten • Hat höhere Priorität als die physische Distanz, weil sie die Ergebnisse stärker beeinflusst – siehe Ratio der virtuellen Distanz, wie am Ende des 1. Kapitels definiert	• Lösungsstrategien sind wichtige Komponenten der Problemlösungsstrategien bei Affinitätsdistanz und operativer Distanz • Operative Distanz verwandelt sich leicht in Affinitätsdistanz, deshalb gilt es, sie unter Kontrolle zu halten • Symptome können sich von einem Tag zum anderen ändern, deshalb ist eine permanente Steuerung unerlässlich
Affinitätsdistanz	• Nachhaltige Implementierung auf lange Sicht, damit die Lösungen greifen können • Wirkung der Beschlüsse ist langfristig; die Lösungen haben den größten positiven Einfluss auf die Unternehmensergebnisse	• Hat die höchste Priorität, weil sie, wenn unkontrolliert, den größten Schaden verursachen kann • Führungskräfte brauchen fundiertes Training und Geduld, um die Affinitätsdistanz-Probleme langfristig in den Griff zu bekommen • Rasche Erfolge motivieren zur Aufrechterhaltung der Aktionspläne

Tabelle 6.1: Prioritäten nach Faktoren der virtuellen Distanz

auch bei anderen Country Managern des Konzerns die Runde machte, sich anhäufte und dazu führte, dass die weitläufige globale Strategie krachend scheiterte, was vermeidbar gewesen wäre – zumindest zeitweilig, wenn nicht sogar ein für alle Mal –, wenn man die Probleme der virtuellen Distanz gelöst hätte. Doch da die Beziehungen großen Schaden gelitten hatten und in manchen Fällen sogar gekappt worden waren, dauerte es Jahre, bis sich der Konzern von dem Schlag erholte.

Strategien versus Taktiken

Strategien bieten die Möglichkeit, einen Blick auf das übergeordnete Bild zu werfen und allgemein gültige Orientierungshilfen für die Herangehensweise an Probleme zu entwickeln. Taktiken sind wiederum spezifische Handlungsempfehlungen, die unmittelbar angewendet werden können. Während unserer langjährigen Zusammenarbeit mit großen Unternehmenskunden haben wir eine Problemlösungslandkarte der virtuellen Distanz entwickelt (siehe Abbildung 6.3), um die strategischen Prioritäten hervorzuheben. Sie bieten einen Überblick über die Strategien für jede Komponente der virtuellen Distanz und nachfolgend Musterbeispiele für Taktiken, mit denen sich die drei Faktoren der virtuellen Distanz in den Griff bekommen lassen.

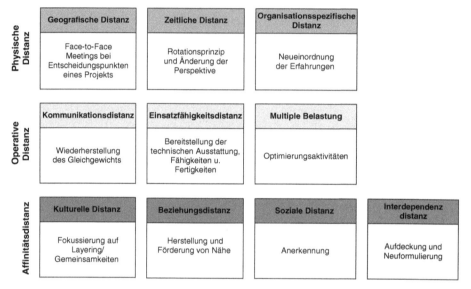

Abb. 6.3: Problemlösungslandkarte der virtuellen Distanz

Strategischer Fokus bei physischer Distanz

1. *Strategie bei geografischer Distanz: Entscheidungskriterien für persönliche Präsenz*. Es ist wichtig, zu wissen, wann persönliche Anwesenheit ein absolutes Muss ist. Die meisten von uns halten sich überwiegend im virtuellen Raum auf. Deshalb gilt es, auf die Auslöser zu achten, die signalisieren, wann eine persönliche Zusammenkunft besser wäre.

Hier einige Faustregeln als Beispiel:

- *Wenn ein Projekt an den Start geht*. Ein Kick-off Meeting trägt dazu bei, von Anfang an Vertrauen und Vertrautheit zwischen den Teammitgliedern zu schaffen.
- *Bei schwerwiegenden Problemen, die offen diskutiert werden müssen*. Wenn Missverständnisse oder der Mangel an offenen Austauschmöglichkeiten zu schwerwiegenden Problemen führen könnten, sollten die Teammitglieder die Möglichkeit haben, sich von Angesicht zu Angesicht zu begegnen, um die bestmögliche Lösung zu finden oder eine Krise zu verhindern bzw. in den Griff zu bekommen.

- *Bei Erreichen wichtiger Meilensteine des Projekts,* die präsentiert werden müssen, vor allem, wenn sie komplex oder technisch ausgefeilt sind – die Endergebnisse zu kommunizieren sollte ein koordiniertes Unterfangen sein.
- *Bei Problemen, die dem Kunden mitgeteilt werden müssen.* Das ist vor allem wichtig, wenn Teams Terminen hinterherhinken und die Geschäftstätigkeit des Kunden dadurch beeinträchtigt würde.
- *Bei Leistungsbeurteilungen und/oder anderen karrierebezogenen Bewertungen.* Wenn das Feedback Veränderungen für die längerfristige Position eines Mitarbeiters mit sich bringen und Schlüsselbeziehungen gefährden könnte, sind Face-to-Face-Besprechungen am besten.

ROI-Kalkulation für Reisekosten bei virtueller Distanz

Zu den größten Hürden für Face-to-Face-Meetings gehören Budgetbeschränkungen. Wir kennen kein Unternehmen, in dem die Manager nicht erklärt hätten, sie müssten eigentlich häufiger persönliche Besprechungen anberaumen, dürften aber kein Geld für die Reise ausgeben. Doch diese kurzfristige Denkweise erweist sich als Treiber der virtuellen Distanz, und deshalb muss die Geschäftsleitung überzeugt werden, dass es sich auszahlt, Teammitglieder zusammenzubringen, um den Erfolg eines Projekts zu sichern. Dafür ist es unabdingbar, mit knallharten Zahlen zu belegen, welche Rendite sich mit einer Investition in die Reise erzielen lässt.

Dass sie gerechtfertigt ist, wird sichtbar, wenn man die geschätzten Reisekosten mit den Opportunitätskosten des Nicht-Handelns vergleicht. Unseren Daten zufolge verringert sich die Wahrscheinlichkeit des Projekterfolgs um 85%, wenn die virtuelle Distanz groß ist. Doch wenn sich die Teams zu Beginn des Projekts persönlich kennenlernen, entsteht auf die schnellstmögliche und effektivste Weise eine langlebige Vertrauensbasis, wodurch die maßgebenden Einflussfaktoren der virtuellen Distanz, die wir beschrieben haben, verringert werden.

Da die Präsenz-Meetings zu Beginn eines Projekts eine positive Auswirkung auf alle Variablen der virtuellen Distanz haben, belaufen sich die Kosten eines Projekts, das mit 1 Million US-Dollar veranschlagt ist, aus der Perspektive der Opportunitätskosten auf 1,85 Millionen US-Dollar – beinahe auf das Doppelte –, wenn persönliche Besprechungen nicht angemessen eingefügt werden.

Um die Kosten zu verfolgen, können Projektmanager auch die *Vollkosten* mit der Arbeitszeit multiplizieren, die verschwendet wurde, weil die Budgetdefizite eine Face-to-Face-Zusammenarbeit verhindert haben. Die Vollkosten setzen sich aus dem Gehalt plus variablen Zahlungen, beispielsweise Boni, und Lohnnebenleistungen eines Mitarbeiters zusammen, die nach konservativer Berechnung etwa 30% des Gehalts ausmachen. Wenn jemand beispielsweise $100 000 im Jahr verdient, würden sich die Vollkosten auf $130 000 belaufen. Auf der Grundlage von durchschnittlich 22 Arbeitstagen pro Monat und einer Arbeitszeit von 8 Stunden pro Tag wendet das Unternehmen also annähernd $ 514 pro Tag ($ 64,25/Stunde) für diesen Mitarbeiter auf.

Wenn der Mangel an Präsenz-Meetings dazu führt, dass auch nur ein Teammitglied fünf Arbeitstage im Rahmen einer laufenden Initiative verschwendet, entstehen Kosten in Höhe von $ 2570 *plus* diejenigen Ausgaben, die durch die Lösung des Problems anfallen, für das eine andere Person vielleicht fünf Arbeitstage benötigt (der Einfachheit halber ebenfalls mit

Vollkosten von $ 130 000), was noch einmal mit $ 2570 zu Buche schlägt. Die *Opportunitätskosten* betragen also mindestens $ 5640. Und diese Einschätzung bezieht sich nur auf *eine* Person, die von dem Problem betroffen ist. In Wirklichkeit ist das nie der Fall, weil die virtuelle Distanz stets zwischen mindestens zwei Personen besteht – eine Fehlkommunikation kann beispielsweise Konsequenzen sowohl für den Sender als auch für den Empfänger haben. Unsere bisher errechneten Opportunitätskosten verdoppeln sich also auf $ 11 280. Und das schließt noch nicht andere verborgene Kosten ein, beispielsweise die potenzielle Beeinträchtigung der Kundenbeziehung oder den Imageschaden, wenn es sich um ein Projekt mit hoher öffentlicher Sichtbarkeit handelt. Und jetzt nehmen wir einmal an, dass dieses Problem, von dem zwei Personen betroffen sind, nicht nur einmal auftritt. Sagen wir, es kommt jeden Monat fünf Mal vor und das Projekt läuft über einen Zeitraum von sechs Monaten. In diesem Fall muss das Unternehmen geschätzte $ 340 000 für die Lösung des Problems auf den Tisch blättern.

Was würde es kosten, Maßnahmen zu ergreifen, um das Problem von vornherein zu vermeiden? Wenn man dem Manager beispielsweise zugestehen würde, ein dreitägiges Kick-off-Meeting mit zehn Teammitgliedern anzuberaumen, lägen die Kosten bei durchschnittlich $ 4000 pro Person; das Meeting würde also $ 40 000 kosten. Wenn es danach noch zwei weitere Face-to-Face-Meetings mit jeweils fünf Teammitgliedern gäbe, würden nochmals $ 40 000 anfallen, wobei sich die Gesamtinvestition auf $ 80 000 belaufen würde. Ist das eine gerechtfertigte Ausgabe, wenn sie dazu beiträgt, $ 340 000 einzusparen? Oder $ 850 000? Das kann nur das Unternehmen entscheiden.

2. *Strategie bei zeitlicher Distanz: Rotationsprinzip und Änderung der Perspektive.* Wenn es unterschiedliche Zeitzonen gibt, sollten die virtuellen Meeting-Zeiten nach dem Rotationsprinzip festgelegt werden, um die Unannehmlichkeiten für die Teammitglieder auf ein Minimum zu reduzieren. Das Hauptziel besteht darin, die Zeiten, die über die normalen Geschäfts- oder Arbeitszeiten hinausgehen, weitestmöglich zu verringern.

Wichtige Ausnahme: Einige Teammitglieder leben vielleicht in Regionen, in denen sie keinen privaten Zugang zu Highspeed-Internetverbindungen haben. Heute ist das zwar seltener der Fall, doch der Projektmanager sollte über diese Situation informiert sein und wissen, wo sie zutrifft. Wenn ein Meeting für einige Teammitglieder zu nachtschlafender Zeit stattfinden würde, müssten sie aufstehen und brauchen möglicherweise Stunden, um mit dem Rad ins Büro zu fahren und daran teilnehmen zu können. In einem der Unternehmen, mit dem wir zusammengearbeitet haben, war das nicht das einzige Problem. Die Route eines Mitarbeiters war überdies noch gefährlich, dort fanden häufig Überfälle statt. In einem besonders schlimmen Fall wurde eine Frau sexuell angegriffen, als sie sich auf dem Weg zu einem Meeting befand, weil sie zu Hause weder Internet noch Telefon hatte.

Die Lösung: Niemals Meetings anberaumen, die Teammitglieder in einer solchen Situation nötigen, ihr Zuhause nach der regulären Arbeitszeit zu verlassen, um daran teilnehmen zu können.

3. *Strategie bei organisationsspezifischer Distanz: Neueinordnung der Erfahrungen.* Die organisationsspezifische Distanz lässt sich verringern, wenn man die Erfahrungen

der Mitarbeiter neu einordnet, sodass sie einen besseren Ausblick auf andere Abteilungen und Organisationen erhalten, mit denen sie zusammenarbeiten. Hier lassen sich viele Taktiken anwenden. In einigen Fällen sind sie Teil des Onboarding-Prozesses, der Eingliederung neuer Mitarbeiter. Sie lernen ihre Abteilung kennen und durchlaufen dann nach dem Rotationsprinzip für einen Tag, eine Woche oder länger die verschiedenen Unternehmensbereiche. Andere Führungskräfte, mit denen wir gearbeitet haben, laden Repräsentanten der verschiedenen Abteilungen ein, während der regulären Projektmeetings oder im Rahmen eines »Lunch & Learn«-Programms ihren Arbeitsbereich vorzustellen.

Diese Taktiken sind zwar gut gemeint, greifen aber zu kurz, weil es scheint, als ob sich selbst die Moderatoren bei dem gebetsmühlenartigen Vortrag über »Unsere Ziele, unsere Struktur« und dergleichen langweilen. Wenn möglich, sollte diese Strategie mit Taktiken kombiniert werden, die den Teammitgliedern ermöglichen, reale Erfahrungen mit »einem Tag im Leben« anderer Mitarbeiter in anderen Abteilungen zu sammeln.

Einige Unternehmen haben, wie oben erwähnt, diese Taktik in ihren Onboarding-Aktivitäten verankert, während andere sie weniger formal anwenden. In jedem Fall erfahren Mitarbeiter, denen die Möglichkeit geboten wird, in den Tätigkeitsbereich der anderen hineinzuschnuppern, aus erster Hand, was es heißt, dort zu arbeiten. Das trägt dazu bei, langfristige Bindungen aufzubauen; wenn frischgebackene Mitarbeiter oder »alte Hasen« an ihren eigenen Arbeitsplatz zurückkehren, nehmen sie diese Erfahrung mit. Es ist erstaunlich, wie viele inoffizielle und hocheffiziente Praktiken als Ergebnis dieser bereichsübergreifenden, dauerhaften Beziehungen zutage treten.

Beispiele für potenzielle Taktiken

Beispiele für Taktiken, mit denen sich die physische Distanz abbauen lässt, sind in Abbildung 6.4 aufgeführt.

Strategischer Fokus bei operativer Distanz

1. *Strategie bei Kommunikationsdistanz: Gleichgewicht wiederherstellen.* Ein Schlüsselfaktor bei der Verringerung der Kommunikationsdistanz besteht darin, sowohl das Ausmaß an Kontext, das wir über andere und ihre Situation haben, wieder ins Gleichgewicht zu bringen als auch verschiedene Kommunikationsstile auf einen Nenner zu bringen.

   Von allen zehn Komponenten der virtuellen Distanz ist die Kommunikationsdistanz annähernd 100% der Zeit groß.

Geografische Distanz	Zeitliche Distanz	Organisations spezifische Distanz
Persönliche Präsenz: • Zu Beginn neuer Initiativen oder Projekte • Zur Lösung zeitsensibler, kritischer Probleme • Bei wichtigen Kunden-Interaktionen (intern/extern) • Um Feedback bei Karriereentscheidungen zu geben • Bei Abschlussrevisionen • Bei der Vorbereitung eines regulatorischen Rahmens • Um anhand der ROI-Kalkulation für die Reisekosten die Opportunitätskosten zu bestimmen • Das Telefon als BESTEN Ersatz benutzen, wenn Face-to-Face-Meetings nicht möglich sind	• Die relevanten Zeitzonen kennen • Der Einfachheit halber die 24-Stunden-Zählung anwenden • ALLE Zeitzonen in Meeting-Ankündigungen per E-Mail aufführen • Meeting-Zeiten nach dem Rotationsprinzip wechseln • Unannehmlichkeiten »fair verteilen« • Angemessene Termine festlegen – nichts dringlicher machen als es ist	• »Sinnvollen« Überblick über die wechselseitigen Abhängigkeiten der Organisationen geben, die an einem Projekt beteiligt sind • Regelmäßige Interaktionen mit Teammitgliedern aus firmenexternen Organisationen einplanen • Geschichten von gemeinsamen Erfolgen mit anderen Organisationen teilen • Zeit festlegen, die Teammitglieder in anderen Organisationen verbringen • Teammitgliedern die Vorteile der Zusammenarbeit mit anderen Organisationen vor Augen führen

Abb. 6.4: Taktiken zum Abbau der virtuellen Distanz, Beispiele

Anmerkung zum Kontext

Der geteilte Kontext ist die Grundlage einer zivilisierten Unterhaltung. Er stellt das Fundament für tiefgreifende zwischenmenschliche Beziehungen dar. Er fließt darüber hinaus in jede Entscheidung ein, die wir treffen. Je mehr Informationen wir über den situativen Kontext haben, desto besser (fundierter) ist gewöhnlich die Entscheidung. Wie im 3. Kapitel beschrieben, ist der Kontext von entscheidender Bedeutung, wenn es gilt, Dinge in die richtige Perspektive zu rücken. Mit der Ankunft der virtuellen Arbeit verschwindet er hinter der Mauer blickdichter virtueller Vorhänge. Wir wissen wenig über den physischen Kontext anderer Personen, beispielsweise wo sie sich gerade befinden, wie es ihnen dort geht oder wie sich ihre Umgebung auf sie auswirken könnte. Wir wissen genauso wenig bis gar nichts darüber, was sie in einem bestimmten Augenblick wirklich denken oder wie sie allgemein »ticken«. Deshalb sind wir oft außerstande, ein gemeinsames mentales Modell zu entwickeln. Wenn wir im Team an einem Problem arbeiten, aber unterschiedliche Sichtweisen auf das Problem haben, weil es an einem gemeinsamen persönlichen und sozialen Kontext mangelt, ist es nahezu unmöglich, in diesem Vakuum Lösungen zu finden.

Gedankenexperiment

Setzen Sie sich an Ihren Schreibtisch und öffnen Sie Ihren Laptop. Vergewissern Sie sich aber, dass er ausgeschaltet ist.
  Beantworten Sie, in Ihrer Vorstellung, eine E-Mail, die Sie erhalten haben.
  Stellen Sie sich nun folgende Frage: Mit wem kommunizieren Sie?
  Denken Sie darüber nach.

Die meisten Leute beginnen bei diesem Experiment nach ein paar Minuten zu lachen, wenn ihnen klar wird, dass sie in Wirklichkeit mit sich selbst reden. Sie beginnen zu erkennen, dass sie keine Ahnung haben, womit die Person gerade beschäftigt war, als sie die E-Mail schrieb, in welcher Stimmung sie sich befand oder ob es Ereignisse in ihrem Leben gibt, die (bewusst oder unbewusst) den Inhalt der Nachricht beeinflusst haben. Sie haben keine Ahnung, ob sie zu dem Zeitpunkt mit einschneidenden Problemen zu kämpfen hatte, beispielsweise Probleme mit den Finanzen, der Gesundheit oder den Kindern.
Wir wissen es einfach nicht.

Deshalb reagieren wir darauf mit der Konstruktion unseres eigenen Kontexts, denn wir brauchen einen Bezugsrahmen, der uns hilft, den Sinn der Worte zu entschlüsseln. Das ist typisch für die Funktionsweise des menschlichen Verstands und keine Schwäche, sondern vielmehr unsere Stärke: Wir sind bestrebt, uns ein möglichst genaues Bild zu machen, bevor wir entscheiden, wie wir handeln oder was wir schreiben. Das ist das Fundament von HOME, wie in der Einführung beschrieben. Doch in Ermangelung eines »bestätigten« Kontexts entwickeln wir unser eigenes Narrativ, gestützt auf unsere persönlichen Erfahrungen, und projizieren diese auf eine E-Mail, einen Text oder die von uns bevorzugte schriftlich dokumentierte digitale Kommunikationsform. Wir brauchen schließlich irgendwelche Anhaltspunkte, mit denen wir arbeiten können. Und so nutzen wir diejenigen, mit denen wir am besten vertraut sind, nämlich unsere eigenen Lebenserfahrungen. Bei einem Blick auf diesen Ablauf erkennen wir, dass wir beim Beantworten von E-Mails im Grunde den ganzen Tag lang Selbstgespräche führen.

Wenn wir also E-Mails erhalten, die Stress verursachen, sind wir gut beraten, wenn wir nach besseren Möglichkeiten Ausschau halten, mit der Situation umzugehen, indem wir unsere Wissensannahmen durch zusätzlichen Kontext erweitern, statt zuzulassen, dass sich Fehlkommunikation und Konflikte zuspitzen.

Zusammengefasst sollten wir in besonderem Maß darauf achten, Disziplin zu entwickeln, um die Kommunikationsdistanz durch die konsequente Anwendung von Strategien zu überwinden, die das ursprüngliche Gleichgewicht wiederherstellen.

2. *Strategie bei Einsatzfähigkeitsdistanz: Angemessene Vorsorge.* Die beste Strategie zur Reduzierung der Einsatzfähigkeitsdistanz ist die angemessene Bereitstellung von Ressourcen und/oder Kompetenz.

Einsatzfähigkeitsdistanz hat mit Technologie zu tun. Es handelt sich tatsächlich um die einzige Komponente der virtuellen Distanz, die in direktem Bezug zur Technologie steht. Nach dem ersten Überblick über die virtuelle Distanz werden wir manchmal von unseren Klienten gefragt: »Wie lässt sich das Problem technologisch lösen?«

Das ist ein wenig verwirrend, denn die Analyse der virtuellen Distanz zielt darauf ab, die Aufmerksamkeit wieder mehr auf die Menschen zu richten, weg von der Technologie. Aber wir wurden nachhaltig darauf konditioniert, zu glauben, die Technologie sei imstande, alle zwischenmenschlichen Probleme zu beseitigen, was sie natürlich nicht kann. Dazu kommt, dass es tagsüber Momente gibt, wenn beispielsweise die Technologie versagt oder uns die Fähigkeit fehlt, sie effektiv zu nutzen, in denen auch im technologischen Kontext virtuelle Distanz entsteht.

Es ist empfehlenswert, Vorkehrungen in Form eines Notfallplans zu treffen, für den Fall, dass die Technologie streikt, was von Zeit zu Zeit vorkommt, wie wir wissen. Statt beispielsweise eine gefühlte Ewigkeit zu versuchen, das Videosystem bei einer Konferenzschaltung zum Laufen zu bringen, sollten Sie sich nicht mehr als 30 Sekunden bewilligen, um das Problem zu beheben. Gelingt es Ihnen nicht, greifen Sie auf Ihren Plan B zurück. Widerstehen Sie dem zwanghaften Bedürfnis, das technische Problem zu lösen und dabei zu riskieren, dass Sie die Aufmerksamkeit der Teilnehmer verlieren; in diesen 30 Sekunden wächst die virtuelle Distanz. Und irgendwann ist der Punkt erreicht, an dem Sie selbst die Personen, die warten, nicht mehr einbinden können. Halten Sie Backup-Folien bereit, die Sie per E-Mail verschicken. Und vergewissern Sie sich, dass während der Konferenz eine stabile Verbindung besteht, zu der alle Teilnehmer Zugang haben.

Wenn uns die Fähigkeiten fehlen, die wir brauchen, um die Technologie effektiv zu nutzen, müssen Sie sich selbst um ein angemessenes Training kümmern oder die Dienste von Programmen in Anspruch nehmen, die vom Unternehmen gesponsert werden. Als Host, der eine Videokonferenz geplant hat, sind Sie beispielsweise gut beraten, mindestens fünf Minuten vor Beginn des Meetings einzutreffen und sich mit Knöpfen, Icons, usw. vertraut zu machen. Falls Ihr Mikrofon nicht funktioniert, haben Sie also Zeit, für Abhilfe zu sorgen. Falls jemand eine technische Frage hat, sind Sie wahrscheinlich eher in der Lage, sie rasch zu beantworten, statt während der Konferenz eine Recherche zu starten und bei den Teilnehmern den Eindruck zu erwecken, dass Sie ihre Zeit verschwenden, sodass die Frustration wächst.

Wenn Sie die richtigen Ressourcen bereitstellen, gleich ob in Form von Notfallplänen oder Training in eigener Regie, lassen sich die meisten technologiebezogenen Probleme vermeiden. Ein zusätzlicher Vorteil einer gründlichen Vorbereitung besteht darin, dass die Konferenzteilnehmer Sie als hochgradig organisiert und kompetent betrachten – was die virtuelle Distanz an anderen Fronten verringert.

3. *Strategie bei Multibelastung: Optimierung.* Die beste Strategie im Umgang mit der Multibelastung besteht darin, die virtuelle Distanz bei anderen Faktoren zu verringern, auch wenn die Multibelastung hoch bleibt. Ein Abbau der Affinitätsdistanz stärkt beispielsweise das Vertrauen zwischen den Teammitgliedern. Mehr Vertrauen fördert die Bereitschaft, anderen zu helfen, wenn es zu hektisch wird. Wenn also jemand eine Pause braucht und die virtuelle Distanz in allen anderen Aspekten gering ist, haben die Teammitglieder das Gefühl, sich darauf verlassen zu können, dass jemand in die Bresche springt. Dadurch wird der Stress bei dem Betreffenden gemindert und das Team ist in der Lage, seine Arbeit fortzusetzen.

Taktiken zur Reduzierung der operativen Distanz

Taktiken zur Reduzierung der operativen Distanz sind in Abbildung 6.5 aufgeführt.

Kommunikation	Einsatzfähigkeit	Multibelastung
• Fügen Sie regelmäßig Kontext in Ihre Interaktionen ein (z.B. Beschreibung der globalen Region, Ausbildung, Geschäftsklima, Lokalnachrichten). • Fügen Sie auch Unternehmenskontext ein, beispielsweise Geschichten, die explizit darauf hinweisen, wie sich die Arbeit auf Kunden, andere Abteilungen, die Teamleistung, usw. auswirkt. • Teilen Sie Informationen über Unternehmensaktivitäten im Kontext des Teams. • Sorgen Sie für Abwechslung bei der Wahl der Kommunikationsform. • Weisen Sie auf Probleme hin, die durch übermäßige Bevorzugung eines bestimmten Kommunikationsstils entstehen. • Arbeiten Sie die Techno-Kompetenzliste ab – behalten Sie diese so lange in Sichtweite, bis Sie sie auswendig können. • Greifen Sie **immer** auf das gesprochene Wort zurück, wenn Missverständnisse entstehen.	• Vergewissern Sie sich, dass für den Notfall technische Unterstützung bereitsteht. • Sorgen Sie stets für einen »manuellen Backup-Plan« – beispielsweise eine Konferenzbrücke und Präsentationsfolien, die leicht verteilt werden können. • »Verabschieden« Sie sich von dem zwanghaften Versuch, zwei Minuten nach Beginn eines Meetings technische Probleme zu lösen. • Achten Sie darauf, dass die Teammitglieder mit der Technologie umgehen können, mit der sie arbeiten müssen.	• Behalten Sie stets die Verringerung der virtuellen Distanz bei allen anderen Faktoren im Blick. • Überprüfen Sie laufend die Arbeitsbelastung und passen sie diese (nach oben oder unten) an, wenn sie zu hoch oder zu gering ist. • DENKEN SIE DARAN: Es hat auch Vorteile, an mehr als einem Projekt oder einer Arbeitsinitiative beteiligt zu sein, denn das, was Sie dabei lernen, lässt sich auch auf andere Bereiche übertragen. • Die gleichzeitige Arbeit an mehreren Projekten führt häufiger zu einer STEIGERUNG der Produktivität und Erfolgsrate als eine zu geringe Projektbeteiligung.

Abb. 6.5: Beispiele für Taktiken zum Abbau der operativen Distanz

Strategischer Fokus bei Affinitätsdistanz

1. *Strategie bei kultureller Distanz*: *Layering*. Wie im 4. Kapitel beschrieben, spiegelt die kulturelle Distanz entweder erhebliche Lücken im Wertesystem oder mangelhafte Kenntnisse bezüglich der Wertesysteme anderer wider, was gewöhnlich zu Fehlannahmen führt. Die Auffassung, dass es mit Hilfe von Veränderungsstrategien gelingen könnte, Kulturen zu einer homogenen Einheit zu verschmelzen und eine neue virtuelle Kultur zu erzeugen, beruht auf reinem Wunschdenken.

Wir haben festgestellt, dass eine zeitgemäße und praktische Strategie angewendet werden sollte, mit der sich verschiedene Wertesysteme übereinanderschichten lassen, sodass sie sich gegenseitig ergänzen statt auslöschen. Das ist zeitgemäßer, weil es der Realität der virtuellen Arbeitskräfte entspricht, und praktischer, weil man Werte an die Oberfläche bringt, statt versucht sie zu ändern. Sobald die Teammitglieder wissen, was andere wertschätzen, interessiert es sie, mehr über die Weltsicht und die Prioritäten im Berufs- und Privatleben anderer zu erfahren. Und vorausgesetzt, dass dabei keine Böswilligkeit oder finstere Absicht im Spiel sind, wird die Bindung zwischen den Teammitgliedern infolge dieses Lern- und Layering-Prozesses enger.

Fallbeispiel

Bei einem unserer Klienten aus dem Gesundheitswesen arbeiteten die Klinikärzte fast zu 100% virtuell mit Patienten, insbesondere mit Kindern, die unter Autismus und anderen Störungen aus diesem Spektrum litten.

Die Mitarbeiter in der Verwaltung waren ebenfalls auf Standorte in mehreren US-Bundesstaaten verteilt, um die Arbeit vor Ort zu unterstützen. Der CEO hatte jedoch das Gefühl, dass die virtuelle Distanz zwischen Klinik- und Verwaltungspersonal ihre Aufgabenstellung beeinträchtigte. Deshalb versuchten wir mit Hilfe des Index der virtuellen Distanz die Vorgänge unter der Oberfläche transparent zu machen.

Während der Auswertungsbesprechung wiesen wir darauf hin, dass die kulturelle Distanz in einem bestimmten, wichtigen Verwaltungsteam sehr groß war. Als wir während der informellen Kartierungssitzung noch einmal auf das Thema zurückkamen, erfuhren wir etwas sehr Interessantes über eines der Schlüsselmitglieder des Teams.

Sie war in einem anderen Land aufgewachsen, in dem Freundlichkeit gegenüber Menschen, die nicht zum innersten Kreis der Kontaktpersonen zählten – denen man »auf der Straße begegnete«, wie sie es ausdrückte –, keineswegs die Regel war. Als sie in die USA kam, wo alle lächelten und Hallo sagten, Kollegen sich ständig erkundigten, wie es ihr ging oder andere Fragen stellten, die gut gemeint waren und ihr zeigen sollten, dass sie willkommen war, empfand sie dieses Verhalten als ungebührliche Neugierde und reagierte darauf mit Rückzug. Das rief bei den anderen Teammitgliedern wiederum den Eindruck hervor, sie sei unnahbar und unhöflich. Außerdem hatten sie den Verdacht, dass sie ihre Arbeitsethik nicht teilte, was sich später als Irrtum erwies. Die Spannungen nahmen zu und begannen sich auf die Leistungen auszuwirken.

Als sie während der Besprechung die Gründe für ihr Verhalten gegenüber dem Team erläuterte, lachten alle. Nun ergab es einen Sinn, der jedoch weit von den Vermutungen ihrer Kollegen entfernt war. Es stellte sich heraus, dass sie sogar viele gemeinsame Werte bezüglich der Arbeit hatten, aber unterschiedliche Wertesysteme, was Kommunikationsstil und persönliche Präferenzen betraf, eine Folge tief verwurzelter Werthaltungen, die sie und der Rest der Gruppe im Lauf ihres Lebens entwickelt hatten.

Von diesem Punkt an wurde ein Aktionsplan mit Layering-Taktiken ausgearbeitet, die verschiedene Werte rund um das Thema Kommunikation übereinander schichteten statt sie zu ersetzen oder miteinander zu verschmelzen. Nach der Umsetzung des Aktionsplans zur Verringerung der virtuellen Distanz verbesserten sich die kritischen Erfolgsfaktoren, da die Taktiken Fuß fassen konnten: Sie hatten die Kommunikation geöffnet, und das in einer Weise, die bei allen Beteiligten Zustimmung fand. Bei einer nachfolgenden

Überprüfung der Situation hatten sich die kritischen Erfolgsfaktoren erheblich verbessert, weil die kulturelle Distanz zwischen ihnen verringert worden war.

ANMERKUNG: Interessanterweise fiel bei diesem Fall auch der mangelnde Kontext als Ursache der Kommunikationsdistanz ins Gewicht. Wie bereits erwähnt, ist der Mensch ein ganzheitliches Wesen, deshalb überlappen sich die Komponenten der virtuellen Distanz häufig, auch wenn sie unterschiedliche Merkmale repräsentieren. Wenn man die einzelnen Komponenten also unter die Lupe nimmt, um herauszufinden, was uns verbindet und was uns trennt, verbessern sich die Ergebnisse rasch, weil die neuen kombinierten Verhaltensweisen den Teufelskreis der virtuellen Distanz beenden und einen Erfolgszyklus in Gang setzen.

2. *Strategie bei Affinitätsdistanz: Eingliedern und fördern.* Affinitätsdistanz entsteht als Folge des Mangels an »sichtbaren« geteilten Beziehungen innerhalb einer Gruppe (direkte Verbindungen) oder zu Teammitgliedern, mit denen wir gemeinsame Bekannte haben (lockere Verbindungen). Das ist ein kritischer Faktor in der virtuellen Arbeitswelt, denn der Auf- und Ausbau sozialer Netzwerke, die im beruflichen Bereich wurzeln, gelten im virtuellen Arbeitsmodell als Stärke.

Doch das ist ein Irrtum. Die Verbindungen, die unseren Zusammenhalt sichern und auf die wir uns bei der Analyse der virtuellen Distanz beziehen, lassen sich nicht mit den Links zu abstrakten sozialen Netzwerken gleichsetzen, die entstehen, wenn wir viele »Freunde« bei Facebook oder Beziehungen bei LinkedIn geknüpft haben. Was nach wie vor am meisten zählt, ist die direkte oder indirekte reale Erfahrung mit anderen.

Ein Beispiel für die vorherrschende Fehlauffassung bezüglich dieses Themas zeigt sich bei den Millennials. Wie bereits erwähnt, ist das Vertrauen, das die Generation Y in ihre Mitmenschen setzt, geringer als bei allen vier vorherigen Generationen. (Siehe Einführung – Wir sind die Daten). Paradoxerweise ist das zum großen Teil auf zwei Faktoren der virtuellen Distanz zurückführen, die der Intuition zuwiderlaufen: auf die operative und die Affinitätsdistanz.

Dafür gibt es zwei Gründe: Erstens ist die Kommunikationsdistanz bei den Millennials wesentlich größer. Das manifestiert sich in der Tatsache, dass den meisten ein gemeinsamer Kontext fehlt und dass sie überwiegend auf einen einzigen Kommunikationsmodus – den digitalen – fixiert sind. Infolgedessen werden sie höchst anfällig für einen Mangel an Informationen, die ihre Weltsicht widerlegen und damit ihren Horizont erweitern könnten. Wie bereits angedeutet, sind sie in besonderem Maß mit »Selbstgesprächen« befasst und somit der Gefahr ausgesetzt, dass sich ihre Denkweise in eine unzulässig verallgemeinerte Realität verwandelt. Es ist keine Realität, deren Gültigkeit einer genaueren Überprüfung standhielte, aber sie fördert das Misstrauen gegenüber Menschen, die allem Anschein nach die Welt mit anderen Augen betrachten. Infolge der Kommunikationsdistanz werden die Millennials häufig mit Erfahrungen konfrontiert, die nicht in ihr Glaubenssystem passen und sie misstrauisch machen. Das ist eine dysfunktionale, aber ganz natürliche, neurowissenschaftlich basierte Reaktion.

Ironischerweise ist die zweite Ursache des deutlich erkennbaren Misstrauens in dieser Generation zum großen Teil den mangelnden realen Verbindungen zu anderen Menschen geschuldet, diejenigen eingeschlossen, mit denen sie zusammenarbeiten. Das ist paradox, denn die Angehörigen vorheriger Generationen haben angenommen, dass die sozialen Netzwerke ein typisches Merkmal der Millennials sind, die auf diesem Weg bedeutungsvolle Beziehungen in rauen Mengen schaffen. Doch das Gegenteil ist der Fall, wie der gesunde Menschenverstand, die Massenmedien und die akademische Forschung bestätigen. Wir wissen, dass es sich meistens um künstliche Verbindungen handelt, die ihr Dasein im Schatten einer zuwachsbezogenen, nach Anzahl der »Likes« oder »Shares« geordneten Rangfolge fristen, doch in jedem anderen sinnvollen Zusammenhang nicht unterscheidbar sind.

Doch diese Annahme ist nicht auf die Millennials beschränkt. Fakt ist, dass sie inzwischen jeden einbezieht, der ein soziales Netzwerk nutzt. Die Affinitätsdistanz am Arbeitsplatz nimmt zu und nicht ab, eine Folge der Technologie-Verbindungen, die unbewusst als stellvertretend für reale menschliche Verbundenheit erfahren werden.

Die Lösungsstrategie, die wir besonders unkompliziert und effektiv fanden, besteht darin, bei der Zusammenstellung neuer Teams Leute einzugliedern, die sich bereits kennen oder gemeinsame Bekannte haben. Für bereits bestehende Teams ist die beste Lösung, die vorhandenen Beziehungen zu fördern, indem man mehr Informationen über reale soziale Netzwerke austauscht. Auf diese Weise lassen sich rasch gemeinsame Verbindungen entdecken, die vorher nicht sichtbar waren. Diese Optimierungsstrategie funktioniert hervorragend, weil sie auf einem realen Phänomen fußt – dem »Kleine-Welt-Phänomen«, auch als *Six Degrees of Separation* bezeichnet. Der Psychologe Stanley Milgram wies nach, dass zwei beliebige Personen über eine kurze Kette von sechs oder weniger Sozialkontakten miteinander verbunden sind. (Sie kennen vielleicht das gleichnamige Spiel, bei dem es festzustellen gilt, ob einer der Spieler in sechs Schritten eine Verbindung zwischen sich selbst und einer berühmten Persönlichkeit – meistens war es der US-Schauspieler Kevin Bacon – herstellen kann; das bedeutet, dass jemand jemanden kennt, der jemanden kennt usw. Normalerweise kann man mit 2 oder drei Kontaktpersonen den Weg der Bekanntschaftsbeziehungen nachverfolgen.)

Das gilt auch am Arbeitsplatz. Wenn Sie herausfinden, wo die Teammitglieder vorher gearbeitet haben, ob sie einem Berufsverband angehören oder welchen Aktivitäten sie in ihrer Freizeit nachgehen, können wir mit einiger Wahrscheinlichkeit Bekanntschaftsbeziehungen als Ergebnis dieser sozialpsychologischen Zahlentheorie nachweisen, und in durchschnittlich weniger als fünf Minuten wird den Leuten bewusst, dass sie gemeinsame Bekannten haben oder Erfahrungen teilen, die sich aus der Gruppe herleiten, zu der sie gehören.

Und damit vollzieht sich ein erstaunlicher Wandel. Beinahe auf Anhieb entsteht Vertrauen, nicht unbedingt, weil sie die gemeinsamen Bekannten oder Erfahrungen schätzen, sondern weil sie erkennen, dass sie sich in ähnlichen gesellschaftlichen

Kreisen bewegen, die sich zumindest an den Rändern berühren. Diese Erkenntnis schafft eine Verbindung, die oft stark genug ist, um die virtuelle Distanz auf Anhieb abzubauen und einen Anflug von Vertrauen aufzubauen.

Doch hier sind zwei Warnungen in Zusammenhang mit dieser Komponente der virtuellen Distanz angebracht.

Erstens kann die virtuelle Distanz auch zu gering sein. Das ist die einzige Ausnahme von der Regel, dass niedrige Kennziffern besser sind als höhere. Der Grund: eine zu geringe Distanz spiegelt oft Beziehungen wider, die auf langen Jahren der Zusammenarbeit zwischen Personen mit engen direkten Verbindungen beruhen. Damit fällt es Neueinsteigern schwer, eine robuste Beziehung zu den Mitgliedern solch eingeschworener Teams aufzubauen, von denen sie oft als Außenseiter oder als einer von den »anderen« eingestuft werden, denen man besser nicht zu vertrauensvoll begegnet. Das allein ist an sich kein neuartiges Phänomen; doch in unserer neuen virtuellen Arbeitswelt, in der die digitale Vermittlung fast immer ein substanzieller Teil der Kommunikation ist, ist es schwieriger als jemals zuvor, die verkrusteten Strukturen engmaschig vernetzter Teams aufzubrechen.

Fallbeispiel

Bei einem unserer Klienten, einer Universität, führten wir Workshops für Akademiker aus aller Welt durch, die Teams leiteten und bestrebt waren, ihre Führungsqualitäten zu verbessern.

Zu den Teilnehmern gehörte auch ein ehemaliger hochrangiger Kommandant der Streitkräfte. Seine Erfahrungen im akademischen Bereich, in dem man ebenfalls zu langen Amtszeiten und engmaschig vernetzten, fest etablierten Beziehungen neigt, trugen dazu bei, dass die Beziehungsdistanz in seinem Team sehr gering war. Unsere Analyse ergab, dass er die Schwelle sogar überschritten und die Werte viel zu niedrig waren, was sich messbar auf die Ergebnisse auswirkte.

Während der Abschlussbesprechung wiesen wir ihn darauf hin, dass sein Team ein Problem hatte und erklärten ihm den Grund. Doch er weigerte sich, anzuerkennen, dass die Affinitätsdistanz für die negativen Ergebnisse verantwortlich war. Erst als er in seiner Arbeitsgruppe mit den anderen Workshopteilnehmern über seine Landkarte der virtuellen Distanz diskutierte, wurde ihm klar, dass gleich mehrere Probleme darauf zurückzuführen waren, einschließlich solcher, die wir nicht unmittelbar in unsere Analyse einbezogen hatten. Dieser Fall nahm am Ende doch noch einen erfreulichen Ausgang. Anfangs befürchteten wir, dass sich dieser Teilnehmer aufgrund seiner Reaktion auf das Feedback als Störfaktor in der Gruppe erweisen könnte. Doch das Gegenteil passierte. Als er sich eingehend mit den Analyseergebnissen auseinanderzusetzen begann und erkannte, dass er mit einem konkreten Aktionsplan der Institution, in der er tätig war, helfen würde, verwandelte er sich in einen glühenden Verfechter der Methoden zur Verringerung der virtuellen Distanz. Rückblickend erklärte er:

Als jemand, der sich immer für eine erweiterte Nutzung der Technologie stark gemacht hatte, stellte das Konzept der virtuellen Distanz eine extreme Provokation dar. Ich glaube, es ist wichtig zu verstehen, welche ungewollten Folgen die Vermenschlichung der Technologie mit sich bringen kann, vor allem für die Jugend. Virtuelle Erfahrungen können wundervoll und bereichernd sein, doch um sie zu maximieren, sollten sie als kontextualisierte Ergänzung und nicht als Ersatz für traditionelle, taktile menschliche Erfahrungen betrachtet werden. Wir nutzen die Technologie, gleich ob E-Mail, Videokonferenz oder Textnachricht, um ein Spiegelbild unseres Selbst zu erzeugen. Diese kuratierten Spiegelbilder, die durch die sozialen Medien noch wirkmächtiger aktualisiert werden, sind nicht das reale Objekt, sondern nur, wie das Spiegelbild in einem Teich, das gespiegelte Objekt.

Um als Organisation gleich welcher Art erfolgreich zu sein, kann und sollte das Problem der virtuellen Distanz angesprochen werden. Das ist keine Absage an die Technologie, sondern vielmehr eine wichtige Anerkennung der Macht, die sie in unserem Leben ausübt, und eine Anerkennung dessen, was uns zu Menschen macht, die wirklich erfolgreich sind und ihr Entwicklungspotenzial voll ausschöpfen.

Die zweite Warnung lautet, dass im Hinblick auf die zwischenmenschlichen Beziehungen eine erfolgreiche Anbahnen-und-Fördern-Strategie alleine nicht ausreicht, um die Affinitätsdistanz auf lange Sicht gering zu halten. Der Hauptgrund: Auch wenn sich die Teammitglieder durch fortlaufende Erfahrungen miteinander besser kennenlernen, bauen sie nicht immer eine Bindung auf, die ausreicht, um sich ihrer Gemeinsamkeiten bewusst zu werden. Vielleicht können sie die wechselseitigen Abhängigkeiten nicht erkennen oder sehen nur Unterschiede in den arbeitsbezogenen Werten, die zu einem generellen Anstieg der virtuellen Distanz führen. Von den vier Komponenten der Affinitätsdistanz lässt sich die Beziehungsdistanz kurzfristig am leichtesten in Angriff nehmen. Das kann mittel- bis langfristig auch zum Abbau anderer Facetten der virtuellen Distanz beitragen, wenn die Aktionspläne gut konzipiert sind.

3. *Strategie bei sozialer Distanz: Anerkennung.* Zu Beginn dieses Abschnitts knüpfen wir noch einmal an die zuvor beschriebene Fallstudie an. Die soziale Distanz war für den Institutsleiter ebenfalls ein schwerwiegendes Problem, wie er erklärte: Mein Aktionsplan konzentrierte sich auf die Verringerung der Affinitätsdistanz. Ich wollte mir die gut entwickelten persönlichen Beziehungen zunutze machen, um die Silo-Mentalität zu durchbrechen und das traditionelle Meeting auf Leitungsebene durch bereichsübergreifende Besprechungen zu erweitern, die auf Schlüsselinitiativen fokussiert waren: Vertrieb, Einführung des Programms auf weltweiter Ebene und Anmeldungen. Die Anzahl der jüngeren Mitarbeiter, die an den Meetings teilnahmen und mit der praktischen Umsetzung, der »eigentlichen Arbeit«, befasst waren, wurde erhöht.

Diese Strategie ermöglichte mir, die soziale Distanz zu verringern, indem ich mich auf die Problemlösung fokussierte und mich über die formale Rangordnung hinwegsetzte. Dazu kam, dass ich als Vice President mein beträchtliches soziales Kapital nutzen konnte, um die Leistungen der jüngeren Teammitglieder öffentlich anzuerkennen. Damit erhielt eine relativ neue Mitarbeiterin des Bereichs ein Lob von ganz oben, statt die Wertschätzung aus zweiter Hand von ihrem direkten Vorgesetzen übermittelt zu bekommen, was ihr sichtlich viel bedeutete. Abgesehen davon, dass diese Vorgehensweise richtig war, war sie meiner Meinung nach auch erfolgreich, weil sich dadurch eine Interdependenz entwickelt, die gemeinsame Ziele betont.

Die soziale Distanz repräsentiert, wie im dritten Kapitel erläutert, die sozioemotionale Distanz, die durch Unterschiede in der formalen Rangordnung und in den hierarchischen Strukturen entsteht. Erfolgt die Anerkennung der Arbeitsleistung ausschließlich auf der Grundlage der formalen Position und des Status, wächst die soziale Distanz. Konzentriert sich die Anerkennungsstrategie jedoch auf den Beitrag der einzelnen Mitarbeiter und das Teilen des sozialen Kapitals, wie im oben beschriebenen Fall, wird die virtuelle Distanz erheblich reduziert und die Mitarbeiter fühlen sich den Führungskräften, die rein technisch auf einer »höheren Stufe« der Hierarchie angesiedelt sind, enger verbunden.

4. *Strategie bei Interdependenzdistanz: Nachforschen und neu formulieren.* Der Abbau der Interdependenzdistanz erfordert, nachzuforschen und aufzudecken, welche Abhängigkeiten zwischen den Aufgaben der Teammitglieder bestehen, indem man sich auf die tiefer verwurzelten Gemeinsamkeiten bezüglich ihrer Zukunft im beruflichen und privaten Bereich konzentriert.

Wie bei allen Faktoren der virtuellen Distanz wird das Schlüsselelement einer erfolgreichen Arbeit durch den verborgenen Kontext verschleiert, der aufgedeckt und geteilt werden muss.

Fallbeispiel

Bei einem unserer Klienten, einer auf Kinderkliniken spezialisierten Non-Profit-Organisation, arbeiteten alle Belegschaftsmitglieder im selben Gebäude, auf zwei Ebenen verteilt. Das Unternehmen bestand aus mehreren Abteilungen, beispielsweise Mitgliederbetreuung, Forschung, IT und Marketing. Sie teilten ein Ziel, nämlich die Verbesserung der Gesundheitsvorsorge für Kinder. Doch damit endeten die Gemeinsamkeiten. Bei den insgesamt 400 Mitarbeitern herrschte ein hohes Maß an virtueller Distanz, wie wir feststellen mussten, wobei die Interdependenzdistanz besonders ausgeprägt war.

Die Gruppen schotten sich ab, und zwischen den Abteilungen hatte sich im Lauf der Jahre eine Atmosphäre aufgebaut, die an Feindseligkeit grenzte. Die wechselseitigen Abhängigkeiten waren durch die Wolke der virtuellen Distanz nicht zu erkennen, da sich die Mitarbeiter der einzelnen Abteilungen hauptsächlich in ihren räumlich getrennten Büros aufhielten und E-Mails verschickten, um ihre eigenen Aufgaben zu erledigen.

Nach der Anwendung des Index der virtuellen Distanz wurde eine Auswertungs- und Kartierungsbesprechung anberaumt, bei der klar wurde, dass die Mitarbeiter trotz geteilter Zielsetzung nicht erkannt hatten, was sie auf einer tiefergreifenden Ebene miteinander verband.

Deshalb entwickelten wir einen Aktionsplan, zu dem auch die Entwicklung detaillierter Fallbeispiele gehörte: Jede Abteilung sollte berichten, wie sie mit Hilfe ihrer Arbeit einen unerlässlichen Beitrag zur Genesung eines bestimmten kleinen Patienten geleistet hatte. Dafür wurde ein bereichsübergreifendes Team zusammengestellt, das sich sofort enger verbunden fühlte, was der übergeordneten Aufgabe zugutekam. Das von ihnen entwickelte Fallbeispiel bezog die Forschungsaktivitäten ein, die zu verbesserten Verfahren der Blutreinigung und Bluttransfusion bei chirurgischen Eingriffen führten. Doch es war nicht nur die Forschungsabteilung, die dieses Verfahren in einer bestimmten Klinik etabliert und damit einem kleinen Jungen das Leben gerettet hatte. Die Abteilung, die Mitglieder betreute, musste sich die Beteiligung an den Projekten der Organisation sichern, das heißt, mit der

Marketingabteilung zusammenarbeiten, um der Klinikleitung mehrwertbasierte Angebote vorlegen zu können. Die IT-Abteilung spielte ebenfalls eine zentrale Rolle: Ihre Aufgabe bestand darin, eine reibungslos funktionierende Plattform und Kommunikationstechnologien zu entwickeln, die Interaktionen in Fluss hielten. Diese Bausteine wurden zu einem Bild- und Textkonzept zusammengefügt, anhand deren man eine Bilddokumentation entwickelte. Das Topmanagement-Team setzte sich mit den Gruppen zusammen, einzeln und getrennt, um Geschichten zu teilen, die ihnen bei der Entdeckung der wechselseitigen Abhängigkeiten und Neuformulierung ihrer Sichtweise auf andere Abteilungen halfen und sich nicht an den Unterschieden, sondern an den Gemeinsamkeiten ausrichtete. Das Fallbeispiel wurde im Lauf der Zeit im Netz, in E-Mails und in Konferenzschaltungen geteilt, um weitere Fälle dieser Art mit ähnlichen Ergebnissen ins Bewusstsein zu rücken. Als wir einige Monate später die virtuelle Distanz abermals bewerteten, hatte sie sich beträchtlich verringert, die Anzahl der Mitglieder stieg, die Forschungsleistungen wurden auf breiterer Basis anerkannt, die Marketingabteilung konnte mit ihren erfolgreichen Benefizveranstaltungen mehr Spenden einsammeln, und Repräsentanten des IT-Bereichs wurden zu allen Besprechungen auf Abteilungsebene hinzugezogen, um die Teilnehmer über die unterstützenden Strukturen auf dem Laufenden zu halten.

Beispiele für Taktiken zur Verringerung der Affinitätsdistanz finden Sie in Abbildung 6.6.

Kulturelle Distanz	Beziehungsdistanz	Soziale Distanz	Interdependenzdistanz
• Bereichsübergreifende Teams zusammenstellen, um schwierige Probleme in Angriff zu nehmen • Szenarien für Mitarbeiter entwickeln, um die Werte anderer »nachzuempfinden« • Verständnis und Bewusstsein für die Arbeitsethik anderer fördern • »Kulturelle Veränderungen« in einer »multikulturellen Gemeinschaft« verinnerlichen • Durch Beispiele (Storytelling) Gemeinsamkeiten aufzeigen • Explizit darüber diskutieren, »wie« Mitarbeiter arbeiten möchten und was ihnen wichtig ist	• Gespräch über andere Orte, an dem Teammitglieder gearbeitet oder gelebt haben • Diskussionen über andere mögliche Verbindungen ermutigen – beispielsweise aus ihrer Schulzeit, an dem Ort, an dem sie aufgewachsen sind, heutige Freizeitaktivitäten, usw. • Diese gesellschaftlichen Kreise formal oder informell dokumentieren, damit sie für andere Projekte oder Initiativen genutzt werden können	• Ausdrücklich und stillschweigend auf die Beiträge anderer aufmerksam machen • Spezifische Beispiele anführen, wie die Aktivitäten von Teammitgliedern zum Erfolg eines Projekts beigetragen haben • Die »namenlosen« Helden in den Fokus rücken • Den »Führungsstatus« teilen, indem man die gemeinsame Hilfe für andere als höherwertig betrachtet	• Explizit über Beispiele für eine Zusammenarbeit sprechen, die zum Erfolg geführt hat • Geschichten über gemeinsame Abhängigkeiten erzählen • Das Storytelling während regelmäßig anberaumter Meetings als »Ritual« einführen • »Fallstudien« über Leute entwickeln, die zusammengearbeitet und Erfolge erzielt haben

Abb. 6.6: Beispiele für Taktiken zur Verringerung der virtuellen Distanz

Die Umsetzung des Aktionsplans zur Verringerung der virtuellen Distanz

Nun stellt sich die Frage, wie man alle diese in Informationen in einen sinnvollen Zusammenhang bringt und die angemessenen Aktivitäten einleitet, um das Problem zu lösen oder zu verringern. Die Antwort ist die Entwicklung eines Aktionsplans, mit dessen Hilfe Sie entscheiden, welche Maßnahmen Sie wann und mit wem in die Wege leiten sollten, um die virtuelle Distanz zu minimieren. Das in Abbildung 6.7 dargestellte Muster soll dazu beitragen, Ihre Aufmerksamkeit auf die besonders kritischen Probleme zu richten.

Projektziele
Benutzen Sie **DUMB** Projektziele, um den Zusammenhalt einer virtuellen Arbeitsgruppe zu stärken

Beziehungsdistanz	Physische Distanz	Operative Distanz	Affinitätsdistanz	Kurzfristige Taktiken	Langfristige Strategien
1	Geografische Distanz	Kommunikationsdistanz	Kulturelle Distanz	**Schnelle**	**Wettbe-**
2	Zeitliche Distanz	Multitaskingdistanz	Soziale Distanz	**Lösungen**	**werbs-**
3	Organisationsspezifische	Einsatzfähigkeitsdistanz	Beziehungsdistanz		**orientierte**
4	Distanz	Verteilungsdistanz	Interdependenzdistanz		**Strategien**
....					

Abb. 6.7: Musterbeispiel für den Managementplan zur Verringerung der virtuellen Distanz

Schnelle Lösungen – Kurzfristige Taktiken zur Verringerung der virtuellen Distanz

Wie bereits gesagt, sollte die Verringerung der virtuellen Distanz Teil einer langfristigen und fortlaufenden Strategie sein. Doch einige Probleme müssen unter Umständen baldmöglichst in Angriff genommen werden. Führungskräfte können schnelle Lösungen besser kontrollieren und steuern, auch wenn die Umsetzung möglicherweise eine Herausforderung darstellt. Sie lassen sich vier Kategorien zuordnen und in einen maßgeschneiderten Plan zum Abbau der virtuellen Distanz integrieren. Dazu gehören unter anderem:

1. sinnvoller Einsatz von Face-to-Face-Meetings,
2. sorgfältige Koordination der Arbeitsaufgaben,
3. bereichsübergreifender Ad-hoc-Aufbau von Teams und
4. Kommunikationsverbesserungen.

Sinnvoller Einsatz von Face-to-Face-Meetings

Persönliche Gespräche stellen die schnellste Möglichkeit dar, die zuvor beschriebenen spezifischen Herausforderungen zu bewältigen. Dieser Austausch kann das Vertrauen der Teammitglieder stärken, beispielsweise in den Anfangsphasen eines Projekts oder wenn kritische Probleme auftauchen, die im Team oder mit Kunden besprochen werden müssen.

Sorgfältige Koordination der Arbeitsaufgaben

Sorgfalt bei der Koordination der Arbeitsaufgaben zahlt sich aus, weil sich dadurch Probleme mit der zeitlichen Distanz, Kommunikationsdistanz, Multibelastung und Beziehungsdistanz rasch abbauen lassen. Jeder dieser Faktoren stört die natürliche »Ebbe und Flut« der Gruppenarbeit.

Wichtige Leitlinien für die Koordination:

- Verständigen Sie sich mit dem Team darauf, wann Realzeit- statt asynchroner Kommunikation, beispielsweise E-Mails, stattfinden sollte. Dadurch lassen sich Planungsschwierigkeiten verringern und die Leistungserwartungen besser steuern.
- Vergewissern Sie sich, dass die Umlaufzeiten für die Kommunikation gleich welcher Art allen bekannt sind. Erwartet das Team, dass jemand innerhalb einer Minute, einer Stunde oder eines Tages auf Nachrichten antwortet? Obwohl es anfangs natürlich Abweichungen gibt, sollten Sie bei diesem Thema keinen Zweifel aufkommen lassen. Stellen Sie verbindliche Regeln für den Reaktionszeitrahmen auf.
- Verzichten Sie auf den Vermerk »Dringend« in E-Mail-Nachrichten, wenn eine Aufgabe nicht unverzüglich erledigt werden muss. Damit werden die Arbeitspläne unnötig gestört.
- Machen Sie sich mit den Zeitzonen vertraut. Merken Sie sich die Zeitunterschiede, die zwischen Ihnen und anderen Teammitgliedern bestehen. Auf diese Weise wird rücksichtsvolles Verhalten bei der Optimierung der Arbeitszeitpläne gefördert.
- Bei der Bestätigung eines Meetings per E-Mail sollten Sie bei der Angabe der Uhrzeit immer die jeweilige Zeitzone der Teilnehmer einfügen.
- Legen Sie die Zeiten für Meetings nach dem Rotationsprinzip fest, um ein Gefühl der Fairness hinsichtlich der Terminplanung zu verankern.
- Als Führungskraft sollten Sie sich bewusst machen, dass nicht jeder die Fähigkeiten besitzt, seine Zeit sinnvoll einzuteilen. Helfen Sie den Teammitgliedern, ihre Aufgaben nach Priorität zu ordnen und überprüfen Sie, wie sie die Arbeitslast bewältigen. Ein gutes Zeitmanagement trägt außerdem zur Aufdeckung von Multitasking-Problemen bei.

Bereichsübergreifender Ad-hoc-Aufbau von Teams

Um zügig Probleme in Zusammenhang mit der organisationsspezifischen, kulturellen, operativen und Interdependenzdistanz zu lösen, sollten Sie temporäre Teams zusammenstellen, deren Mitglieder verschiedene Standorte oder Organisationen repräsentieren. Damit können Sie rasch Vertrauen innerhalb einer großen virtuellen Arbeitsgruppe aufbauen.

In einem Fall haben wir beispielsweise mit mehreren Angehörigen der Streitkräfte über eine Konsolidierung der Standorte gesprochen, die mit Hilfe einer virtuellen Teamstruktur erfolgen sollte. Dafür wurde ein grenzübergreifendes Team zusammengestellt, wobei man Angehörige aller Sparten in den Umgestaltungsprozess einbezog. Jedes Mitglied vertrat die Interessen seiner eigenen Einheit, während sich gleichzeitig eine Gruppenidentität entwickelte. Das trug dazu bei, dass sich die Teammitglieder ungeachtet des Standorts als Teil des Ganzen empfanden und Wertunterschiede überbrückten. Es vereinfachte auch eine kooperative Kommunikation zwischen Personen, die anfangs Bedenken hatten, offen miteinander zu reden.

Um die virtuelle Distanz beim Aufbau funktionsübergreifender Teams zu überwinden, sollten Sie folgende Maßnahmen in Erwägung ziehen:

- Wählen Sie Mitglieder aus, die mit den Organisationsstrukturen vertraut sind, über eine breitgefächerte Palette von Fähigkeiten verfügen und in ihrem eigenen Fachbereich Vertrauen genießen.
- Binden Sie diese regelmäßig in »lokale« Entscheidungen ein, um Kommunikationsprobleme einzugrenzen und die Bindung an andere Aktivitäten zu verstärken.
- Respektieren Sie die Beiträge der Gruppe und setzen Sie Empfehlungen konsequent um. Einige Organisationen, mit denen wir zusammengearbeitet haben, waren beim Aufbau funktionsübergreifender Teams zur Überwindung der virtuellen Distanz anfangs erfolgreich, doch dann ignorierten sie deren Input. Am besten aufgestellt sind Unternehmen, die grenzübergreifende Teams als Hebel bei der Bewältigung schwerwiegender Probleme ansetzen.
- Tauschen Sie die Mitglieder nach dem Rotationsprinzip aus, sodass Mitarbeiter aus verschiedenen Organisationen die Chance erhalten, sich in die Teamarbeit einzubringen. Wie den Angehörigen eines Beirats bietet sich ihnen damit die Möglichkeit, mehr über die globalen Probleme zu erfahren und sich den Gruppenzielen enger verbunden zu fühlen.
- Vergewissern Sie sich, dass Sie Repräsentanten von allen Standorten einbeziehen. In einem Pharmakonzern, mit dem wir zusammengearbeitet haben, erwies sich die Gründung eines Beratungsgremiums, zusammengesetzt aus Vertretern aller globalen Operationszentren des Unternehmens, als wichtiger Schritt, um Hürden auf dem Weg zur Verringerung der virtuellen Distanz zu überwinden.

Kommunikationsverbesserung

Kommunikationsprobleme haben großen Einfluss auf jeden Aspekt der virtuellen Distanz. Sie gehören zu den hartnäckigsten Problemen in der heutigen globalen Arbeitswelt, und sie zu überwinden erfordert stetiges Bemühen sowohl der Teammitglieder als auch der Teamleitung.

Alle Kommunikationsmethoden für virtuelle Arbeitskräfte im Detail zu beschreiben würde den Rahmen des Buches sprengen. Für unsere Zwecke reicht es aus, den Blick auf diejenigen Probleme zu richten, die als Treiber der Kommunikationsdistanz gelten. Wir beginnen mit dem Kontext und den Interpretationsmöglichkeiten.

- Teilen Sie Kontextinformationen, wann immer es möglich ist, zum Beispiel über das Wetter, den Geräuschpegel, die Beschaffenheit der Büroräume und andere Umwelt- oder Rahmenbedingungen, die universell sind.
- Achten Sie auf kontextspezifische Unterschiede zwischen Ihnen und anderen Teammitgliedern. Es hilft, sich diese Unterschiede bewusst zu machen, um positive Verhaltensänderungen anzustoßen.
- Beim Austausch von E-Mails oder Sprachnachrichten sollten Sie Formulierungen verwenden, die jeder leicht versteht.

- Nutzen Sie so oft wie möglich Gliederungspunkte und Skizzen, um den Austausch zu erleichtern und Fehldeutungen zu vermeiden.
- Gestalten Sie Arbeitsanweisungen per E-Mail wie die Arbeitsanleitungen in einem Kochbuch.
- Schreiben Sie die Worte aus, wenn es erforderlich scheint; vermeiden Sie Abkürzungen, die andere vielleicht nicht verstehen.
- Versuchen Sie, nicht zu viel in eine E-Mail hineinzuinterpretieren. Das fällt uns schwer, weil wir Menschen unbewusst dazu neigen, zwischen den Zeilen zu lesen. Doch das ist Zeitverschwendung, weil die Chancen, genau zu verstehen, was jemand in dem Augenblick dachte, als die Nachricht geschrieben wurde, gleich Null sind.
- Bei Telefonaten sollten Sie so genau zuhören, als hinge Ihr Leben von den Worten Ihrer Gesprächspartner ab. Wenn Sie der Meinung sind, aktives Zuhören sei schon in einer Face-to-Face-Umgebung schwierig, fällt es Ihnen bei der Remote-Arbeit vermutlich noch schwerer.
- Gehen Sie auf Nummer Sicher – achten Sie auf die richtige Grammatik, denn bei einem nachlässigen Gebrauch der Sprache machen Sie es anderen noch schwerer, Sie zu verstehen; außerdem zeugt es von mangelndem Respekt.
- Wägen Sie die Vor- und Nachteile verschiedener Kommunikationsstile gegeneinander ab. Halten Sie sich, wenn nötig, an die zuvor beschriebenen Face-to-Face-Leitlinien. Telefonate oder Videokonferenzen sind der beste Ersatz für ein Gespräch von Angesicht zu Angesicht, doch in Anbetracht der Koordinationsprobleme nicht immer möglich. Wenn die Qualität der Videoschalte zu wünschen übriglässt oder die Verbindung technisch instabil ist, könnte die Einsatzfähigkeitsdistanz zum Problem werden.
- Wählen Sie einen Leitfaden für die E-Mail-Etikette aus, der Ihnen zusagt (viele sind kostenlos im Internet erhältlich). Sorgen Sie dafür, dass alle die Benimmregeln des »E-Mail-Knigge« akzeptieren. Auf diese Weise beginnen Normen Fuß zu fassen und die Erwartungen aller Beteiligten lassen sich besser auf einen Nenner bringen.

Kurzfristige Taktiken sind ein wichtiges Instrument für die Steuerung der virtuellen Distanz, das fortlaufend angewendet werden muss. Wenn es einer schnellen Lösung bedarf, können Sie sich an den vier zuvor beschriebenen Taktiken orientieren und dank der verringerten virtuellen Distanz schon bald eine Leistungsspitze erzielen.

Diesen Taktiken sind jedoch Grenzen gesetzt. Aus einer anderen Warte betrachtet, stellen sie Reaktionen auf eine physische und operative Distanz dar. Langfristig haben jedoch die Strategien zur Reduzierung der Affinitätsdistanz den nachhaltigsten Effekt auf die Unternehmensbilanz und den Auf- und Ausbau des Wettbewerbsvorteils.

Schüssellektionen zur Steuerung der virtuellen Distanz

- Die Steuerung der virtuellen Distanz beginnt mit der Priorisierung der Strategien und Taktiken, ein Fundament, auf dem der Aktionsplan zur Verringerung der virtuellen Distanz aufbaut.

- Die Landkarte der virtuellen Distanz hebt die strategische Rangfolge für jeden einzelnen Faktor der virtuellen Distanz hervor.
- Die Verringerung der virtuellen Distanz erfordert das Verständnis, in welchen Situationen das persönliche Miteinander von entscheidender Bedeutung ist.
- Der Einblick in die unterschiedlichen Perspektiven und Kontexte der anderen Teammitglieder trägt zum Abbau der Kommunikationsdistanz bei.
- Die organisationsspezifische Distanz wird eingedämmt, wenn man Mitarbeitern einen besseren Einblick in andere Abteilungen oder Organisationen ermöglicht.
- Die Kommunikationsdistanz lässt sich verringern, wenn man sowohl den Kontext, in dem wir andere wahrnehmen, als auch die Kommunikationsmethoden wieder ins Gleichgewicht bringt.
- Die Einsatzfähigkeitsdistanz lässt sich in den Griff bekommen, wenn man sich vergewissert, dass sich alle Mitarbeiter durch entsprechendes Training mit der Technologie vertraut gemacht haben und Notfallpläne vorhanden sind, falls die Technologie versagt.
- Die Multibelastung kann gemindert werden, wenn man sich auf die Verringerung anderer Schlüsselaspekte der virtuellen Distanz konzentriert; dadurch fördert man das Vertrauen und das altruistische Verhalten der Teammitglieder (OCB) in der Arbeitsumgebung.
- Die Reduzierung der kulturellen Distanz erfordert das Verständnis und die Wertschätzung der Gemeinsamkeiten, die Teammitglieder verbinden, statt sich auf das zu fokussieren, was sie unterscheidet und trennt.
- Die Beziehungsdistanz lässt sich überbrücken, wenn man Teams zusammenstellt, deren Mitglieder bereits direkte oder zumindest lockere Verbindungen durch gemeinsame Bekannte haben.
- Die soziale Distanz lässt sich überwinden, wenn die Arbeitsleistung und das Sozialkapital anerkannt werden, die Mitarbeiter in das Team einbringen.
- Die Verringerung der Interdependenzdistanz setzt eine Offenlegung der wechselseitigen Abhängigkeit im Hinblick auf ihre gemeinsame Zukunft voraus.
- Die Steuerung der virtuellen Distanz erfordert langfristige, kontinuierlich angepasste strategische Lösungen, wobei kurzfristig Taktiken zum Einsatz kommen können, um dringliche Probleme in Angriff zu nehmen.

7 Die Neudefinition von Teams

Bisher haben wir die Mitglieder virtueller Belegschaften dem einen oder anderen »Team« zugeordnet. Da wir in einer korporativen Gesellschaft leben, in der bestimmte gesellschaftliche Gruppen in irgendeiner Form an politischen Entscheidungsprozessen beteiligt sind, hat sich diese Terminologie seit Jahrzehnten eingebürgert. Teamarbeit – oder die damit einhergehenden Vorstellungen, nebenbei bemerkt – gibt es jedoch schon wesentlich länger. Und selbst in unserem globalen Zeitalter, in dem sich die Beschaffenheit der Arbeit im Verlauf des letzten Jahrzehnts auf jede nur erdenkliche Weise gewandelt hat, wird der Begriff »Team« noch heute verwendet, um grundlegend jede Organisationseinheit zu beschreiben, in der Menschen ihre persönlichen Ressourcen bündeln, um bestimmte Aufgaben zu erfüllen und ein gemeinsames Ziel zu erreichen.

Doch ist diese Definition heute noch sinnvoll? Fakt ist, dass das Wort »Team« eine Fehlbezeichnung sein kann und möglicherweise Verhaltensweisen heraufbeschwört, die in einigen Fällen die virtuelle Distanz unbeabsichtigt vergrößert. Deshalb gehen wir der Frage auf den Grund, warum und wie das Vorstellungsbild, das wir mit dem Begriff verbinden, abgewandelt und besser an das digitale Zeitalter angepasst werden kann.

Eine kurze Geschichte der Teams

Schon vor Beginn des Industriezeitalters wurden viele Arbeiten von Gruppen verrichtet, die sich als Lehrlinge in die Obhut von Meistern begaben. Händler und Handwerker schlossen sich zu Berufsverbänden zusammen, den sogenannten Gilden und Zünften, deren Ursprung sich bis ins zwölfte Jahrhundert zurückverfolgen lässt.

Nicht nur die gegenseitige Unterstützung, sondern auch die »Ehrbarkeit« des jeweiligen Handwerks definierte Ziel und Zweck der Gilden und Zünfte. Man empfand Stolz auf das »misterium artis«, die spezifischen Fähigkeiten und Fähigkeiten, die nur den Zunftmitgliedern und den Kollegen bekannt waren, und auf die hervorragende Qualität der fertigen Erzeugnisse. Artefakte mussten »getreu« den strengen Regeln und Bräuchen der Gilden oder Zünfte hergestellt werden. Handwerker, die sich durch besonderes Können auszeichneten, mussten den hohen Anforderungen ihrer Zunft genügen, um aufgenommen zu werden, und waren in der Gesellschaft entsprechend geachtet.[1]

Die Mitglieder fühlten sich durch den Stolz auf ihre Zugehörigkeit und die Ehre der gesamten Gruppe miteinander verbunden. Die Gilden und Zünfte waren Wegbereiter für Zusammenschlüsse unterschiedlichster Art, die sich im Lauf der Zeit zu Berufsverbänden und Gewerkschaften entwickelten. Und obwohl die Anzahl der Gewerkschaften seit geraumer Zeit rückläufig ist, hatten sie früher großen Einfluss auf die Festlegung der Arbeitsbedingungen und den Zusammenhalt ihrer Mitglieder, die sich als gleichwertige Spezialisten betrachteten.

Zu Beginn des zwanzigsten Jahrhunderts entwickelte der namhafte deutsche Sozialpsychologe Kurt Lewin das Konzept der »Gruppendynamik«.[2] Er wies nach, dass Gruppenmotivation in einem geteilten Gefühl der wechselseitigen Abhängigkeit bei Arbeitsaufgaben und schicksalsträchtigen Entscheidungen wurzelt – im gemeinsamen Interesse am künftigen Erfolg oder Überleben der Gruppe. Diese Entdeckung befeuerte die Diskussionen um gruppendynamische Vorgänge. Ungefähr zur gleichen Zeit entwickelte der US-amerikanische Psychologe Abraham Maslow seine *Bedürfnispyramide*[3], mit der er die Motivationsstruktur jedes einzelnen Menschen beschrieb. Gruppen waren ein wichtiger Bestandteil dieses Modells der Motivation. Die sozialen Bedürfnisse, beispielsweise nach Zuneigung und Akzeptanz, waren hier auf einer noch höheren Stufe verortet als die physiologischen Grund- und Sicherheitsbedürfnisse. Laut Maslow führten sie zu dem Verlangen nach Achtung, abgeleitet von der Selbstachtung, aber auch von der Wertschätzung durch andere. Werden diese Gruppenbedürfnisse nicht erfüllt, wirken sich die Defizite seiner Theorie zufolge sowohl auf den Einzelnen als auch auf das gesamte Organisationsgefüge aus. Diese wurden genau wie diejenigen des australischen Soziologen Elton Mayo über die Produktivitätssteigerung in Gruppen – als diese wussten, dass ihnen jemand Aufmerksamkeit schenkte – zu einer nahezu unerschöpflichen Quelle der Forschung, die zu einer einheitsstiftenden Vorstellung des Gruppenbegriffs und der heute gängigen Bezeichnung *Teams* führte.

Eine ganze Industrie wurde rund um das Thema Teamarbeit aus dem Boden gestampft. Viele von uns erinnern sich noch an Gruppentrainings, an denen sie teilgenommen haben. Dazu gehörte manchmal, sich Videos anzuschauen, in denen Fußballstars demonstrierten, warum Teamarbeit so wichtig ist. Während der Film mit seinen emotional aufgeladenen Anstrengungen, Härten und Siegesfeiern lief, erinnerte die einnehmende Stimme des Erzählers daran, dass es in Teams kein »Ich« gibt. Wer könnte das vergessen? Und nach der Vorführung hatte jeder das Gefühl, die anderen Gruppenmitglieder in noch höherem Maß wertzuschätzen.

Die Gruppenvergütung kristallisierte sich ebenfalls als wichtiger finanzieller Motivationsfaktor heraus. Variable Entgeltstrukturen wurden eingeführt, um die Gruppenarbeit zu unterstützen. Viele große Personalberatungsfirmen legten umfassende Programme auf, die sich auf die Bezahlung von Teams spezialisierten. Finanzielle und nicht-monetäre Gratifikationen waren und sind auch heute noch gang und gäbe, basierend auf individuellen und Teamleistungen. Eines der am weitesten verbreiteten Gruppenvergütungssysteme wurde speziell für den Vertrieb entworfen. Hier richtet sich ein großer Teil der Provisionen oder Boni an der individuellen Leistung aus. Doch üblicherweise ist ein bestimmter Prozentsatz des Entgelts an die Erfüllung der Verkaufsquote verknüpft. Vertriebsmitarbeitern sagt man nach, aus reinem Selbstinteresse zu handeln, doch oft bekommen sie den »Druck« zu spüren, sich gleichermaßen für die Belange des gesamten Teams einzusetzen. Wenn sie erfolgreich sind und effektiv mit anderen zusammenarbeiten, werden sie oft in Führungspositionen befördert, wobei nach oben keine Grenzen gesetzt sind. Viele Manager auf Vorstandsebene haben im Vertrieb angefangen und den Aufstieg nicht zuletzt einem erstklassigen Beitrag zur Teamarbeit zu verdanken.

In anderen Unternehmensbereichen wie Fertigung und Produktion (zu der auch die Erstellung von Dienstleistungen gehört), war es schwieriger, auf natürlichem Weg Gruppen zu bilden, die nach ihrem Beitrag zum Umsatz vergütet werden. Das änderte sich, als die ersten Teamwork-Modelle auftauchten, die im Allgemeinen auf Qualitätszielen aufbauten. 1972 gehörten in Japan fünf Millionen Arbeiter einem Qualitätszirkel an.[4] Bald darauf folgten viele US-amerikanische Firmen diesem Beispiel und führten unternehmensweite Qualitätsinitiativen ein. Heute ist Six Sigma ein Qualitätsstandard, der in vielen Unternehmen weltweit Eingang gefunden hat. Diese Herangehensweise ist von der exzellenten Arbeit der Teams abhängig.

Das Teamkonzept hat nicht nur Betriebsführungs- und Produktionsabteilungen verändert. Im Jahr 2000 hielt Jean Pierre Garnier, CEO von GlaxoSmithKline, eine Rede vor der British-American Business Association über den Einsatz seiner Teams bei der Verbesserung der Innovationskultur. Er beschrieb die Umgestaltung der Forschungs- und Entwicklungsabteilung des britischen Pharmagiganten. Die Wissenschaftler wurden Gruppen zugeteilt, die »Start-ups« glichen, mit jeweils einem eigenen »Firmenchef«. Sie hatten völlig freie Hand bei der Suche nach neuen Arzneimittelwirkstoffen. Das Ziel war, einen gesunden »Wettbewerbsgeist« zu schaffen und die Gruppenmitglieder anzuspornen, auf gemeinsame Ziele hinzuarbeiten, die dem Team zugutekamen. In den meisten Branchen schossen Teamformationen wie Pilze aus dem Boden, und kreative Manager gaben die passenden Parolen aus, um sie zu motivieren und auf ein gemeinsames Ziel einzuschwören.

Die heutigen Arbeitsplätze

Als Ergebnis der Kräfte, die sich in jüngster Zeit ansammelten, sind die heutigen Unternehmen stärker fragmentiert als jemals zuvor. Im Gegensatz zu den »geschlossenen« Organisationsformen, in denen sich Teams anfangs formierten, sind die Grenzen der modernen Unternehmen nicht eindeutig definiert. Als das letzte Jahrzehnt des letzten Jahrtausends anbrach, verhalfen die Wirtschaftstheoretiker C.K. Prahalad und Gary Hamel dem Konzept der »Kernkompetenzen« zum Durchbruch, was zur Absplitterung zahlreicher Abteilungen führte, die aus organisatorischer Sicht als überflüssig galten. Kernkompetenzen waren unternehmensspezifische Stärken, definiert als »ein Bereich fachlicher Expertise als Ergebnis der Harmonisierung komplexer Technologie- und Arbeitsaktivitätsströme«.[5] Nebenbei bemerkt: Hier standen Arbeitsaufgaben und Prozesse im Vordergrund, die an das Modell von Frederick Taylor, Begründer der Arbeitswissenschaft, vor einem Jahrhundert erinnern. Sie unterstützten die Idee, jeden Geschäftsbereich auszumustern, der die Kernkompetenzen des Unternehmens nicht direkt unterstützte.

Gleichzeitig wuchs die Besorgnis rund um den potenziellen »Y2K Bug« oder das »Jahr-2000-Problem«, ein Computerfehler, der Vorhersagen zufolge Rechnersysteme weltweit zum Absturz zu bringen drohte. Die meisten befürchteten, wenn das Kalenderjahr auf 2000 umspringen würde, könnten Milliarden Code-Zeilen, die sicherheitsrelevante Bereiche aller Art steuerten – zum Beispiel Kraftwerke, Kreditkartenunternehmen – die »000« im Datum nicht als Dezimaldarstellung der Jahreszahl erkennen, falsch verarbeiten und durch die Fehlschaltungen alles lahmgelegen. American Express hatte beispielsweise schon Mitte der 1980er Jahre erkannt, dass sich daraus ein Problem ergeben könnte und seit mehr als fünfzehn Jahren vor dem befürchteten Eintritt der Katastrophe an einer Korrektur des gesamten Codes gearbeitet. Doch die meisten Unternehmen warteten bis Ende der 1990er Jahre, bevor sie ihre Aufmerksamkeit der Lösung des potenziellen Problems zuwandten. Programmierer und Systemingenieure waren schwer zu finden und es gab nicht genug verfügbare Fachleute, um das weltweit unersättliche Bedürfnis nach Instandsetzung der hauseigenen Softwaresysteme zu erfüllen. Viele Unternehmen, die sich von Anfang an darauf verlassen hatten, dass sich ausschließlich die firmeninternen Talente um ihre hochwertigen Informationssysteme kümmerten, sahen sich nun gezwungen, außerhalb der Unternehmensmauern nach qualifizierten Leuten Ausschau zu halten. Damals begann, was heute gang und gäbe ist: kostengünstiges Personal für die alltäglichen, als »profan« geltenden Arbeiten zu engagieren.

Diese beiden Impulsgeber – der Fokus auf den Kernkompetenzen und der Wettlauf um die Lösung der potenziell verheerenden Computer-Bugs – leiteten einen massiven Arbeitskräftewandel ein. Er führte wiederum zu Betriebsstrukturen, die uns heute ganz alltäglich erscheinen. Viele Unternehmen begannen, ganze Geschäftsbereiche über Bord zu werden, um (1) ihre firmeninternen Ressourcen in Spezialgebieten zu bündeln, und (2) umfangreiche Arbeiten von geringem Mehrwert, wie die Instandsetzung von Rechnercodes, jenseits der traditionellen Unternehmensgrenzen auszulagern. In vielen Fällen hatte diese Entwicklung zur Folge, dass immer mehr Aufgaben firmenextern durchgeführt und häufig auch an Firmen im Ausland vergeben wurden, wo Arbeitskräfte erheblich billiger waren als beispielsweise in den USA. Heute gehört das Outsourcing zu den Mainstream-Strategien, die weithin genutzt werden, um Kosten zu senken.

Die unmittelbaren Kosteneinsparungen, die mit diesen Veränderungen erzielt wurden, waren für die Führungsetage der Unternehmen, die an der Erhöhung der Aktienkurse und Gewinne interessiert war, unwiderstehlich. Als das 21. Jahrhundert heraufdämmerte, stieg die Auslagerung der Informationstechnologie (IT) und bestimmter betriebswirtschaftlicher Aufgaben folglich in schwindelnde Höhen. Ungefähr zur gleichen Zeit wurde ein anderes »Unternehmensverwässerungsmodell« populär. Der Harvard-Professor und Autor Henry Chesbrough prägte den Begriff »Open Innovation«,[6] eine Möglichkeit, den Innovationsprozess bei der Entwicklung neuer Produkte aufzubrechen. Im Mittelpunkt des Modells stand die Vorstellung, dass technologische Fortschritte den Unternehmen die Chance boten, über ihre althergebrachten Grenzen hinauszublicken, um das kreative Potential und damit letztendlich auch die Gewinne zu maximieren. Für Chesbrough bedeutete *offene Innovation,* dass »nützliche Ideen innerhalb oder außerhalb des Unternehmens entstehen und auch innerhalb oder außerhalb des Unternehmens zur Marktreife gebracht werden können. Diese Herangehensweise stellt firmenexterne Ideen und Wege zur Marktreife auf die gleiche Bedeutungsebene wie firmeninterne Ideen und Wege zur Marktreife.« Die Idee nistete sich bald in den Herzen und Köpfen der CEOS vieler Fortune-500-Unternehmen ein. Sie erkannten, dass sie damit die Expertise weltweit verstreuter Fachleute nutzen konnten. Die offene Innovation führte zu einer weiteren, noch größeren Zunahme firmenexterner Arbeitskräfte und zu Partnerschaften, die zuvor niemand in Betracht gezogen hatte. Konkurrenten bündelten ihre Kräfte in sogenannten offenen Kooperationen, in denen Informationen ungehindert ausgetauscht werden und die daraus resultierenden Ideen und Anregungen der Entwicklung neuer Produkte und Dienstleistungen Vorschub leisteten, die ihren Weg in massive Verbesserungen der Bilanzen fanden. Die Strategie der offenen Innovation riss genau wie das Konzept der Kernkompetenzen und das Outsourcing die Mauern der Unternehmen zugunsten einer grenzenlosen Arbeitsumgebung ein.

Dieser Trend zur Zersplitterung in jedem Bereich des Organisationsgefüges wurde vom Aufstieg mobiler Technologien und der Informations- und Kommunikationstechnologie (IKT) begleitet. Die Unternehmen erkannten, dass sie nicht nur Kosten einsparen und die Rendite ihrer Investitionen in Innovationsprozesse erhöhen, sondern auch die Produktivität steigern konnten, indem sie die Hebelwirkung der Technologie und High-Speed-Kommunikationsmethoden nutzten. Persönliche digitale Assistenten, zu denen auch Blackberrys und andere produktivitätsfördernde mobile Kommunikationssysteme gehörten, waren zu Beginn des Jahrhunderts weit verbreitet. Mit der späteren Einführung und Allgegenwart der Smartphones hatten die Leute alles, was sie brauchten, um zu jeder Zeit und an jedem Ort zu arbeiten, was zur Entstehung der virtuellen Arbeitskräfte beitrug, sowohl innerhalb als auch außerhalb des Unternehmens.

Ein Nachteil dieser grenzenlosen »allzeit verfügbaren« Struktur ist jedoch, dass es denjenigen, die auf diese Weise arbeiten, oft schwerfällt, sich an ein gemeinsames Ziel gebunden zu fühlen. Angesichts der weitläufigen Segmentierung innerhalb der Funktionen, Prozesse, Arbeitsströme und Beziehungsnetzwerke können nicht alle, die an einer Aufgabe arbeiten, ein übergeordnetes Ziel gleich welcher Art verinnerlichen. Und in diesem Fall erweist es sich als großes Problem, die Vorstellung von einem geteilten Schicksal zu entwickeln, wie Lewin es ausdrückte, um Gruppen zu einer Zusammenarbeit als Team zu motivieren.

Ein ähnliches Konzept, die »geteilten mentalen Modelle«, wird von Teamforschern immer wieder als Schlüssel zur Effektivität hervorgehoben.[7] Ein Team teilt ein gemeinsames mentales Modell, wenn alle Mitglieder über ein gemeinsames Verständnis, das erforderliche Wissen und den benötigten Zeitrahmen zur Realisierung der Ziele verfügen. Das Konzept der geteilten mentalen Modelle funktioniert bei statischen Teams mit gleichbleibenden Mitgliedern und Zielsetzungen, doch für zeitweilige Teamstrukturen, die in einem Großteil der globalen Arbeitswelt vorherrschend sind, braucht man andere Ansätze. Amy Edmondson, eine namhafte Teamforscherin, erklärte, dass neue Herangehensweisen erforderlich sind, die berücksichtigen, dass die heutigen Teams ohne die Stabilität und Sicherheit arbeiten müssen, die für ihre Entsprechungen in der Vergangenheit typisch waren.

Durch den Abbau großer Teile der Infrastruktur in fast allen Unternehmenssparten und die rasante Virtualisierung der Arbeitskräfte quer durch das gesamte globale Spektrum hat sich die Beschaffenheit der Arbeit so tiefgreifend verändert, dass die Auswirkungen auch auf der persönlichen Ebene spürbar werden. Die Humanressourcen sind heute in jeder Hinsicht verstreut, wir verbringen mehr Zeit am Computer als miteinander, und die Kommunikation wird größtenteils durch Technologiekanäle gefiltert.

Die grundlegenden Strukturen, die Teamarbeit geprägt haben, wurden auf breiter Front ausgehebelt. Die neuen Arbeitsbedingungen stellen die »traditionelle« Gruppendynamik unbeabsichtigt auf den Kopf. Vor diesem Hintergrund der virtuellen Arbeit kann man sich nur schwer vorstellen, wie sich Arbeitsgruppen zusammenschweißen und als »Team« im ursprünglichen Sinn definieren ließen. Die Anwendung des Begriffs *Teams* als Metapher ist also in manchen Fällen irreführend.

In der traditionellen Form der Teamarbeit wurden die Mitglieder durch eine starke emotionale Bindung an einen übergeordneten Zweck und eine klare Vorstellung von ihrer wechselseitigen Abhängigkeit zum Handeln motiviert. Wenn das nicht länger der Fall ist und Unternehmen dieses brüchige Fundament dennoch nutzen, um Motivation bei ihren Mitarbeitern aufzubauen, kann sich die Mühe als Zeitverschwendung erweisen oder Erwartungen wecken, die sich für viele nur schwer erfüllen. In der Epoche, als Gilden und Zünfte vorherrschend waren, wurde die Zusammenarbeit durch eine Art gemeinsamer »Berufung« gefördert, beispielsweise Ehre und Stolz auf die eigene Tätigkeit. Lewins Gruppendynamik wurde weitgehend vom Gefühl der Verbundenheit angetrieben, das sich als tief verwurzelter Glaube an eine positive, gemeinsame Zukunft manifestierte. Die Zusammenarbeit bei der Verrichtung bestimmter Aufgaben führte den Gruppenmitgliedern vor Augen, dass sich kollektiv angestrebte Ziele erreichen ließen. Maslow hatte erkannt, dass die persönliche Leistungsbereitschaft ohne sozial befriedigende Interaktionen nachlässt. Und Mayo, der ein riesiges Loch in die dogmatische Sichtweise vom Menschen als maschinenähnlicher Produktionsfaktor bohrte, wies nach, dass Menschen als Gruppe wesentlich bessere Leistungen erbrachten, wenn sie das Gefühl hatten, dass andere ihnen mit mehr Wertschätzung begegneten als einem kleinen Rädchen im großen Getriebe.

Dass virtuelle Mitarbeiter wie in früheren Jahrhunderten emotionale Bindungen zueinander aufbauen, ist heute nicht mehr der Fall. Die losen Organisationsformen des digitalen Zeitalters werden in der Regel auch nicht für diesen Zweck errichtet. Falls überhaupt, könnte man die heutige Spezies der Arbeitnehmer eher mit den Spezialisten aus der Ära der Gilden und Zünfte vergleichen, wenn man davon absieht, dass sie nicht von Handwerksmeistern geführt werden und rund um den Globus verstreut sind, was eine Spaltung zwischen individuellen Leistungskriterien und persönlicher Motivation bei der Realisierung kollektiver Ziele fördert. Und im Gegensatz zu den gering qualifizierten oder ungelernten Arbeitern der Taylor-Ära sind die heutigen Fachkräfte hervorragend ausgebildet. Viele erwarten eine offene Kommunikation statt streng kontrollierter Informationsströme, wie sie vom »Vater bürokratischer Organisationsformen« befürwortet wurden.

Bei einem Blick auf die heutigen Unternehmensressourcen müssen wir uns also die Frage stellen, ob wir wirklich behaupten können, dass Mitarbeiter echte Teamarbeit leisten, gleich ob virtuell oder auf andere Weise. Sind sie wie eine engmaschig verwobene Gruppe strukturiert, durch tief verwurzelte emotionale Überzeugungen zu einer Einheit zusammengeschweißt, auf einen gemeinsamen, übergeordneten Zweck fokussiert? Für viele lautet die Antwort nein. Zersplitterte Organisationsstrukturen und vereinzelte Arbeitsinitiativen verhindern häufig den Aufbau echter Teams, wie wir sie verstehen. Und die Kluft zwischen der Gewohnheit, uns als Team zu definieren, und der Realität hat zu einem Wiederaufleben der Jagd nach Antworten auf die Frage geführt, wie man die Organisationseinheiten steuert, die man gemeinhin als virtuelle Teams bezeichnet.

Doch der Blick auf die Fach- und Populärliteratur zum Thema virtuelle Teams hat genau wie unsere Erfahrungen mit Klienten aus aller Welt gezeigt, dass Probleme, die in unserer heutigen virtuellen Arbeitswelt als »Fehlfunktion des Teams« zusammengefasst werden, oft eine ganz andere Ursache haben. Teams sind nicht wirklich dysfunktional.

Sie sind einfach keine echten Teams.

In Wirklichkeit sind das Klassifizierungssystem und die damit einhergehenden Metriken dysfunktional. Die Probleme, die bei der Mehrheit der heute weit verstreuten, globalen Arbeitskräfte auftreten, sind viel tiefer verwurzelt als diejenigen, die in den Abhandlungen über dieses Thema beschrieben werden. Sie sind Symptome eines erheblich größeren Problems – das Problem eines fundamentalen Strukturvakuums, entstanden durch das Versäumnis, ein verbindliches Ordnungsprinzip rund um Arbeitsgruppen in diesem neuen Zeitalter zu formulieren. Inzwischen wird vielen klar, dass eine gewaltige Lücke zwischen einem Großteil der Forschung und dem tatsächlichen Geschehen in Organisationen klafft.[8]

Auf der individuellen Ebene hat das Fehlen eines tragfähigen Gerüsts, mit dessen Hilfe man gemeinsame Identitäten und Ziele aufbauen kann, ein Schwarzes Loch geschaffen, vor allem für diejenigen Arbeitnehmer, die eine einigende, sinnstiftende und zu ihrer Arbeits- und Lebensweise passende Struktur brauchen. Ohne sie werden bestimmte Verhaltensweisen fälschlicherweise als Teamprobleme abgestempelt. Fakt ist jedoch, dass alle Menschen langfristig das Bedürfnis haben, sich als Teil eines größeren Ganzen zu fühlen – und dieses Bedürfnis nach Zugehörigkeit bleibt schwer fassbar und unerfüllt in Gruppen, die wir heute als virtuelle Teams bezeichnen.

Doch was könnte das unrealistische Vorstellungsbild von einem Team ersetzen, um die beflügelnde Motivation zu entwickeln, die für Spitzenleistungen unabdingbar ist? Die Antwort könnte in einer neuen Gruppenstruktur zu finden sein, die wir als *virtuelles Ensemble* bezeichnen.

Das virtuelle Ensemble

Es gibt viele Arten von Zusammenschlüssen, die im Rahmen arbeitsbezogener Aktivitäten auf natürlichem Weg erfolgen und Gruppenziele verwirklichen, obwohl sie streng genommen kein Team bilden. Im Tierreich werden Zebras beispielsweise mit scheinbar sinnlosen, beliebigen Streifenmustern geboren. Als Einzelwesen verbringen sie ihre Zeit damit, zu grasen und nach Nahrung Ausschau zu halten. Doch jedes Zebra leistet seinen Beitrag zum Gemeinwohl. Bei einem Angriff hätte ein einzelnes Tier angesichts der Erbarmungslosigkeit und Stärke eines hungrigen Löwen keine Überlebenschance. Wenn sich jedoch zu hunderten zusammenschließen und dem Löwen als eine riesige geschlossene Einheit entgegentreten, können sie tödliche Attacken abwehren. Der Beutegreifer ergreift die Flucht, denn ein Gegner von solcher Schlagkraft würde ihn mit Sicherheit zermalmen. Zebras führen ein Leben als Einzelwesen und Herdenmitglieder, je nach Situation und Risiko oder individueller Verwundbarkeit zu einem bestimmten Zeitpunkt.

Wie diese zeitweilige Gruppenformation bei Mitarbeitern funktioniert, wird bei den Cockpit-Besatzungen offenkundig. Die Einsatzpläne der Cockpit-Crews zu erstellen, die ein großes Flugzeug steuern, ist kompliziert. Standort, Flugzeit und Verfügbarkeit der potenziellen Piloten müssen dabei ebenso berücksichtigt werden wie ihre spezifischen Fähigkeiten. Wenn eine Cockpit-Besatzung zusammengestellt wird, die ein Flugzeug von A nach B bringen soll, hat sie in dieser Konstellation möglicherweise noch nie zusammengearbeitet. Doch sobald sie das Cockpit betreten, weiß jeder von ihnen, dass sie ein gemeinsames Ziel haben, das sie aufs Engste verbindet: das Flugzeug unbeschadet an seinen Bestimmungsort zu bringen. Andernfalls bestünde die Gefahr, einen Absturz herbeizuführen. Doch das ist nicht der einzige Grund: Auch ihre künftige berufliche Laufbahn hängt nicht zuletzt davon ab, welche Leistungen sie im Team erbringen. Während des Flugs ist Kooperation also unabdingbar. Nach Erreichen des Bestimmungsorts verlassen sie das Flugzeug und kehren in ihr individuelles Leben zurück. Sie verbringen Zeit getrennt voneinander, die sie nutzen können, um ihre Fähigkeiten weiterzuentwickeln und Neues zu lernen. Und dieser Zyklus – Zusammenschluss, Flug, Rückkehr an den Heimatstandort – setzt sich während ihrer gesamten beruflichen Laufbahn fort. Im Lauf der Jahre arbeiten einige immer wieder einmal mit den gleichen Kollegen zusammen. In diesen Fällen können sich Beziehungen festigen, was zu tieferem Vertrauen und einem kameradschaftlichen Verhältnis führt. Es entwickeln sich Freundschaften, auch außerhalb des Arbeitsplatzes. Doch niemand ist gezwungen, sich darauf einzulassen, nur weil eine Organisationsstruktur Bindungen dieser Art begünstigt.

In unserem digitalen Zeitalter arbeiten viele abwechselnd alleine oder in Gruppen, je nach Kontext, manche Remote oder an ihrem Schreibtisch im Büro oder in einer der Kabinen im Großraumbüro. Stehen Projekte an, die Gemeinschaftsarbeit erfordern, schließen sie sich persönlich oder auf elektronischem Weg zusammen. Sind solche Interaktionen beendet, kehren sie in ihren ursprünglichen, von der Gruppe getrennten Kontext zurück.

Dieser Zyklus – Zusammenschluss zur Gruppe, standortverteilt und/oder alleine arbeiten und sich danach in eine neue Gruppe integrieren – ist mit dem des Zebras in der Wildnis oder des Piloten im Cockpit vergleichbar. Er erinnert auch an ein Jazz-Ensemble, in dem die Musiker in eigener Regie üben und ihre einzigartigen Fähigkeiten in der Gruppe zur Anwendung bringen. Musiker haben große Ähnlichkeit mit den Fachkräften des digitalen Zeitalters, weil sie eine »individuelle Beziehung« zu ihrer Arbeit haben. Sie verbringen Zeit mit ihren Instrumenten, genau wie die spezialisierten Mitarbeiter mit ihren elektronischen Arbeitsgeräten. Bei beiden Berufsgruppen besteht also ein Gefühl der Abgeschiedenheit, auch wenn sie bei der Arbeit mit anderen physisch anwesend sind.

Sie gleichen sich auch im Hinblick auf andere Aspekte. Bei Live-Auftritten kommen Jazz-Ensembles zusammen, um eine koordinierte und zeitlich genau aufeinander abgestimmte Performance abzuliefern. Alle Mitglieder müssen sich auf der gleichen Wellenlänge befinden, sonst würde die Musik nicht harmonisch klingen. Sie sind durch ein gemeinsames Ziel miteinander verbunden – in diesem Fall, um andere zu inspirieren, zu ihrer Entspannung beizutragen, zu motivieren oder zu erstaunen. Sie können ihr gemeinsames Ziel nur erreichen, wenn sie nahtlos zusammenarbeiten. Die Mitglieder virtueller Projektgruppen kommen ebenfalls zusammen, um eine bestimmte Performance abzuliefern. Jeder muss seinen eigenen terminkonformen Beitrag leisten und eine harmonische Kommunikation mit den anderen aufrechterhalten, um die angestrebten Ziele zu erreichen.

Jazz-Ensembles kommen vor allem aus drei Gründen zusammen. Erstens möchten sie neue Musikstücke kreieren. Das geschieht häufig in improvisierten Jam-Sessions, wo sich Musiker, die sonst nicht in derselben Band spielen, zusammenfinden und frei mit Ideen experimentieren, die ihnen oft schon seit geraumer Zeit vorschweben. Einige Unternehmen verwenden sogar den Ausdruck Jam-Session, um Online-Meetings zu beschreiben. Zweitens kommen Musiker zusammen, um zu proben oder Probleme zu lösen, die bei der Darbietung eines Stücks auftreten. Man könnte das als »Workout-Sessions« bezeichnen, bei denen die Mitglieder des Ensembles gemeinsam Schwierigkeiten überwinden, gemeinsam üben und gemeinsam für eine stetige Verbesserung der Gruppenarbeit sorgen. Und drittens kommen sie zusammen, um das Ergebnis ihrer Bemühungen zu präsentieren. Die ultimative Befriedigung schöpfen sie aus der Anerkennung ihrer Arbeit durch das Publikum.

Virtuelle Mitarbeiter kommen aus den gleichen Gründen zusammen. Erstens, um Innovationen in die Wege zu leiten, entweder in Form neuer Produkte oder Projektpläne. Zweitens, um gemeinsam Probleme zu lösen und Hindernisse zu überwinden, die im Verlauf einer Arbeitsinitiative auftauchen. Und drittens, um das finale Ergebnis ihrer Bemühungen zu präsentieren: ein Produkt, eine Dienstleistung oder eine Software-Anwendung.

Eine virtuelle Arbeitsgruppe gleicht in vielerlei Hinsicht einem Jazz-Ensemble. Teams in einem neuen Kontext zu definieren – warum sie gebildet werden, wann es für die Mitglieder wichtig ist, zusammenzukommen, und wie man gemeinsame sinnvolle Ziele entwickelt – ist wichtig, um den Wandel der heutigen Arbeitswelt nicht länger unbewusst zu leugnen. Mit der Fähigkeit, etwas aus einer anderen Perspektive zu betrachten, ist es oft möglich, Verbesserungen oder Veränderungen einzuleiten. Abbildung 7.1 veranschaulicht den Vergleich zwischen Musikern und virtuellen Mitarbeitern auf der Grundlage des Ensemble-Modells.

Ensembles	Virtuelle Mitarbeiter
Wird das Stück technisch einwandfrei dargeboten?	Ist das Projekt terminkonform, budgetkonform und von hoher Qualität?
Wird eine Vielzahl von Musikelementen genutzt(z.B. Rhythmus, Harmonie, Melodie, Stimmtextur/ Timbre)?	Nutzt das Projekt die Fähigkeiten und Talente aller Teammitglieder, maximiert es die Innovations- und Problemlösungsprozesse?
Ist die Hauptattraktion nicht die Musik, sondern der Text?	Sind nicht die Aufgaben die Hauptattraktion, sondern die Ziele und Beziehungen?
Sind die einzelnen Elemente so nahtlos integriert, dass sie einander in ihrer Funktion unterstützen?	Arbeiten die Mitglieder effektiv zusammen und sind sie angemessen in die Arbeitsinitiative integriert?
Spricht das Stück auf vielen Ebenen an – intellektuell, emotional, spirituell?	Erfüllt das Projekt die zahlreichen Bedürfnisse der Mitarbeitergruppen, Kunden, des Unternehmens oder anderer Stakeholder?
Spürt man die »Musikalität« des Stücks?	Haben die Teammitglieder gute Verbindungen zueinander und einen Arbeitsrhythmus entwickelt, der den Projekterfolg begünstigt?
Besteht eine befriedigende formale Organisation in der Art, wie das Stück entwickelt und zum Ausdruck gebracht wurde?	Freuen sich die Teammitglieder über ihre Rollen oder Aufgaben und arbeiten andere gerne mit ihnen zusammen?
Besteht ein ausgewogenes Verhältnis zwischen Vertrautheit und Abwechslung, abgestimmt auf die Länge des Stücks?	Besteht ein ausgewogenes Verhältnis zwischen innovativen und bekannten Lösungen für ähnlich geartete Probleme?
Ist das Stück auch nach häufigem Anhören noch reizvoll, weil es neben dem Vertrauten auch die Möglichkeit neuer Entdeckungen bietet?	Fühlen sich die Teammitglieder nach mehrmaliger Zusammenarbeit noch inspiriert, neue Problemlösungsmöglichkeiten zu entdecken, oder sind sie in Gewohnheiten verfallen, die Innovationsprozesse oder Problemlösungsalternativen im Keim ersticken?
Fühlt man sich nach dem Stück beflügelt, besser, bereichert, erfüllt oder abgeklärter?	Konnten das Unternehmen und die einzelnen Teammitglieder infolge der Gruppenbemühungen Verbesserungen erzielen?

Abb. 7.1: Ensembles und virtuelle Teams

Alles in allem hat sich das Strukturgefüge, in dem wir heute arbeiten, in einer sehr kurzen Zeitspanne dramatisch verändert. Führungsprinzipien, die Unternehmen ermutigen, Aufgaben aufzusplittern und auszulagern, aber auch der wachsende Einfluss der Technologie, die Menschen voneinander trennt und ihnen gleichzeitig die Möglichkeit bietet, überall und jederzeit in Kontakt zu treten, haben zur Entstehung einer Arbeitswelt beigetragen, in der Mitarbeiter nicht zwangsläufig durch organisatorische Anhaftungen oder Arbeitsplatznormen miteinander verbunden sind. Dadurch haben sich auch viele Philosophien geändert, die als Orientierungshilfe dienten, um Menschen auf der individuellen Ebene zu motivieren, ihre Leistung zu bewerten und zu belohnen. Unsere heutigen Arbeitspraktiken und mentalen Modelle, die der Frage nachgehen, was Menschen zur Kooperation ansport, haben mit dieser Entwicklung nicht Schritt gehalten. Obwohl es noch einige Leute gibt, die in Teams mit traditionellem Zuschnitt zusammengefasst sind – die permanent einer bestimmten Gruppe zugeordnet wurden, am selben Ort miteinander arbeiten, dieselben Trainings absolvieren und klar formulierte gemeinsame Ziele anstreben –, funktioniert die überwältigende Mehrheit der virtuellen Arbeitskräfte nicht mehr auf diese Weise. Studien, die sich mit multinationalen Teams befasst haben, haben unsere These bestätigt.[9] Sie benutzen den Ausdruck »Meta-Teams«, um eine zeitlich begrenzte teamähnliche Struktur zu beschreiben, die virtuellen Ensembles ermöglicht, gemeinsam an der Realisierung von Unternehmenszielen zu arbeiten.

Es gibt jedoch Strukturen, die Mitarbeitern ermöglichen, sich auch ohne die Bindungen, die Teams zusammenfügen, als Gruppe zu betrachten. Wir haben sie »virtuelle Ensembles« genannt und die Metapher der Musik-Ensembles als Diskussionsrahmen benutzt. Legt man die Faktoren zugrunde, die einem Ensemble zum Erfolg verhelfen, lassen sich die Metriken herausarbeiten, die Kompetenzen und Anforderungen an die Mitglieder virtueller Arbeitsgruppen im digitalen Zeitalter besser widerspiegeln.

8 Virtuelle Distanz und Technologie

Vieles hat sich in den letzten 10 bis 15 Jahren verändert. Die mobilen elektronischen Geräte wurden und werden laufend mit immer mehr Funktionalitäten ausgestattet. Plattformen für Videokonferenzen sind entstanden, die kostengünstige Alternativen zu Face-to-Face-Meetings bieten. Die rasanten technologischen Fortschritte haben einen Punkt erreicht, an dem 5G-Netze die Kommunikation in ungeahnter Weise erleichtern.

Ungeachtet des technologischen Wandels ist es nach wie vor der Mensch, der im Mittelpunkt steht. Die virtuelle Distanz ist ein Problem auf der zwischenmenschlichen Ebene, und die Technologie ist außerstande, solche Herausforderungen zu meistern – dazu bedarf es einer menschlichen Hand. Die Technologie ermöglicht virtuelle Arbeit, ohne jeden Zweifel. Doch den wichtigsten Faktor – den Menschen – sollten wir dabei nicht aus den Augen verlieren.

Wir möchten betonen, dass wir die Technologie nicht als Lösung des Problems der virtuellen Distanz betrachten. Das gelingt nur durch ein erhöhtes Problembewusstsein, die Erforschung der Metriken der virtuellen Distanz und die Umsetzung der bisher genannten Strategien und Taktiken. Sie bilden das Fundament für die Überwindung der virtuellen Distanz und die Nutzung der Hebelwirkung, die mit der Wirkmächtigkeit dieses weltweit einigenden Konzepts einhergeht.

Wie bereits erwähnt, sind es sowohl menschliche Eigenschaften als auch die Arbeitsbedingungen, die virtuelle Distanz schaffen. Sie fragen sich vielleicht, welcher Zusammenhang zwischen virtueller Distanz und Technologie besteht. Wir schließen hier sowohl die Hardware als auch die Software in den Begriff der Technologie ein, die virtuelle Arbeit überhaupt erst ermöglicht.

Es wäre eine Untertreibung, zu behaupten, dass virtuelle Arbeit ein rasantes Wachstum zu verzeichnen hat. Aus einer Erhebung jüngeren Datums geht hervor, dass Telecommuting (auch »Telependeln« genannt, eine Arbeitsorganisation, bei der Mitarbeiter ihre Arbeitsaufgaben ganz oder teilweise von zu Hause aus verrichten) in den letzten 10 Jahren um sage und schreibe 159% zugenommen hat.[1] Obwohl auf die »Telependler« ein signifikanter Anteil der heutigen Arbeitnehmer entfällt, repräsentieren sie nur einen Bruchteil des virtuell bewältigten Arbeitsvolumens. Arbeitsbezogene Kommunikation kann nun in Coworking-Räumen, Cafés, Flughafen-Terminals und überall dort stattfinden, wo sich eine Internet-Verbindung herstellen lässt, auch im Flugzeug – ironischerweise einer der bevorzugten Orte von gestressten Führungskräften, die dem Trubel entkommen und sich eine Zeitlang »ausklinken« wollten. Viele haben uns gestanden, dass sie im Flugzeug gewöhnlich »am besten nachdenken« konnten. Es hat sich in der Tat viel verändert.

Wenn dieses Buch erscheint, werden zweifellos weitere neue Produkte und Technologien verfügbar sein. Der Versuch, Strategien für den Umgang mit der Technologie abzuleiten, ist ein schwieriges Unterfangen, doch wenn wir die virtuelle Distanz als Ausgangspunkt nehmen, können wir ein Rahmenwerk als Orientierungshilfe entwickeln, das zeigt, welche Lösungen angesichts bestimmter Umstände die richtigen sein könnten und wann sie sich besonders effektiv anwenden lassen.

Der Schlüssel zu einer effektiven Zusammenarbeit ist natürlich, wie bereits erwähnt, die Kommunikation. Internet, Telefon, Audio- und Videokonferenzen haben ein vielfältiges Arsenal an Werkzeugen geschaffen, das Kommunikation und Zusammenarbeit auf Distanz ermöglicht, gleich ob die Entfernung tausend Kilometer oder nur ein paar Meter beträgt. Wie und wann wir diese Tools benutzen, hängt von verschiedenen Faktoren ab. Zwei der wichtigsten sind die soziale Präsenz und die Medienreichhaltigkeit.

Der Begriff soziale Präsenz bezieht sich hier auf das Ausmaß, in dem ein Kommunikationsmedium das Gefühl der Anwesenheit aller Teilnehmer und den Eindruck unterstützt, dass sie interagieren. In einem Gruppenumfeld ist das Gefühl inbegriffen, dass jemand im »Hier und Jetzt« verankert und in der Lage ist, zwanglos mit anderen Gruppenmitgliedern zu interagieren. Medienreichhaltigkeit ist eng mit der sozialen Präsenz verbunden und schließt verschiedene Merkmale ein. Medien gelten als »reichhaltig«, wenn sie die Möglichkeit bieten:

- natürliche Sprache statt symbolischer Informationen zu verwenden,
- ihnen viele paralinguistische Hinweise zu entnehmen, beispielsweise über Tonfall, Mimik und Gestik,
- Informationen zu personalisieren, und
- schnelle Rückmeldungen zu erhalten.

Wir können verschiedene Kommunikationsarten auf einem Kontinuum der sozialen Präsenz und Medienreichhaltigkeit verorten, wie aus Abbildung 8.1 hervorgeht.

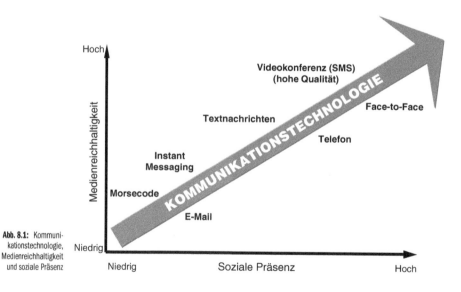

Abb. 8.1: Kommunikationstechnologie, Medienreichhaltigkeit und soziale Präsenz

An einem Ende des Spektrums ist die Face-to-Face-Kommunikation mit einem Höchstmaß an sozialer Präsenz und Medienreichhaltigkeit verortet. Wir haben Zugang zu allen visuellen und paralinguistischen Hinweisen, um Botschaften zu übermitteln und uns zu vergewissern, dass wir einander verstanden haben. Am anderen Ende befindet sich der Morsecode, ein rein symbolischer Kommunikationsmodus, der sich hauptsächlich über das Hören der Klopfgeräusche erschließt. E-Mails lassen sich, anders als man denken könnte, nicht mit dem Morsecode vergleichen, weil wir die Absender beim Eintippen nicht »hören« können, wenn wir ihre Nachrichten lesen. Wie wir im nächsten Kapitel sehen werden, sind akustische Hinweise sehr wichtig, wenn wir versuchen, eine Botschaft zu entschlüsseln. Gleichwohl ist das ein Teil der menschlichen Erfahrung, der bei einem virtuellen Kommunikationsaustausch grundlegend verschwindet. E-Mails sind »stumm«: Wir lesen sie – können sie aber nicht hören. Textnachrichten nutzen eine rollende Ellipse » ... «, um das Gefühl nachzuahmen, dass jemand eine Nachricht in Echtzeit eintippt. Die Textnachrichten-Software ist stumm, aber dennoch darauf ausgelegt, das Gefühl der »Präsenz« zu verstärken.

E-Mails oder Textnachrichten (SMS) sind weit verbreitet und bieten einige Vorteile. Sie sind kostengünstig, schnell und für die Übermittlung von Informationen geeignet. Bei virtuellen Mitarbeitern gehören sie im Rahmen der Zusammenarbeit zu den am häufigsten genutzten Kommunikationsmethoden.[2] Doch angesichts der geringen Medienreichhaltigkeit und sozialen Präsenz können sie zahlreichen Problemen Vorschub leisten.

Der US-amerikanische Psychologe Daniel Goleman schrieb über seine eigene Erfahrung mit einer E-Mail von einer Person, die er kaum kannte:

> Ich war ihr nur einmal begegnet, bei einem Meeting. Wir tauschten uns per E-Mail über irgendwelche wichtigen Einzelheiten bezüglich der Veröffentlichungsrechte aus, die ich für gut ausgearbeitet hielt. Dann schrieb sie: »Es ist schwierig, dieses Gespräch via E-Mail zu führen. Ich klinge streitlustig und Sie klingen verärgert.«[3]

Goleman ist kein Ignorant, wenn es um das Entschlüsseln von Kommunikation und die Gefühle geht, die dabei auftauchen können. Schließlich hat er ein Buch über emotionale Intelligenz geschrieben.[4] Doch selbst er wunderte sich über die E-Mail. Er war in der Lage, die Situation mit Hilfe eines Telefongesprächs zu klären – ein reichhaltigeres Medium, das mehr soziale Präsenz ermöglicht. Er stellte fest, dass E-Mails aufgrund der fehlenden paralinguistischen Hinweise, die Aufschluss über Gefühle und Empfindungen geben können, das Risiko von Fehlinterpretationen enthalten. Das liegt unter anderem daran, dass wir unsere Fähigkeit überschätzen, in unseren eigenen E-Mails die richtige Bedeutung einer Nachricht zu übermitteln – ohne genügend Kontext für den Empfänger einzufügen. Desgleichen überschätzen wir unsere Fähigkeit, die richtige Bedeutung einer Nachricht aus den E-Mails herauszulesen, die wir erhalten, wenn der Absender nicht ausreichend Kontext mitliefert. Wir neigen zu der Vorstellung, dass andere die Dinge genauso sehen und interpretieren wie wir. Das bezeichnet man als »selbstbezogene Wahrnehmung«. Sie macht sich vor allem dann bemerkbar, wenn wir per E-Mail kommunizieren und uns soziale oder visuelle Hinweise fehlen, die das Gegenteil besagen.

Bei Face-to-Face-Interaktionen haben wir viele verschiedene Möglichkeiten, etwas zum Ausdruck zu bringen. Wir benutzen das gesprochene Wort, das Hinweise auf die tatsächliche Bedeutung zu liefern vermag. Ändern sich Stimmklang, Betonung oder der Aussprache, kann sich die Bedeutung desselben Wortes oder Satzes drastisch verändern, können sie beispielsweise ernst oder sarkastisch gemeint sein. Wir setzen auch Gesten ein, verändern Körperhaltung oder Mimik und beobachten Reaktion und Verhalten unserer Kommunikationspartner, was oft dazu führt, dass wir geneigt sind, das Kommunikationsmedium anzupassen.

Der Psycholinguist Herbert Clark und die Psychologin Susan Brennan forschen zum Thema Kommunikation. Sie betrachten Kommunikation aus einer Perspektive, die sie als »Grounding« bezeichnen: ein Prozess, bei dem zwei Menschen, die miteinander kommunizieren, ein Gefühl des beidseitigen Verständnisses und der Teilhabe am Austausch haben, einen »Common Ground«. Grounding führt, wie sie erklären, beim Sprecher und Zuhörer zu der Überzeugung, dass beide Seiten das Gesagte voll und ganz verstanden haben. In einer Face-to-Face-Kommunikation gibt es sechs Werkzeuge, die ein Grounding[5] als Gesprächsbasis ermöglichen:

1. *Kopräsenz*, die beiden Partnern ermöglicht, sich in derselben Umgebung aufzuhalten und nachzuverfolgen, worauf der andere den Blick richtet.

2. *Sichtbarkeit*, die beiden Partnern ermöglicht, einander wahrzunehmen.

3. *Hörbarkeit*, die beiden Partnern ermöglicht, Sprachrhythmus und Betonung wahrzunehmen.

4. *Gleichzeitigkeit*, die beiden Partnern ermöglicht, Äußerungen in dem Augenblick zu empfangen, in dem sie erzeugt werden.

5. *Simultanität*, die beiden Partnern ermöglicht, Botschaften unverzüglich zu senden und zu empfangen.

6. *Sequentialität*, die gewährleistet, dass der Sprecherwechsel in einer zeitlichen Abfolge stattfindet, die den gegenseitigen Bezug deutlich macht.

Das Grounding-Konzept ist wichtig, weil unsere meistgenutzten Kommunikationstechnologien, E-Mails und Textnachrichten, keines dieser Merkmale aufweisen, und dennoch an erster Stelle stehen, wenn es um sinnvolle Kommunikation geht. Wenn wir eine E-Mail erhalten, wissen wir nicht, wo sich die andere Person gerade befindet. Sie könnte sich im Büro, am Flughafen oder auf dem Golfplatz aufhalten. Wir sehen sie nicht, hören weder den Klang ihrer Stimme noch die Betonung der Worte. Ist sie wütend, soll das ein Scherz sein oder ist das, was sie zum Ausdruck bringen will, ernst gemeint? Wir wissen es einfach nicht.

Hinzu kommt, dass wir die Antwort auf eine E-Mail vielleicht erst Tage später erhalten, da es sich um ein asynchrones Medium handelt. Dabei entstehen Lücken in den letzten drei Elementen des Grounding-Konzepts. Instant Messaging – der Nachrichtensofortversand – und Textnachrichten ermöglichen etwas, das einer simultanen

Übermittlung nahekommt, was bei E-Mails nicht der Fall ist. Und schließlich geraten die von uns übermittelten Nachrichten oft aus dem Takt, sodass der gegenseitige Bezug fehlt. Ich beraume beispielsweise per E-Mail ein Meeting am Dienstag, 14 Uhr, an und lese erst später eine Nachricht von A., dass sie es um diese Zeit noch nicht schafft. Abbildung 8.2 zeigt die Merkmale der verschiedenen virtuellen Kommunikationsarten.

Merkmal	E-Mail	IM	Audio-Konferenz	Video-Konferenz	Face-to-Face
Kopräsenz					×
Sichtbarkeit				×	×
Hörbarkeit			×	×	×
Gleichzeitigkeit		×	×	×	×
Simultanität		×	×	×	×
Sequentialität		×	×	×	×
Revidierbarkeit	×	×			
Überprüfbarkeit	×				

Abb. 8.2: Merkmale virtueller Kommunikationsmodi

E-Mails zeichnen sich jedoch durch Merkmale aus, die bei einer Face-to-Face- Kommunikation fehlen: Revidierbarkeit und Überprüfbarkeit, die für alle schriftlichen Kommunikationsformen typisch sind. Die Revidierbarkeit ist absenderspezifisch. Bevor eine E-Mail verschickt wird, kann sie noch einmal korrigiert, umformuliert oder auf andere Weise sorgfältig gestaltet werden. Wir können eine Rohfassung schreiben und dann entscheiden, dass wir einen Punkt ausführlicher erklären und die Einzelheiten hinzufügen sollen. Das könnte vor allem dann wichtig sein, wenn es in der Nachricht um juristische Belange geht. Die Überprüfbarkeit ist leserspezifisch und bezieht sich auf die Fähigkeit, die Nachricht so oft wir möchten zu lesen oder zu überdenken. Überprüfbarkeit und Revidierbarkeit sind weitgehend positive Merkmale einer E-Mail. Bevor wir eine E-Mail abschicken, können wir sorgfältig überlegen, was wir sagen und wie wir es sagen, und wenn wir eine E-Mail erhalten, haben wir die Möglichkeit, sie mehrmals zu lesen, um sicherzugehen, dass wir wichtige Einzelheiten verstanden haben, beispielsweise Zeit und Ort eines Meetings. Doch diese positiven Attribute könnten auch Wut und Groll auf Seiten des Empfängers auslösen. Eine spitze Bemerkung in einer E-Mail wird vielleicht als völlig ungerechtfertigt empfunden, denn der Empfänger weiß, dass der Absender Zeit gehabt hätte, sie anders zu formulieren, und je häufiger er sie liest, desto größer wird seine Wut. E-Mails können Konflikte aufgrund der mangelnden oder verzögerten Rückmeldungen und fehlenden sozialen Hinweise verschärfen. Die Überprüfbarkeit kann zu einer zwanghaften Fokussierung auf die Nachricht führen, und durch die Revidierbarkeit werden oftmals Informationen verwässert, die als zu aggressiv empfunden werden könnten.[6] Das Beispiel in Abbildung 8.3 zeigt, dass die harsche E-Mail von Cindy an Jane einen ganz anderen Eindruck vermittelt als die Mitschrift des Face-to-Face-Gesprächs. Wenn wir nonverbale und andere paralinguistische Verhaltensweisen hinzufügen, wird klar, dass die scheinbar vernichtende Kritik in Wirklichkeit nur ein kleines Missverständnis ist. Die E-Mail könnte die Beziehung zwischen Cindy und Jane ernsthaft beeinträchtigen und die virtuelle Distanz vergrößern, während ein persönliches Gespräch die Beziehung sogar stärken und zum Abbau der virtuellen Distanz führen könnte (siehe Abbildung 8.3).

E-Mail-Version	Mitschrift der Face-to-Face-Besprechung
Cindy, wir müssen über deine Arbeit am Kappa-Projekt sprechen. Da gibt es einige Probleme. Du bist bei den letzten drei Meetings zu spät gekommen. Du hast deinen letzten Beitrag ebenfalls zwei Tage zu spät abgeliefert. Als der Kunde dich letzten Dienstag zu erreichen versucht hat, warst du nicht im Büro; deshalb hat er mich angerufen. Außerdem hast du den versprochenen Bericht noch nicht geschickt. Das alles bereitet mir Sorgen, deshalb muss ich morgen unbedingt mit dir sprechen. Ruf mich bitte an. Jane	**Jane:** Hallo Cindy. Es gibt da ein paar Dinge, über die wir uns unterhalten sollten. **Cindy:** Okay. **Jane:** Mir ist aufgefallen, dass du es zu den letzten drei Meetings nicht rechtzeitig geschafft hast; gab es da ein Problem? **Cindy:** Meine Tochter war krank und die Babysitterin konnte nicht früher, sodass ich nicht pünktlich zur Morgenbesprechung erscheinen konnte. Tut mir leid. **Jane:** Tut mir leid, das mit deiner Tochter. Es ist doch hoffentlich nichts Ernstes. **Cindy:** Nein, nur eine Grippe. Ich denke, dass sie nächste Woche wieder in den Kindergarten gehen kann. **Jane:** Gut zu hören. Ich hatte letzte Woche das gleiche Problem, als meine Kinder krank waren. Ich wollte dich auch noch fragen, was mit deinem letzten Arbeitsbeitrag war. **Cindy:** Fred brauchte dringend Hilfe bei seinem Problem und angesichts des gesamten Zeitplans für das Projekt hatte ich das Gefühl, dass es wichtiger ist, ihn zu unterstützen. Ich hätte dir Bescheid sagen sollen, dass ich ihn erst danach abliefere. **Jane:** Ja, das wäre gut gewesen, aber ich bin froh, dass du Fred helfen konntest. Ich wusste nicht, dass du dich darum kümmerst. **Cindy:** Klar, Fred und ich arbeiten gut zusammen. **Jane:** Fred ist ein prima Kollege. **Cindy:** Ja, er hat mir auch schon ein paarmal ausgeholfen. **Jane:** Ich wollte dir noch sagen, dass ich gestern einen Anruf von einem Kunden erhalten habe, der dich nicht erreichen konnte. **Cindy:** Ja, ich weiß. Ich habe drüben mit Fred gearbeitet und den Anruf erst um 16 Uhr erhalten. Ich habe mit ihm gesprochen und es ist alles in Ordnung. **Jane:** Gut. Und noch eins, was ist mit dem Bericht? **Cindy:** Ach ja, der Bericht. Er ist fast fertig. Ich musste noch auf den Beitrag von Ed und Susan warten. Ich kann dir den Entwurf schicken, aber du weißt ja, unter welchem Druck die beiden gestanden haben, und ich dachte, ein Tag oder zwei würden nichts ausmachen. **Jane:** Ich verstehe, aber in Zukunft sag mir lieber vorher Bescheid. **Cindy:** Okay.

Abb. 8.3: E-Mail versus Face-to-Face-Dialog und Interpretation

Bei E-Mails lassen sich unterschwellige Botschaften, beispielsweise Gefühle, besonders schlecht kommunizieren. In einer Umfrage wurde festgestellt, dass Mitarbeiter das Bedürfnis haben, Emotionen in einer E-Mail zum Ausdruck zu bringen, es ihnen aber schwerfällt.[7] Eine andere Studie beschrieb ein Experiment, bei dem jeder Teilnehmer gebeten wurde, zehn E-Mails an einen anderen Studienteilnehmer zu schicken. Die Absender erhielten die Anweisung, die Hälfte der E-Mails in einem ernsthaften und die andere Hälfte in einem sarkastischen Tonfall abzufassen. Die Absender waren felsenfest überzeugt, den beißenden Spott klar zum Ausdruck bringen zu können, doch als die Empfänger bestimmten sollten, welche E-Mails ernsthaft und welche sarkastisch gemeint waren, lag die Treffgenauigkeit gerade mal bei 50% – mit anderen Worten, sie schnitten kaum besser ab als ein Zufallsgenerator.[8] Die Empfänger hatten keine Ahnung, ob eine E-Mail ernst oder sarkastisch gemeint war.

Warum fällt es uns so schwer, Menschen in einer E-Mail klarzumachen, was wir meinen? Denken Sie an die zuvor erwähnte selbstbezogene Wahrnehmung, die zu vielen Missverständnissen beiträgt. Das Gleiche gilt für Sarkasmus oder andere »absichtsorientierte« Botschaften. Die Beurteilungen, die wir vornehmen, wenn wir mit anderen kommunizieren, sind von Haus aus selbstzentriert. Wenn wir uns die Sichtweisen, Gedanken oder Gefühle anderer vorstellen sollen, nehmen wir uns selbst als Anker- oder Referenzpunkt, wie eine wachsende Anzahl von Studien belegt. Das geschieht völlig unbewusst, aber nichtsdestotrotz gehen wir davon aus, dass alle anderen die Dinge genauso sehen wie wir. Was in meinen Augen humorvoll oder sarkastisch ist, empfinden Sie unter Umständen als ernst gemeint oder kränkend. Bei persönlichen Interaktionen können uns die mimischen Rückmeldungen (beispielsweise Stirnrunzeln) Aufschluss darüber geben, ob wir uns unklar ausdrücken oder die andere Person etwas »nicht kapiert«. Wenn wir eine E-Mail senden, erhalten wir möglicherweise nie ein Feedback. Und wenn doch, erfolgt es vielleicht erst dann, wenn der Schaden bereits angerichtet ist. Selbst positive E-Mails können missverstanden werden. Forschungen zeigen, dass die meisten Leute gute Nachrichten lieber live und »leibhaftig« erhalten. Gute Nachrichten in einer E-Mail mitzuteilen kann als Mangel an Interesse, Fürsorglichkeit oder Einfühlsamkeit gedeutet werden. Tatsache ist, dass die Freude oder Befriedigung beim Erhalt elektronisch übermittelter guter Nachrichten gedämpft ist, weil sie aufgrund der Art, wie sie überbracht wurden, als fehlendes Feingefühl wahrgenommen werden.

Ein weiterer Punkt, der bei E-Mails Probleme bereiten kann, ist der Mangel an vereinbarten Normen oder Verhaltensstandards zwischen den Beteiligten. Normen sind ein wichtiger Bestandteil der Kultur, und Kulturen können sich je nach Organisation und Land unterscheiden. Eine Anthropologin, die zum Thema virtuelles Verhalten forscht, erzählte uns ein anschauliches Beispiel. In Australien landete sie zufällig in einem Café, das einen kostenlosen Internetzugang via WLAN bot. Wie die meisten von uns, die ihren Laptop ständig dabeihaben, nahm sie Platz, loggte sich ein und begann ihre E-Mails zu beantworten. Aber sie kam nicht weit. Eine schwergewichtige Australierin eilte herbei und herrschte sie an, was ihr einfiele, E-Mails im Café zu schreiben. Offenbar verstieß man in diesem Teil Australiens gegen die kulturellen Gepflogenheiten, wenn man an einem Ort, an dem andere abzuschalten pflegten, ein Verhalten an den Tag legte, das in Bezug zur Arbeit stand. Woher sollte sie das wissen?

Das größte Problem ist vielleicht die schiere Anzahl der E-Mails, die wir zu jeder Tageszeit erhalten. Wie ein endloser Strom treffen sie unaufhörlich ein, drohen uns zu überwältigen. Inzwischen hat sich eine Bewegung formiert, die bestimmte »E-Mail freie« Tage fordert. Doch dieses Gefühl, in der Flut der E-Mails zu ertrinken, könnte eine Metapher für unsere generelle Unfähigkeit sein, die wirklich wichtigen Nachrichten von den weniger wichtigen oder für unser Berufs- oder Privatleben völlig irrelevanten zu trennen. Wie oft wurden Sie in »CC« gesetzt und mussten sich mit etwas befassen, das Sie kaum interessierte? Es kostet Zeit, E-Mails zu lesen, und noch mehr Zeit, sie zu beantworten. Dieses Problem ist in einigen Unternehmen inzwischen so groß, dass sie dazu übergegangen sind, noch mehr Technologie einzusetzen, um die E-Mail-Flut zu stemmen. Manche nutzen Künstliche Intelligenz, um Nachrichten zu interpretieren und zu entscheiden, ob sie wichtig genug sind, um sie zu lesen und zu beantworten. Vor einigen Jahren kam Seriosity, ein kalifornisches Start-up, auf die neuartige Idee, ein ökonomisches Modell zur Auswertung der E-Mails zu entwickeln.[9] Inspiriert durch die virtuellen Skaleneffekte von Online-Spielen wie *World of Warcraft* ermöglichte die Software den Nutzern, ihre E-Mail-Nachrichten mit einer virtuellen Währung namens »Serios« als Anhang zu versehen, mit der Handel getrieben werden konnte. Alle erhielten die gleiche Anzahl Serios als »Startkapital« und konnten eine wichtige E-Mail mit einer höheren Anzahl Serios kennzeichnen. Für die Empfänger war es ein Anreiz, die E-Mails mit mehr Serios zu lesen, weil sie dadurch ihren eigenen Vorrat an Serios aufstocken konnten. Schien eine gute Idee zu sein, aber leider konnte sie sich nicht durchsetzen. Vielleicht lag es daran, dass es inzwischen eine Menge anderer Tools und Methoden für das E-Mail-Management gibt. Die Frage ist nur, ob wir sie tatsächlich benutzen.

Audiokonferenzen

Einige von uns erinnern sich vielleicht an das sternförmige Gerät, das auf vielen Konferenztischen stand, die Polycom Soundstation. Aber vielleicht wissen Sie nicht, dass die Entwicklung der sogenannten »Konferenzspinne« eigentlich auf die Verärgerung über die schlechte Qualität der Videokonferenzen Ende der 1980er Jahre zurückzuführen war. Die Erfinder, Brian Hinman und Jeff Rodman, erkannten, dass der größte Vorteil bei Videokonferenzen die Audiokomponente darstellte und die mangelhafte Videoqualität eher ablenkend als hilfreich war.[10] Die Polycom Soundstation hatte eine Full-Duplex-Freisprechfunktion, das heißt, dass mehrere Personen gleichzeitig sprechen konnten. Sie erleichterte den Austausch und hatte mehr Ähnlichkeit mit Face-to-Face-Interaktionen. Sie ermöglichte Smalltalk, Humor und unverzügliche Rückmeldungen. Heute lassen sich Telekonferenzen vom Smartphone oder Bürotelefon aus organisieren.

Telekonferenzen können gut funktionieren, wenn die virtuelle Distanz gering ist. Ist sie groß, können sie sich als problematisch erweisen. Ein chinesischer Mitarbeiter, Mitglied eines multinationalen Teams, fasste die Herausforderung folgendermaßen zusammen:[11]

> Das Teilen des technologischen Wissens ist für mich kein großes Problem. Da wir beide das Gleiche machen, versteht er (der US-amerikanische Kollege) mich auch dann, wenn Grammatik und Satzbau nicht korrekt sind. Aber eine lockere Unterhaltung mit ihm und den anderen Mitgliedern seines Teams zu führen, fällt mir wirklich schwer. Ich weiß nicht, wie ich einen Scherz in ihrer Sprache zum Ausdruck bringen soll. Im Chinesischen bin ich ganz gut darin, nebenbei bemerkt. Außerdem habe ich keine Ahnung, wie man bei Meetings eine entspannte Atmosphäre schafft. Meine Meetings sind daher immer trocken und langweilig, was sich entschieden auf unsere Kommunikation auswirkt.

Obwohl dieser Mitarbeiter problemlos imstande ist, über die Einzelheiten einer Aufgabe aus der sachlichen Perspektive zu diskutieren, würde eine Audiokonferenz die virtuelle Distanz zwischen ihm und seinen weit entfernten Entsprechungen wahrscheinlich nicht verringern. Es sind genau diese Formen der lockeren Unterhaltung und des Humors, auf die er sich bezieht, die das Herzstück zwischenmenschlicher Beziehungen bilden und dazu beitragen, die virtuelle Distanz abzubauen.

Ein weiteres Problem bei Audiokonferenzen ist die sogenannte *abwesende Präsenz*. Das bedeutet, eine Person, mit der man telefoniert, befindet sich zwar am anderen Ende der Leitung, ist aber auf der psychologischen Ebene nicht hundertprozentig präsent. Dieses Problem wird durch die virtuelle Distanz noch verschärft. Je größer die Gruppe, desto geringer die Wahrscheinlichkeit, alle Mitglieder einzubinden. Vor allem diejenigen, die alleine und abgeschottet arbeiten, neigen vermutlich eher dazu, sich mit anderen Dingen zu beschäftigen, beantworten beispielsweise ihre E-Mails und widmen der Diskussion nicht die volle Aufmerksamkeit. Das zweite Problem entsteht in Zusammenhang mit dem Multitasking. Angenommen, ich nehme an einer Telefonkonferenz teil, aber da ich bei einem anderen Projekt unter Termindruck stehe, arbeite ich gleichzeitig daran, statt aufmerksam zuzuhören. Oder ich muss dringend eine Instant Message beantworten oder den Raum verlassen, um einen Anruf auf meinem Mobiltelefon entgegenzunehmen. Einige webbasierte Systeme versuchen, dieses Problem zu entschärfen. Sie benutzen ein grafisches Symbol oder ein Bild, das verrät, ob eine Person anwesend oder abwesend ist – aber machen wir uns nichts vor, man kann das Symbol aktivieren und sich trotzdem mit anderen Dingen beschäftigen.

Videokonferenzen

Videokonferenzen haben einen weiten Weg von den ersten Systemen zurückgelegt, die der US-amerikanische Telekommunikationskonzern AT&T in den 1970er Jahren produzierte. Heute können wir vom Desktop-Computer, Laptop oder Smartphone aus an Videokonferenzen teilnehmen. Tom Sansone, CEO von Credit Suisse, einem der größten globalen Finanzdienstleister der Welt, erklärte im Hinblick auf die Video-Interaktionen:[12]

> Was Sie auf meinem Schreibtisch sehen, ist Desktop-Video. Dadurch bin ich in der Lage, meine Managementaufgaben über große Entfernungen hinweg wesentlich effektiver zu gestalten. Ich stehe in direktem Austausch mit meinen berichtspflichtigen Führungskräften in Asien und Europa, und ehrlich gesagt, es bewirkt einen großen Unterschied in unserer Kommunikation, sie auf dem Bildschirm zu sehen, mit ihnen zu reden und ihre Körpersprache wahrzunehmen. Das trägt nach meiner Einschätzung auch mehr zum Aufbau unserer Beziehung bei, als würden wir ausschließlich miteinander telefonieren.

Videokonferenzen wird eine größere Medienreichhaltigkeit zugesprochen; es heißt, dass sie die soziale Präsenz in stärkerem Maß als Audiokonferenzen fördern, weil wir Mimik und einen Teil des nonverbalen Verhaltens unserer Kommunikationspartner wahrnehmen können. Dazu kommt, dass sich Videokonferenzen durch ein zusätzliches Merkmal auszeichnen: Sichtbarkeit. Selbst Videosysteme von schlechter Qualität ermöglichen uns, die anderen Teilnehmer zu sehen. Doch wie aus dem letzten Kapitel über die seelenbasierte Führung hervorgeht, sollten wir nicht davon ausgehen, dass Videokonferenzen eine ideale Lösung sind. Bei Face-to-Face-Interaktionen liefert die Stimme allein bekanntlich schon mehr als 80% der Hinweise auf die Person der Kommunikationspartner. Und oft sind Videokonferenzen nicht hilfreich, sondern verzerren auch die Realität.

Dennoch können uns einige Face-to-Face-Kommunikations- und Feedbackformen, die sich auf Sichtlinie der Kamera befinden, Informationen über nonverbale Signale übermitteln.

Inzwischen gibt es relativ kostengünstige Tools für Videokonferenzen, die mehr Kopräsenz ermöglichen. Wir können uns gegenseitig in Augenschein nehmen und Einblick in dieselben Dokumente erhalten. Solche Systeme können das Gefühl hervorrufen, dass Telekonferenzen in höherem Maß der Realität entsprechen. Andrerseits sollten wir uns aber bewusst machen, dass sie das Bild verzerren können, das wir uns von den Teilnehmern machen, und das kann negative Auswirkungen haben, wenn wir nicht aufpassen.

Doch wie gut eine Technologie auch sein mag, die in diesem Buch beschriebenen Faktoren schaffen dennoch eine virtuelle Distanz. Die Technologie kann diese Probleme noch verschärfen. Telekonferenzen und Videokonferenzen sind meistens aufgabenfokussiert und nicht darauf ausgerichtet, andere Gesprächsformen, in deren Rahmen sich stabile, dauerhafte Beziehung entwickeln, zu erleichtern und inoffiziell zu erlauben.

Technologie und virtuelle Distanz: Praktische Tipps

Wie bereits erwähnt, kommunizieren virtuelle Mitarbeiter mit Hilfe der Technologie. Eine gute Kommunikation stellt das Herzstück jeder produktiven Tätigkeit dar. Ohne sie würde es Unternehmen schwerfallen, ihre Belegschaften auch nur zu grundlegenden, minimalen Leistungen anzuspornen. Die Kommunikation spielt auch bei einigen anderen Aspekten der Arbeit, die wir in diesem Buch beschrieben haben, eine entscheidende Rolle: Vertrauen, Innovation und Führungseffektivität. Alle drei sind für das Überleben jedes Unternehmens von zentraler Bedeutung, und die virtuelle Distanz schafft spezifische Herausforderungen, die Sorgfalt und Aufmerksamkeit bei der Auswahl und Nutzung der Technologie erfordern.

Als Erstes ist es empfehlenswert, zu überprüfen, ob die Kommunikation zwischen den virtuellen Mitarbeitern tatsächlich so funktioniert wie sie sollte oder ob es Probleme gibt, die einer Lösung bedürfen. Bei einem unserer Hightech-Klienten stellten wir beispielsweise fest, dass das Unternehmen erpicht darauf war, sich in die sozialen Online-Netzwerke einzuklinken, um die Millennials anzusprechen, doch die Mitarbeiter erklärten mit überwältigender Mehrheit, dass sie die Social Media, die in Betracht gezogen wurden, normalerweise nicht aus eigenem Antrieb nutzen würden. Wir sahen uns oft mit dem Widerspruch konfrontiert, dass technologische Lösungen zwar als die richtige Wahl galten, aber man nicht davon ausging, dass sie den erhofften Erfolg brachten.

Eine einfache Möglichkeit, festzustellen, ob die Nutzung der Kommunikationstechnologie Probleme verursacht, wäre die Bitte an alle Beteiligten, ihre Vorstellungen von der Vision zu teilen, die mit einem bestimmten Projekt einhergeht. Fragen Sie, welche kurz- und langfristigen Ziele, Methoden und Verfahren angewendet werden, um die angestrebten Ergebnisse zu erreichen, und welcher Zusammenhang zwischen den Projektzielen und den breit gefassten strategischen Unternehmenszielen besteht. Vielleicht werden Sie verblüfft feststellen, dass einige Mitarbeiter oder ganze Mitarbeitergruppen Ihre Sichtweise nicht teilen. Wenn die Kommunikationstechnologie so funktioniert wie beabsichtigt, nämlich eine echte Zusammenarbeit erleichtert, lassen sich Visionen besser in den Köpfen aller Beteiligten verankern. Trägt sie jedoch nicht dazu bei, Zusammenarbeit anzuregen oder zu unterstützen, gehen die Sichtweisen auseinander oder, schlimmer noch, die Gruppenmitglieder wissen nicht einmal, wie die Vision beschaffen ist. Wie im 4. Kapitel erwähnt, wird eine klare und geteilte Vision durch eine Verringerung der virtuellen Distanz ermöglicht.

Ein weiterer wichtiger Indikator für den Erfolg der Kommunikationstechnologie wird offenkundig, wenn die Gruppe über ein gemeinsames mentales Modell verfügt. Das heißt, alle haben die Vision, die Ziele und die Aufgabenstellung verstanden, und alle wissen, was sie wann und wie zu tun haben. Denken Sie an eine Basketball- oder Fußballmannschaft der Topliga. Alle haben den Spielplan verstanden, und alle wissen, was sie tun können, um die anderen zu unterstützen und als Team zur Höchstform aufzulaufen.

Ein gemeinsames mentales Modell setzt außerdem voraus, dass alle Teammitglieder mit den gleichen Informationen über den Kontext arbeiten. Wie im 3. Kapitel beschrieben, verursacht das Fehlen eines geteilten Kontexts erhebliche Kommunikationsprobleme im virtuellen Raum. Dazu kommt, dass unterschiedliche geografische Regionen und Zeitzonen eine bevorzugte Nutzung asynchroner Kommunikationstechnologien begünstigen, was zu missverständlichen oder mehrdeutigen Interaktionen führen kann. Außerdem besteht die Gefahr, dass dadurch Feedbackschleifen verlängert werden und Verzögerungen entstehen.

Weitere Fragen, die Sie sich stellen sollten, wenn Sie die Technologie im Licht der virtuellen Distanz bewerten, finden Sie in Abbildung 8.4.

Physische Distanz		*Geografische Distanz:* Fördert die Software die Präsenz?	Die geografische Entfernung ist mit Sicherheit der Faktor, der am meisten zum Mangel an sozialer Präsenz beiträgt. Wenn die Gruppenmitglieder nicht physisch zusammenkommen können, obwohl sie es eigentlich müssten, sollte sich die Software so weit wie möglich einer Face-to-Face-Interaktion annähern.
		Zeitliche Distanz: Ermöglicht die Software eine reibungslose asynchrone Kommunikation?	Die Software sollte den Nutzern eine möglichst reibungslose asynchrone Zusammenarbeit und Informationen darüber ermöglichen, wann jedes Gruppenmitglied für Meetings, Telefonate und Instant Messaging verfügbar ist. Wenn sie außerdem ein gewisses Maß an Präsenz herstellen kann, beispielsweise Online, ist auch das positiv.
		Organisationsspezifische Distanz: Ermöglicht die Software den Teammitgliedern, eine gemeinsame Identität zu entwickeln?	Die Software kann durch Unterstützung von Funktionalitäten, die für die Entwicklung einer gemeinsamen Identität förderlich sind, zum Abbau der organisationsspezifischen Distanz beitragen. Virtuelle Welten sind für die Lösung dieses Problems vor allem dann gut positioniert, wenn sie den Nutzern erlauben, Gruppenräume zu schaffen und zu gestalten, in denen sich selbst Mitglieder ständig wechselnder Teams heimisch fühlen.
Operative Distanz		*Kommunikationsdistanz:* Ermöglicht die Software den Nutzern, sich auf vielfältige Weise zum Ausdruck zu bringen?	Software, die den Nutzern die Möglichkeit bietet, standortunabhängig, schnell und ad hoc Video- und/oder Audiokommunikation hinzuzufügen, hat einen großen Vorteil. Integrierte Webcams ermöglichen uns teilweise schon heute, uns virtuell in die Umgebung unserer Gesprächspartner zu beamen. Nach Möglichkeit sollten auch Skype und andere Sprachfunktionen sowie Video-on-Demand in die Angebotspalette aufgenommen werden.
		Multibelastung: Trägt die Software zur Verringerung des Multitasking während Konferenzen und Meetings bei?	Software, die eine Überprüfung des Engagements während eines Meetings erleichtert, indem sie beispielsweise Managern und anderen Moderatoren die Möglichkeit bietet, die Teilnehmer über die zur Diskussion stehenden Themen abstimmen zu lassen, tragen dazu bei, dem Meeting hohe Priorität zu verleihen. Einige Softwaresysteme senden an bestimmten Knotenpunkten automatisch Signale an die Teilnehmer, um sicherzugehen, dass sie aufmerksam sind.

Abb. 8.4: Fragen zur Bewertung der Technologieauswahl

		Einsatzfähigkeitsdistanz: Ist der Umgang mit der Software leicht erlernbar? Ist sie benutzerfreundlich? Erfordert sie wenig technische Unterstützung?	Eine komplexe Software, die ein hohes Maß an Expertise voraussetzt, kann eine virtuelle Distanz schaffen, wenn sich die Teammitglieder darauf konzentrieren müssen, die Software in den Griff zu bekommen, statt sich auf die Arbeit zu fokussieren. Vor allem die Kommunikationssoftware sollte wenig technisches Know-how und Unterstützung erfordern und sich durch eine flache Lernkurve auszeichnen.
	Affinitätsdistanz	*Kulturelle Distanz:* Verfügt die Software über Assessment-Tools?	Die Software sollte denjenigen, die mit der Verringerung der virtuellen Distanz betraut sind, die Möglichkeit bieten, Einblick in die verschiedenen Kommunikationsstile und Wertesysteme zu erhalten, um die interkulturelle Kompetenz zu beurteilen. Periodische Umfragen oder von Künstlicher Intelligenz getriebene Systeme können überprüfen und signalisieren, ob Diskussionsbedarf bei Teammitgliedern mit unterschiedlichem kulturellen Hintergrund besteht.
		Soziale Distanz: Trägt die Software zur Förderung und Anerkennung der individuellen Beiträge aller Teammitglieder bei?	Softwaresysteme können Unterschiede im Sozialstatus nicht beseitigen. Tatsächlich verwischen sie aber oft Trennungslinien, die in der sozialen Distanz wurzeln, was sich in bestimmten Fällen durchaus als Vorteil erweisen kann. Wichtig ist, dass die Software flexibel genug ist, allen das gleiche Recht auf Zugang zu den Systemen einzuräumen, die sie benötigen.
		Beziehungsdistanz: Ermöglicht die Software einen sozialen und persönlichen Austausch?	Das Kernproblem der Beziehungsdistanz ist das Fehlen eines geteilten sozialen Netzwerks. Und wie wir alle aus eigener Erfahrung wissen, gehört Social Networking heute zu den größten Verlockungen einer Software. Unternehmen können die positiven Effekte des Netzwerkens um ein Vielfaches verstärken und damit die Beziehungsdistanz auf ein Minimum reduzieren, wenn sie ihre firmeninternen Netzwerkkapazitäten auf- und ausbauen.
		Interdependenzdistanz: Interdependenzdistanz tritt ein, wenn den Teammitgliedern nicht klar ist, wie ihr Beitrag in das gesamte Projekt passt. Hier hilft eine Grafiksoftware, um Präsentationen der einzelnen Arbeitsbausteine zu entwickeln, die anschaulich die wechselseitige Abhängigkeit der Teammitglieder widerspiegeln.	

Abb. 8.5: Fragen zur Bewertung der Technologieauswahl

In Abbildung 8.6 sind zusätzlich einige Best Practices aufgeführt, um Managementinitiativen zur Förderung von Vertrauen, Innovation und Führungseffektivität in unserer technologisch komplexen Arbeitswelt einzuleiten und die virtuelle Distanz zu verringern.

Methode/Tool	Vertrauen	Innovation	Führungseffektivität
Entwicklung von Projekt- oder Unternehmenskultur	Erwartungen mit den Normen verbinden und Werte festlegen, die Integrität und die Überzeugung stärken, dass sich Teammitglieder vertrauenswürdig und wohlwollend verhalten.	Gruppennormen und Werte einführen, die Offenheit, Innovation und kollaborative Lösungen betonen.	Eine »Super-Kultur« entwickeln, die vorhandene Kulturen unangetastet lässt und auf ihnen aufbaut. Selbstermächtigung und geteilte Führungsverantwortung hervorheben.
Monitoring	Altruistisches Verhalten (OCB) belohnen. Beziehungen und Konflikte mit Hilfe von E-Mail-Threads, virtuellen Meetings und persönlichen Besuchen im Blick behalten.	Klare Ziele und Zeitachsen vorgeben; Leistungen durch geteilte Führungsverantwortung und Shuttle-Diplomatie verfolgen. Die Beteiligten um ihre Bewertung der Fortschritte und Erfolgsebenen bitten.	Regelmäßig Face-to-Face-Meetings mit Teammitgliedern und Interessenvertretern anberaumen. Leistungen durch geteilte Arbeitsräume, elektronische Kommunikation, E-Mail-Threads und regelmäßige persönliche Gespräche im Blick behalten.
Auswahl	Mitarbeiter mit der erforderlichen Kompetenzen auswählen, insbesondere mit der Neigung, anderen ein hohes Maß an Vertrauen entgegenzubringen.	Mitarbeiter auswählen, die ein persönliches Interesse an einem Projekt haben (selbstgewählt) und offen für neue Erfahrungen sind, vorzugsweise mit hohem Ausmaß an Selbstmotivation und nachweislich erfolgreicher Arbeit in virtuellen Innovationsteams.	Führungskräfte mit interkulturellen Erfahrungen oder Interessen der die Fähigkeit auswählen, Macht zu teilen. Sie sollten einen etablierten, informellen Status bei ihren Mitarbeitern haben, sowohl aufgrund ihrer Beiträge als auch wegen ihrer formalen Position in vorherigen Arbeitsbereichen.
Anerkennung	Altruistisches Verhalten in virtuellen Foren durch Attachés und persönliche Besuche anerkennen.	Neue Ideen, kollaborative Problemlösungen und Zielerfüllung anerkennen und belohnen.	Anerkennung der Teammitglieder sollten durch Bericht über Erfolge und andere Beiträge zur Arbeit einer größeren Gruppe erfolgen, Kollegen und Vorgesetzte aller Bereiche eingeschlossen. Virtuelle Anerkennungszeremonien einführen. Vorgesetzte der Teammitglieder vom lobenswerten Verhalten in Kenntnis setzen.
Telekonferenzen	Video-/Audiokonferenzen nutzen, um persönliche Informationen zu teilen und Beziehungen aufzubauen.	Einen Teil der Telekonferenzen originellen und neuen Ideen vorbehalten. Bei vorhandener Vertrauensbasis konstruktiven Widerspruch ermutigen, um zusätzliche Konzepte und Herangehensweisen an Innovationsprozesse sichtbar zu machen.	Telekonferenzen nutzen, um Visionen zu stärken, Erfolge zu feiern und die Leistungen von Einzelpersonen oder Untergruppen zu würdigen.
Projektmanagement-Software	Planung, Planänderungen und wechselseitige Abhängigkeit von Ressourcen kommunizieren.	Ergebnisse von Prototypen, Testversionen usw. einbeziehen.	Nutzen, um Arbeitsfortschritte im Blick zu behalten; Input der Attachés einbeziehen.
Einführung einer gemeinsamen Dokumentation	Teammitglieder ermutigen, Beispiele für gemeinsame Anstrengungen zu teilen.	Ideenfindung, Ideenauswertung, Postings von Lernprozessen und Austausch von implizitem Wissen.	Allen Teammitgliedern ermöglichen, die Fortschritte nachzuverfolgen und den Gesamtzusammenhang zwischen Aufgaben und Projekten zu erkennen.
Team-Website	Berufliche und private Hintergrundinformationen, Expertise und Erfahrungen aller Teammitglieder einbeziehen.	Gemeinschaftlicher Austausch praxisbezogener Informationen über Seminare, Bücher, Webinare, usw.	Vision, Anerkennung und wichtige Nachrichten durch positive Interaktionen stärken.

Abb. 8.6: Best Practices zur Förderung von Vertrauen, Innovation und Führungseffektivität

Alles in allem ist die Technologie heutzutage so allgegenwärtig geworden, dass viele ihre Nutzung und die zahlreichen unbeabsichtigten Folgen für Gesundheit und Wohlergehen des Menschen nie in Frage stellen. Einer der Gründe, diesen Fragen nachzugehen, die zur Erforschung der virtuellen Distanz führten, war das Bedürfnis, besser zu verstehen, wie diese mechanischen Werkzeuge der virtuellen Arbeit Vorschub geleistet haben.

Wir möchten jedoch betonen, dass diese bedingungslose Überzeugung, durch den Einsatz einer wachsenden Anzahl technologischer Geräte die Leistungsfähigkeit und das Wohlbefinden des Menschen verbessern zu können, nicht realistisch ist. Für die Unternehmensergebnisse und die menschliche Gesundheit fällt die virtuelle Distanz – die unbeabsichtigt entsteht, weil man sich zu sehr auf die Kommunikationstechnologie verlässt – am meisten ins Gewicht. Deshalb ist das letzte Kapitel einer neuen Form der *Führungserfahrung* gewidmet: Sie trägt dazu bei, die Erfahrungen anderer positiver zu gestalten, Sinnhaftes in einer Arbeitswelt zu finden, die viel Sinnloses produziert, und einen Weg in Betracht zu ziehen, der für unsere Zukunft der Beste sein wird.

9 Die Neuausrichtung von Innovationsprozessen

Innovation kann alles möglich beinhalten, angefangen von Ideen für fantastische neue Produkte bis hin zu ungewöhnlichen Problemlösungsansätzen. Nach unserer Definition ist Innovation das, was Unternehmen ermöglicht, ihre Lebenskraft zu erhalten und zu wachsen. Doch welche Auswirkungen hat die Innovation auf die virtuelle Arbeit?

Wie im 4. Kapitel erwähnt, wurde bei nur 30% der Beschäftigten innovatives Verhalten festgestellt, wenn die virtuelle Distanz groß war. Teammitglieder mit geringer virtueller Distanz erzielten mit 77% ein hohes Maß an innovativem Verhalten. Das ist ein Unterschied von 157%!

Da die Innovationsleistung ein Schlüsselergebnis für jede Organisation darstellt, haben wir dem Thema ein eigenes Kapitel gewidmet. Hier sprechen wir einige der wichtigsten Themen an, die mit der Innovationstätigkeit in Zusammenhang stehen, und gehen der Frage nach, wie sich virtuelle Beziehungen so weit steuern lassen, dass neue Ideen nicht nur in Fluss gehalten, sondern auch realisiert und Innovationsprozesse im globalen Unternehmen von Grund auf neugestaltet werden können.

Hirnwellen und künstlerische Leistung

Vor einigen Jahren hätte man im Royal College of Music in London junge Absolventen der Hochschule sehen können, die entspannt mit Kopfhörern auf dem Boden lagen. Keineswegs ungewöhnlich, könnte man denken, es sei denn, man weiß, was sie sich angehört haben: die Geräusche ihres eigenen Gehirns. Unser Gehirn erzeugt fortwährend elektrische Signale in Form von Wellenmustern, die sich mit Hilfe eines Elektroenzephalogramms (EEG) sichtbar machen lassen. Die Muster verändern sich, je nachdem, ob sich das Gehirn in einem angespannten oder entspannten Zustand befinden. Hochfrequente Hirnwellen treten auf, wenn wir aufgeregt oder erregt sind, und niedrigfrequente Wellentypen machen sich bemerkbar, wenn wir entspannt sind. Probanden, die an ein EEG angeschlossen sind, können lernen, die Frequenz ihrer Hirnwellen durch Audio-Feedback zu steuern. Das Ziel ist, in einen Zustand zu gelangen, in dem Thetawellen vorherrschen – ein Zustand zwischen Schlaf und Wachsein. Im Theta-Zustand kommen uns viele Ideen, da wir geistig offener sind und Verbindungen herstellen können, die unser stets wachsames Gehirn herausfiltern würde. Der Neuropsychologe John Gruzelier stellte die Hypothese auf, dass kreative musikalische Leistungen durch ein solches Training gefördert werden. Er führte ein engmaschig kontrolliertes Experiment mit zwei Teilnehmergruppen durch: Die Experimentalgruppe absolvierte ein neurales Feedbackprogramm, die Kontrollgruppe nicht. Die musikalische Darbietung wurde von Experten bewertet, die nicht wussten, welche Studenten zu welcher Gruppe gehörten. Die Ergebnisse waren verblüffend. Diejenigen Studenten, die ihre Thetawellen zu steuern gelernt hatten, verbesserten ihre Leistung um eine volle Note; in der Kontrollgruppe war keine Veränderung festzustellen.[1] Interviews mit Teilnehmern des Experiments zeigten, dass einer der Gründe für die Leistungssteigerung ein Kreativitätsschub hinsichtlich der Interpretation und des Spielens der Musikstücke war. Gruzelier und seine Kollegen erweiterten das Experiment, bezogen Tänzer und Sänger ein, wobei sie dieselbe Technologie anwendeten.[2] Die Ergebnisse ließen einen signifikanten Leistungszuwachs in Bereichen erkennen, in denen Fantasie und schöpferische Kraft erforderlich waren. Die Teilnehmer berichteten auch, dass sie sich häufiger in einem Flow-Zustand befanden – in dem alles wie von selbst läuft und man restlos in einer Tätigkeit aufgeht.[3]

Thetawellen mögen die Kreativität fördern, doch im Wachzustand erzeugt unser Gehirn verschiedene Wellenarten. Wenn wir uns auf eine Aufgabe konzentrieren – beispielsweise Ideen ausloten –, entstehen Betawellen. Studien deuten darauf hin, dass wir in der Lage sein müssen, zwischen diesem Zustand der entspannten Ideenproduktion und dem wachsameren Zustand der Ideenbewertung hin und herzuwechseln, um kreativ zu sein. Wir haben vermutlich alle schon einmal die Erfahrung gemacht, dass wir uns den Kopf über ein Problem zerbrechen, ohne zu einer Lösung zu gelangen, und urplötzlich – unter der Dusche, beim Sport oder bei einer anderen nicht damit verbundenen Aktivität – kommt uns eine Idee, mit der wir den Durchbruch erzielen. Eine Studie, an der professionelle Autoren und theoretische Physiker teilnahmen, fand heraus, dass sich die besten »Aha-Momente« einstellen, wenn wir entspannt sind und nicht bewusst an das Problem denken.[4]

Brainstorming und Kreativität

Die Kognitionswissenschaft, die sich unter anderem auch mit dem Gehirntraining befasst, befindet sich noch im Anfangsstadium, doch ihre Entdeckungen stimmen mit den Ergebnissen der Kreativitäts- und Innovationsforschung überein. Die Phase der Ideengenerierung sollte klar von der Phase der Ideenbewertung getrennt sein, darin sind sich die Wissenschaftler einig. Wenn die Angst vor Kritik bei der Ideenfindung entfällt und die Gedanken frei fließen können, werden erheblich mehr Ideen zusammengetragen. Das Brainstorming ist eine Methode, die diesem Prinzip folgt. Bei Brainstorming-Sitzungen sind die Teilnehmer aufgefordert, so viele Ideen wie möglich zu sammeln. Die Ideen werden nicht bewertet, können aber genutzt werden, um darauf aufzubauen oder als Trigger für andere Ideen dienen. Als die Brainstorming-Methode in den 1950er Jahren eingeführt wurde, schien sie eine hervorragende Technik zu sein, doch Forscher machten eine verblüffende Entdeckung: Studienteilnehmer, die alleine an einem Problem arbeiteten, trugen mit mehr guten Ideen zur Lösung bei als eine vergleichbare Anzahl von Mitgliedern einer Brainstorming-Gruppe.

Es könnte ein wenig verfrüht sein, ein Training zur Steuerung der eigenen Gehirnwellen für jedermann einzuführen, doch alle Studien deuten auf zwei Schlussfolgerungen hin. Erstens, die erste Phase der Ideenfindung kann bei Einzelpersonen und in kleinen Gruppen gleichermaßen effektiv sein; und zweitens, physische Distanz kann sich sogar als Vorteil erweisen, weil viele Mitarbeit entspannter (dem Theta-Zustand näher) sind, wenn sie alleine arbeiten, und die Entfernung dazu beiträgt, die Angst vor Kritik zu mindern. Doch Ideen alleine reichen nicht aus, um Innovationsprozesse in Gang zu setzen.

Kreativität versus Innovation

Kreativität und Innovation sind nicht dasselbe. Eine Idee kann originär und kreativ sein, lässt sich möglicherweise aber nicht umsetzen. Innovation definieren wir hier als »fantasievolle Aktivitäten, ausgerichtet auf die Realisierung von Ergebnissen, die sowohl originär als auch von schöpferischem Wert oder Nutzen sind.«[5]

Kein Wunder also, dass Innovation ein ständig wiederkehrendes Thema sowohl in den Massenmedien als auch in Fachpublikationen ist. Aufstieg und Fall von Unternehmen ist eng mit ihrer Innovationsfähigkeit verknüpft. Was einem sofort in den Sinn kommt, wenn man an Innovation denkt, sind Produkte wie iPod, iPhone oder Software-Plattformen für mobile Geräte wie Android. Doch Innovation kann viele Formen annehmen, beispielsweise in Dienstleistungen, Verfahren und Methoden oder bei der Strukturierung und Leitung von Organisationen ihren Niederschlag finden. Die virtuell vernetzte Organisation ist ein solches Beispiel, genau wie das virtuelle Team.

Ein großer Teil unserer eigenen Arbeit ist auf die eine oder andere Weise mit Innovationsprozessen verbunden. Eine gute Möglichkeit, sie anzustoßen, besteht darin, die Macht der virtuellen Distanz nutzbar zu machen, sie dort zu reduzieren, wo sie groß ist, und sowohl ein gemeinsames Rahmenwerk als auch eine gemeinsame Sprache anzuwenden, um die virtuellen Arbeitskräfte zu einem Team zusammenzuschweißen.

Innovation und Golfbälle

Damit aus einer Idee eine echte Innovation wird, so wie wir sie definieren, muss sie zwei Merkmale aufweisen: Originalität und Nützlichkeit. Ideen können sich auf verschiedene Weise entwickeln, und in vielen Fällen verläuft der Prozess alles andere als systematisch. Fakt ist, dass die Ideengenerierung in der Arena der Neuproduktentwicklung oft als »Fuzzy Front End« bezeichnet wird, die von zahlreichen Unsicherheiten geprägte erste Phase des Innovationsprozesses, weil nicht wirklich klar ist, wie sie entsteht oder wie man sie am besten fördert. Die Ideenfindung wurde als chaotisches Experimentieren bezeichnet[6], was erklären könnte, wie ein Chemiker von DuPont auf der Liste der 35 einflussreichsten Persönlichkeiten im Golfsport landete, die das Magazin *Golf Digest* veröffentlichte. Anfang der 1960er Jahre führte Richard Rees Laborforschungen zu Polymeren durch und entdeckte dabei zufällig ein ungewöhnliches Gel. Es war klar wie Glas und ungewöhnlich robust und widerstandsfähig. Obwohl die Anwendungsmöglichkeiten damals noch nicht auf der Hand lagen, wurde die Substanz unter dem Handelsnamen Surlyn schließlich zur Standardbeschichtung bei Golfbällen. Wenn Sie nicht Golf spielen, ist Ihnen Surlyn bestimmt schon einmal in Form von Folienverpackungen bei CDs, Spielzeug, elektronischen Geräten und vielen anderen Produkten begegnet. Doch es war weit mehr als eine zufällige Entdeckung erforderlich, um Surlyn in eine kommerziell erfolgreiche Innovation zu verwandeln. DuPont war sogar mehrmals nahe daran, aufzugeben. Doch Mitarbeitern des Chemiekonzerns gelang es, aus diesem klaren Kunststoff das Material für verschiedene Produktapplikationen zu entwickeln, und wieder andere waren imstande, diese Anwendungen auf eine kommerziell tragfähige Basis zu stellen.

Das Surlyn-Beispiel stammt natürlich aus einer Zeit lange vor Einführung des Internets, doch es veranschaulicht die beiden breit gefassten Kategorien der Innovationsaktivitäten: Forschung und Verwertung. Märkte für Surlyn zu finden gehört in den Bereich der Verwertung. Diese Aktivität wurde über soziale Netzwerke von Mitarbeitern aus den Bereichen Forschung und Entwicklung (F&E) und Marketing abgewickelt, die in der Lage waren, die richtigen Verbindungen zu knüpfen. In einer virtuellen Welt ist es genau dieser Aspekt der Innovation, der einer umsichtigen Steuerung bedarf.

Soziale Netzwerke und implizites Wissen

Woher stammen neuartige Ideen? Manche, wie Surlyn, entstehen zufällig, einige lassen sich aus Ideen ableiten, die auf einzelne Personen zurückzuführen sind. Doch viele andere stellen ein Gemeinschaftsprodukt dar und sind das Ergebnis von Interaktionen und Austausch mit einer Vielzahl von Personen in unseren sozialen Netzwerken. Angenommen, Sie wären Ingenieur, arbeiten an einem schwierigen Problem und sind in eine Sackgasse geraten. Sie gehen den Flur entlang (nicht zu weit, wie wir aus Thomas Allens Studie zum Thema Distanz erfahren haben) und sprechen mit A über das Problem. A kann Ihnen nicht weiterhelfen, aber sie kennt jemanden, der vielleicht helfen könnte – einen Kollegen namens B, den sie bei einer Tagung kennengelernt hat. Sie schicken B eine E-Mail und schildern ihm das Problem in einer Konferenz-Schalte. Er hört Ihnen zu und macht Sie auf einen Artikel aufmerksam, den er gerade gelesen hat und der vielleicht zur Lösung beitragen könnte. Dieses Szenario ist weit verbreitet. Innovation findet nicht in einem Vakuum statt, sondern erfordert meistens Input von mehr als einer oder zwei Personen. Social-Network-Analytiker würden A als enge Verbindung und B als indirekte Verbindung einstufen. A ist außerdem eine Brückenbauerin, weil sie als Bindeglied zwischen Ihrem Unternehmen und Bs Organisation fungiert (siehe Abbildung 9.1).

In einer eigenen Studie fanden wir heraus, dass Innovation im Kontext von Projekten in engem Bezug zu indirekten oder lockeren Verbindungen zwischen Teammitgliedern mit geringer Affinitätsdistanz stand. Social-Network-Forscher stellten fest, dass es genau diese indirekten oder lockeren Verbindungen sind, die neue Informationen liefern. Die Menschen, mit denen wir eng verbunden sind, wissen zum größten Teil das Gleiche wie wir, doch die weitläufigen Bekannten – Leute, die wir »über mehrere Ecken« oder nur flüchtig kennen – verfügen oft über andere Informationen. Bs Tipp hatte die Form eines expliziten Wissens – Wissen, das aufgeschrieben oder archiviert und für jedermann zugänglich gemacht wurde. Das Internet ist eine hervorragende Quelle für explizites Wissen. Es hat ein riesiges Informationsreservoir erschlossen, auf das jeder zugreifen kann, vorausgesetzt, er weiß, wo er danach Ausschau halten muss. Elektronische Bibliotheken, Internet-Suchmaschinen wie Google, Anwendungsprogramme für die Verwaltung von Mailinglisten und viele andere Tools stehen heute überall zur Verfügung und werden ständig nachgebessert.

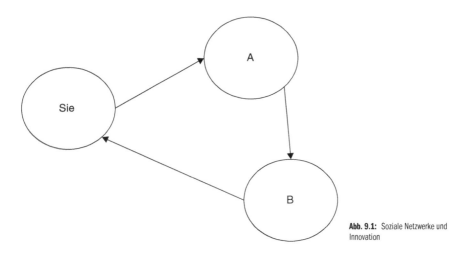

Abb. 9.1: Soziale Netzwerke und Innovation

Die virtuelle Distanz ist seltener ein Problem, wenn das Bedürfnis besteht, explizites Wissen zu teilen. Es gibt jedoch noch eine andere Wissensform, das implizite Wissen. Es ist schwer zu erklären, aber man könnte es als stillschweigendes Wissen oder »Know-how« bezeichnen. Es umfasst Kenntnisse, die nicht formal oder in schriftlicher Form zum Ausdruck gebracht wurden. Es kann von zentraler Bedeutung sein, um Durchbrüche im Innovationsprozess zu erzielen, da es etwas beinhaltet, was den meisten Menschen nicht bekannt ist. Da es von einer Person zur anderen weitergegeben wird, kann die virtuelle Distanz eine große Rolle beim Austausch von implizitem Wissen spielen. Ein anschauliches Beispiel findet sich im Bereich der Lasertechnologie. Ende der 1990er Jahre arbeiteten Wissenschaftler in den USA und Großbritannien an der Verbesserung der Lasergeräte mit Hilfe von Saphir-Kristallen. Ein großes

Hindernis war das Problem, die Qualität der Kristalle zu bestimmen, den sogenannten Q-Faktor, ein wichtiges Merkmal bei Lasergeräten. Ein Team in Glasgow hatte Schwierigkeiten, das Problem zu lösen, doch wie sich herausstellte, behaupteten russische Wissenschaftler, die Lösung bereits vor zwanzig Jahren gefunden zu haben.

Es überrascht wohl nicht, dass die britischen Forscher die Aussage (und die russischen Wissenschaftler) als wenig vertrauenswürdig empfanden. Die physische Distanz und die Affinitätsdistanz waren außerordentlich groß zwischen den beiden Gruppen. Das alles änderte sich, als einer der russischen Wissenschaftler nach Glasgow eingeladen wurde und einen Teil seines impliziten Wissens mit der britischen Gruppe teilte. Der Besuch trug dazu bei, die virtuelle Distanz zu verringern. Die physische Distanz wurde beseitigt und es entstanden persönliche Beziehungen, die zum Abbau der Affinitätsdistanz führten. Das stärkte wiederum das Vertrauen und hatte einen Transfer des impliziten Wissens zur Folge, der unerlässlich war, um die Technologie voranzubringen.[7]

Die Laser-Geschichte ist ein weiteres Beispiel für die Bedeutung lockerer Verbindungen. Leute zusammenzubringen, die gemeinsame Bekannte haben, über wie viele Ecken auch immer, hat in vielen anderen Situationen funktioniert, weil die Wahrscheinlichkeit größer ist, dass neuartige Ideen ausgetauscht werden. Studien zeigen, dass Vielfalt, vor allem funktionale Vielfalt, in Teams zu mehr Innovation führt. Menschen aus verschiedenen Disziplinen in eine Gruppe zu integrieren fördert den kreativen Durchbruch.[8] Das Palo Alto Research Center der Xerox Corporation stellte beispielsweise eine vielfältige Expertengruppe aus den Natur-, Sozial- und Computerwissenschaften zusammen, die den Weg für bedeutende Innovationen im PC-Bereich und damit auch der benutzerindividuellen Datenverarbeitung bereitete. Und wie verlautet, wich ein Pharmakonzern aus ökonomischen Gründen von der Gewohnheit ab, Forscher aus verschiedenen Fachbereichen in getrennten Gebäuden unterzubringen. Chemiker, Biologen und andere Wissenschaftler hatten nun ihre Arbeitsplätze im selben Gebäude in Montreal. Dieses Arrangement ermöglichte einen interdisziplinären Austausch mit unterschiedlichen Perspektiven und einem unerschöpflichen Ideenfluss, wodurch sich die Niederlassung in Montreal als produktivstes Forschungs- und Entwicklungslabor des Konzerns profilierte.

Doch wie bereits mehrfach erwähnt, wird die virtuelle Distanz nicht automatisch abgebaut oder Innovation in Gang gesetzt, wenn man Teammitglieder auf engstem Raum zusammenbringt, wie sich im Fall WeWork gezeigt hat.

Fallbeispiel

Das US-amerikanische Unternehmen WeWork, einst als Anbieter von Coworking Spaces, dem ultimativen Arbeitsplatzdesign der Zukunft, hochgelobt, scheiterte 2019 mit seinem Börsengang und musste infolge der Marktbewertung Milliardenverluste verkraften. Eine Tragödie für das Unternehmen sowohl im Hinblick auf die finanziellen Einbußen als auch auf das erfolglose Geschäftsmodell. Der Fall veranschaulicht, wie groß die virtuelle Distanz auch dann sein kann, wenn die räumliche Entfernung gering ist.

Obwohl es vielleicht den ganzen Tag lang kostenlos Kaffee, Snacks und unterschiedlich gruppierte Sitzbereiche ohne Trennwände gibt, können das innovative Verhalten, die Produktivität und das Wohlbefinden von Mitarbeitern in großen offenen Bürolandschaften leiden.

Ein Artikel, der auf LinkedIn veröffentlicht wurde, fasste einige der Forschungsergebnisse auf diesem Gebiet zusammen.[9] Mitarbeiter, die von ihren Bürozellen in Open-Space-Büros überwechselten, verbrachten:

- 70% weniger Zeit mit Face-to-Face-Interaktionen und bevorzugten Online-Kommunikationskanäle.
- 63% mehr Zeit mit E-Mails.
- 75% mehr Zeit mit Instant Messaging.
- Das Wohlbefinden der Mitarbeiter ging um 32% und die Produktivität um 15% zurück.
- Mitarbeiter in Zweier-Büros reichten 50% mehr Krankmeldungen als ihre Entsprechungen in Einzelbüros ein.
- Mitarbeiter in Open-Space-Büros hatten im Durchschnitt 62% mehr Fehlzeiten aufzuweisen, und
- Mitarbeiter, die von einer ruhigen in eine laute Arbeitsumgebung umzogen, bemühten sich seltener, Ungereimtheiten auf den Grund zu gehen, waren weniger motiviert und weniger kreativ.

Trotz dieser Entdeckungen entscheiden sich Unternehmen noch immer für Open-Space-Büros. Das hat verschiedene Gründe, von denen einige mit geringeren Kosten und der irreführenden Vorstellung verknüpft sind, dass Mitarbeiter in einer ästhetisch ansprechenden Umgebung ganz automatisch bereit sind, Ideen zu teilen und effektiv zusammenarbeiten. In einigen Fällen mag das zutreffen, doch nur dann, wenn die virtuelle Distanz gering ist. Wie der Fall WeWork und Forschungsergebnisse zeigen, ist physische Nähe weder notwendig noch ausreichend, um eine Zusammenarbeit mit geringer virtueller Distanz langfristig zu gewährleisten. Daten belegen sogar, dass man damit sogar oft die gegenteilige Wirkung erzielt.

Virtuelle Distanz und Innovation

Wir haben auf einige Möglichkeiten hingewiesen, innovative Ideen zu entwickeln, doch aus diesen Ideen kommerzielle Nutzungsmöglichkeiten abzuleiten, erfordert Aktivitäten anderer Art. In einigen Fällen kann die Zykluszeit – die Zeitspanne, in der sich eine Innovation zu rechnen beginnt – lang sein. Das Glasfaserkabel ist ein Beispiel für eine Technologie, die schon viele Jahre vor der Markteinführung existierte. Bei vielen anderen Innovationen ist die Zykluszeit verhältnismäßig kurz. Vor allem schrittweise Verbesserungen können in relativ kurzer Zeit erfolgen. Das iPhone konnte beispielsweise seine Marktdominanz mit Hilfe einer Reihe verhältnismäßig kurzer, schrittweiser Innovationszyklen behaupten. Ungeachtet der Zykluszeiten sind die Aktivitäten, die mit der Entwicklung einer Innovation (das heißt, eines kommerziellen Mehrwerts) einhergehen, ähnlich geartet. Die beiden wichtigsten Phasen des Innovationsprozesses sind das sogenannte »Front-End« (wo Innovationchancen identifiziert, analysiert und erarbeitet werden) und die »Aufbauphase« oder »Neuproduktentwicklung«.

Das Front-End

In der Front-End-Phase der Innovation entstehen Ideen für neue Produkte oder Dienstleistungen. Die Ideen können die Entdeckung neuer Chancen, die ausgeschöpft werden könnten, neue Möglichkeiten, bereits vorhandene Produkte zu verbessern, oder vollkommen neuartige oder ungewöhnliche Lösungsansätze beinhalten, die zu Entwicklungsdurchbrüchen führen. Zwei wichtige Front-End-Aktivitäten sind das Brainstorming und die kollaborative Ideenfindung, die beide von der virtuellen Distanz beeinflusst werden können.

Brainstorming

Beim Brainstorming ist die virtuelle Distanz seltener ein Problem. Studien belegen, dass die Anzahl der Ideen, die von Mitarbeitern im Alleingang produziert werden, wesentlich höher ist als die Menge der Ideen, die sie in einem Team beisteuern. In manchen Fällen entwickelten Einzelpersonen sogar doppelt so viele Ideen wie eine vergleichbare Anzahl von Teammitgliedern. Dass die »Solisten« bessere Leistungen beim Brainstorming erzielen, hat mehrere Gründe. Dazu gehört auch das Unbehagen, dass viele empfinden, wenn sie ihre Ideen in einer Gruppe zum Ausdruck bringen sollen. Ein weiterer Grund ist, dass in einer Gruppe nur jeweils eine Person das Wort ergreifen kann, deshalb ist die Anzahl der Ideen, die hier zur Sprache kommen, von Haus aus geringer. Diese Erkenntnisse werden auch von einer Studie untermauert, bei der 65 Millionen Dokumente, Patente und Softwareprodukte von 1954 bis 2014 und die Anzahl der Beteiligten an jedem Projekt untersucht wurden. Die Ergebnisse belegten, dass Einzelpersonen oder kleine Teams mit erheblich größerer Wahrscheinlichkeit disruptive oder völlig neuartige Ideen entwickeln als große Teams.[10]

Die physische Distanz kann also ein Vorteil sein, wenn es um die Ideenfindung im Brainstorming-Modus geht. Getrennt von anderen über Problemlösungen nachzudenken ermöglicht Mitarbeitern, entspannter, freier und ohne Angst vor negativen Rückmeldungen originäre Ideen zu entwickeln.

Kollaborative Ideenfindung

Die meisten Ideen erfordern, vor allem, wenn sie heranreifen, eine Zusammenarbeit mit anderen. Die operative Distanz lässt sich mit Hilfe von Führungsstrategien und Taktiken steuern, die im 6. Kapitel beschrieben wurden. Technologien in Form von benutzerfreundlichen Plattformen, die auch dann für eine reibungslose Zusammenarbeit sorgen, wenn Teammitglieder geografisch weit verstreut sind, haben sich ebenfalls als hilfreich erwiesen, sofern die Einsatzfähigkeitsdistanz gering ist, sprich, alle gleichermaßen über Sachkenntnis und die benötigte Ausrüstung verfügen. Die Affinitätsdistanz lässt sich durch vorherige Arbeitsbeziehungen, gemeinsame Werte und persönliche Treffen mindern, insbesondere in dieser frühen Phase. Damit wächst auch das Vertrauen, das für eine erfolgreiche Zusammenarbeit beim Übergang zu den weiteren Phasen des Innovationsprozesses unabdingbar ist. Gemeinsame Werte gewährleisten, dass sich die Ideen mit der Organisationskultur in Einklang befinden, und die gemeinsame Sprache ist wichtig, um die Ideen klar zu kommunizieren.

Ein Aspekt, bei dem die virtuelle Distanz in der Front-End-Phase Herausforderungen schafft, ist der Austausch von implizitem Wissen. Die physische Distanz kann eine Barriere für einen direkten Wissenstransfer darstellen. Doch wenn die operative Distanz und die Affinitätsdistanz relativ gering sind, ist das Vertrauen groß und die Mitarbeiter fühlen sich wahrscheinlich eher geneigt, ihre Ideen offen zu teilen.

Die Aufbauphase

In der Aufbauphase werden neue Produkte oder Dienstleistungen entwickelt. Deshalb spricht man häufig von Neuproduktentwicklungsphasen. Forschungen haben gezeigt, dass eine erfolgreiche Neuproduktentwicklung mehrere wichtige Faktoren beinhaltet:

- Entwicklung einer klaren und konsistenten Vision,
- effektive Zusammenarbeit,
- effektive Prozesse,
- Engagement des Topmanagements und
- effektiver Informationsaustausch.[11]

Wie wir sehen werden, kann die virtuelle Distanz jeden dieser Faktoren beeinflussen.

Klare Vision

Sobald eine Idee definiert ist, bedarf es einer klaren Vision, damit alle Teammitglieder verstehen, was bei diesem Projekt entwickelt wird, was getan werden muss und was sie tun müssen, um das angestrebte Ziel zu erreichen. Die Vision muss kommuniziert und regelmäßig überprüft werden, um sicherzugehen, dass alle Teammitglieder begriffen haben, worum es geht. Das ermöglicht die Entwicklung eines geteilten mentalen Modells, das eine reibungslose Zusammenarbeit der Teams fördert. Die unverzichtbaren Bausteine der Vision sollten außerdem durchgängig vorhanden sein. Das Orbiter-Auslegersensorsystem-Projekt der NASA, von dem im 3. Kapitel die Rede war, hatte eine klare und einfache Vision: »Bis zum Start eine Möglichkeit entwickeln, Inspektionen am Hitzeschutzschild der Raumfähre im All durchzuführen.« Obwohl sich Einzelheiten des Systems im Lauf der Zeit änderten, blieb die Vision in ihrem Kern unverändert, was dem Team ermöglichte, auch weiterhin ein gemeinsames mentales Modell des Projekts, an dem gearbeitet wurde, zu teilen. Die physische Distanz stellte von Anfang an eine Herausforderung für die Kommunikation einer klaren, konsistenten Vision dar. Es galt, die Teammitglieder so früh wie möglich zusammenzubringen, Vorfreude und Begeisterung zu wecken. Persönliche Treffen in der Kick-off-Phase und in kritischen Augenblicken des Projektverlaufs sind überaus wünschenswert. Die operative Distanz lässt sich überbrücken, wenn man Kontext teilt und beispielsweise etwas über die Arbeitsumgebung, die Einstellung zur Arbeit und die Prioritäten der einzelnen Teammitglieder erfährt. Damit entsteht ein gemeinsames mentales Modell, das ihnen die gleiche Sichtweise auf Probleme bietet und die Zuordnung einer gemeinsamen Bedeutung und Deutung ermöglicht. Die Affinitätsdistanz lässt sich in den Griff bekommen, indem man bisher unentdeckte Gemeinsamkeiten zwischen den Teammitglieder sichtbar macht, beispielsweise geteilte Werte, Beziehungen und wechselseitige Abhängigkeiten. Sie wird zusätzlich abgebaut, wenn man die Prinzipien der seelenbasierten Führung anwendet, die im nächsten Kapitel beschrieben werden.

Effektive Zusammenarbeit

Eine kommerzielle Nutzung aus einer Idee zu entwickeln ist in der Regel ein Unterfangen, an dem mehrere Disziplinen beteiligt sind. Es erfordert, Menschen mit unterschiedlichem Hintergrund und unterschiedlichen Sichtweisen zusammenzubringen. Teamarbeit setzt außerdem Vertrauen, gemeinsame Werte und viele andere Faktoren voraus, die wir bereits erwähnt haben. Obwohl physische Distanz eine Herausforderung für effektive Teamarbeit darstellen kann, tragen die Stärkung der Vertrauensbasis durch persönliche Treffen in der Anfangsphase eines Projekts und die Anwendung verschiedener Lösungen zur Reduzierung der virtuellen Distanz im Lauf der Zeit dazu bei, Beziehungen aufzubauen, die für einen effektiven Innovationsprozess in einem virtuellen Arbeitsumfeld unerlässlich sind. Die operative Distanz lässt sich steuern, wenn man stets darauf achtet, genug Kontext zu den vielfältigen Interaktionen bereitzustellen. Damit gewährleistet man am besten, dass die Teammitglieder Probleme auf die gleiche Weise betrachten, wenn die Ideen diese Phase durchlaufen. Die Affinitätsdistanz sollte ebenfalls engmaschig mit Hilfe der Strategien gesteuert werden, die im 6. Kapitel beschrieben wurden. Bei kritischen Projekten ist es von Vorteil, Teammitglieder auszuwählen, die schon früher zusammengearbeitet haben, um das gruppeninterne Vertrauen zu stärken.

Prozesse

Prozesse für die Innovations- und Produktentwicklung können eine formale Herangehensweise wie das Stage-Gate-Modell[12] – bei der jede Stufe bereichsübergreifende Aktivitäten umfasst – oder Verfahren, wie sie bei der Softwareentwicklung zum Einsatz kommen, oder weniger formale Methoden beinhalten. Ungeachtet dessen sollten sie jedoch mehrere Merkmale aufweisen. Erstens sollten sie mehrere Phasen umfassen, die von allen Teammitgliedern verstanden wurden. Zweitens sollten die Erfolgsstandards oder Erfolgskriterien in jeder Phase klar und eindeutig sein. Drittens sollten auch die Entscheidungen über die Aktivitäten nach Abschluss jeder Phase unmissverständlich formuliert werden. Gehen wir zur nächsten Phase über? Kehren wir noch einmal zu einer früheren Phase der Entwicklung zurück? Stoppen wir das Projekt? Und schließlich sollten alle den Prozess verstehen und befolgen.

Engagement des Topmanagements

Eine effektive Nutzung von Innovationen bedeutet, dass Führungskräfte ein Projekt aufmerksam verfolgen und sich einbringen müssen. Das bedeutet nicht, dass sie eingreifen. Sie sollten nur dafür sorgen, dass die Ressourcen bereitstehen, Hindernisse ausgeräumt werden und die Befugnisse von Team und Teamleitung weit genug reichen, um Entscheidungen zeitnah zu treffen und Verantwortung zu teilen. Das Engagement des Topmanagements sollte Face-to-Face-Meetings mit der gesamten Projektgruppe und regelmäßige Besprechungen mit Teammitgliedern an anderen geografischen Standorten beinhalten. In Kombination mit ausreichend Kontext und der Nutzung eines zuverlässigen Technologie-Mix können die Teammitglieder die operative Distanz verringern und sicherstellen, dass sie sowohl mit den erforderlichen Ressourcen ausgestattet als auch befähigt sind, Entscheidungen zu treffen. Und schließlich können die Angehörigen des Topmanagements die Prinzipien der seelenbasierten Führung anwenden, um die Distanz zwischen ihnen und dem Team zu reduzieren.

Effektiver Informationsaustausch

Informationsaustausch in der Nutzungsphase der Innovation bedeutet regelmäßige Überprüfung der bisherigen Aktivitäten, damit alle Teammitglieder wissen, was jeder getan hat und weiterhin zu tun plant. Damit lässt sich das gemeinsame mentale Modell auch auf lange Sicht beibehalten und das Team ist stets auf dem neuesten Stand der Entwicklung. Die physische Distanz ist dann seltener eine Hürde beim Austausch expliziter Informationen, die sich beispielsweise in Dokumenten und Archiven befinden. Beim Austausch impliziter Informationen sollten Führungskräfte eine Kombination aus Strategien und Taktiken zur Reduzierung der virtuellen Distanz anwenden, um sicherzugehen, dass die Teammitglieder engere Bindungen entwickeln, die das Teilen von »Know-how« und andere implizite Formen des Wissens fördern.

Schlüssellektionen zur Neuausrichtung von Innovationsprozessen

- Neurowissenschaftliche Studien deuten darauf hin, dass die Kreativität einen erheblichen Schub erhält, wenn wir uns in einem Zustand der Entspannung befinden und uns nicht unmittelbar auf ein Problem konzentrieren.
- Brainstorming-Studien belegen, dass Einzelpersonen bei der Ideenfindung leistungsfähiger sind als Gruppen.
- Der für Innovationsprozesse erforderliche Austausch des impliziten Wissens wird durch indirekte oder lockere Verbindungen in stärkerem Maß gefördert als durch direkte Verbindungen in unseren sozialen Netzwerken.
- Die virtuelle Distanz beeinflusst zwei wichtige Phasen des Innovationsprozesses: die Front-End-Phase und die Aufbauphase.

- Die physische Distanz kann bei einigen Front-End-Aktivitäten sogar von Vorteil sein. Studien belegen, dass Einzelpersonen oder kleine Gruppen wesentlich mehr Ideen entwickeln, die zu Durchbrüchen führen, als große Teams.
- Die virtuelle Distanz hat Einfluss auf jede Phase der Neuproduktentwicklung und wirkt sich auch auf die Klarheit der Vision, die effektive Zusammenarbeit, die Prozesse, das Engagement des Topmanagements und den Informationsaustausch aus.

10 Die seelenbasierte Führung – eine Einführung

In unserer ersten Publikation zum Thema hatten wir ein neues Führungsmodell eingeführt, angepasst an eine Ära, in der die virtuelle Distanz weit verbreitet schien. Wir nannten es das Ambassador-Führungsmodell, weil viele Verhaltensmerkmale kompetenter Botschafter den Taktiken ähnelten, die wir zur Verringerung der virtuellen Distanz empfahlen.

Unser nächstes Buch konzentrierte sich ausschließlich auf die Führungskompetenz und das Virtual Distance Leadership Modell, das drei essenzielle Führungsprinzipien ins Rampenlicht rückte: Kontext schaffen, Gemeinschaft pflegen und neue Führungspersönlichkeiten co-aktivieren. Sowohl das Ambassador-Modell als auch das Virtual Distance Leadership Modell stützten sich auf unsere damals aktuellen ersten Erkenntnisse zum Thema virtuelle Distanz. Diese Modelle können auch heute noch hilfreich sein.

Wir waren als Forscher in der seltenen glücklichen Lage, die schrittweise Entwicklung der virtuellen Distanz über einen langen Zeitraum zu beobachten. Das ermöglichte uns, die Trenddaten und zahlreiche unterschiedliche Fälle unter die Lupe zu nehmen, die zeigten, wie die virtuelle Distanz althergebrachte Verhaltensweisen und Führungsmodelle in Organisationen aus den Angeln hob. Wir konnten außerdem quantifizierbar nachweisen, dass die virtuelle Distanz stetig wächst, und vorhersagen, dass sie noch schwerwiegendere Probleme verursachen wird, wenn man sie nicht bald in den Griff bekommt.

Um dieser verhängnisvollen Entwicklung entgegenzuwirken, ist eine Sicht auf Führungsaktivitäten erforderlich, die auf der menschlichen Erfahrung basiert. Zu verstehen, welche Mechanismen in diesem Kontext am besten greifen könnten, war eine Frage, die viele Jahre ungelöst blieb.

Zum Glück zeichnete sich die Antwort während eines unerwarteten Hubschrauberflugs ab.

Die Helikopter-Geschichte

Ich machte Urlaub auf Antigua, einer kleinen Insel in der Karibik. Ganz in der Nähe befindet sich die winzige Insel Monserrat, deren bekanntestes Wahrzeichen ein riesiger Vulkan ist. Der Vulkan war am 18. Juli 1995 ausgebrochen, hatte den Boden meilenweit mit Sedimentablagerungen bedeckt und einen großen Teil der Insel unbewohnbar gemacht. Ich fand heraus, dass dort Rundflüge mit dem Hubschrauber angeboten wurden, um den noch immer brodelnden Vulkan von oben zu sehen. Deshalb beschloss ich, einen Flug zu buchen.

Ich saß auf dem Vordersitz eines für vier Personen ausgelegten Hubschraubers, direkt neben dem Piloten. Während des Startvorgangs sprach der Pilot mit den Fluglotsen, und ich hörte, wie er sagte:

»Four souls on board.

Four souls on board.

Over.«

Ich wunderte mich, warum der Pilot das Wort »Souls« (»Seelen«) benutzt hatte, um zu melden, wie viele Personen sich an Bord befanden. Er erklärte mir, dass viele Luftfahrzeug-Typen nicht nur Lebende, sondern manchmal auch Tote im Frachtraum befördern. Alle werden namentlich in der Passagierliste aufgeführt. Vor der Startfreigabe müssen die Fluglotsen wissen, wie viele lebende Passagiere an Bord sind. Um sie zu kennzeichnen, werden sie als »Seelen« gezählt.

In diesem Augenblick wurde mir der wichtigste Aspekt der Führung schlagartig klar. Der Begriff »Seele« aus der Luftfahrt, definiert als diejenigen Personen an Bord, die »lebendig« sind, klang ungewöhnlich, konnte aber dazu dienen, das verlorene Gefühl der Vitalität und Bedeutung von Mitarbeitern wiederherzustellen, die sich oft wie ein Automat vorkommen: körperlose Wesen – ein kleines Rädchen im Getriebe fragmentierter, desorganisierter und lebloser Arbeitsmodelle, für die ein gläserner Bildschirm oft das einzige kontextbezogene Tor zur Welt darstellt.

Warum gerade jetzt eine seelenbasierte Führung?

Führung stützt sich definitionsgemäß zum großen Teil auf Kommunikation. Man könnte behaupten, dass der Kommunikationsstil und die Effektivität der Kommunikationsmethoden von Führungspersonen zu den wichtigsten Aspekten gehören, die ihr »Auftreten« prägen, soll heißen, wie sie von ihren Mitarbeitern und Kollegen erlebt werden.

Der kognitive Neurowissenschaftler Dr. Martin Westwell, der eng mit uns zusammenarbeitet, erklärte, dass die Kommunikation durch die Verbreitung der digitalen Geräte nicht nur erheblich zugenommen hat, sondern die Regeln, an denen sich menschliche Interaktionen ausrichten, auch vollständig verändert wurden. Ein längeres Interview über virtuelle Distanz und Neurowissenschaft finden Sie in Anhang A.

Der Prozess, mit dessen Hilfe wir Beziehung aufbauen, aufrechterhalten und weiterentwickeln, hat einen fundamentalen Wandel durchlaufen. Deshalb brauchen wir ein neues Verständnis von Führung, das sich klar von den verschwommenen Strukturen der virtuellen Arbeit abhebt, damit wir entscheiden können, wie wir unser Leben und unsere beruflichen Aktivitäten am besten gestalten, nicht nur, um unsere Rechnungen zu bezahlen, sondern um uns auch auf der menschlichen Ebene sinnvoll miteinander verbunden zu fühlen. Wie können wir also neue Wege gehen, um Kommunikation als

Hebel einzusetzen und gleichzeitig Warnzeichen beachten, die auf gefährliches Terrain aufmerksam machen? Da wir keine Automaten, sondern lebendige, atmende Wesen sind, besteht das Risiko, dass wir uns im Labyrinth der Informationsübermittlung verirren.

Die Neurowissenschaft der seelenbasierten Führung

Die Bezeichnung »seelenbasierte Führung« ist der Tatsache geschuldet, dass wir in unserer heutigen virtuellen Arbeitswelt füreinander unsichtbar geworden sind, verschwunden hinter einem virtuellen Vorhang. Infolgedessen haben wir uns angewöhnt, andere als abstrakte Größen wahrzunehmen. Wir benutzen beispielsweise oft Landkarten, die soziale Netzwerke darstellen, um die subtilen zwischenmenschlichen Beziehungen besser zu verstehen. Doch diese Beschreibung hat unbeabsichtigte, unerwünschte Folgen, wenn sie über lange Zeiträume wiederholt wird, vor allem dann, wenn wir einander nur selten »live« zu Gesicht bekommen.

Zum Glück bietet die Neurowissenschaft einen Kontext, der besser erklärt, was grundlegend geschieht, wenn wir uns angewöhnt haben, Menschen als Punkte zu betrachten, die durch dünne Linien in einem ebenso unfassbaren wie unergründlichen Netzwerk miteinander verbunden sind. Aus der gehirnbasierten Perspektive können wir erkennen, dass diese verzerrte Sicht auf zwischenmenschliche Beziehungen dazu geführt hat, *andere so zu behandeln*, als wären sie Punkte und nicht lebendige, atmende Wesen.

Neurowissenschaftler (aber auch Marketing- und Werbeexperten) wissen schon seit geraumer Zeit, dass dieser Prozess der Verhaltensveränderung – das Ergebnis der Verschmelzung von einem Konzept mit der Sprache, die es beschreibt – tiefgreifende Auswirkungen auf den Menschen haben kann. Sobald neue Redewendungen oder Wortassoziationen als buchstabengetreue, bestätigte Neuinterpretationen solcher Konzepte akzeptiert werden, neigen wir dazu, Menschen entsprechend zu behandeln, wodurch wir neue Verhaltensnormen auf der Grundlage dieser verzerrten Sicht auf ihre Persönlichkeit schaffen.[1]

Mit dem Wort »Uhrwerk« ist beispielsweise der gesamte Mechanismus im Innern einer Uhr gemeint. Die Definition wurde mit der Erfindung der mechanischen Uhren im vierzehnten Jahrhundert in Umlauf gebracht. Redewendungen wie »er funktioniert wie ein Uhrwerk«, die andeuten, ein Mensch sei imstande, sich tatsächlich so zu verhalten, besagen heute, dass jemand seine Aufgaben so effizient und präzise wie eine Uhr verrichtet. Dieser Vergleich tauchte erstmals Mitte 18. Jahrhunderts auf, ungefähr zur gleichen Zeit, als die Taschenuhren – allgegenwärtige, tragbare und mobile Spielarten der mechanischen Uhren – in den Handel kamen.

In einigen Fällen haben Redewendungen wie diese eine rundum positive Bedeutung und kaum negative Auswirkungen auf unsere Denkweise oder unser Verhalten gegenüber uns selbst und anderen. Idiome wie »im siebten Himmel« oder »bis über beide Ohren verliebt« sagen aus, dass jemand einen anderen Menschen wirklich mag. Doch normalerweise denken oder verhalten wir uns nicht so, wie die wortwörtliche Bedeutung suggeriert.

Wenn es jedoch heißt, dass jemand so präzise wie ein Uhrwerk, ein Computer oder ein »Informationsverarbeitungssystem« funktioniert und diese Vorstellung tagaus, tagein und Jahr für Jahr durch vielfältige Werbeströme, Experten und sogar Wissenschaftler verstärkt wird, die nach Metaphern Ausschau halten, kann diese Nutzung der Sprache das sogenannte Framing – den Kontext, in dem wir uns selbst im Verhältnis zu anderen und der uns umgebenden Welt wahrnehmen – erheblich verändern. Doch es ist nicht nur die Sprache, die unsere Weltsicht zu verzerren vermag. Auch die Erfahrung mit dem zuvor beschriebenen metaphorischen Bezugsrahmen, der oft im Gegensatz zu unmittelbaren Erfahrungen in der realen Welt steht, kann Verzerrungen im menschlichen Verständnis hervorrufen.

Fallbeispiel

Eines der anschaulichsten Beispiele erlebte ich an einem sonnigen Tag in Norwegen, als mich ein Freund auf eine Wanderung über die Klippen am Ufer der Fjorde mitnahm. Dabei erzählte er mir, dass er seiner dreijährigen Tochter ein iPad gekauft hatte. Es machte ihr großen Spaß, es zu benutzen, wie den meisten Kindern.

Doch an einem Tag, als es draußen kalt war und sie in der Küche saßen, sah er, wie seine Tochter zur gläsernen Schiebetür ging, die auf die Terrasse hinausführte. An der Außenseite der Scheibe hatte sich eine Spinne niedergelassen. Die Kleine legte ihre Fingerspitzen auf die Innenseite der Scheibe, genau an die Stelle, an der sich die Spinne befand, und begann die Finger genauso zu bewegen, als würde sie auf ihrem iPad Gegenstände durch Zoomen näher heranholen, als wäre die Spinne kein lebendiges Wesen, besäße keinen eigenen Willen.

Mein Freund war entsetzt.

Ihm wurde rasch klar, dass sie in Gedanken ein Modell der Welt zu entwickeln begann, in der sie alles genauso zu steuern vermochte wie die Bilder auf einem Display. »Wie konnte das nur passieren?«, rief er aus, als er mir die Geschichte erzählte.

Ich rührte mich nicht vom Fleck, während er fortfuhr.

Er eilte zur Tür, setzte sich mit ihr zusammen und erklärte ihr, dass die Welt nicht so funktioniert wie ein iPad; dass ein iPad nur eine Maschine und kein Lebewesen ist; dass nichts in seinem Inneren lebendig und real ist; und dass man ein Lebewesen in der realen Welt nicht so steuern kann wie ein iPad.

Er verbannte das iPad und alle anderen Spielsachen und Geräte mit einem Display aus dem Kinderzimmer, behielt nur diejenigen, die er und seine Frau für ihre berufliche Tätigkeit benötigten; aber auch sie wurden jedes Mal weggeräumt und nicht in Gegenwart ihres Kindes benutzt. Er ging oft mit ihr spazieren, achtete darauf, dass sie mit echten Spielsachen spielte, brachte ihr bei, was es wirklich bedeutet, lebendig zu sein, lehrte sie Respekt vor der Natur und vor allen Lebewesen. Es dauerte nicht lange, bis sich ihr Bewusstseinszustand änderte und sie begriff, wie töricht der Versuch war, die reale Welt auf diese Weise verändern zu wollen. Er war erleichtert.

Doch ihre Weltsicht wurde nur deshalb zurechtgerückt, weil ihr Vater umsichtig, achtsam und bereit war, das Problem in Angriff zu nehmen und ihre Erfahrung unmittelbar zu verändern.

Dieses Beispiel zeigt, in welchem Ausmaß unsere Weltsicht geprägt werden kann, sodass der Eindruck entsteht, wir hätten mehr Ähnlichkeit mit einer Maschine als mit einem Menschen aus Fleisch und Blut. Durch die strategische Nutzung der Sprache und wiederholte display-basierte Erfahrungen, die gezielt verzerrt werden, lässt sich das Verhalten von Menschen verändern. Es scheint, als würden Metaphern in Kombination mit Maschinen-Begegnungen die Realität widerspiegeln – doch das ist nicht der Fall.

Beispielsweise müssen wir andere bisweilen ausdrücklich darauf hinweisen, dass in unserem Kopf keine »Bits und Bytes« umherschwirren, weil sie dort auch nicht gebraucht werden. Unser Gehirn besteht aus organischem Material: aus Neuronen, unzähligen Substanzen verschiedenster Art, körpereigenen Chemikalien und einer lebensspendenden »Suppe«, die unsere Zellen umgibt. Sie alle stehen in Wechselwirkung zueinander und tauschen mit Hilfe der sogenannten »dynamischen Reziprozität« oder Wechselbezüglichkeit Lebensimpulse untereinander aus, und aus diesen Interaktionen und Austauschprozessen entstehen menschliche Erfahrungen.

Menschen machen Erfahrungen – daran gibt es nichts zu rütteln.

Wir haben keine Festplatte und keine Silikonchips im Gehirn. Wir lassen uns nicht im Entferntesten mit einem Informationsverarbeitungssystem vergleichen noch gleichen Informationsverarbeitungssysteme einem menschlichen Wesen.

Uns selbst wie Maschinen zu behandeln, führt unbewusst zur Unterdrückung des Menschen und ersetzt das Wissen, das wir anhand lebendiger Erfahrungen gewinnen, durch einen unentrinnbaren metaphorischen Bezugsrahmen. Führung lässt sich also auch als eine Möglichkeit betrachten, Hilfestellung beim »Aufwachen« aus einer künstlich erzeugten, vollkommen irrelevanten Sichtweise auf den Menschen zu leisten, die in unseren Arbeitsalltag eingewoben ist. Führungskräfte befinden sich in einer Position, in der sie andere dabei überstützen können, unbewusst verinnerlichte Überzeugungen zu »verlernen« und die Aufmerksamkeit wieder auf das Lernen anhand gelebter Erfahrungen zu richten – darauf, dass wir aus einem anderen Holz geschnitzt sind; dass wir einzigartige Lebewesen und problemlos in der Lage sind, Vorstellungsbilder in einer Geschwindigkeit zu erzeugen, bei der jeder Supercomputer implodieren und »den Geist aufgeben« würde.

Fallbeispiel

Menschen können problemlos die Einzelheiten jeder noch so kleinen Blume sehen und zur Kenntnis nehmen, Grashalme voneinander unterscheiden und jedes einzelne Barthaar eines Löwen beobachten. Dieser nahtlose Fluss an Erfahrungen regt dazu an, dass wir uns alle nur erdenklichen Dinge vorstellen können und Gedichte, Ölgemälde und Musikstücke erschaffen, um diese Erfahrungen zu teilen. Es handelt sich um »menschliche Artefakte«, die von unseren nahtlosen Erfahrungen mit der Welt zeugen.

Vergleichen wir diese Erfahrungen aus erster Hand mit dem ungeheuren technologischen Aufwand bei der Produktion von Science-Fiction-Filmen, die Merkmale der Natur detailgetreu nachzubilden versuchen. Beim ersten *Avatar*-Film mussten »Supercomputer« [40 000 Prozessorkerne] täglich 1,4 Millionen Rechenoperationen durchführen, bei denen 8 Gigabyte pro Filmsekunde verarbeitet wurden, und das rund um die Uhr und mehr als einen Monat lang. Oft dauerte das Rendern – die Erzeugung eines Bildes aus Rohdaten – der einzelnen *Avatar*-Frames mehrere Stunden. Und wenn man bedenkt, dass es sich dabei um nur einen Frame aus 24 für jede Filmsekunde handelt, kann man sich vorstellen, welch gigantische Rechenleistung erforderlich war.[2]

Mit anderen Worten: Um die menschliche Sichtweise in nur einer Dimension nachzuahmen – die Fähigkeit, Details im Vordergrund zu erkennen, für die Menschen keine zusätzliche Energie aufwenden –, müssen Filme wie *Avatar*, *King Kong* und dergleichen zehntausende Computer mit riesigen Arbeits- und Datenspeichern aneinanderreihen. Sie würden einen mehrere Footballfelder umfassenden Raum einnehmen, unermessliche Energiemengen verschlingen und infernalische Hitze ausstrahlen, während sie pausenlos sirren, monatelang, um fantastisch aussehende Kreaturen zu schaffen, die auf eine Leinwand projiziert werden können. Die Nebenprodukte der maschinengenerierten Details schädigen zum Teil auch die Umwelt – die James Cameron, der Regisseur und Produzent des Films *Avatar*, ironischerweise mit allen Mitteln zu schützen versucht.

Es ist nicht unmöglich, unsere Aufmerksamkeit umzulenken und einen neuen Führungsstil voranzubringen. Wir müssen lediglich auf bereits vorhandene Modelle des Begriffs »Lebendigkeit« zurückgreifen. Und ein solches Modell ist in Abbildung 10.1 dargestellt.

Seelenbasierte Führung

Lebendigkeit ←——————→ Theory of Mind

UNTERSTÜTZENDE MASSNAHMEN

Abb. 10.1: Das seelenbasierte Führungsmodell

Als wir am Konzept der seelenbasierten Führung zu arbeiten begannen, richteten wir den Blick auf die akademische Forschung und dachten über die jahrelange Zusammenarbeit mit Kollegen aus den Neurowissenschaften, Klienten und anderen Gruppen wie Familien, Ärzte und lokalen Gemeinschaften nach. Wir wollten herausfinden, wie

Menschen ein Gespür dafür entwickeln, ob etwas oder jemand lebendig ist und wie wir im Gegenzug Fürsorge und Rücksichtnahme gegenüber anderen entwickeln.

Wir stellten fest, dass zwei Aspekte in besonderem Maß dazu beitragen:

1. Die Wahrnehmung, dass jemand »lebt« oder »lebendig ist«, und
2. ein wichtiger Meilenstein in der Entwicklung unseres Gehirns, den wir bereits in sehr jungen Jahren erreichen, Theory of Mind (ToM) genannt – die Fähigkeit, Bewusstseinszustände bei anderen zu interpretieren und diese bei uns selbst zu erkennen.

Leben (Lebendigkeit) versus Lebewesen

Eine der Möglichkeiten, anhand derer Kinder auf natürliche Weise zwischen etwas Lebendem und Nicht-Lebendem unterscheiden, besteht darin, zu beobachten, ob etwas lebendig ist oder sich aus eigenem Antrieb bewegt. Kinder ordnen beispielsweise andere Menschen und Tiere den »Lebewesen« zu, während Pflanzen für sie nicht in diese Kategorie gehören. Ein Grund dafür ist, dass Menschen und Tiere sich vom Fleck bewegen, Pflanzen hingegen nicht.[3] Doch Pflanzen leben.

Kinder stehen mit dieser Sichtweise nicht alleine da. Im Online-Wörterbuch von Merriam-Webster werden Lebewesen als Einheiten definiert, die »Leben aufweisen: nicht tot oder unbelebt sind«.[4] Doch diese formale Definition schließt Pflanzen aus, die sehr wohl leben.

Bei genauerem Hinsehen haben wir entdeckt, dass Kinder eine Pflanze häufiger als »Lebewesen« bezeichnen als darüber nachzudenken, ob sie wirklich lebendig ist. Diese Vorstellung von einem Lebewesen ist distanzierter – es gilt als Objekt – während lebendig sein eher als Gefühl, als vibrierende Erfahrung wahrgenommen wird. Diese gefühlsbasierte Wahrnehmung unserer Kollegen möchten wir wieder in den Vordergrund rücken. In einer virtuellen Welt können Menschen unsichtbar oder zu einer Projektion unseres eigenen Verstandes werden (siehe 3. Kapitel, Kommunikationsdistanz) statt als »lebendig« empfunden zu werden. Wir verlieren unbewusst die Fähigkeit, andere als Lebewesen zu erfahren, wenn sie unsichtbar – *und unbelebt* – erscheinen. Die Frage lautet also, wie schaffen und bewahren wir bewusst das Gefühl der »Lebendigkeit«, wenn Menschen wie von Zauberhand in einem virtuellen Vakuum verschwinden, sobald der Bildschirm ausgeschaltet wird?

Wir können die Vorstellung, dass die anderen »da draußen« Lebewesen sind, »intellektualisieren«. Und der Begriff »Lebewesen« kann hilfreich sein. Wenn Kinder gebeten werden, den *Kontext* von Lebewesen zu beschreiben, ordnen sie, wie bereits gesagt, Pflanzen viel häufiger dieser Kategorie zu. Doch damit ist unser Problem nicht gelöst, denn nicht alle Lebewesen benötigen in unseren Augen zwangsläufig das gleiche Maß an Aufmerksamkeit. Es ist deshalb empfehlenswert, virtuelle Mitarbeiter zu motivieren, sich für andere einzusetzen, denn auch sie sind wichtig, wenn wir »Lebendigkeit« als Ausgangspunkt für einen Weg betrachten, der zu weniger abstrakten und stärker erfahrungsbasierten Interaktionen mit unseren Teamkollegen führt.

Seelenbasierte Führung: Erstes Prinzip

Eine seelenbasierte Führung findet neue Möglichkeiten, Teammitgliedern zu tragfähigen Erfahrungen als lebendige Wesen zu verhelfen, auch wenn sie virtuell arbeiten und sich im realen Leben niemals begegnen.

Einige sagen vielleicht, Video sei die ideale technologische Lösung (bis Hologramme eingeführt werden). Doch das ist ein Fehler, denn durch die Nutzung von Videokommunikation berauben wir uns unbeabsichtigt unseres wahren Selbst und erlauben Bildschirmen oder Geräten, unsere Lebendigkeit in unserem Auftrag darzustellen. Das geschieht unbewusst und endet damit, dass Probleme der virtuellen Distanz entstehen.

Der erste Schritt zu einer seelenbasierten Führung ist also, sich eines bewusst zu machen: Wenn wir jemanden auf dem Bildschirm sehen, kann dieses Abbild der anderen Person zwar nützlich sein, ist aber nur eine mechanisch interpretierte Version, die durch das übermittelnde Gerät wie ein Spiegelbild übertragen wird.

Wie der Nobelpreisträger Czeslaw Milosz am Ende seines Gedichts »Esse« schrieb:

… Spiegelbilder von Wolken und Bäumen sind keine Wolken und Bäume.

Das ist ein Schlüsselkonzept für seelenbasierte Führungskräfte, über das es sich nachzudenken lohnt.

Es mag hilfreich sein, andere per Video zu sehen, aber ein echter zwischenmenschlicher Erfahrungsaustausch wie bei einer Face-to-Face-Begegnung findet dabei nicht statt. Dieser Austausch und die Lebendigkeit, die aus solchen Interaktionen erwächst, haben Einfluss darauf, wie wir miteinander umgehen.

Eine andere Möglichkeit, über vermittelte Erfahrungen (Sekundärerfahrungen) nachzudenken, besteht darin, sie mit den Augen von Menschen zu betrachten, die unter einer Angststörung leiden. Sobald die Panikattacke einsetzt, beginnt das Herz der Betroffenen zu rasen, die Atmung wird flach und viele beschreiben ein Gefühl, als würde ihre gesamte Persönlichkeit ausgelöscht, als würden sie die Welt durch eine Glasscherbe wahrnehmen, die dann eine völlig unrealistische Gestalt annehmen kann.

Wir wollen damit natürlich nicht andeuten, dass sich virtuelle Arbeit mit einer Panikattacke vergleichen lässt, doch diese Form der Arbeit verzerrt unsere Sichtweise und verändert die Beschaffenheit unserer Erfahrungen auch dann, wenn der Wandel unbemerkt bleibt.

Wenn es nicht möglich ist, physisch präsent zu sein und einander Aufmerksamkeit zu schenken, können wir die Werkzeuge nutzen, die uns zur Verfügung stehen. Um negative Erfahrungen in unserem Arbeitsalltag zu vermeiden, sollten wir uns als Erstes bewusst machen, was mit uns geschieht, wenn Erfahrungen fehlen, die in direktem Kontakt mit unseren Mitmenschen entstehen (Primärerfahrungen). Anders ausgedrückt: Wir müssen uns bewusst machen, dass es stärkere Signale auszusenden gilt, die andere darauf aufmerksam machen, dass wir als Menschen aus Fleisch und Blut wahrgenommen werden möchten. Das bedeutet, dass wir aktiv werden und Fragen stellen sollten, die zu geteilten, gefühlten und bedeutungsvollen Erfahrungen führen. In einem Videogespräch geschieht das nicht automatisch, was zur Folge hat, dass wir hier so agieren, als wäre unser Gesprächspartner für eine Weile verschwunden.

Fallbeispiel

Zu unseren Klienten gehören auch viele Investoren. Einer unserer potenziellen Anleger meldete sich zu unserer Diskussionsrunde auf *Zoom* an (eine Videokonferenz-Plattform, die sich großer Beliebtheit erfreut), hatte die Videofunktion jedoch ausgeschaltet. Als wir uns erkundigten, ob wir sie für ihn aktivieren sollten, verneinte er: Er zog es vor, einfach nur zuzuhören, weil es ihn ermüdete, sich selbst und andere auf dem Bildschirm anzuschauen, und weil es ihn außerdem ablenkte.

Er war sich voll bewusst, dass sich seine Erfahrung dadurch veränderte, dass physische und psychologische Auswirkungen damit verbunden waren. Diese »metakognitive« Erkenntnis, die wir an späterer Stelle genauer beschreiben, weil sie zu den handverlesenen, auf Erfahrung gestützten Methoden einer seelenbasierten Führung gehört, ermöglichte ihm, einen Schritt »zurückzutreten«, seine Reaktion auf Videokonferenzen zu überprüfen und die bewusste Entscheidung zu treffen, auf eine Funktion zu verzichten, die ihn von Denk- und Entscheidungsprozessen ablenkte.

Seelenbasierte Führung: Zweites Prinzip

Seelenbasierte Führungskräfte nutzen die Metakognition – die Auseinandersetzung mit den eigenen kognitiven Prozessen –, um Erfahrungen so zu optimieren, dass sie die Dinge aus einer objektiven Perspektive betrachten und Ablenkungen, die sie als solche erkannt haben, weitestgehend verringern.

Ein anderer problematischer Aspekt dieser Arbeitsmethode ist, dass wir in der Realität weiterleben, sobald die Videofunktion ausgeschaltet ist! ... Doch die Erfahrungen, die unsere Gesprächspartner mit uns machen, reichen nicht über das Spiegelbild hinaus, das sie während des Online-Meetings von uns auf dem Bildschirm gesehen haben. Deshalb sind ihre Erfahrungen mit uns auf diesen Kontext beschränkt.

Es ist wichtig, dass seelenbasierte Führungskräfte ihre Mitarbeiter ermutigen, Geschichten über sich und ihr Leben zu teilen, die das Gefühl vermitteln, dass das Leben nicht statisch ist, sondern »sich stetig weiterentwickelt«. Dabei sollten Pläne für die Zukunft und frühere Erfahrungen betont werden, die zum gegenwärtigen Augenblick geführt haben. Dieses auf andere Erfahrungen fokussierte »Storytelling« – das unserer Vergangenheit Farbe verleiht, ein Bild unseres künftigen Lebens zeichnet und mit unserer Gegenwart verknüpft ist – lässt uns auch über den Bildschirm hinaus lebendig erscheinen.

Seelenbasierte Führung: Drittes Prinzip

Seelenbasierte Führungskräfte spornen ihre Mitarbeiter an, ihre Geschichten in einer Weise zu erzählen, die ihre Vergangenheit und Zukunft erhellt. Diese universelle Erzähltradition betont die Lebendigkeit. Seelenbasierte Führungskräfte zeigen ihnen darüber hinaus, wie man beim aufmerksamen Zuhören Hinweise entschlüsselt, so dass auch die anderen Teammitglieder nach Beendigung eines Meetings in ein vitales und facettenreiches Leben zurückkehren.

Reden, lachen, schreien oder laute Geräusche andere Art werden bei der virtuellen Arbeit erheblich reduziert. Diese Schlüsselerfahrung, einander zu hören, ist weitgehend in den Hintergrund gerückt oder kann im Alltag völlig fehlen. Wenn wir darüber nachdenken, welchen Aktivitäten wir den ganzen Tag lang nachgehen, stellen wir fest, dass der größte Teil aus Lesen und nicht aus Hören besteht.

Das ist ein großes Problem, wenn wir unsere »Menschlichkeit« in der Welt der virtuellen Arbeit wiederherstellen wollen.

Die eigene Stimme ist von zentraler Bedeutung für den menschlichen Reifeprozess; das gilt auch für die Art, wie uns andere wahrnehmen. Für die britische Neurowissenschaftlerin Dr. Faraneh Vargah-Khadem, die ebenfalls eng mit uns zusammenarbeitet und das Forscherteam leitete, das ein »Kommunikationsgen« entdeckte, ist die Fähigkeit, uns selbst sprechen zu hören, eine der wichtigsten Möglichkeiten, uns selbst als Lebewesen zu begreifen.[5]

Bevor wir der Sprache mächtig sind, signalisieren wir unseren Bezugspersonen anhand von Lautäußerungen, dass wir etwas brauchen. Wenn wir in dieser Lebensphase alleine sind, setzen wir unsere Stimme ein, um »uns selbst zu beruhigen«, eine Fähigkeit, die während unseres gesamten Lebens von zentraler Bedeutung für die emotionale Selbstregulierung ist. Das Kind im Mutterleib hört, bevor es sieht. Und als Erwachsene wissen wir, dass etwas laut auszusprechen, auch ohne Zuhörer, dazu beitragen kann, Dinge zu durchdenken oder schwierige Erfahrungen zu verarbeiten. Die Stimme zu nutzen und andere zu hören, statt zu lesen, was sie in eine »Maschine« eintippen, gehört zu den fundamentalsten Methoden, »lebendig« zu werden.

Fallbeispiel

Bei einem unserer Klienten, einer großen Regierungsbehörde, sprachen wir mit einem Mitarbeiter in leitender Stellung, der uns erzählte, wie wundervoll es sei, per Video mit seiner weit entfernt lebenden Tochter in Kontakt bleiben zu können.

Natürlich freut man sich immer, das Gesicht von Menschen zu sehen, die man liebt, wenn man nicht bei ihnen sein kann.

Doch dann erzählte er, nach einem dieser Videotelefonate habe er von seiner Frau erfahren, dass seine Tochter krank sei. Er war überrascht, weil er das auf dem Bildschirm nicht bemerkt hatte (wie bereits erwähnt, handelt es sich um eine elektronisch vermittelte Erfahrung, die durch den Aufnahmewinkel der Kamera und die Tatsache verzerrt werden kann, dass wir wie sprechende Köpfe erscheinen, losgelöst vom Rest unseres Körpers; sie kann nicht unsere relative Größe oder die Proportionen im Vergleich zu anderen Gegenständen im Raum widerspiegeln, weil wir durch einen begrenzten Blickwinkel betrachtet werden).

Wir sprachen darüber, dass wir uns bei dem stressreichen Versuch, uns auf den Bildschirm zu konzentrieren, die Aufmerksamkeit häufig unbewusst auf den Bildschirm selbst richten, weil er der einzige greifbare Gegenstand ist, der sich vor uns befindet. Dadurch werden Feinheiten nicht wahrgenommen, beispielsweise die Blässe eines Menschen oder unterschwellige Hinweise in seiner Stimme. Als wir über diese subtilen Verzerrungen sprachen, wurde ihm bewusst, dass er vermutlich aus ihrer Stimme *herausgehört* hätte, dass sie krank sei, wenn sie ohne Videofunktion miteinander telefoniert hätten.

Lachen ist eine weitere wichtige Lautäußerung, die wir von uns geben und hören können. Humor kommt häufig in den Geschichten zum Ausdruck, die wir erzählen. In E-Mails sollte man humorvolle oder ironische Bemerkungen jedoch vermeiden, wie Studien belegen, weil sie von den Empfängern häufig missverstanden werden – ungeachtet dessen, ob sie den Absender kennen oder nicht.[6] Auch wenn wir in einer E-Mail »erklären« können, dass es sich um einen Scherz handelt, ist es ein lautes Lachen, das unserem Leben Lebenskraft verleiht und »ansteckend« wirken kann, wenn es geteilt wird. Es kann außerdem sehr heilsam sein – Lachen ist bekanntlich die beste Medizin.

Fallbeispiel

Norman Cousins war ein bekannter Autor, Lehrer, Friedensaktivist und Chefredakteur der Londoner Wochenzeitung *Saturday Review,* eines der renommiertesten Literaturjournale, die es je gab. Später wurde er Dozent an der University of California in Los Angeles in der Fakultät für Psychiatrie und Verhaltensbiologie. Als Friedensaktivist arbeitete er mit vielen politischen Führern zusammen. Von Präsident John F. Kennedy während der Kubakrise als inoffizieller Verhandler einberufen, trug er dazu bei, eine nukleare Katastrophe abzuwenden.

1964 wurde bei ihm eine autoimmune Bindegewebserkrankung und eine höchst schmerzhafte entzündlich-rheumatische Erkrankung diagnostiziert, die sich vor allem auf die Gelenke und die Wirbelsäule auswirkt. Der behandelnde Arzt teilte ihm mit, dass die Überlebenschancen angesichts dieser seltenen Erkrankung 1:500 stünden. Da Cousins zutiefst von der Heilkraft positiver Gefühle überzeugt war, suchte er nach Möglichkeiten, herzhaftes Lachen herbeizuführen. Er sammelte eine Reihe von Filmen, die ihm zum Lachen gebracht hatten, vor allem von den Marx Brothers, einer Komiker-Truppe, und Episoden aus der Fernsehserie *Candid Camera* (Versteckte Kamera). Er erklärte, zehn Minuten herzhaftes Lachen entsprächen zwei Stunden Schlaf ohne Schmerzen. Am Ende gelang es ihm, diese schmerzvolle Krankheit mit der von ihm entwickelten Lachtherapie, Vitamin C in hoher Dosierung und gesunden Ernährungsgewohnheiten zu bekämpfen.

Der wichtigste Punkt für uns alle und insbesondere für seelenbasierte Führungskräfte ist die Erkenntnis, dass ein getipptes »lol« auf einem 2x4 Zoll großen Display keine Möglichkeit bietet, einander als ganzheitliche, menschliche und humorvolle Lebewesen zu erfahren.

Gedankenexperiment

Überlegen Sie, woher Sie wissen, dass etwas nicht stimmt, wenn jemand Sie anruft. Denken Sie an eine Erfahrung, in der Lautäußerungen eine Schlüsselrolle gespielt haben. Und nun denken Sie an Ihre tägliche Arbeit. Fragen Sie sich, wie oft Sie hören im Vergleich zum Lesen oder Schreiben. Welcher Prozentsatz Ihrer Zeit sollte einer Geräuschkulisse vorbehalten sein, bei der die menschliche Stimme im Vordergrund steht?

Gehen Sie noch einen Schritt weiter: Überlegen Sie, wie oft Sie im Rahmen Ihrer virtuellen Arbeit laut lachen, verglichen mit der Zeit, bevor virtuelle Arbeit zur Norm wurde. Was für ein Gefühl weckt Lachen im realen Leben in Ihnen? Wie verändert es Ihre Beziehungen generell? Wie wirkt es sich auf die virtuellen Beziehungen in Ihrem spezifischen Kontext aus?

Seelenbasierte Führung: Viertes Prinzip

Seelenbasierte Führung nutzt angemessenen Humor und Lachen, um die Erfahrung des lauten Lachens und der optimistischen Vitalität zu teilen.

Selbst wenn es uns gelingt, eine »lebendigere« Verbindung zwischen Teammitgliedern durch den entsprechenden Ansporn zu fördern, müssen wir im Rahmen der virtuellen Arbeit noch einen weiteren Schlüsselaspekt menschlicher Erfahrungen in Betracht ziehen, die sogenannte Theory of Mind.

Was versteht man unter Theory of Mind?

Die Theory of Mind (ToM), auch Theorie des Geistes genannt, umfasst das Wissen und Verständnis, dass andere ihre eigenen Gedanken, Gefühle und Präferenzen haben, die sich von unseren unterscheiden. Es handelt sich um ein unausgesprochenes Einfühlungsvermögen in die Bewusstseinszustände anderer Personen, das sich schon in frühester Kindheit, zwischen dem dritten und fünften Lebensjahr, entwickelt. Die ToM entsteht vor allem dann, wenn wir das Verhalten von Menschen in unserer unmittelbaren Umgebung beobachten, wenn uns die Mutter beispielsweise überrascht oder jemand unangemeldet vor der Tür steht und der Vater sich ärgert, weil er nicht mit Besuch gerechnet hat. Diese natürlichen gelebten Erfahrungen werden dann mit anderen Erkenntnissen verknüpft und nach wenigen Jahren modifizieren wir unsere Selbstzentriertheit, können Mutmaßungen über das Verhalten unserer Eltern oder anderer Personen anstellen, das sich aus ihrer Weltsicht ableitet, die nicht die unsere sein muss.

Fallbeispiel

Forscher führen bei kleineren Kindern oft den sogenannten »Candy-Test« durch. Ein Versuchsleiter und ein Kind nehmen an einem Tisch Platz, auf dem sich eine Schachtel mit losen Süßigkeiten befindet, beispielsweise M&Ms oder Schokomint-Drops. Er schüttelt die Schachtel und sagt: »Rate mal, was sich in der Schachtel befindet?« Das Kind antwortet: »Süßigkeiten.« Dann leert der Versuchsleiter den Inhalt auf den Tisch aus, räumt ihn weg und ersetzt ihn durch kleine Kieselsteine. Daraufhin fragt er abermals: »Rate mal, was sich in der Schachtel befindet?« Das Kind, das ja gesehen hat, wie die Süßigkeiten ausgetauscht wurden, antwortet: »Kieselsteine.« Der Versuchsleiter sagt: »Richtig.« Seine nächste Frage lautet: »Stell dir einmal vor, jetzt kommt jemand zur Tür herein, der nicht weiß, dass wir die Süßigkeiten gegen Kieselsteine ausgetauscht haben; wenn ich dann die Schachtel schütteln und die Person fragen würde, was sich darin befindet, was würde sie antworten?«

Wenn das Kind erwidert, die Person würde sagen, dass die Schachtel Süßigkeiten enthält, hat es bereits eine Theory of Mind entwickelt. Ihm ist klar, dass jemand, der den Raum betritt, nicht wissen kann, dass der Inhalt ausgetauscht wurde. Wenn das Kind erwidert, dass die Schachtel Kieselsteine enthält, hat es noch keine ToM entwickelt.

Warum ist die ToM so wichtig?

Weil wir ohne ToM nicht lernen können, empathisch zu sein.

Ohne Empathie sind wir unfähig, uns in andere hineinzuversetzen, weil wir unsere eigene Sichtweise für die einzig wahre halten und ein Perspektivwechsel daher nicht ins Gewicht fallen würde.

Eine ToM entwickeln wir nur, wenn wir unmittelbar mit einer Information konfrontiert werden, die unsere Sichtweise widerlegt: wenn etwas Unerwartetes geschieht, das in direktem Widerspruch zu unserer vermeintlichen Wahrheit steht.

Wenn ein Kind die Weltsicht zu entwickeln beginnt, dass es seinen Willen mit Hilfe eines Tobsuchtsanfalls durchzusetzen vermag, bestätigt das seine Annahme, wie die Welt funktioniert.

Wenn die Eltern aber nicht nachgeben, wird seine ursprüngliche Annahme widerlegt und es lernt gleichzeitig, dass es Menschen gibt, deren Verhalten von anderen Überzeugungen geleitet wird.

Kinder entwickeln auch eine Theory of Mind, wenn sie Geschichten mit einem überraschenden Ausgang hören und sich dann alleine Geschichten mit einem solchen Ende ausdenken. Das Konzept ist das gleiche. Kinder, die keine ToM entwickelt haben, können den Begriff Überraschung oder die damit verbundene Freude nicht verstehen. Wenn sie bereits über eine ToM verfügen, finden sie Überraschungen lustig und interessant, haben das Gefühl, dass die Geschichten dadurch erst »lebendig« werden. Sie entwickeln eine ToM, während sie üben, die Eltern und andere Bezugspersonen zu überraschen. Und aus dieser Perspektive beginnen sie zu erkennen, dass andere Menschen und Tiere, andere Wesen, die »lebendig« sind, verletzt werden und Schmerz empfinden können, auch wenn sie nicht die Leidtragenden sind. Sie werden sich ihrer

Fähigkeit bewusst, andere zu beschwichtigen und zu trösten, auch dann, wenn die Welt für sie vollkommen in Ordnung ist. Und auf diese Weise lernen sie, empathisch zu sein – aus der ToM herauszuwachsen –, was ebenfalls wichtig für die Selbstregulierung und den Perspektivwechsel ist.

Und was macht die ToM in unserer heutigen virtuellen Arbeitswelt so relevant?

Die Tatsache, dass wir anderen nicht wirklich Aufmerksamkeit schenken, wenn wir etwas in unsere elektronischen Geräte eintippen oder im virtuellen Hinterland umherstreifen. Fast alles, worauf wir unsere Aufmerksamkeit richten, ist auf die Erfüllung unserer Bedürfnisse, Wünsche und Bestrebungen ausgelegt. Wir sind ständig von bestätigenden Informationen umgeben: Bestätigungen, dass unser Standpunkt der einzig wahre ist. Da wir jederzeit online gehen können, wo wir Repräsentationen einer Weltsicht finden, die sich mit unserer eigenen deckt, und nicht auf die Idee kommen würden, nach Informationen Ausschau zu halten, die sie widerlegen, sind wir weder aufgefordert noch der direkten Erfahrung ausgesetzt, zu erkennen, dass andere anders denken oder fühlen als wir. In unserer heutigen Welt können wir auch dann gelebte Erfahrungen erzeugen, wenn wir Erfahrungen nur mit Menschen austauschen, die genauso denken wie wir. Die ToM schrumpft. Und damit kann ein Schwund der erlernten und geübten Empathie einhergehen.

In einer Studie jüngeren Datums[7] stellten die Forscher fest, dass Firmenchefs und andere Topmanager erkannt haben, dass Empathie eine wichtige Antriebskraft am Arbeitsplatz ist. 92% waren der Überzeugung, sie sei auch wichtig für die Performance, die Erfüllung der vorgegebenen finanziellen Leistung eines Unternehmens. Vor rund zwei Jahren waren 57% der CEOs der Meinung, die Empathie am Arbeitsplatz müsse sich ändern; inzwischen ist der Prozentsatz auf 72% gestiegen. Sie haben begriffen, dass Empathie ein absolutes Muss für nachhaltigen Geschäftserfolg in unserer heutigen Arbeitswelt ist. Doch es besteht eine große Lücke, die sogenannte »Empathie-Lücke«, zwischen Überzeugung (innerer Einstellung) und Verhalten. Dieselben Forscher fanden auch heraus, dass Mitarbeiter das Gefühl haben, die Empathie ihrer Vorgesetzten ihnen gegenüber lasse nach. Fakt ist, dass 82% der Befragten erklärten, sie würden einen Arbeitsplatzwechsel zugunsten einer empathischeren Firma in Betracht ziehen, und 78% sagten, für einen Arbeitgeber mit mehr Empathie würden sie auch Überstunden in Kauf nehmen.

Doch Führungskräfte können Empathie nicht wie einen Wasserhahn aufdrehen. Dazu bedarf es eines Triggers, der die Theory of Mind in Gang setzt und sie darauf aufmerksam macht, wie wichtig es ist, Einfühlungsvermögen zu beweisen. Leider gelangte man in der oben genannte Studie auch zu dem Ergebnis, dass 58% der befragten CEOs es schwer fanden, Empathie zu bekunden, ein Anstieg um 13 Punkte seit 2018. Mit anderen Worten, immer mehr Führungskräfte kämpfen damit, Empathie zum Ausdruck zu bringen.

Fest steht, dass Führungskräfte auf dieser Ebene die falsche Richtung einschlagen.

Dieser besorgniserregende Trend wird weiterhin zunehmen, wenn wir nicht für eine gezielte Aktivierung der ToM als gelebte Erfahrung im Führungsverhalten sorgen. Das eine ergibt sich aus dem anderen. Es besteht keine Möglichkeit, dieses zutiefst menschliche Wesensmerkmal zu umgehen.

Wichtig ist, dass die virtuelle Distanz bei dieser Reise, die uns wieder zu einer bewussten Demonstration der Bezug- und Rücksichtnahme auf andere zurückführt, zur gleichen Zeit abgebaut werden sollte. Wenn Führungskräfte sich am seelenbasierten Modell orientieren und ihre ToM gezielt reaktivieren, sollten sie gleichzeitig darauf achten, dass ihre empathischen Signale angesichts des Lärms, der die virtuelle Distanz begleitet, klar wahrzunehmen sind.

Seelenbasierte Führung: Fünftes Prinzip

Seelenbasierte Führungskräfte spüren, wenn sie sich im Labyrinth der bestätigenden Informationen verirren und die Verbindung zur ToM verlieren.

Seelenbasierte Führung: Sechstes Prinzip

Seelenbasierte Führungskräfte halten aktiv nach Informationen Ausschau, die ihre Überzeugungen widerlegen, und üben den Perspektivwechsel, der sie befähigt, ihre Empathie häufiger zum Ausdruck zu bringen, während sie gleichzeitig die virtuelle Distanz reduzieren.

Seelenbasierte Führung: Siebtes Prinzip

Seelenbasierte Führungskräfte nutzen gelebte Erfahrungsmöglichkeiten, die Teammitglieder regelmäßig daran erinnern, dass nicht alle Menschen so denken und fühlen wie sie; das trägt zur Festigung der Gruppen-ToM bei. Sie helfen ihren Teammitgliedern, den Blick wieder dafür zu schärfen, wie andere die Welt und ihre Arbeit sehen, und die Gedanken und Gefühle anderer nicht unbewusst beiseitezuschieben, sondern als Ergänzung zu betrachten.

Die »Praxis« der seelenbasierten Führung

Um eine seelenbasierte Führungskraft zu werden, bedarf es der Übung. Es reicht nicht aus, eine Liste mit »Taktiken« oder »charakteristischen Merkmalen« durchzulesen und dann zu versuchen, sich nach den Empfehlungen zu richten, denn dann betrachtet man Führung vor allem aus der kognitiven Perspektive.

Seelenbasiert bedeutet nach unserer Definition, im Alltag nach den Prinzipien zu leben, die darauf abzielen, die »Lebendigkeit« am Arbeitsplatz wiederherzustellen. Wir müssen sie als Fundament verankern, auf dem wir eine Reihe gelebter Erfahrungen aufbauen. Sie bilden ein Gerüst, das uns trägt: eine seelenbasierte Plattform.

Deshalb empfehlen wir in diesem Buch regelmäßige kontemplative Übungen, um in die Aufgaben einer seelenbasierten Führungskraft hineinzuwachsen. Fokussieren Sie sich dabei gezielt und bewusst auf drei Bereiche:

- Metakognition,
- Achtsamkeit und
- Wiederherstellung der Exekutiven Funktionen.

Diese drei Bereiche sind miteinander verbunden, auch wenn nicht zwangsläufig der eine zum anderen führt, vor allem am Anfang des Weges. Hier also einige »praktische Übungen für Einsteiger«, um mit dem Umbau der inneren sozio-emotionalen Strukturen zu beginnen, die dazu beitragen, den Prinzipien einer seelenbasierten Führung zu folgen.

Metakognition

Metakognition beinhaltet die gelebte Erfahrung, sich die eigenen Denk- und Lernprozesse immer wieder bewusst zu machen, auf Distanz zu sich selbst zu gehen und sich mit den eigenen Ansichten und Überzeugungen auseinanderzusetzen. Mit den folgenden metakognitiven Übungen schaffen wir einen wohlüberlegten Abstand zwischen unserem »Selbst« und der Welt. Auf diese Weise lösen wir uns emotional von einer Situation, gehen bewusster an sie heran, orientieren uns an Lektionen, die wir gelernt haben.

Die Theaterübung: Idealerweise suchen Sie sich dafür einen Platz, der so wenig Ablenkungen wie möglich bietet, wo Sie eine Weile ungestört sitzen können. Am besten wäre eine offene, unbebaute Umgebung, zum Beispiel ein Park, ein Strandabschnitt oder ein Ort, an dem die Natur die Hauptkulisse bildet. Falls das nicht möglich oder zu umständlich ist, positionieren Sie sich so, dass Sie einen unverstellten Blick auf ein Stück Natur, beispielsweise einen Baum oder den Himmel haben, auch wenn es sich dabei nur um ein Foto in der Nähe handelt.

Legen Sie sich ein Blatt Papier oder Notizblock und Stift zurecht. Schalten Sie alle elektronischen Geräte aus und verstauen Sie sie außerhalb Ihres Blickfelds. Deaktivieren Sie Klingelzeichen, Alarmsignale usw.

Stellen Sie sich nun bildlich vor, dass Sie in einem Theater sitzen, einem kleinen Kino oder in einem großen Theater mit Bühne; außer Ihnen gibt es keine Zuschauer. Stellen Sie sich vor, dass sich Ihr Platz ungefähr auf halber Höhe der Tribüne befindet.

Rufen Sie sich jetzt ein Szenario am Arbeitsplatz oder einen Ausflug mit Freunden ins Gedächtnis zurück – irgendeine ungewöhnliche Situation, in der etwas geschehen ist, an das Sie sich in möglichst vielen Einzelheiten erinnern können.

Notieren Sie alles, was Ihnen dazu einfällt, auf Ihrem Notizblock. Projizieren Sie die Situation nun auf Ihre imaginäre Kinoleinwand oder Bühne. Sehen Sie sich selbst in der »Produktion« – Sie gehören ja zu den Mitwirkenden.

Lassen Sie die Situation vor Ihrem inneren Auge Revue passieren, während Sie still auf Ihrem imaginären »Platz« sitzen und sich die »Aufführung« anschauen.

Wie würden Sie die Situation und die Rolle, die Sie darin gespielt haben, aus Ihrer Perspektive als Zuschauer beschreiben? Wie haben Sie das Geschehen beurteilt? Welche Gedankengänge wurden bei Ihnen durch die Worte eines anderen Beteiligten ausgelöst? Waren sie emotional geladen, distanziert, extrovertiert, introvertiert, besonnen? Beobachten Sie sich selbst in dieser Szene. Überlegen Sie, was Sie aus dieser Situation gelernt haben. Haben Sie etwas daraus gelernt? Und wenn ja, was genau? Wie haben Ihre Denk- und/oder Lernprozesse Ihre Gedanken und Gefühle in anderen Situationen beeinflusst?

Diese Übung ist vor allem deshalb so nutzbringend, weil Sie sich selbst mit emotionaler Distanz und an einem Schauplatz des Geschehens beobachten können, an dem Sie normalerweise nicht sich selbst, sondern andere Personen wahrnehmen.

Notieren Sie Ihre Überlegungen zu den Gedanken und Gefühlen, wenn Ihre projizierte Geschichte beendet ist. Machen Sie sich Ihre Gefühle hinsichtlich der Situation bewusst; haben sie sich nach der Theaterübung geändert? Damit steht Ihnen eine weitere Möglichkeit zur Verfügung, mehr über sich selbst herauszufinden.

Anmerkung: Möglicherweise werden Sie diese oder eine der anderen Übungen zunächst als unangenehm empfinden, aus welchen Gründen auch immer. In diesem Fall sollten Sie sich nicht »zwingen«, durchzuhalten. Etwas zu forcieren, was ungute Gefühle auslöst, wäre kontraproduktiv. Unterbrechen Sie die Übung, machen Sie einen Spaziergang und kommen Sie anschließend darauf zurück, wenn Sie möchten. Unwohlsein ist etwas anderes als »Ungeduld«. Falls es Ihnen schwerfällt, sich zu konzentrieren, lassen Sie einfach zu, dass alles, was Ihnen einfällt, auf der Bühne seinen Lauf nimmt, anstatt sich mit aller Macht an Ihr »Drehbuch« zu klammern. Versuchen Sie aber dennoch, geduldig zu sein. So geduldig wie es geht mit sich selbst und Ihren eigenen kognitiven Prozessen.

Diese und andere kontemplative Übungen könnten Ihnen auch deshalb schwerfallen, weil wir uns heute kaum noch die Zeit nehmen, zu überdenken, was wir denken oder fühlen. In dieser Hinsicht Durchhaltevermögen zu entwickeln, ist hilfreich, weil wir auf dem Weg der Selbstreflexion mehr über uns erfahren.

Der wichtigste Teil der Übung besteht darin, einfach nur wahrzunehmen, wie unser Verstand arbeitet, und aus unseren Beobachtungen zu lernen.

Am Anfang reicht es aus, die Übung auf ein paar Minuten zu begrenzen. Wenn Sie diese Übung oder die anderen Techniken in Ihren Alltag integrieren, werden Sie im Lauf der Zeit vermutlich feststellen, dass Sie generell nachdenklicher geworden sind.

Manche Leute haben ständig einen Notizblock und Schreibutensilien dabei. Für seelenbasierte Führungskräfte ist es wichtig, die Gedanken auf Papier festzuhalten und die Hände beim Schreiben zu bewegen. Diese Erfahrung wird eher im menschlichen als im mechanischen Kontext verortet.

Achtsamkeit

Achtsamkeit ist nicht das Gleiche wie Metakognition. Achtsamkeit hat nach allgemeiner Auffassung mehr damit zu tun, im »Hier und Jetzt präsent zu sein«. Unsere Gedanken schweifen oft wahllos ab. Achtsamkeit fördert die Verankerung mentaler Gewohnheiten, die uns die Fokussierung auf den gegenwärtigen Augenblick erleichtern. Sie werden feststellen, dass das nicht leicht ist; wir sind die geborenen »Zeitreisenden« und Analytiker. Wir denken ständig über die Vergangenheit und die Zukunft nach. Wir nutzen unsere Gedanken, um unsere Erinnerungen feinzuschleifen oder uns auf die bevorstehenden Zeiten vorzubereiten, die so sein könnten, wie wir es uns vorstellen … oder auch nicht.

Das ist vollkommen natürlich – wir sind Planer. Doch um andere und jede Situation, der wir uns gegenübersehen, besser zu verstehen, müssen wir flexibel bleiben, unsere Gedanken neu ausrichten, um die Gegenwart für uns erfahrbar zu machen. Einen Meditationskurs zu besuchen oder uns mental darauf »vorzubereiten«, Achtsamkeit zu praktizieren, ist nicht zwingend erforderlich. Wir können fast alles nutzen, was uns hilft, unser Umfeld achtsam wahrzunehmen. Eine leichte Brise, das Rattern eines Zuges oder das Geräusch der Autoreifen, die über die Fahrbahn rollen, bringen uns in das »Hier und Jetzt« zurück.

Die Atemübung: Vermutlich kennen Sie die Übung bereits. Wir empfehlen sie vor allem deshalb, weil uns der Atem stets begleitet und wir keine zusätzliche Energie aufwenden müssen, um uns Zugang zu ihm zu verschaffen und uns seine Unterstützung zu sichern.

Wählen Sie einen Raum aus, in dem Sie eine Weile ungestört Platz nehmen können. Wenn sich andere Menschen in Ihrer Nähe befinden, richten Sie Ihre Aufmerksamkeit einfach auf Ihren Atem. Mehr ist für diese Grundübung nicht erforderlich. Nehmen Sie nur Ihren Atem wahr. Die Übung trägt dazu bei, eines der grundlegendsten Merkmale der Lebendigkeit uneingeschränkt zu erfahren. Und das hilft wiederum, im Hier und Jetzt voll präsent zu bleiben.

Um die Übung zu erweitern, achten Sie nun darauf, wie sich Ihr Atem beim Ein- und Ausatmen anfühlt. Sie können außerdem Ihre Ein- und Ausatemzüge zählen, das fördert Gelassenheit und Ausgeglichenheit: Zählen Sie sowohl beim Einatmen als auch beim Ausatmen bis vier. Wenn Sie diese Übung am Anfang mehrmals wiederholen, können Sie ihre Aufmerksamkeit noch besser fokussieren und sich im gegenwärtigen Augenblick verankern.

Falls Sie schon einmal Achtsamkeitsübungen ausprobiert haben, wissen Sie, dass fast immer willkürliche Gedanken auftauchen, die Ihre Bemühungen stören, sich auf die Gegenwart zu fokussieren. Für einige Menschen sind solche Unterbrechungen ungeheuer frustrierend. Doch diese Gedanken sind ebenfalls ein Teil von uns. Wir sollten sie zur Kenntnis nehmen und respektieren – ohne ihnen zu folgen. Das gelingt beispielsweise mit Hilfe der *Parade-Übung*:

Stellen Sie sich die Gedanken, die Ihnen in den Sinn kommen, während Sie auf Ihren Atem achten, wie Teilnehmer einer Parade vor, die an Ihnen vorübermarschieren. Sie können Ihnen respektvoll zuwinken, ohne die Zuschauertribüne zu verlassen und sich der Parade anzuschließen.

Es braucht seine Zeit, bis Sie sich wohl fühlen und sich daran gewöhnt haben, Gedanken, die eine verführerische Anziehungskraft besitzen, zur Kenntnis zu nehmen und ziehen zu lassen. Doch Übung macht bekanntlich den Meister.

Einige Leute finden es hilfreich, sich Notizen zu machen oder mit wenigen Worten zu beschreiben, wie sich die Gefühle durch diese Praxis verändert haben. Das Nachdenken über unsere emotionalen Zustände und die Lektionen, die wir aus unseren Erfahrungen mit diesen Übungen ableiten, ermöglichen uns, das eigene Leben ohne zusätzlichen Zeitaufwand als lebendiges Experiment zu nutzen. Wenn wir unser Leben vollumfänglicher wahrnehmen und im Anschluss daran in irgendeiner Form überdenken, haben wir Fortschritte in Richtung einer seelenbasierten Führung gemacht.

Die Wiederherstellung der Exekutiven Funktionen

Exekutive Funktionen sind Kontroll- und Regulierungsprozesse, die wir Menschen nutzen, um unsere Gedanken und Gefühle bewusst zu steuern; dabei werden nicht-reaktive kognitive Fähigkeiten aktiviert, im Gegensatz zu den archaischen, reaktiven Fähigkeiten, die im »Eidechsengehirn« verortet sind. Über die Exekutiven Funktionen wurden zahlreiche Bücher und Lernmaterialien verfasst. Deshalb verzichten wir hier auf eine ausführliche Definition oder Erläuterung.

Man kann sich die Exekutiven Funktionen wie Ordnungshüter vorstellen, die den Verkehr in unserem Kopf regulieren. Sie lenken unsere Gedanken und Gefühle, erteilen ihnen mit einer Geste die Anweisung, sich in die eine oder andere Richtung zu »bewegen«. Obwohl wir alle imstande wären, von unseren Exekutiven Funktionen Gebrauch zu machen, lassen wir oft zu, dass sie in der heutigen Welt verlorengehen, weil wir ständig »nach der Pfeife« elektronischer Geräte tanzen, die darauf programmiert sind, uns zu bestimmten Aktivitäten zu ermutigen. Wir umgehen die Exekutiven Funktionen häufig, begnügen uns mit unseren reaktiven geistigen Fähigkeiten. Um diese Kontroll- und Regulierungsprozesse zu nutzen, müssen wir (1) innehalten, (2) nachdenken, und (3) den nächsten Schritt wählen und die Entscheidung nach sorgfältigem Abwägen der verschiedenen Optionen umsetzen. Wenn das schnelle Denken das

Kommando übernimmt, kann das langsame Denken nicht mithalten. Deshalb müssen wir aufmerksam sein und die Exekutiven Funktion wieder aktivieren, damit wir die Dinge in aller Ruhe *überdenken* können.

Es gibt unzählige Methoden, die darauf abzielen, die Exekutiven Funktionen zu verbessern. Einige Forscher listen fünf und andere sieben Dimensionen dieses Kontroll- und Regulierungsprozesses auf, und dann gibt es noch die zusätzlichen Interpretationen und Empfehlungen von zahlreichen Experten, die Kindern und Erwachsenen bei der Optimierung helfen.

Für unsere Zwecke reicht es jedoch aus, die seelenbasierte Führung hervorzuheben und die Aufmerksamkeit vor allem auf diejenigen Erfahrungen zu richten, die dazu beitragen, uns unserer Lebendigkeit zu besinnen und unsere Theory of Mind zu vertiefen. Deshalb schlagen wir zu Beginn eine Reihe einfacher Übungen vor, die eine regelmäßige Aktivierung und Verbesserung der Exekutiven Funktionen fördern.

Zuhören und abwechselnd das Wort ergreifen: Suchen Sie sich für diese Übung eine beliebige Unterhaltung aus – welcher Art auch immer.

Fokussieren Sie sich darauf, präsent zu bleiben und achtsam wahrzunehmen, dass sich am anderen Ende der Leitung oder auf der gegenüberliegenden Seite des Tisches ein lebendiges atmendes Wesen befindet, das ein eigenes Leben hat und sensibel auf Ihre Worte und Ihr Verhalten reagiert. Es hilft auch, sich daran zu erinnern, dass der Gesprächspartner nicht »wissen kann«, was wir denken. Wir müssen ihm daher mit Gesten oder Signalen zu verstehen geben, dass wir ihn »hören«, und »mit jedem Wort« zeigen, dass wir aufmerksam sind.

Vergewissern Sie sich im Verlauf der Unterhaltung, dass Sie zuhören, geduldig sind und Ihren Gesprächspartner nicht unterbrechen. Lassen Sie ihn ausreden und signalisieren Sie ihm, dass Sie ganz Ohr sind, in dem Sie beispielsweise mit dem Kopf nicken, um anzudeuten, dass Sie über seine Worte nachdenken.

Wenn Ihr Gesprächspartner eine Pause einlegt und damit stillschweigend den Stab übergibt, in Erwartung einer Antwort oder Anmerkung von Ihnen, nehmen Sie als Erstes Bezug auf das, was er gesagt hat. Machen Sie Gebrauch von Ihren Exekutiven Funktionen, indem Sie das Tempo der Unterhaltung anpassen und abwechselnd auf die Aspekte eingehen, die zur Sprache kommen.

Die Praxis der »Noreply-E-Mails«: Wir werden alle mit E-Mails bombardiert. Und manchmal befinden sich E-Mails darunter, die eine heftige Reaktion in uns auslösen. Wenn es Ihnen wie den meisten Menschen ergeht, lassen Sie sich vielleicht dazu hinreißen, eine E-Mail, über die Sie sich maßlos aufgeregt haben, umgehend zu beantworten.

Lassen Sie es bleiben.

Betrachten Sie es vielmehr als Chance, die Selbstregulierungsdimension Ihrer Exekutiven Funktionen zu nutzen.

Die Worte, die eine Reaktion bei uns ausgelöst haben, schaffen oft ein kontextuelles Vakuum, das wir der Einfachheit halber mit Hilfe unserer reaktiven kognitiven Fähigkeiten zu füllen versuchen. Wir empfinden es als gerechtfertigt, im Eifer des Gefechts eine Antwort zu verfassen, die vermutlich unangemessen ist und uns rückblickend töricht erscheinen lässt.

Wenn wir davon absehen, umgehend auf eine E-Mail zu antworten, die heftige Reaktionen auslöst, werden unsere Exekutiven Funktionen wieder aktiviert und gestärkt. Und im Lauf der Zeit, wenn wir innehalten, überlegen und eine gesunde Distanz schaffen, indem wir uns beispielsweise die Zeit nehmen, unsere Optionen abzuwägen, befähigen wir unseren mentalen Verkehrspolizisten, uns bei der Vermeidung des schnellen Denkens zu unterstützen.

Unter dem Strich haben wir einige schlechte Führungsgewohnheiten entwickelt, die nicht gut funktionieren, wenn unser Ziel darin besteht, die virtuelle Distanz zu reduzieren und die Lebendigkeit unsere Mitarbeiter zu fördern. Wir haben uns außerdem eine Lebensweise zu eigen gemacht, bei der wir uns unbeabsichtigt und unbewusst die Erlaubnis erteilen, selbstzentrierter, weniger empathisch und unachtsamer dafür zu werden, wie wir diese Neigungen verstärken. Das hat zur Folge, dass wir auf der menschlichen Ebene oft gereizt reagieren, was sich in zunehmenden Gesundheitsproblemen, Depressionen und einem Gefühl der Isolation und Boshaftigkeit äußert.

Die Herausforderung eine seelenbasierten Führung anzunehmen trägt dazu bei, eine positivere Richtung einzuschlagen, die sich in höherem Maß an gemeinsamen Erfahrungen orientiert, die uns hilft, wieder in Kontakt mit uns selbst und mit den Menschen zu treten, die sich auf unsere Anleitung verlassen. Seelenbasierte Führung ist per se eine Erfahrung und kein abstraktes oder intellektualisiertes Führungskonzept, das unter Bedingungen ideal erschienen sein mag, die weitgehend der Vergangenheit angehören.

Überlegungen

Die virtuelle Distanz hat sich – entsprechend unserer Prognosen vor einigen Jahren – weltweit ausgebreitet und verstärkt. Das Ausmaß, in dem sie unsere Arbeitsergebnisse beeinflusst hat, nimmt ebenfalls zu. Sie beeinträchtigt nicht nur die Arbeit, sondern auch die mentale und physische Gesundheit. Noch nie haben sich so viele Menschen so isoliert gefühlt. Und wir haben anhand hieb- und stichfester Daten belegt, dass die virtuelle Distanz zu einem großen Teil die Ursache ist.

Wenn wir das Problem nicht in Angriff nehmen, wird es sich in Zukunft noch verschärfen. Doch das muss nicht sein. Wir wissen, wie man virtuelle Distanz abbaut, ihre Auswirkungen umkehrt und im Lauf der Zeit in den Griff bekommt.

Als Menschen, die sowohl im Berufs- als auch Privatbereich Freude und Zufriedenheit aus Sinnhaftigkeit, Rücksichtnahme und Zielbewusstheit herleiten, brauchen wir eine andere Art, Führung zu betrachten.

Seelenbasierte Führung kann zu eben diesem Zweck genutzt werden: um mehr authentische menschliche Erfahrungen zu schaffen, eine klarere Sicht auf die wirklich wichtigen Aspekte der Arbeit zu ermöglichen und bewusst, wohlüberlegt und besonnen die Auswirkungen der virtuellen Distanz zu überwinden, die uns alle betreffen.

Anhang A
Virtuelle Distanz und Neurowissenschaften: Eine andere Perspektive

Seit Beginn unserer Arbeit am Modell der virtuellen Distanz hat unser Projekt die Aufmerksamkeit einer Reihe namhafter Forscher und Denker geweckt. In einigen Fällen entwickelte sich daraus ein Dialog, in anderen eine Zusammenarbeit.

Besonders eng hat sich die Zusammenarbeit mit Dr. Martin Westwell gestaltet. Er ist Vorstandsvorsitzender des SACE Board of South Australia, das Bildungsstandards setzt und Lehrer und Schüler unterstützt, die diese Standards anstreben. Professor Westwell promovierte am Churchill College der University of Cambridge im Fachbereich Biochemie und leitete das Institute for the Future oft the Mind an der University of Oxford. An der Flinders University in Australien leitete er ein disziplinübergreifendes Team aus Psychologen, Kognitionswissenschaftlern, Bildungsforschern und Lehrkräften, das auf eine Verbesserung von Innovations-, Lehr- und Lernprozessen fokussiert war. 2018 wurde Professor Westwell vom Australian Council for Educational Leaders – dem Berufsverband für Leitungspersonal im australischen Bildungswesen – mit der Gold Medal für den »herausragendsten Beitrag zur Theorie und Praxis der Führungskompetenz im australischen Bildungswesen« ausgezeichnet. Er habe »beeinflusst, wie Schüler und Studenten in diesem Jahrhundert lernen können und lernen werden«. Wir wollten von Professor Westwell erfahren, wie sich die virtuelle Distanz aus der Perspektive des Neurowissenschaftlers, Forschers und Experten im Bildungswesen auf die derzeitigen Arbeits- und Lernprozesse auswirkt. Hier das Transkript des Interviews.

Lojeski: Hallo Martin. Vielen Dank, dass Sie sich die Zeit genommen haben, mit uns über Ihre Gedanken rund um das Thema Neurowissenschaft, virtuelle Distanz, Bildung und Arbeitskräfte zu sprechen.

Ich dachte, unsere Leser würden vielleicht gerne ein wenig mehr darüber erfahren, wie es vor annähernd fünfzehn Jahren dazu kam, dass Sie sich für die virtuelle Distanz und ihre Verbindungen zur Neurowissenschaft interessiert haben.

Westwell: Ich erinnere mich, dass ich damals an der Oxford University tätig war. Die Universität hatte von einem ehemaligen Absolventen gerade eine Spende von mehr als hundert Millionen Dollar erhalten, zusätzlich zu den Forschungsgeldern, mit denen einige große Probleme, Herausforderungen, die am Horizont auftauchten, in Angriff genommen wurden. Wir wollten unseren Blick über den eigenen Tellerrand richten und sehen, ob wir damit etwas für die lokale Bevölkerung bewirken konnten.

Rückblickend war es diese Zusammenarbeit mit anderen, die zeigte, dass man gemeinsam etwas erreichen kann, eine fantastische und prägende Erfahrung für meine Laufbahn als Akademiker.

Mit Hilfe dieser neu hinzugekommen finanziellen Mittel entstand unter anderem auch das Institute for the Future of the Mind, dessen Leitung ich übernahm. Wir hatten den Auftrag, zu erforschen, welche Veränderungen die Technologie auf der kognitiven Ebene mit sich bringt.

Zu Beginn des Projekts fokussierten wir uns auf sehr junge und sehr alte Menschen (weil man in der frühen Kindheit und im hohen Alter die interessantesten Vorgänge im Gehirn beobachten kann). Und wir wollten herausfinden, welche positiven oder negativen Auswirkungen die Technologie mit sich bringen und welchen Wandel sie in Gang setze könnte.

Das war also eine hervorragende Gelegenheit, unsere Gedanken an der Zukunft auszurichten, die bereits laufende Forschung mit Überlegungen zu verknüpfen, was wir für die Bevölkerung mit Blick auf die Zukunft erreichen könnten.

Wenn wir uns die kognitiven Neurowissenschaft ansehen, erkennen wir, dass es einige interessante Aspekte in Bezug auf die menschliche Arbeitsweise gibt – auf die Art, wie Menschen aufeinander reagieren.

Doch was uns damals auch auffiel, war, dass sich die Regeln der menschlichen Interaktionen wandelten. Bei der Einführung einer Technologie verändern sich viele Annahmen über die Wechselbeziehungen zwischen Menschen; alles beginnt sich zu ändern, wenn man die Technologie nutzt.

Einige unserer modernen Arbeitsformen zeigen erste Auswirkungen auf die Art, wie Menschen denken. Das war für uns von Interesse. In einem unserer Forschungsfelder ging es um das Multitasking, weil mit dem Einsatz der Technologie viele Leute begannen, mit einem »Doppelmonitor« zu arbeiten oder versuchten, sich auf eine Aufgabe zu konzentrieren, aber durch einen Anruf oder Nachrichten zum einen oder anderen Thema abgelenkt wurden.

Das waren Forschungsoptionen, die uns wirklich interessierten: Arbeit, die von der Verfügbarkeit der Technologie getrieben wurde und die Denkweise der Menschen veränderte.

Das bewog uns, über die virtuelle Distanz nachzudenken und gemeinsam mit der Organisation, in der Sie damals Forschungsleiterin waren, einen Artikel darüber zu schreiben. Er erschien 2007 in der *New York Times*.

Als wir aus der neurowissenschaftlichen Sicht untersuchten, wie sich diese Interaktionsregeln veränderten, war für uns offensichtlich, dass Sie bereits darüber nachgedacht hatten, aber aus der Unternehmensperspektive; wir kamen also aus völlig verschiedenen Richtungen. Aber wir landeten an der gleichen Stelle.

Deshalb war das eine fantastische, natürliche Ergänzung, was die Sicht auf die Probleme, mit denen wir uns befassten, und die Dinge betraf, über die Sie nachdachten.

Lojeski: Ja – unfassbar, dass sich aus diesen bescheidenen Anfängen seither eine so enge Zusammenarbeit bei einer Reihe von Projekten ergeben hat.

> *Für den Leser könnte es interessant sein, an dieser Stelle zu erfahren, dass wir Professor Westwell nicht persönlich kennen, trotz der zahlreichen gemeinsamen Forschungsaktivitäten, gemeinsam verfassten Artikel und engen Zusammenarbeit. Das ist ein hervorragendes Beispiel dafür, dass die virtuelle Distanz zwischen Menschen, die sich nie persönlich begegnet sind, gering sein kann, wenn die operative Distanz und die Affinitätsdistanz gering sind.*

Sie erwähnten also, dass die Technologie die Regeln menschlicher Interaktionen verändert. Wir haben gemeinsam eine wissenschaftliche Arbeit zu diesem Thema und einen Podcast veröffentlicht, aber können Sie uns an dieser Stelle ein wenig mehr darüber sagen?

Westwell: Natürlich. Normalerweise nehmen wir bei einer Face-to-Face-Unterhaltung einige kognitive und psychologische Abkürzungen, um andere Menschen zu verstehen.

Auf diese Weise vereinfachen wir uns die Dinge und das Nachdenken darüber, was sie besagen. Auch unsere Gefühle können uns dabei helfen.

Doch wenn die Technologie ins Spiel kommt, verändert sie die Regeln der menschlichen Interaktionen. Im Bereich der kognitiven Neurowissenschaft sehen wir, dass die Rolle der interpersonellen Wechselbeziehungen ungeheuer wirkmächtig ist, aber oft in einer Weise, die nicht sinnvoll erscheint. Es geht dabei nicht um »rationale« Interaktionen. Unsere rationalen Gedanken und das Bewusstsein stellen eine Art Blase dar. Sie wird von einer dünnen Zellschicht im Gehirn unterstützt. Das ist eine ziemlich fadenscheinige Verblendung, eigentlich nicht mehr als eine zerbrechliche Kruste, unter der fast alle anderen Aktivitäten stattfinden.

Es geht um diese anderen Aktivitäten hinter dieser Fassade, beispielsweise die Körpersprache, der Tonfall, in dem wir miteinander sprechen, die Mimik. Sie sind ungeheuer wichtig, um Verbindungen herzustellen, sind von zentraler Bedeutung für die Kommunikation.

Und sie sind es auch, die wir verlieren, wenn die Face-to-Face-Kommunikation fehlt, wenn wir uns nicht im selben Raum mit dem Kommunikationspartner befinden und keine zwischenmenschliche Wechselbeziehung entsteht.

Ich denke, dass Face-to-Face viele Dinge geschehen, die elektronisch nicht übermittelt werden können. Das macht sich in vielerlei Hinsicht bemerkbar.

Die subtilen unbewussten Methoden, mit denen wir das gegenseitige Verhalten beeinflussen, wenn wir zusammen sind, haben oft eine tiefgreifendere Wirkung als Informationen, die elektronisch weitergeleitet werden.

All das prägt unsere Denkweise, unser unterschwelliges und unbewusstes Verhalten. Und diese Face-to-Face-Interaktion geben uns Hinweise, die wir nutzen, um mit der Unterstützung unserer Gefühle die natürlichen kognitiven Abkürzungen im Gehirn einzuschlagen.

Lojeski: Bei einer elektronischen Kommunikationsübermittlung scheint uns also das Rohmaterial zu fehlen, beispielsweise Gesichtsausdrücke oder Körpersprache, die einen reibungslosen Ablauf unserer natürlichen kognitiven Prozesse ermöglichen. Was machen wir stattdessen?

Westwell: Bei einer Face-to-Face-Unterhaltung stehen uns einige dieser psychologischen Abkürzungen zur Verfügung, Möglichkeiten, um einander leichter zu verstehen, wenn wir miteinander kommunizieren, und unsere Gefühle helfen uns dabei.

Der Psychologe und Bestsellerautor Daniel Kahneman unterscheidet in seinem bahnbrechenden Buch über schnelles und langsames Denken zwischen unseren automatischen Impulsen, den leichten Möglichkeiten, Aufgaben zu verrichten, und dem langsamen Denken, das ein wenig kontrollierter erfolgen könnte.

Um die Dinge in die richtige Perspektive zu rücken: Wenn wir überlegen, wie die verschiedenen Formen des Denkens im Gehirn verarbeitet werden, findet das langsame Denken in den frontalen Arealen des Gehirns statt, denjenigen Teilen des Gehirns, die bei Menschen ausdifferenzierter sind als bei jeder anderen Spezies, selbst den am nächsten mit uns verwandten und klügsten, wie Schimpansen und Delfine.

Ihnen fehlen diese hochentwickelten frontalen Regionen des Gehirns, die uns Menschen zu eigen sind und uns erlauben, uns dem gegenwärtigen Augenblick mental zu entziehen. Tiere sind Gefangene des gegenwärtigen Augenblicks und reagieren auf das, was gerade geschieht.

Doch Menschen können mit Hilfe der Fähigkeit zum »Innehalten-und-Nachdenken« aus diesem Mechanismus ausbrechen und sich dank der Frontalbereiche unseres Gehirns sagen »Halt, warte mal – so geht das nicht. Ich muss die Dinge anders angehen.«

Und so beginnen wir zu planen, wozu andere Tiere nicht imstande sind. Der erste Teil besteht also darin, innezuhalten. Damit hemmen wir den Impuls, überstürzt zu handeln, blindlings zu reagieren, und sagen uns, dass es besser ist, sich einen Moment Zeit zu nehmen und zu überlegen.

Der zweite Teil besteht darin, »Gedankeninhalte im Gedächtnis zu bewahren« – eine Idee im Kopf abzuspeichern, während sie Gestalt annimmt, sodass man andere Ideen und Alternativen entwickeln und überdenken kann.

Und die dritte Phase bezeichnen wir als kognitive Flexibilität oder die Fähigkeit, an etwas anderes zu denken oder eine andere Entscheidung zu treffen, die auf der Innehalten-und-Nachdenken-Komponente basiert; sie ermöglicht uns, anders zu reagieren als wir es vielleicht gelernt haben, anpassungsfähiger zu sein.

Damit lassen sich alle drei Fähigkeiten zusammenfügen, die uns ermöglichen, innezuhalten und nachzudenken, das aktuelle Geschehen und die angestrebten Ziele im Gedächtnis zu behalten, und dennoch flexibel genug zu bleiben, um einen Weg zu finden, auf die jeweiligen Herausforderungen zu reagieren.

Und diese drei Fähigkeiten finden in dem Sammelbegriff Exekutive Funktionen ihren Niederschlag: Die Steuerzentrale des Gehirns übernimmt die Kontrolle über unsere Gedanken und Handlungen.

Wenn wir die Technologie in unseren Beziehungen und in unserer Kommunikation als Mittler einsetzen, nutzen wir einige der Abkürzungen, deren wir uns auch auf natürliche Weise in einer Face-to-Face Situation oder anderen traditionellen Umgebung bedienen würden. Aber wir versuchen, in einer Umgebung darauf zuzugreifen, in der Beziehungen und Kommunikation durch diese Technologie übermittelt werden.

Wir sind räumlich voneinander getrennt, kommunizieren aber miteinander.

Um die dabei entstehenden Informationslücken zu füllen, denkt sich unser Gehirn gewissermaßen eine Geschichte aus, die etwas über unsere Kommunikationspartner erzählt, da wir sie ja nicht unmittelbar erleben. Wir führen eine Art »Selbstgespräch« oder erzeugen einen »Spiegelsaal-Effekt«, während wir nach Hinweisen und Reaktionen Ausschau halten, die etwas über sie aussagen und die wir Face-to-Face erhalten würden, doch dabei handelt es sich nur um eine Übertragung unserer eigenen Hinweise und Reaktionen, die als Feedback zu uns zurückgeleitet werden.

Wir haben also zwei Systeme; das erste und unmittelbarste ist das schnelle Denken. Ich glaube, dass dieses schnelle Denken stattfindet, wenn wir die Technologie als Übermittler nutzen, weil sie sich über alles hinwegsetzt und die alten Regeln der Interaktion, wie bereits gesagt, nicht mehr greifen.

Es gibt einige neue Regeln, die eher auf unsere Interaktionen und Beziehungen abgestimmt sind, wenn wir die Technologie als Übermittler der Kommunikation einsetzen.

Mit der Erforschung der virtuellen Distanz haben Sie meiner Meinung nach in allen Einzelheiten aufgezeigt, wie sich die Regeln der Interaktion ändern.

Wenn wir diese Regeln nicht kennen, geraten wir leicht in die Falle, auf althergebrachte Weise zu arbeiten. Aber wir befinden uns in einem neuen System, während das alte, das als Rahmenwerk diente, zusammenzubrechen beginnt.

Nun wissen wir, dass sich die Regeln geändert haben, aber wir Menschen zeichnen uns durch unsere Exekutiven Funktionen aus; wir können unsere Denkweise ändern, können unsere Gedanken und Handlungen steuern.

Wenn ich beispielsweise erkenne, dass ich zu bestimmten Denkmustern neige und die Technologie als Mittler in meiner Beziehung nutze, weil es mir dann leichter fällt, Dinge zu tun, die ich normalerweise nicht tun würde, kann ich infolge dieser Erkenntnis beginnen, mein Verhalten zu kontrollieren. Ich bin imstande, meine Interaktionen zu steuern und innezuhalten, um die negativen Effekte zumindest abzuschwächen, wenn nicht sogar vollständig zu überwinden, indem ich nach einer anderen Möglichkeit Ausschau halte, zu kommunizieren oder die Beziehung konstruktiver zu gestalten.

Lojekski: Vielen Dank, Martin. Es ist sehr hilfreich, zu verstehen, wie unser Gehirn arbeitet. Ich würde gerne noch einmal auf die Idee zu sprechen kommen, die Sie gerade erwähnt haben, die räumliche Trennung und der Versuch, alte Regeln auf diese neue Situation anzuwenden.

Wie Sie schon sagten, verändert die Isolation die Interaktionsregeln und die Reaktion auf unsere Exekutiven Funktionen. Aber man sieht auch etwas Anderes, das davon betroffen ist – das Konzept des Zusammenhalts – oder das mangelnde Zugehörigkeitsgefühl, das durch die technologie-übermittelte Kommunikation entsteht. Können Sie uns ein wenig mehr darüber erzählen, und warum dieser Aspekt für das menschliche Wohlbefinden so wichtig ist?

Westwell: Wir sehen also, wenn wir Technologie ins Spiel bringen, ändern sich die Regeln und die Beschaffenheit unserer Interaktionen.

Und das ist ein breitgefächertes Thema sowohl am Arbeitsplatz als auch im Bildungswesen.

Die Technologie hat im Bildungsbereich zunehmend Verbreitung gefunden, und das macht sich bemerkbar. Ich denke, dieses Problem der Zugehörigkeit, mit dem wir seit einiger Zeit zu kämpfen haben, ist eines der bisher am wenigsten beachteten Konzepte.

Im Bildungswesen hat beispielsweise Andrew Meltzoff von der University of Washington hervorragende Arbeit geleistet. Daraus geht hervor, dass wir viel Geld investieren, um auch die Mädchen für Wissenschaft, Technologie, Maschinenbau und Mathematik, die sogenannten STEM-Fächer, und Informatik zu begeistern, und wir leisten in dieser Hinsicht einen Beitrag, der zu Hoffnung berechtigt.

Wir haben uns bemüht, der Informatik eine weiblichere Note zu verleihen, auch wenn sie ein bisschen zu schwach ausgelegt war. Dennoch hat sich gezeigt, dass es unglaubliche Auswirkungen haben kann, wenn man stattdessen das Zugehörigkeitsgefühl stärkt.

In Meltzoffs Forschungsprojekt wurde eine Situation geschaffen, in der Schülerinnen die Möglichkeit hatten, einen Fortgeschrittenenkurs in Informatik zu belegen, um zu sehen, ob sie interessiert sein könnten, es sogar als Studienfach in Betracht zu ziehen.

In einem Fall wurde dazu ein Klassenzimmer nach dem »üblichen Muster« eingerichtet. Es gab Arbeitstische, Getränkedosen auf dem Tisch, Science-Fiction-Poster an den Wänden und dergleichen. Nach Kursabschluss wurden die Teilnehmer (50% Jungen und 50% Mädchen) gefragt, ob sie sich vorstellen könnten, Informatik zu studieren.

Die Jungen sagten weitgehend ja, die Mädchen überwiegend nein.

Danach wurde eine weitere Gruppe zusammengestellt, mit denselben Lehrern, Lehrinhalten und demselben Prozentsatz an Jungen und Mädchen; verändert wurde lediglich die Raumgestaltung.

Das Ambiente wurde mit Textilien wohnlicher gemacht, die Getränkedosen durch Wasserflaschen ersetzt und ansprechendere Bilder mit künstlerischer Note aufgehängt; nach Kursabschluss wurde wieder gefragt, wer sich vorstellen konnte, Informatik zu studieren. Auf die Jungen hatte die Lernumgebung keinen Einfluss; sie waren interessiert. Doch bei den Mädchen hatte sich etwas geändert, denn in dieser Gruppe waren viele darunter, die ebenfalls ein Informatikstudium in Betracht zogen.

Es war eine wirklich interessante Entdeckung, dass man mit geringfügigen Anpassungen das Zugehörigkeitsgefühl beeinflussen und dadurch viele Dinge verändern konnte. Meltzoff fragte die Mädchen nach ihren Erfahrungen und analysierte den Unterschied zwischen den beiden Situationen.

Die Mädchen in der zweiten Versuchsanordnung hatten das Gefühl, in diesem Feld Fuß fassen zu können, konnten sich vorstellen, sich im Bereich der Informatik einbringen zu können; das alles wurde in diesem Fall bei einer Gruppe junger Frauen durch geringfügige Veränderungen bewirkt, die das Gefühl der Zugehörigkeit stärkten, das Gefühl, Teil eines übergeordneten Ganzen zu sein.

Doch hier ist Vorsicht geboten. Es funktioniert auch andersherum: Man kann eine geringfügige Veränderung vornehmen, die bestimmte Personen ausschließt, und ihnen damit das Gefühl vermitteln, nicht dazuzugehören. Das ist natürlich nur ein Aspekt, aber ein wichtiger, wenn man versucht, Bildungsprogramme für junge Leute zu gestalten.

Als Projektleiter ist es heute natürlich ziemlich schwierig, Gruppenchampion zu sein und mit einer solchen Gruppe zu arbeiten, sie voranzubringen, wenn das Zugehörigkeitsgefühl fehlt.

Ein weiterer Aspekt der Zugehörigkeit ist die Frage, ob die Gruppe ein gemeinsames Identitäts- und Zielbewusstsein hat. Sonst wird es schwierig, sie zu führen.

Genau diese Entwicklung sehen wir ständig.

Es gibt noch ein anderes Forschungsprojekt, bei dem man zu verstehen versuchte, wie man Kindern und Jugendlichen helfen kann, bei der Lösung kniffliger Aufgaben zusammenzuarbeiten. Die Aufgabe bestand darin, dass zwei Kinder genau zur gleichen Zeit eine Taste auf der Schaltfläche anschlagen sollten, die sich vor ihnen auf dem Tisch befand. Am Anfang schlugen sie die Taste zeitversetzt an, zeitgleich klappte es nicht, weil es an der Koordinationsfähigkeit haperte.

Danach wurden einige der Kinder nach draußen gebracht, wo man Schaukeln aufgehängt hatte, und aufgefordert, im Gleichtakt zu schaukeln. Sie sollten den Rhythmus und die Schaukelphasen genau aufeinander abstimmen. Ein Teil der Kinder erhielt danach die Anweisung, arhythmisch zu schaukeln, zum Beispiel die eine Gruppe alle vier und die andere Gruppe alle sechs Sekunden.

Zum Schluss wurden sie wieder hereingeführt und sollen die gleiche Aufgabe wie zuvor lösen, nämlich zeitgleich die Taste anschlagen. Die Kinder mit unterschiedlichem Schaukelrhythmus brauchten eine Weile, bis es ihnen gelang, während die Kinder mit dem synchronen Schaukelrhythmus wesentlich schneller an den Punkt gelangten, an dem sie gemeinsam die Taste anschlugen.

Die Kinder in der Gruppe, die ihre Schaukelmuster synchronisiert hatten, hoben sogar gleichzeitig die Hände, bevor sie die Taste auf dem Tisch anschlugen – ein Signalisierverhalten, das nach dem Schaukelteil des Experiments völlig im Gleichtakt verlief. Mit anderen Worten, sie verstanden es wesentlich besser, ihre Signalgebung untereinander zu koordinieren.

Das klingt verrückt, oder? Nur weil sie gemeinsam eine schwierige Aufgabe zu bewältigen und miteinander geschaukelt hatten, klappte es besser mit der Zusammenarbeit und der Signalgebung.

Solche aufschlussreichen Experimente sind wichtig, auch wenn sie verrückt erscheinen mögen, aber sie veranschaulichen, dass man erheblich effektiver ist, wenn man das Gefühl hat, aufeinander angewiesen zu sein und eine Herausforderung nur durch koordinierte Zusammenarbeit auf ein gemeinsames Ziel hin bewältigen zu können.

Und deshalb ist das Zugehörigkeitsgefühl, das Wissen, dass man ein gemeinsames Ziel anstrebt, aus der Perspektive der kognitiven Wissenschaft ungeheuer wichtig.

Natürlich kennen wir das schon seit geraumer Zeit aus allen möglichen Lebensbereichen. Gemeinsame Ziele zu verfolgen kann sehr effektiv sein, wie einige uralte Religionsgemeinschaften seit Ewigkeiten belegen; die gemeinsamen Gesänge und die aktive Beteiligung aller Gläubigen an diesem Ritual untermauern die kollektiven Ziel- und Wertvorstellungen.

Und dann sollte man einen Blick auf die zahlreichen nachgelagerten Effekte werfen. Wenn wir die Technologie als Übermittler in unseren Beziehungen nutzen, wird offensichtlich, dass eine Spaltung der Gesellschaft eintritt, der Verlust eines gemeinsamen Ziel- und Wertebewusstseins. Informationen zu teilen ist eine hervorragende Sache, doch sie übersetzt sich nicht automatisch in ein kollektives Ziel- und Wertebewusstsein, wenn die Technologie in Beziehungen als Übermittler fungiert.

Deshalb sehen wir heute, dass sich dieses wirkmächtige Konzept der Zugehörigkeit ziemlich schnell auflösen kann. Früher hatten wir das Gefühl, dass wir alle an einem Strang ziehen, eine eingeschworene, physisch präsente Gemeinschaft sind, uns stand die gesamte Palette der Körpersprache zur Verfügung, beispielsweise das gleichzeitige Heben der Hand, um anzudeuten, dass es jetzt die Taste zu drücken gilt, all diese Signale, die darauf hinweisen, dass wir solche Aufgaben gemeinsam verrichten sollten. Und zwar auf ganz natürlichem Weg.

Und heute stehen wir meiner Meinung nach vor der Herausforderung, darüber nachzudenken, wie wir diesen Teil des Prozesses bewältigen, wenn wir uns nicht am gleichen Ort befinden, wenn kein natürlicher Austausch von Signalen stattfindet und wenn wir nicht auf natürlichen Weg ein gemeinsames Ziel- und Wertebewusstsein entwickeln.

Wie können wir diesen Aspekt des Prozesses bewusst einleiten? Wir können wir ihn aufbauen? Denn die Technologie und einige andere Arbeitsmethoden, die wir anwenden, klammern ihn aus.

Dieser Herausforderung sehen sich vor allem die heutigen Universitäten gegenüber, wo sich viele Studenten für Online-Kurse eingeschrieben haben. Für die Informationsübermittlung ist das eine hervorragende Methode. Doch wir stellen fest, dass dabei eine Menge verlorengeht, Studenten depressiv werden und das persönliche Engagement leidet. Denn selbst wenn sie zu Veranstaltungen wie Workshops, Laborpraktika oder dergleichen persönlich erscheinen, sind sie nicht regelmäßig zusammen, kennen die anderen nicht, die daran teilnehmen.

Es gibt kein Gruppenbewusstsein, kein Zusammengehörigkeitsgefühl.

Selbst bei einer Face-to-Face-Kommunikation besteht die Gefahr, dass man sich isoliert fühlt, weil die geteilten Erfahrungen fehlen, um ein gemeinsames Zielbewusstsein oder geteiltes Verständnis zu entwickeln.

Und mit der Isolation sind heute befremdliche Auswirkungen aller Art verbunden.

Lojeski: Wow. Das klingt wirklich ernst. Welcher Art sind die Auswirkungen, die sich bemerkbar machen?

Westwell: Das Gefühl der Isolation verschärft Konflikte und den Wettbewerb, weil alle anderen »die anderen« sind. Das ist ein wichtiger Punkt und ein schwerwiegendes Problem.

Hier heißt es also ich und alle anderen.

Das erzeugt natürlich eine ungesunde Form des Wettbewerbs.

Und auch hier gibt es wieder nachgelagerte Effekte aller Art, wenn man das, was eigentlich ein gemeinsames Zielbewusstsein sein sollte, in einen Wettbewerb verwandelt.

Was passiert, wenn wir der Sache auf den Grund gehen, wenn wir feststellen, dass ein gemeinsames Zielbewusstsein fehlt?

Wir sehen, dass der Wettbewerb zunimmt, doch der hebelt die Zusammenarbeit aus.

Wir können Aufgaben gemeinsam erledigen, aber damit erreichen wir nicht zwangsläufig eine echte Zusammenarbeit.

Was mir darüber hinaus noch Sorgen macht ist die Tatsache, dass die jungen Leute heute viele Ängste haben. Und das äußerst sich unter anderem darin, dass sie zwar über Wissen, Know-how und Fähigkeiten verfügen, aber keine Erfahrungen mit echter Zusammenarbeit gemacht haben, nach dem Motto: »Wir investieren gemeinsam unsere Zeit und sind füreinander da.«

Lojeski: Welche Folgen hat das?

Westwell: Nun, sie verstehen es nicht besonders gut, dieses Wissen und Know-how als Rüstzeug zu betrachten. Wenn sie beispielsweise in einer Prüfung mit einem Problem konfrontiert werden, das einer Aufgabe gleicht, die sie bereits zu lösen gelernt haben, sind sie überzeugt, »gut« abzuschneiden.

Sind sie aber angehalten, ihr Wissen in einer Situation zu nutzen, die komplex, nicht vertraut oder kein Teil der Routine ist, befürchten viele, zu scheitern. Und ich glaube, dass ist zumindest teilweise eine Folge des mangelnden Zugehörigkeitsgefühls und der fehlenden Überzeugung, dass wir es gemeinsam schaffen.

Wenn man sich mit anderen zusammenschließt, ändert sich das: Man hat das Gefühl, dass man ein Problem bewältigen kann, weil man die Kräfte bündelt. Wenn man eine Aufgabe gemeinsam angeht, kann man aus Misserfolgen lernen.

Aber wenn man aus der Gruppe ausschert und sich isoliert fühlt, ist der Gedanke zu scheitern zermürbend.

Dann fragt man sich, ob man sich überhaupt die Mühe machen sollte, eine komplexe und unvertraute Situation in Angriff zu nehmen.

Aufgrund dieser nachgelagerten Effekte, die sich aus dem Verlust des Zugehörigkeitsgefühls ergeben, sollten wir das Konzept der Zugehörigkeit wieder in unsere Bildungs- und Arbeitsprozesse integrieren, denn andernfalls bekommen wir Folgen aller Art zu spüren.

Lojeski: Was Sie hier andeuten, hat wichtige Auswirkungen für unsere jungen Generationen. Die Daten weisen darauf hin, dass die Millennials die Generation mit dem geringsten Ausmaß an Vertrauen sind, die Stille Generation, die Babyboomer, die Generationen X und Y eingeschlossen. Könnte sich das Thema Zugehörigkeit auch auf das Vertrauen auswirken?

Westwell: Ich nehme an, dass sich die Millennials viel mehr Sorgen machen, was wir heute auch bei Kindern und Jugendlichen feststellen. Sie fühlen sich isoliert. Sie haben keine gemeinsamen Ziel- und Wertvorstellungen. Sie trauen sich nicht, Aufgaben eigenständig zu lösen, denn sie könnten scheitern, und das wäre verheerend. Und diese Besorgnis wird zur kulturellen Architektur, die sie um sich herum errichten.

Man könnte also davon ausgehen, dass wir ehrlich, offen und kollaborativ mit anderen zusammenarbeiten, und von anderen das Gleiche erwarten.

Was wir bei einem Vergleich zwischen den Generationen X, Y und danach bei den Millennials feststellen, ist in einem Bericht der Children's Foundation in Großbritannien vermerkt, dass sich nämlich in der Kindheit einiges verändert hat, viel komplizierter geworden ist und vermutlich nicht mehr ganz so gut ist wie früher.

Wenn wir also über Millennials sprechen, vielleicht im Vergleich zur Generation X, sehen wir die Folgen aller Herausforderungen während der Kindheit. Einige dieser Herausforderungen betreffen die Gesundheit. Andere das Bildungswesen, und wieder andere die kognitive Entwicklung.

Doch im Vorwort zum Bericht wurde betont, dass die Probleme grundlegend auf einen »exzessiven Individualismus« zurückzuführen sind, wie sie es nennen.

Lojeski: Das klingt einleuchtend. Aber könnten Sie etwas mehr darüber sagen?

Westwell: Es geht also nicht nur um das Gefühl der gesellschaftlichen Spaltung, sondern um eine Fragmentierung auf einer so granularen Ebene, dass wir uns maßlos auf das Individuum fokussiert haben.

Natürlich arbeiten wir intensiv mit unseren Bildungsinstitutionen, mit den Schulen daran, Kindern ein Zugehörigkeitsgefühl zu vermitteln. Wir versuchen nach besten Kräften, auch Unternehmen und Branchen anzuhalten, dieses Zugehörigkeitsgefühl zu fördern.

Wir geben uns auf der nationalen Ebene die größte Mühe, es zu stärken.

Wir wissen, was es heute bedeutet, zu einem Land und zu einem Staat zu gehören, in dem die Menschen gemeinsame Ziel- und Wertvorstellungen, gemeinsame Erwartungen haben.

Ein Anfang ist gemacht, aber es wird immer schwieriger, angesichts dessen, was uns trennt, für Zusammenhalt zu sorgen.

Deshalb glaube ich, dass das Thema Vertrauen ein großes Problem wird. Man sieht es kommen, denn wenn das Zugehörigkeitsgefühl fehlt, ist es schwer, anderen Menschen zu vertrauen.

Und das wird besonders deutlich angesichts spezifischer Herausforderungen, beispielsweise gemeinsame Ziele.

Lojeski: Allem Anschein nach tritt da ein Dominoeffekt ein. Was geschieht dann mit den gemeinsamen Zielen?

Westwell: In einer Studie hat man beispielsweise eine ganze Reihe von Situationen analysiert, die in Zusammenhang mit gemeinsamen Zielen im Erziehungs- und Bildungsbereich stehen, zum Beispiel auch Gewichtsreduktionsprogramme für Gruppen wie Weight Watchers.

Wenn ich zu einem Weight-Watchers-Treffen gehe, komme ich dort mit vielen Leuten zusammen. Und wir haben ein gemeinsames Ziel, richtig?

Also arbeiten wir gewissermaßen alle gemeinsam auf dieses Ziel hin.

Dass die ganze Gruppe dieses Ziel anstrebt, ist unglaublich wirkmächtig. Ich möchte nicht das Gefühl haben, jemanden zu verärgern oder die anderen zu enttäuschen, wenn ich mich dort nicht blicken lasse.

Doch in der Studie wurde nachgewiesen, wenn eine Aufgabe schwierig wird und das Ziel näher rückt, verwandelt sich das Gefühl des Zusammenhalts in Wettbewerbsdenken.

Am Anfang zusammenzuhalten ist leicht, weil wir noch weit vom Ziel entfernt sind. Das Gefühl, am gleichen Strang zu ziehen, wirkt beruhigend. Kommt, wir legen los! Wir kommunizieren miteinander. »Liebt« eure Nächsten und habt Vertrauen, gemeinsam schaffen wir das.

Doch wenn wir uns dem Ziel nähern, besteht die Gefahr, dass Schluss damit ist, dass der Gemeinsinn zersplittert und der Wettbewerb in den Vordergrund tritt. Und dann stellt man fest, dass beim leisesten Anzeichen von Wettbewerb unsere leistungsstärksten Schüler und Studenten, Mitarbeiter oder wer auch immer, ihre Beiträge online zu posten beginnen, als hätten sie das Gefühl, besser zu sein als alle anderen.

Dann stellt sich die Frage, liegt es daran, dass die Hauptabkürzung, die wir heute nehmen – auf Wettbewerb statt Zusammenarbeit zu setzen –, eine Folge all dessen ist, was ringsum geschieht?

Das könnte die emotionalen Antriebskräfte und die psychologischen Abkürzungen beeinflussen. Wir haben das Gefühl, dass wir allen anderen ein Stück weit voraus sind, und dagegen sei nichts einzuwenden.

Diese Spitzenperformer arbeiten also im Schongang statt sich ein persönliches Ziel zu setzen und sich voll für seine Realisierung einzusetzen, denn die Gefühle, die ins Hintertreffen geraten, und die psychologischen Abkürzungen werden vom Wettbewerb getrieben.

Und auch das ist wieder dem Mangel an Zugehörigkeitsgefühl geschuldet, dem Mangel an Vertrauen. Und wir haben gesehen, wie sich das im Lauf der Zeit verändert hat und auch die Welt insgesamt immer komplexer wird.

Deshalb sind wir heute im Bildungswesen mehr als je zuvor von dem Gedanken getrieben, unser eigenes »Ding« zu machen, statt den Lern- und Bildungsprozess wie früher zu durchlaufen, solange er ok war und wir ihn gemeinsam bewältigen konnten.

Wenn man heute nach einem speziellen Ziel Ausschau hält, bringt der Weg zu diesem Ziel negative Auswirkungen mit sich, erzeugt exzessiven Individualismus, mehr Wettbewerb.

Diese Probleme wirken sich auf das Vertrauen, auf unsere Zusammenarbeit und auf die Signale aus, die sich die Kinder auf der Schaukeln gaben – Signale, die andeuten »Wir machen das gemeinsam.«

Lojeski: Nach allem, worüber wir gesprochen haben, würde ich gerne mehr über Ihre spezifische Sicht auf die Neurowissenschaften, den Bildungssektor und das Thema Arbeit erfahren und darüber, wie es Ihrer Meinung nach damit weitergehen könnte.

Die Entwicklung erstklassiger Menschen statt zweitklassiger Roboter

Westwell: Ein fantastisches Narrativ im Bildungssektor, eine der größten Herausforderungen, die viele zu bewältigen versuchen, ist der Wandel in der Beschaffenheit der Technologie.

Zuerst hatten wir eine Technologie, die den Zugang zu zahlreichen Informationen ermöglichte. Das war gut.

Dann kam eine Technologie, die wir als »sozial« bezeichneten. Doch sie löst inzwischen ein ungutes Gefühl aus, denn sie beginnt in einige der Dinge einzugreifen, die dazu beigetragen haben, die Beschaffenheit unserer Beziehungen zu verändern.

Wir haben die einschneidenden Auswirkungen gesehen, und nun beginnen wir, darüber nachzudenken. Und mit der Verbreitung der Künstlichen Intelligenz werden sich auch die Beschaffenheit der Arbeit und viele andere damit verbundene Aspekte verändern, das Bildungswesen eingeschlossen.

Doch wie kann man die junge Generation auf den kontinuierlichen Wandel der Welt vorbereiten, auch auf das Eindringen der Technologie in Gestalt Künstlicher Intelligenz? Was bedeutet das für den Bildungssektor?

Es liegt auf der Hand, dass spezifisches Wissen und Expertise vielleicht weniger nützlich sein werden, denn welche Folgen ergeben sich für die Menschen, wenn man durch Nutzung der Technologie die Quelle der Daten lokalisieren und darauf zugreifen kann? Welche Folgen hat das für das Bildungswesen?

Andreas Schleicher, Leiter des Direktorats für Bildung bei der OECD, der Organisation für wirtschaftliche Zusammenarbeit und Entwicklung, sprach über die Idee, dass die Gefahr besteht, zweitklassige Roboter heranzuziehen, wenn wir versuchen, mit der KI in Wettbewerb zu treten, die Bildung so belassen, wie sie ist, und die Menschen auch weiterhin auf Inhalte und Fähigkeiten fokussieren.

Diese Menschen wären tatsächlich zweitklassige Roboter, denn die Technologie kann Handlungsanweisungen erheblich schneller verarbeiten und Informationen schneller aufspüren als wir. Wir würden uns also auf einen Wettbewerb in einem Spiel einlassen, das wir nicht gewinnen können.

Deshalb sollten wir aufhören, zweitklassige Roboter zu erschaffen und unser Augenmerk darauf richten, erstklassige Menschen zu entwickeln.

Das ist der Bereich, in dem soziale Wertschöpfung stattfindet.

Das ist der Bereich, in dem ökonomische Wertschöpfung stattfindet.

Sie ist in unserem menschlichen Potenzial verortet und nicht zwangsläufig im alten Architekturmodell der Industrie, das auf Wissen und Fähigkeiten basierte.

Deshalb beginnen wir uns zu fragen, wie sieht das Bildungsmodell der Zukunft aus? Was müssen wir bei jungen Menschen entwickeln?

Ich habe an einem Business Roundtable teilgenommen und mit Wirtschaftsführern großer multinationaler Unternehmen darüber diskutiert, was junge Leute lernen müssen, um in ihrer Branche zu arbeiten.

Nun, heute muss man wissen, welche Ports im Computer für das Internet offen sind, aus Gründen der Cybersicherheit. Das zu wissen ist ein absolutes Muss. Doch nach einigem Überlegen hieß es, na ja, das können wir ihnen beibringen. Das ist nicht wirklich das, was wir uns von unseren jungen Mitarbeitern wünschen.

Und was wünschen sich die Unternehmen?

Bei dem Gespräch kam, wie in fast jedem Fall, der Wunsch nach ein wenig mehr kritischem Denken zur Sprache. Die Fähigkeit, etwas zu Ende bringen, was man angefangen hat. Aber das können wir bereits ganz gut.

Und schließlich heißt es immer, was wir uns von jungen Leuten wirklich wünschen, ist Kreativität.

Und wir brauchen interkulturelles Verständnis, weil wir unsere Diversität nutzen sollten, unsere zahlreichen unterschiedlichen kulturspezifischen Denkweisen. Und dabei geht es nicht nur um ethnische Kulturen, sondern um unterschiedliche Gruppen von Menschen aus unterschiedlichen Fachbereichen, die imstande sind, aus diesen vielfältigen Ressourcen zu schöpfen und nach Möglichkeiten Ausschau zu halten, sie kreativ zu nutzen.

Bleibt zu hoffen, dass alle diese Dinge zusammengenommen das ethische Verständnis fördern und dafür sorgen, dass der menschliche Aspekt in den Vordergrund rückt.

Wir brauchen all das, um unsere persönlichen sozialen Fähigkeiten zu entwickeln. Ich wünsche mir Mitarbeiter, die einen positiven Einfluss in meiner Organisation ausüben. Ich möchte, dass sie außerhalb meiner Organisation einen positiven Einfluss ausüben, für meine Organisation werben.

Und dabei geht es nicht nur um technische Kompetenz, sondern auch um soziale Kompetenz. »Nerds« in den eigenen Reihen zu haben, die über technologisches Spezialwissen verfügen und brillant auf ihrem Gebiet sind, ist wunderbar. Aber auf der sozialen Ebene sind diese Computerfreaks Schmetterlinge. Die technische Expertise ist also vorhanden, aber sie müssen auch in der Lage sein, Menschen miteinander in Verbindung zu bringen, sie positiv zu beeinflussen, ihnen dabei helfen, zu verstehen, wie man diese Technologie nutzt, um die Entscheidungsfindung zu unterstützen.

Das brauchen die Unternehmen nach eigenen Angaben.

Es geht also weniger um die Technologie in Bezug auf die Frage, was wir im Bildungssektor brauchen.

Und auch nicht um Fähigkeiten und Fertigkeiten.

Es ist die Menschlichkeit, nach der wir Ausschau halten, denn alle anderen Dinge können wir unseren Mitarbeitern später und auf unterschiedliche Weise beibringen.

Wir warten darauf, dass sie in den Vordergrund rückt.

Ich finde es faszinierend, dass wir den Drang hatten, Jugendlichen beispielsweise das Programmieren beizubringen.

Doch in dieser Hinsicht haben wir eine Kehrtwende vollzogen.

Als Wissenschaftler wissen wir, und Unternehmen beginnen es ebenfalls zu erkennen, dass es unsere Menschlichkeit ist, die wirklich zählt.

Die gilt es zu entwickeln.

Heute steht die Mathematik auf der Rankingliste der akademischen Fachbereiche beispielsweise ganz oben und die darstellenden Künste unten.

Die Geisteswissenschaften bilden das Schlusslicht.

Ich sehe inzwischen jedoch, dass es zumindest die Tendenz zu einer anders gearteten Version von Bildung gibt, wo technisches Know-how zwar immer noch wichtig sein könnte, aber zwischenmenschliche Kompetenz einen höheren Mehrwert darstellt.

Betrachtet man das im Kontext der virtuellen Distanz, müssen wir in der Lage sein, anders zu navigieren, uns als erstklassige menschliche Wesen in einer technologischen Umgebung erweisen.

Wir müssen jungen Leuten beibringen, dass die Technologie Interaktionen, Vertrauen, effektiven und effizienten Prozessen und unserer Menschlichkeit im Weg stehen kann, nicht nur in Bezug auf die Personen, mit denen wir zusammenarbeiten, sondern in Zusammenhang mit fast jedem Aspekt des Geschäftslebens, des Bildungssektors und des Lebens allgemein.

Fazit

Viele der von Professor Westwell angesprochenen Themen erzeugten einen Widerhall bei uns. Seine Gedanken stimmen mit unseren Forschungsergebnissen überein, dass virtuelle Distanz ein Gefühl der Isolation fördern, echte Zusammenarbeit verhindern und gemeinsame Ziel- und Wertvorstellungen untergraben kann.

Seit Beginn seiner Tätigkeit am Institute for the Future of the Mind der University of Oxford interessierte ihn die Frage, wie die Technologie unseren Geist und die menschlichen Interaktionen verändert. Ihm fiel auf, dass vieles, was in einer Face-to-Face-Begegnung geschieht, in einem elektronischen Dialog fehlt. Ohne die Hinweise, die wir normalerweise einem persönlichen Gespräch entnehmen können, hinterlassen virtuelle Interaktionen oft ein Gefühl der Isolation. Damit wird das »schnelle Denken« statt des langsameren, maßvolleren Denkens gefördert. Wir müssen diese Tendenz erkennen und damit beginnen, auf andere Weise zu denken, um die negativen Auswirkungen der Kommunikation per Technologie zu verringern.

Ein weiteres Problem, auf das Professor Westwell aufmerksam machte, ist das Gefühl der »Zugehörigkeit«, und er nennt einige Beispiele, wie man es stärken und damit eine positive Verhaltensänderung bewirken kann. Wenn wir virtuell kommunizieren, gehen viele natürliche Signale verloren, die uns ermöglichen, gemeinsame Ziel- und Wertvorstellungen zu entwickeln. Dieses Gefühl der Isolation scheint bei Millennials und jüngeren Kinder zuzunehmen. Beim Blick in die Zukunft spricht er das Risiko an, »zweitklassige Roboter« statt erstklassiger Menschen zu entwickeln.

Die Bildung junger Leute in einer technologisch geprägten Umgebung wird nicht nur die nötigen Fachkenntnisse, sondern auch interkulturelles Verständnis, soziale Kompetenz und die Wertschätzung der Geisteswissenschaften erfordern. Nur dann können wir hoffen, die Entwicklung erstklassiger Menschen voranzutreiben, die positiv Einfluss nehmen und sich als kreative Führungspersönlichkeiten in die Zukunft einbringen.

Und wie Professor Westwell seit mehr als 15 Jahren betont, ist das Verständnis der virtuellen Distanz, wie man sie reduziert und zielführend in den Griff bekommt, eines der Kernthemen unserer formalen und informellen Bildungs- und Arbeitspraktiken, um zu gewährleisten, dass wir unsere Menschlichkeit wieder in den Vordergrund und in den Mittelpunkt rücken.

Anhang B
Anmerkungen zur Methodologie der Umfrageforschung und virtuellen Distanz

Mitarbeiterumfragen haben eine lange Geschichte, die auf die 1920er Jahre zurückgeht, als der Psychologe J. David Houser Arbeitnehmern eine Reihe standardisierter Fragen vorlegen ließ, die danach auf einer Skala von 1 bis 5 klassifiziert wurden (Jacoby, 1988). Aus den dabei erhobenen Daten leitete Houser ein »Arbeitsmoralbarometer« ab, der als Vergleichsmaßstab zwischen Abteilungen und Organisationen herangezogen werden konnte. Housers Arbeit beflügelte die Aktivitäten akademischer Forscher, die in den 1920er und 1930er Jahren zahlreiche Erhebungen durchführten, um Aufschluss über die Einstellung von Arbeitnehmern zu gewinnen.

Trotz dieser Aktivitäten waren systematische Mitarbeiterbefragungen bis zum Ende des Zweiten Weltkriegs kaum verbreitet. Organisationen, Unternehmensberater und Akademiker aller Fachrichtungen erkannten den Nutzen, und in den 1950er Jahren erlebten Umfragen einen Boom. Wie Housers Pionierarbeit waren auch sie auf die Arbeitsmoral fokussiert.

Ende der 1950er Jahre begannen die Forscher, ihr Augenmerk auf die Definition oder Bedeutung des Begriffs »Arbeitsmoral« zu richten. In einem Artikel aus dieser Epoche hieß es, die Literatur zum Thema Moral »liefert Definitionen, die ebenso unterschiedlich wie zahlreich sind« (Baehr und Renck, 1958). In einem Bericht von Guba aus der gleichen Zeit (1958) wird Arbeitsmoral folgendermaßen beschrieben:

> Moral ist eine Prädisposition auf Seiten von Personen, die in einem Unternehmen tätig sind und sich in besonderem Maß für die Realisierung der kurz- oder langfristigen Gruppenziele einsetzen.

Wenn das vertraut klingt, hat das einen Grund. Einer der aktuelleren Trends in Mitarbeiterumfragen ist die Konzentration auf das persönliche Engagement, das sich kaum von dem unterscheidet, was Erhebungen seit annähernd hundert Jahren zu messen versuchen.

Mitarbeiterumfragen können zu verschiedenen Zwecken entwickelt werden, doch die meisten streben die Verbesserung der Unternehmenseffektivität als Endziel an. Im Personalwesen werden sie oft als ein Verfahren mit allerhöchster Priorität aufgelistet (zum Beispiel Hudelid, 1995). Fakt ist, dass gut konzipierte und kompetent durchgeführte Umfragen uns eine Menge darüber erzählen können, wie Mitarbeiter ihr Unternehmen, die Führungskräfte, ihre Kollegen und sich selbst sehen.

Die Einführung von Computern und internet-basierten Tools ersparte den Umfrageforschern viel Arbeit und Zeit, die in den Erhebungsprozess investiert wurden. Versand und Erhalt von Print-Fragebögen, Dateneingabe und die Durchführung von Analysen erfordern keinen großen Aufwand mehr. Das erleichtert zwar die Sammlung und Auswertung der Umfragedaten, verringert aber nicht die Schlüsselvoraussetzungen für eine rigorose Umfrageforschung. Eine gesunde Umfragemethodologie kann viel über ein Team, eine Gruppe oder eine Organisation enthüllen. Im besten Fall können die in Umfragen gewonnenen Informationen dazu beitragen, die spielentscheidenden Herausforderungen zu orten und Maßnahmen einzuleiten, um sie zu bewältigen. Im schlimmsten Fall können die Umfrageergebnisse irreführend oder irrelevant sein. Die Planung und Durchführung effektiver Umfragen im Unternehmen schließt eine Reihe wichtiger Überlegungen ein, vor allem Fragen wie:

1. Ist das Konstrukt (das, was wir zu messen versuchen) klar umrissen?

2. Ist die Messung verlässlich?

3. Ist die Messung valide?

4. Ist die Stichprobe repräsentativ?

Klarheit des Konstrukts

Dass Sie eine klare Definition dessen brauchen, was Sie zu messen versuchen, scheint auf der Hand zu liegen, doch die Etiketten, mit denen wir unsere Messungen versehen, können irreführend oder verwirrend sein. Wir unterscheiden zwischen einem Konstrukt – der hypothetischen, konzeptionellen Definition von Variablen – und einer operationalen Definition – den tatsächlichen Verfahren, mit denen ein empirisch erkennbarer Sachverhalt gemessen wird. Konstrukte sollten in einem theoretischen oder rationalen Modell verankert sein, das genau festlegt, wie sich ein spezifischer Sachverhalt von anderen Sachverhalten unterscheidet. Ein Beispiel wären die Konstrukte Arbeitszufriedenheit und Mitarbeiterengagement. Obwohl beide in Zusammenhang miteinander stehen, sollte die Definition der beiden Konstrukte klar genug sein, um sie voneinander abzugrenzen.

Verlässlichkeit/Reliabilität

Sobald wir unser Konstrukt definiert haben, müssen wir eine Möglichkeit entwickeln, es zu messen – die operationale Definition. Bei Umfragen im Unternehmen beinhaltet das meistens eine Reihe standardisierter Fragen, die darauf ausgelegt sind, das Konstrukt zu bewerten. Die Verlässlichkeit (Reliabilität) unserer Messung deutet darauf hin, wie wahrscheinlich es ist, dass wir die gleichen Messwerte bei wiederholter Anwendung des Erhebungsverfahrens erhalten.

Der am weitesten verbreitete Verlässlichkeitsindex ist der Alpha-Koeffizient (Cronbach, 1951); er analysiert das Ausmaß, in dem mehrere Messungen (zum Beispiel

Umfrage-Items) desselben Konstrukts miteinander korrelieren. Wenn wir davon ausgehen, dass jedes Item eine separate Messung desselben Konstrukts ist, können wir die Zunahme der Verlässlichkeit grafisch darstellen, wenn wir auf einer Skala weitere Items hinzufügen. Abbildung B.1 veranschaulicht die Beziehung zwischen einer Reihe von Items und der Verlässlichkeit einer Messung.

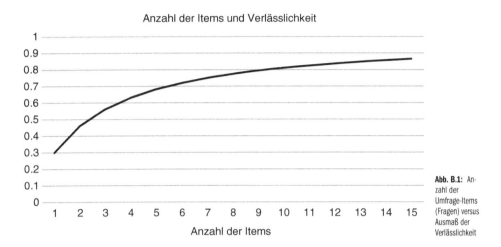

Abb. B.1: Anzahl der Umfrage-Items (Fragen) versus Ausmaß der Verlässlichkeit

Sie zeigt: Wenn man von einer Item-Verlässlichkeit von .3 ausgeht, erhöht sich die Verlässlichkeit mit der Anzahl der hinzugefügten Items von ähnlicher Qualität. Verlässlichkeit ist deshalb so wichtig, weil wir ohne sie nur zufällige Variationen messen. Um verlässliche Messergebnisse zu liefern, die dem Standard entsprechen, sollten die Items oder Fragen einen Alpha-Koeffizienten von mindestens .6 – .7 haben. Alles, was darunter liegt, würde die meisten akademischen Schwellen nicht überwinden, um als verlässlich zu gelten.

Validität

Der nächste wichtige Punkt, den es bei der Umfrageforschung zu beachten gilt, ist die Validität. Validität erfordert einen Nachweis, dass wir wirklich das messen, was wir zu messen behaupten.

Sobald wir unser Konstrukt definiert haben, müssen wir belegen, dass das, was wir messen (das heißt die operationale Definition), eine Messung eben dieses Konstrukts und nichts anderes ist. Wie bereits gesagt, sollte unsere Messung verlässlich sein. Die Verlässlichkeit setzt der Validität der Messung eine Obergrenze.

Sobald wir festgestellt haben, dass unsere Messung verlässlich ist, können wir Belege dafür sammeln, dass sie auch valide ist, sprich, dass sie genau das misst, was sie messen soll, und somit glaubwürdige Messwerte liefert. Es gibt mehrere Möglichkeiten, die Validität einer Messung zu unterstützen. Erstens können wir den Inhalt unserer Messung untersuchen (das heißt die Items), um zu sehen, ob er der Definition des Konstrukts entspricht, das wir benutzen. Idealerweise geschieht das durch Experten, die der Relevanz der Items für das Konstrukt auf den Grund gehen.

Eine zweite Möglichkeit besteht darin, zu testen, ob sich unsere Messung von anderen Messungen der gleichen Kategorie unterscheidet. In der psychometrischen Literatur wird das als diskriminante Validität bezeichnet. Sie erfordert einen Nachweis, dass die Messung eines spezifischen Konstrukts eine einzigartige Varianz erfasst, das heißt, eine Abweichung, die nicht von anderen Messungen erfasst wird. Das geschieht normalerweise durch die Untersuchung eines Korrelationsmusters. Idealweise sollten die Korrelationen bei Konstrukten, die in keinem logischen Zusammenhang mit unserer Messung stehen, niedrig sein, und höher bei solchen, von denen wir einen Zusammenhang mit unserer Messung erwarten. Hochentwickelte Verfahren, wie die konfirmatorische Faktenanalyse (Thompson, 2004) können ebenfalls zur Einschätzung der diskriminanten Validität verwendet werden.

Eine dritte Methode zur Einschätzung der Validität schließt das Sammeln empirischer Daten ein, um nachzuweisen, dass die Messung in Zusammenhang mit einem bestimmten Messergebnis steht. Bei der Messung der virtuellen Distanz haben wir beispielsweise Daten zu einer Reihe von Messergebnissen gesammelt, die rein theoretisch von der virtuellen Distanz beeinflusst werden müssten, wie Vertrauen, OCB und Arbeitszufriedenheit. Diese dritte Methode wird als prädiktive Validität oder Kriteriumsvalidität bezeichnet. Wenn wir diese Kriteriumsvalidität einer Messung bewerten, sollten wir auch sicherstellen, dass unsere Messung der Ergebnisprognose etwas Einzigartiges hinzufügt. Das ist vor allem für neu entwickelte Messungen wichtig. Wir müssen die Frage beantworten: »Trägt unsere neue Messung signifikant zu der Prognose bei, die wir auch mit anderen, bereits vorhandenen Messungen erzielen könnten?«

Stichproben

Eine letzte Methode, die in Betracht gezogen werden sollte, sind Stichproben. Kompetent ausgeführt, kann die Auswahl der Umfrageteilnehmer unseren Ergebnissen Bedeutung verleihen; schlecht ausgeführt, können die Ergebnisse irreführend oder falsch sein. Bei Erhebungen im Unternehmen zielen wir darauf ab, präzise Informationen über die Einstellungen oder das Verhalten bestimmter Mitarbeitergruppen zu erhalten.

Mehrere Faktoren können unsere Ergebnisse in eine bestimmte Richtung lenken oder verzerren. Eine Frage, die wir uns stellen sollten, lautet, ob eine Stichprobe repräsentativ ist. Wir sind bestrebt, eine Stichprobe so zu gestalten, dass sie für die untersuchte Teilmenge repräsentativ ist. Bei Umfragen im Unternehmen könnte die Teilmenge, die uns interessiert, die gesamte Belegschaft oder spezifische Gruppen innerhalb der Organisation sein. Bei den meisten Umfragen ist die Teilnahme freiwillig, was zu Stichproben führen kann, die nicht repräsentativ sind. Die Umfrageteilnehmer unterscheiden sich möglicherweise von den Nicht-Teilnehmern, was irreführende Ergebnisse zur Folge haben kann. Obwohl es schwierig ist, zu ergründen, wie verzerrt unsere Stichproben sind, lassen sich die Unterschiede zwischen Teilnehmern und Nicht-Teilnehmern oft nachverfolgen, mit interessanten Ergebnissen.

Beispielsweise war die Wahrscheinlichkeit, dass Facebook-Nutzer, die nicht an der jährlichen Umfrage teilnahmen, ihr Konto innerhalb von sechs Monaten löschten, 2,6mal höher als bei den Teilnehmern (Judd et al., 2018). Ein zweites Problem hat mit der Motivation der Umfrageteilnehmer zu tun. Die Leistungsträger im Unternehmen sind vielleicht zu beschäftigt, um an der Umfrage teilzunehmen, mit dem Ergebnis, dass die Fragebögen von Mitarbeitern mit durchschnittlichen oder unterdurchschnittlichen Leistungen beantwortet werden (Wilkie, 2018). Ein weiterer Faktor, der sich auf die Motivation auswirkt, ist der mutmaßliche Mangel an Anonymität. Teilnehmer, die argwöhnen, dass die Umfrageergebnisse ihrer Stellung oder ihrem Ansehen im Unternehmen schaden könnten, achten darauf, dass die Antworten nicht ihre wahre Einstellung widerspiegeln, oder beschließen, die entsprechenden Fragen zu ignorieren.

Borg et al. (2008) stellten fest, dass Mitarbeiter mit geringem Engagement, geringer Arbeitszufriedenheit und, besonders wichtig, einer negativen Einstellung gegenüber der Unternehmensführung weniger geneigt waren, bestimmte Fragen zu beantworten. Eine Reihe weiterer, subtilerer Probleme betrifft den Aufforderungscharakter der Instruktionen. Der Aufforderungscharakter wurde ursprünglich als Artefakt beschrieben, das die Ergebnisse psychologischer Experimente verzerrt (Orne, 1962). Die Teilnehmer erkannten den Zweck der Versuche und verhielten sich so, wie es die Versuchsleiter ihrer Ansicht nach erwarteten. Podsakoff et al. (2003) erklären, dass der Aufforderungscharakter auch auf der Umfrageebene existiert. Die Teilnehmer könnten bemüht sein, mit ihren Antworten den Erwartungen des Unternehmens oder der Umfrageleiter zu entsprechen.

Die Auswertung der Ergebnisse von Mitarbeiterumfragen

Mitarbeiterumfragen können als erster Schritt bei Interventionsmaßnahmen des Unternehmens betrachtet werden, die darauf abzielen, positive Veränderungen herbeizuführen. Doch um einen echten Wandel einzuleiten, ist mehr als ein Umfrageergebnis erforderlich. Wie Murphy (2018) erklärte:

> Wenn man Fragen wie »Vertraue ich meinem Chef?« stellt, aber keine Idee hat, wie man das Vertrauensverhältnis tatsächlich verbessern könnte, wäre es besser, das Thema gar nicht erst anzuschneiden. Denn wenn man eine Frage stellt und keine Möglichkeit besteht, das Problem zu beheben, dauert es nicht lange, bis man von statischen zu rückläufigen Werten gelangt.

Virtuelle Distanz als Rahmenwerk

Das Konzept der virtuellen Distanz bietet ein umfassendes Rahmenwerk, das eine Reihe gültiger Konstrukte zur Bewertung der Distanz zwischen Einzelpersonen und Teams oder anderen Gruppierungen beinhaltet. In diesem Buch haben wir einige aussagekräftige Beziehungen zwischen virtueller Distanz und Unternehmensergebnissen aufgezeigt. Die in Umfragen gesammelten und im Index der virtuellen Distanz erfassten Daten ermöglichen ein tieferes Eintauchen, um zu verstehen, was diese Ergebnisse antreibt und in welchem Ausmaß jedes einzelne Ergebnis mit anderen Ergebnissen zusammenhängt (weitere Einzelheiten über die spezifischen Merkmale der Statistiken finden Sie in meinen Forschungsberichten oder in meiner ursprünglichen Dissertation, was die fachspezifischen Methoden betrifft).

Das Rahmenwerk der virtuellen Distanz gestattet uns, über die Beschreibung des Ausmaßes einer einzelnen Variablen (zum Beispiel Mitarbeiterengagement) hinauszugehen, um Aufschluss über die vorherige und nachfolgende Beschaffenheit eines bestimmten Konstrukts zu gewinnen. Die Auswirkungen auf die Praxis sind nachhaltiger, wenn wir ein vollständiges Bild der Einstellungen und Verhaltensweisen der Mitarbeiter gewinnen können. Das ermöglicht zielgerichtete Interventionen, die sich auf Schlüsselbereiche konzentrieren, in denen Defizite oder Funktionsstörungen offenkundig werden. Es wäre naiv, zu glauben, dass die Verbesserung der Unternehmenseffektivität eine einfache Aufgabe ist. Verbesserungen erfordern ein tieferes Verständnis aller Verhaltensweisen und Einstellungen, die eine Schlüsselrolle spielen und die Leistungen der Mitarbeiter beeinflussen.

Literatur

Baehr, M.E. und R. Renck: »The definition and measurement of employee morale«, in *Administrative Science Quarterly* 3 (1958), S. 157–184.

Borg, I., M. Braun, M. und M. K. Baumgärtner: »Attitudes of demographic item non-respondents in employee surveys«, in *International Journal of Manpower* 29(2) (2008), S. 146–160.

Cronbach L.: »Coefficient alpha and the internal structure of tests«, in *Psychometrika* 16 (1951), S. 297–334.

Guba, E.G.: »Morale and satisfaction: A study in Past-future time Perspective«, in *Administrative Science Quarterly* 3 (1958), S. 195–209.

Huselid, M.A.: »The impact of human resource management practices on turnover, productivity and corporate financial performance«, in *Academy of Management Journal* 38 (1995), S. 635–872.

Jacoby, S.: »Employee attitude surveys in historical perspective«, in *Industrial Relations* 27 (1988), S. 74–93.

Judd, S., E. O'Rourke, und A. Grant: »Employee surveys are still one of the best ways to measure engagement«, in *Harvard Business Review*, https://hbr.org/2018/03/employee-surveys-are-still-one-of-the-best-ways-to-measure-engagement.

Murphy, M.: »Only 22% of companies are getting good results from their employee engagement survey«, https://www.leadershipiq.com/blogs/leadershipiq/only-22-of-companies-are-getting-good-results-from-their-employee-engagement-survey.

Orne, M.T.: »On the social psychology of the psychological experiment: With particular reference to demand characteristics and their Implications«, in *American Psychologist* 17 (1962), S. 776–783.

Podsakoff, P., S. MacKenzie, J.Y. Lee und N. Podsakoff: »Common method bias in behavioral research: A critical review of the literature and recommended remedies«, in *Journal of Applied Psychology* 88 (2003), S. 879–903.

Thompson, B.: »*Exploratory and confirmatory factor analysis: Understanding concepts and applications.*« American Psychological Association, Washington, DC (2004)

Wilkie, D.: »Employee engagement surveys: Why do workers distrust them? Society for Human Resource Management« (2018), www.shrm.org/resourcesandtools/hr-topics/employee-relations/pages/employee-engagement-surveys.aspx

Anhang C
Erweiterte Liste der Projektbeschreibungen

In der Einführung haben wir eine Möglichkeit beschrieben, Analysen durch die Brille einer menschlich orientierten sinnvollen Erfahrung (**H**uman **O**riented **M**eaningful **E**xperience = HOME) – siehe Abbildung C.1 – zu betrachten.

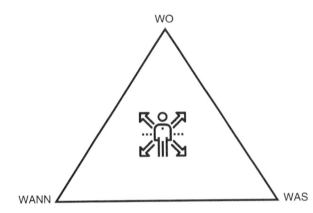

Abb. C.1: Das HOME-Rahmenwerk (Human Oriented Meaningful Experience)

Wie bereits erwähnt, sind wir als Gesellschaft geradezu besessen von »Daten und Analysen«, bis zu dem Punkt, an dem wir oft vergessen, dass die Daten nicht nur abstrakte Zahlen darstellen, die bisweilen schwer zu verstehen und zu beurteilen sind, sondern uns auch als Menschen widerspiegeln. Wir sollten uns auch bewusst machen, dass empirische Daten mit quantifizierbaren Messgrößen zwar wichtig, aber nicht der einzige Weg sind, uns selbst und unsere Welt aus der Perspektive menschlicher Lebewesen zu begreifen.

Wie schon in vielen Kapiteln des Buches angesprochen, basiert ein großer Teil unseres Wissens über die Welt, in der wir leben, auf unseren persönlichen Erfahrungen, die mit einem Erkenntnisgewinn verbunden sind, von uns dann als stillschweigendes oder implizites Wissen aufgefasst werden: Dinge, die wir einfach wissen, weil wir sie wissen. Dieses Wissen lässt sich nicht in Zahlen ausdrücken, weil es »seelenbasiert« ist: Es ist lebendig und in unserem Innern verankert. Und oft ist es genau derjenige Teil des Wissens, in dem die wichtigsten Erkenntnisse über unsere Arbeit, unser Leben und unsere Welt verortet sind.

Deshalb haben wir das HOME-Rahmenwerk entwickelt, das den Lesern die Möglichkeit bietet, sich in dem abgebildeten Dreieck als Person zu positionieren, bezugnehmend auf drei Schlüsselaspekte der menschlichen Erfahrung:

1. das »Wo«,
2. das »Wann« und
3. das »Was«

in unserem Berufs- und Privatleben.

Dieses Rahmenwerk lässt sich in zahlreichen Ebenen und Schichten nutzen. Wir haben bereits darauf hingewiesen, dass das »Wann« oder unsere Lebenszeit in vielen unterschiedlichen Zusammenhängen erfasst werden kann, beispielsweise im Kontext des Erdzeitalters oder eines Tags im Leben von Remote-Mitarbeitern.

Doch ungeachtet der Ebene oder Schicht, die wir wählen, um diese drei Aspekte unter Lupe zu nehmen, die unsere Sicht auf die Welt prägen, wollten wir Ihnen ein »Gefühl« für die Daten vermitteln, um die virtuelle Distanz aus der Nähe zu betrachten.

Es könnte daher hilfreich sein, die Informationen in der Einführung zu erweitern; deshalb haben wir eine vollständigere Übersicht über das »Was« im Hinblick auf die Daten und Erfahrungen hinzugefügt, aus denen wir bei diesem Buch schöpfen konnten, einschließlich derer, die im Index der virtuellen Distanz und anderen Erörterungen erfasst wurden. Dazu gehören auch bestimmte Projekte, Arbeitsinitiativen und Arbeitssituationen.

Wir haben hier einige mehr aufgelistet, um Ihnen Einblick in viele verschiedene Arbeitssituationen zu bieten, denen wir uns gegenübersahen. Wir hoffen, dass Sie sich mit den geschilderten Erfahrungen identifizieren können, denn es gibt, wie zu Beginn des Buches gesagt, nichts Aufschlussreicheres als die Benchmark-Daten der virtuellen Distanz. Die Analyse der Tiefe und Bandbreite der Arbeitssituationen, Mitarbeiter-Ebenen, Branchen, Länder und der damit verbundenen Einzelheiten ist in der aktuellen heutigen Forschung zur Zukunft der Arbeit unübertroffen.

Um mehr über das »Was« des HOME-Rahmenwerks herauszufinden, baten wir unsere mehr als 1400 Umfrageteilnehmer um eine kurze Beschreibung ihres Projekts/ihrer Arbeitsinitiative.

Projektbeschreibungen
- Outsourcing des Finanzbereichs an interne und externe Dienstleister.
- Erweiterung vereinfachter Kreditentscheidungskanäle.
- Optimierung des Produktportfolios.
- Internationales Team, umfasst Verkauf, Konstruktion, Herstellung und Aftermarket-Support für Erstausrüster-Projekte (OEM) in der Schienenfahrzeugindustrie. Teams zum Teil standortgebunden und zum Teil weltweit verteilt.
- Werbekampagnen für den Produktverkauf auf Exportmärkten.
- Entwicklung und Lieferung einer Fertigungslinie an die Forschungs- und Entwicklungsabteilung in einem anderen Land.
- Verhandlung von Verträgen für Gebäude, die in China errichtet werden.
- Projekt, um Microsoft Dynamics AXERP-Software einzuführen.
- Implementierung eines neuen Finanzsystems.
- Projekt zur Steigerung der Verkaufseffizienz.
- Aufbau eines neuen Unternehmens mit 40 Mitarbeitern. Erforderte die Eingliederung von vier neuen Gruppen in einen Bereich, mit mir als Leiter.
- Projekt zur Kosteneinsparung.

- Produktentwicklung.
- Industrialisierung eines neuen Produkts.
- Senkung der Betriebsausgaben um 1%, gemeinsam mit meinen Mitarbeitern aus dem Finanzmanagement.
- Entwicklung einer neuen Produktpalette, Kooperation zwischen zwei Designzentren.
- Vision im Hinblick auf die digitale Transformation für unseren Bereich entwickeln.
- Die globale Integration zwischen Auftrags- und Planungsbereichen verbessern, um die Effizienz der Ressourcenallokation, Kapazitätsauslastung und damit die Kosten zu optimieren.
- Globale Umsetzung eines neuen Lernmanagementsystems.
- Dokumentation von Projektaufträgen für alle Portfolio-Entwicklungen.
- Anpassung einer Blechbearbeitungspresse an eine lokale Produktionsanlage in Brasilien.
- Entwicklung von Komponenten für einen Schwerfahrzeugrahmen.
- Leitung einer Nordic-Niederlassung gemeinsam mit meinem Managementteam. Derzeitiger Fokus auf Umsetzung unserer Strategie. Da ich für einen Baukonzern tätig bin, arbeiten wir nur an Projekten.
- Eröffnung unseres neuen Werks in China.
- Meine derzeitige Aufgabe besteht in der Leitung der regionalen Aktivitäten in Skandinavien. Bin in Helsinki stationiert, aber meine Vorgesetzten leben in anderen Städten. Einige Personen, die mit mir zusammenarbeiten, sind außerdem als Geschäftspartner und in Matrixorganisationen tätig (Personalwesen, juristische Abteilung, Controlling).
- System-Rollout und Implementierung.
- Optimierung des Arbeitsprozesses aus der globalen Perspektive, um die Effizienz zu steigern.
- Eingliederung der Steuerabteilung aus Unternehmen der Gruppe in die Corporate Tax-Struktur. Übertragung von Aufgaben/Systemen/Team.
- Entwicklung einer neuen Strategie.
- Entwicklung eines neues Dienstleistungsprodukts.
- Lenkungsausschuss für ein unternehmensweites Implementierungs-/Compliance-Projekt in Verbindung mit extraterritorialen US-Steuergesetzen.
- Meistens Projekte, die wenige Monate in Anspruch nehmen, Einbindung verschiedener Abteilungen, sowohl aus der Zentrale als auch aus lokalen Unternehmenseinheiten. Manchmal werden auch Partner einbezogen. Oft handelt es sich um Presales-Projekte, erfordern die Zusammenstellung eines mehrwertbasierten Angebots oder eine kommerziell nutzbare Projektidee.
- Generell bessere Zusammenarbeit im Führungsteam.
- Ein neues Intranet für das Unternehmen.
- Bereichsweite Software-Implementierung.
- Ich bin für sechs unternehmenseigene Montagewerke und die Unterstützung der Verfahrenstechnik in sechs weiteren Produktionsstätten verantwortlich, die nicht zum Unternehmen gehören.

- Ausweitung verschiedener Arbeitsmethoden.
- Zentralisierung von Ersatzteilen aus verschiedenen regionalen Verteilerzentren/Lagerhäusern in unserem Hauptdistributionszentrum.
- Implementierung eines IT-Systems.
- Global Purchasing Council, ein Team aus sechs Beschaffungsmanagern und einem globalen Beschaffungsmanager, für die Einberufung der Projekt-/Teammeetings zuständig.
- Ressourceneinsparungen für den Herstellungsprozess.
- Projekt zur Veräußerung eines unserer Walzwerke.
- Wachstum des Marktanteils in US-Kundencenter.
- Betriebsmanagement von mehreren Produktionsstätten.
- Umstrukturierung der Lieferteam - und Linienorganisation innerhalb meiner Region, als Gruppenprojekt in meinem Führungsteam.
- Wöchentliche Pulse-Meetings der Werksleiter in verschiedenen Städten und Ländern – um in kürzester Zeit den Status von Projekten zu überprüfen und die weiteren Entwicklungsphasen besser zu planen.
- Entwicklung einer Strategie für ein Geschäftsfeld.
- Wiederherstellung der Rentabilität und verbesserte Einhaltung der Zeitpläne im On-Demand-Managementbereich.
- Preisentwicklung. Prognosemethode für die Ermittlung künftiger Preise. Marktportfolio-Analysen.
- Verbesserung der Produktqualität in unserem Werk in China.
- Zahlenschlacht: Erhöhung des Anteils weiblicher Führungskräfte in der Industrie.
- Steigerung des Bruttoumsatzes.
- Erweiterung der aktuellen Kapazitäten unseres Produktionszentrums, Bau einer neuen Fertigungshalle mit der gesamten erforderlichen Ausrüstung.
- Anbahnung und Support beim Business Process Outsourcing (BPO) für einen Klienten in Europa, Auslagerung an externen Dienstleister in Manila, den Philippinen.
- Eröffnung eines neuen Unternehmens in Mozambique.
- Angleichung der Technologie zwischen Firmen.
- Neuprodukteinführungen.
- Neuordnung des Arbeitsablaufs im Kraftfahrzeugsektor, von der Kundenauftragsabwicklung bis zur Auslieferung.
- Optimale Ausrichtung von Kraftfahrzeugproduktions- und Logistiknetzwerken im Rahmen globaler Manufacturing-Footprint-Projekte.
- Transfer der Herstellung und Entwicklung eines bestimmten Produkts.
- Aufbau eines neuen Unternehmens in Tansania.
- Transfer der Produktion und Ausrüstung einer anderen Unternehmenseinheit nach Indien.
- Einführung von SAP-Software als Unternehmens-Informationssystem (ERP) in Deutschland nach einer globalen Vorlage, die von der Muttergesellschaft in Schweden entwickelt wurde.

- Vertriebsniederlassung, in der ich arbeite, wenn ich nicht unterwegs bin, befindet sich in Chile und deckt ganz Lateinamerika ab. Ich habe Vertriebsmitarbeiter in Schweden, Brasilien, Chile, Kanada und Deutschland.
- Ausarbeitung einer Balanced Scorecard für das global tätige Team in meiner Abteilung – verschiedene Beiträge von Niederlassungsleitern in aller Welt eingeschlossen.
- Prozessoptimierung: 1. Prozessverbesserungen im Rechnungswesen; 2. Aktualisierung der Rechnungslegungsgrundsätze; 3. Funktionsübergreifender Support/Training.
- Ich leite den Bereich Labortechnik. Hier werden Prüfeinrichtungen der Spitzenklasse für die Forschungs- und Entwicklungsabteilungen konzipiert und implementiert. Ich bin für 93 Mitarbeiter verantwortlich; ich habe sieben Manager innerhalb der Organisation. Zu den Hauptaufgaben der sieben verschiedenen Arbeitsgruppen im Labortechnik-Bereich gehören: Projektbüro – Projektmanagement, Mechanisches Design, Software-Design. Dann Elektrische Konstruktion und Automatisierung, Messtechnik, Kalibrierung, Koordination von Aktivitäten der F&E Real Estate, einschließlich Schutz, Sicherheit und Umwelt. Die F&E-Organisation ist in verschiedene Sparten unterteilt: Entwicklung von Antriebssystemen, Entwicklung von LKW-, Taxi- und Autobus-Karosserien und Fahrzeug-Definition. Die Labortechnik liefert das, was die einzelnen Sektoren brauchen, um ihre »Forschungs- und Entwicklungsarbeit zu verrichten«.
- Aufbau eines Kollaborationsnetzwerks zwischen unserer Supportfunktion und der F&E-Organisation, die weltweit an neun Standorten tätig sein wird.
- Wir gehören zu einem Ausschuss, der sich mit Fragen der Sicherheit, Gesundheit und Qualität befasst.
- Systemintegration in ein Flugzeug.
- Entwicklung eines Content-Management-Systems zur Bereitstellung von Produkt- und Unternehmensinformationen für Mitarbeiter, Distributoren und Kunden.
- Wir entwickeln gemeinsam mit Kollegen aus Brasilien und Belgien ein Trainingsprogramm für unsere Vertriebsmannschaft. Wir möchten ein modulares Schulungskonzept aufbauen, das unsere Teams befähigt, den Verkauf unserer Produkte an mehrwert- und kundenorientierten Lösungen auszurichten.
- Entwicklung eines neuen ERP-Systems.
- Ein Vertragsmanagementprojekt.
- Investition in eine neue Produktlinie.
- Zielorientierte Absatz- und Vertriebsplanung eines neuen Produkts, das in einer neuen Fertigungsanlage hergestellt wird.
- Anpassung der Forschungsaktivitäten von zwei Abteilungen in zwei unterschiedlichen Ländern.
- Schrittweiser Übergang zu einem einzigen Absatz- und Vertriebsplanungsprozess.
- Mein Team mit direkter Berichtslinie an den Vorstand ist global verteilt. Wir sind im Allgemeinen mit unseren täglich anfallenden Aktivitäten befasst, haben aber auch an einem Projekt mitgewirkt. Bei dem Projekt handelte es sich um den Aufbau eines Trainingsprogramms für Führungskräfte.

- Eine Projektmanagementgruppe zum Thema Markenpositionierung.
- Zulassungsaktivitäten für den chinesischen Markt mit Blick auf die Einführung eines neuen Kraftfahrzeugs.
- Standortwechsel der Fertigung von Europa nach Asien. Ein großes globales Projekt mit mehr als 30 Teammitgliedern, aber ich habe es vorgezogen, mich auf eine Teilaufgabe zu fokussieren, die meine eigene Organisation und meinen Verantwortungsbereich betrifft. Auf die Veränderungen, die in meiner Produktionseinheit anfallen werden. Es gibt viele Probleme in Zusammenhang mit der virtuellen Distanz.
- Ein neues Motorenentwicklungsprogramm für neue Emissionsschritte.
- Reduzierung der Vorlaufzeit bei der Beantwortung von Fragen, die den technischen Support betreffen.
- Informationsveranstaltung für einen neuen LKW.
- Strategiearbeit für 2020.
- Entwicklung einer neuen Software-Anwendung für die Überprüfung der monatlichen Leistungskennzahlen (KPI).
- Zukauf eines Unternehmens.
- Sammlung von Informationen seitens unserer Distributoren hinsichtlich ihrer Probleme, Anliegen und Bedürfnisse.
- Beschaffung eines neuen IT-Systems.
- Entwicklung eines neuen Anreizsystems für unsere Händler.
- Wir arbeiten an einem Projekt in Europa, um die Anzahl der Unfälle zu verringern und die Gesundheitsdienstleistungen zu verbessern.
- Bieterverfahren, um uns einen globalen Rahmenvertrag für Maschinenbauprodukte im Wert von je EUR 3,5 Millionen zu sichern.
- Telekommunikationsausrüstung, Softwareentwicklung.
- Investitionsprojekt – Wiederaufbau von Teilen der Produktionslinie.
- Koordination des weltweiten F&E-Portfolios.
- Allgemeine Arbeiten in meinem engsten Team, das für das Management der indirekten Beschaffung zuständig ist.
- Auslagerung und Schließung einer Fertigungsanlage in Großbritannien. Ich war für das Outsourcing, den Aufbau einer globalen Lieferantenbasis, den Transfer der Produktion und ein Team von mehr als 50 Mitarbeitern aus verschiedenen Ländern und Funktionsbereichen (F&E, Logistik, Qualitätssicherung, Beschaffung, usw.) verantwortlich.
- Onlinekurse (MOOC) für eine Universität, ohne Zugangs- und Zulassungsbeschränkungen.
- Design Thinking als Lösungsansatz für die Innovation. Kooperation über Skype in einem standortverteilten Kollegenteam.
- IFLNCC 201509.
- Verantwortlich für Kompetenzentwicklung, Training und Kulturtransformation in der Wohnungswirtschaft von acht Ländern.
- Koordinierte Immobilienentwicklung in allen Phasen, vom Grundstückserwerb bis zum Verkauf eines komplett vermieteten Gebäudes. Während des Prozesses müssen

wir in Zusammenarbeit mit Kooperationspartnern und Gegenparteien zu verschiedenen Vereinbarungen gelangen; dabei nutzen wir unsere gemeinsamen und spezifischen Kompetenzen und Fähigkeiten, um verschiedene Verträge abzuschließen, usw.
- Entwicklung und Training von Führungskräften.
- Corporate-Sustainability-Abteilung, mit Nachhaltigkeitsmanagement befasst, Führungskräfte und Berater aus den Bereichen Qualitätssicherung und Umwelt eingeschlossen. Unterstützung von Management-Teams mit strategischer Aufgabenstellung, Managementsystemen, Audits und Berichtswesen sowie bei Ausschreibungsverfahren und operativen Projekten innerhalb unserer Geschäftsfelder.
- Strategische und operative Unterstützung durch das Personalwesen. Teil der Führungsgruppe, die eine auf kurz- und langfristigen Zielen basierende Agenda unseres Unternehmens für das Human Ressource Management vorantreibt.
- Ich bin in einem Leitungsgremium tätig. Meine Mitarbeiter arbeiten an verschiedenen Projekten außerhalb meines Büros. Meine Mitarbeiterbesprechungen finden oft auf den jeweiligen Baustellen statt. Die Projektteilnehmer informieren mich über den aktuellen Status der Arbeiten, und wir diskutieren über die Fortschritte und die Umsetzung der weiteren Entwicklungsschritte.
- Ich arbeite im Leasing- und Entwicklungssektor.
- Suche nach und Entwicklung von Best Practices und Möglichkeiten, Unternehmensstrategien und Unternehmenserfolge zu unterstützen.
- HR-Arbeitsgruppen. Wir bereiten künftige Schulungen und Kompetenzebenen so vor, dass sie in ein gemeinsames Verständnis und eine gängige Praxis eingehen.
- Rekrutierung, Vergütung, Kompetenzentwicklung, Rehabilitation, Reorganisation, Entlassungen, usw.
- Erhalt und Diskussion von Leitlinien auf globaler Ebene, bevor sie lokal umgesetzt werden.
- Wir sind mit Angeboten für verschiedene Kunden, den damit verbundenen wirtschaftlichen Ergebnissen und Follow-up-Aktivitäten, strategischen kurz- und langfristigen Zielen und einer Menge Nachbereitungsaktionen mit Hilfe unserer IT-Tools befasst.
- Fragen bezüglich der alltäglichen HR-Themen und auf lange Sicht, während der letzten Jahre mit starker Fokussierung auf die Arbeitsumgebung.
- Strategische Prozesse, Verbesserung von Systemen und Prozessen, Suche nach Möglichkeiten, sich im Markt positiv von anderen Wettbewerbern abzuheben, Beratung von Verkaufsteams mit besonderer Fokussierung auf die Umwelt.
- Wir entwickeln ein Konzept und praktisches Rahmenwerk für die Entwicklung von Fach- und Führungskräften in unserer Unternehmensgruppe. Ich bin Leiter des Ressorts und mein (achtköpfiges) Team arbeitet verantwortlich mit den einzelnen Unternehmenseinheiten zusammen. Wir entwickeln breit gefächerte Schulungen und Tools. Der Top-Down-Ansatz beginnt im Unternehmen erst jetzt Fuß zu fassen. Historisch gesehen ist die Unternehmensgruppe auf lokaler Ebene schon immer sehr unabhängig gewesen. Meine Zuständigkeit wird nicht in Frage gestellt, nur dass

wir keine Konzepte oder Prozesse haben als »Rückgrat« unseres Netzwerks haben. Deshalb ist viel Arbeit nötig, um einen Konsens zu erreichen – Diskussionen und Feedback.
- Gesundheit und Sicherheit.
- Industrialisierung eines neuen Produkts.
- Wir haben gerade investiert und ein Produktivitätszentrum in Singapur errichtet. Dort werden externe und interne Kunden geschult. Mit der Optimierung ihrer Fähigkeiten erwarten wir ein Unternehmenswachstum von jährlich 20%.
- Design & Entwicklungsfunktion, einschließlich Konstruktion, Entwicklung und Systemintegration.
- Ich leite eine Produkteinheit mit Hilfe von global verteilten Produktmanagern.
- Das Management von grenzüberschreitenden Projekten gehört zu den besonders wichtigen Aktivitäten in meinen Aufgabenbereich. Es umfasst die Kommunikation mit Kollegen rund um den Globus.
- Ich bin als CFO tätig (Personalwesen, Finanz- und Rechtsangelegenheiten, Geschäftskontrolle und Einkauf). Alle Führungskräfte der mittleren Ebene stammen aus Peru, ich selbst komme aus Argentinien. Der Geschäftsbereich ist während der letzten beiden Jahre gewachsen. Wir sind insgesamt 32 Mitarbeiter.
- Ich bin mit der Umsetzung eines neuen Produktivitätsprogramms befasst und muss mich dabei mit einer gehörigen Portion Misstrauen auseinandersetzen.
- Ich leite eine Organisation mit fünf Onshore-Experten (keine Manager), einem in Indien stationierten Manager und einem Manager, der zwischen Indien und Schweden hin- und herpendelt. Die Anzahl der FTEs, die von Teilzeitmitarbeitern geleisteten Arbeitsstunden, die den Managern in Indien (die mir unterstellt sind) zur Verfügung stehen, beläuft sich auf 103.
- Die Mitarbeiterteams, die mir unterstellt sind, arbeiten an zwei verschiedenen Standorten. Ich habe fünf nachgeordnete Manager.
- Arbeite in einem globalen Umfeld, bin für die Erstellung einer konsolidierten Rechnungslegung verantwortlich.
- Leite ein Team, das Marketing- und Vertriebsaktivitäten für einen Geschäftsbereich koordiniert.
- Ich leite eine Designgruppe; wir haben eine »Schwestergruppe« mit der gleichen Zuständigkeit in Sao Paulo, Brasilien. Ich nehme an den wöchentlichen Meetings mit dieser Gruppe und ihrem Leiter teil.
- Meine Linienverantwortung umfasst die Leitung eines achtköpfigen Teams; wir arbeiten mit unserer Lieferkette zusammen.
- Ich leite eine Abteilung mit zehn hochrangigen Mitarbeitern, die für die Geschäftsstrategien und die Preisbildung eines Produktbereichs zuständig ist.
- Ich leite ein Führungskräfte-Team – sechs Mitarbeiter sind in Barcelona ansässig (Ich selbst eingeschlossen) und zwei in Madrid.

Zusätzlich zu den Unternehmen und anderen in der Liste repräsentierten Institutionen arbeiten wir auch mit College-Studenten, wo sich die virtuelle Distanz ebenfalls bemerkbar macht und die gleichen Schwierigkeiten verursacht wie in den industrie-orientierten Arbeitsumgebungen. Deshalb haben wir Beschreibungen von Studenten einbezogen, die einen Blick auf das Arbeitsleben ermöglichen, das die jungen Akademiker und künftigen Arbeitskräfte erwartet.

Wie bereits erwähnt, deuten die von uns untersuchten Daten darauf hin, dass die Millennials die höchsten Werte beim Lernen, aber die niedrigsten bei vielen anderen Ergebnissen erzielen, beispielsweise im Hinblick auf das Vertrauen. Wir hoffen, dass sich hier ein Teil des Hintergrund-Kontexts zu den Analysen der virtuellen Distanz offenbart, der zeigt, dass sie viel Erfahrung mit der Arbeit in Teams haben, bevor sie ins Berufsleben einsteigen. Und wir können viel von ihnen über ihre Möglichkeiten lernen, sich den Weg in die Arbeitswelt zu bahnen.

Die Sache ist die: Wenn es um junge Berufseinsteiger oder neue Mitarbeiter im Unternehmen mit abgeschlossenem Studium geht, würde man bei der Verringerung der virtuellen Distanz einen Startvorteil erzielen, wenn man das Gefühl der Zugehörigkeit stärkt und die wechselseitige Abhängigkeit zwischen Neulingen und Mitarbeitern mit mehr Erfahrung bewusst macht. Es würde dazu beitragen, sie als voll ausgeformte, multidimensionale, ganzheitliche Menschen wahrzunehmen, statt Pauschalurteile über eine Jugend zu fällen, die an ihre elektronischen Geräte gekettet ist, wie in der Einführung geschildert.

Interessant ist auch: Sie werden in der akademischen Welt viele der gleichen Muster gespiegelt finden, die in der Industrie und anderen Institutionen generell anzutreffen sind. Was einmal mehr zeigt, dass die virtuelle Distanz ein Problem in gleich welcher Umgebung darstellt und auch für diesen Geburtsjahrgang relevant ist, ungeachtet des Kontexts.

Die nachfolgende Liste stützte sich weitgehend auf folgende Aufforderung:

»Bitte beschreiben Sie im verfügbaren Rahmen ein Projekt gleich welcher Art, an dem Sie mitgewirkt haben. Dabei kann es sich um ein früheres (oder derzeitiges) Schulprojekt, Arbeitsprojekt oder Familienprojekt handeln.«

- Im vergangenen Semester musste ich gemeinsam mit drei Leuten an einem Gruppenprojekt arbeiten. Ich hatte nie besonders gute Erfahrungen mit Gruppenprojekten gemacht, und leider stellte dieses keine Ausnahme dar. Da niemand Lust zu haben schien, die Leitung zu übernehmen, tat ich mein Bestes, um die Gruppenaktivitäten zu koordinieren. Ein Mitglied unserer Gruppe tauchte kein einziges Mal bei unseren Besprechungen auf, von den Kursen ganz zu schweigen, und beantwortete auch keine unserer E-Mails. Die beiden anderen und ich mussten die Arbeit unter uns aufteilen, aber sie wurde nicht gleichmäßig verteilt, sodass wir entweder zu wenig oder zu viel erledigen mussten. Insgesamt fehlten die Kommunikation und eine klare Zielsetzung; deshalb hoffe ich, diese Erfahrung zu nutzen, um zu verhindern, dass künftige Gruppenprojekte genauso enden.
- Ich bin an einer Projektarbeit für einen meiner Englischkurse beteiligt, bei dem unser siebenköpfiges Team ein Porträt über zwei Autoren und ihre Werke im Stil einer

Wikipedia-Seite erstellen muss. Unsere Gruppe setzte sich einmal zusammen, im Kurs, aber auch nur deshalb, weil unser Professor die Besprechung anberaumt hatten, sonst hätten wir vermutlich nur über das Internet kommuniziert. Wir teilten die Arbeit während dieser persönlichen Zusammenkunft schnell und problemlos auf und hatten sogar noch Zeit, uns ein bisschen zu unterhalten. Seither, das war vor zwei Monaten, gab es keine persönliche Begegnung mehr. Wir haben nur via E-Mail kommuniziert. Ein Gruppenmitglied hat uns ein paar Mal eine E-Mail geschickt, und ich war die Einzige, die sie beantwortet hat. Als ich mit meinem Teil der Arbeit fertig war, habe ich an alle Kopien per E-Mail verschickt, mit der Frage, wie weit die anderen gekommen waren, aber ich erhielt keine einzige Antwort. Am Wochenende schlug das aktive Mitglied unserer Gruppe per E-Mail vor, uns in der kommenden Woche noch einmal persönlich zu treffen, um die Präsentation unseres Projekts zu üben, mit Zeit- und Ortsangabe, und bat um eine kurze Info, falls uns eine andere Zeit lieber wäre. Bis heute bin ich die Einzige, die geantwortet hat. Infolgedessen wurde unser Projekt extrem unpersönlich, ich kenne nicht einmal die Namen aller Gruppenmitglieder und befürchte, dass die Präsentation unorganisiert und unvorbereitet erscheinen wird, weil wir abgesehen von der Aufgabenverteilung kaum zusammengearbeitet haben.

- In einem meiner Kurse sind wir Fünfer-Gruppen zugeordnet worden, die am Ende des Semesters eine Gruppenpräsentation abhalten müssen. Jedes Gruppenmitglied hat die Aufgabe, bestimmte Aspekte eines Unternehmens zu recherchieren und das Ergebnis in einem zweiseitigen Bericht festzuhalten, der jeden Dienstag fällig ist. Und ein Gruppenmitglied muss dienstags außerdem einen zweiseitigen Bericht schreiben, der in Kurzform die Forschungsergebnisse aller fünf Mitglieder zusammenfasst. Jeder soll mindestens zwei Kurzfassungen vorlegen, doch das ist bisher nicht passiert, weil die Mitglieder unserer Arbeitsgruppe weder in den Kursen auftauchen noch ihre Berichte abgeben.
- Bei uns wurde in diesem Semester ein Gruppen-Arbeitsprojekt zum Thema Forschungsmethodologie anberaumt. In meiner Gruppe sind wir zu dritt und alle bemühen sich, die Aufgabe jede Woche zu bewältigen.
- Wir benötigten eine neue Software, um einen besseren Zugriff auf die medizinischen Daten unserer Patienten zu erhalten, wenn wir sie behandeln. In unserem »Team« arbeiteten, ich selbst eingeschlossen, vier Leute gemeinsam an der Entwicklung eines einfachen Systems, das wir alle benutzen konnten. Ich war die jüngste im »Team« und die meisten waren viel älter als ich, sodass ihnen der Umgang mit der Technologie nicht so leichtfiel wie mir. Ich musste meine Ideen anpassen, damit meine Kollegen sie besser verstehen und am Ende entwickelten wir ein System, mit dem jeder zurechtkommt. Die Software ist wirklich gut strukturiert und simpel, sodass wir nun problemlos Zugang zu den personenbezogenen Daten unserer Patienten haben.
- Ich musste mit meinen Kommilitonen in einem Erstsemester-Seminar an einem Abschlussprojekt zusammenarbeiten. An diesem Gruppenprojekt waren drei Personen beteiligt, ich selbst eingeschlossen. Wir mussten ein Thema aus dem Bereich der

MINT-Fächer präsentieren, in Zusammenhang mit Kunst und Medien. Während der Seminare hatten wir nicht viel Zeit, daran zu arbeiten, und die meiste Zeit kommunizierten wir auf Facebook miteinander.
- Im Herbst 2016 arbeitete ich in der Elektroabteilung einer Big Box-Filiale und vergewisserte mich, dass meine Kollegen wussten, dass ich jederzeit verfügbar war, für den Fall, dass Kunden außerhalb unserer Abteilung meine Hilfe benötigten oder einer der Vorgesetzten eine zusätzliche Aufgabe für mich hatten. Mein Team bestand aus drei Personen, ich selbst eingeschlossen, mit unterschiedlichen Fähigkeiten und Erfahrungen. Es gab in der Abteilung einen langjährigen Mitarbeiter, der sich sein Wissen in eigener Regie angeeignet hatte und im Wesentlichen als Supervisor in unserer Gruppe fungierte; ihm war ein sogenannter Assistent zugeordnet, der für den Verkauf, und ein weiterer, der für die Auffüllung der Regale zuständig war. Bevor sie im Verkauf eingesetzt werden, wurden alle Assistenten im Personalraum mit Hilfe von Videos geschult; sobald sie die Aufgaben ihrer spezifischen Abteilung beherrschen, dürfen sie verkaufen, sodass ich als Assistent in der elektrischen Abteilung arbeitete und außerdem von meinem Supervisor gebeten wurde, die Regale zu bestücken, falls das andere Mitglied meines Teams gerade beschäftigt oder an dem Tag nicht zur Arbeit erschienen war.
- In meinem Entrepreneurship-Kurs stellte der Professor Gruppen zusammen, mit denen wir alle anfallenden Aufgaben für die Dauer des Semesters erledigen. In meiner Gruppe gibt es außer mir noch sechs weitere Mitglieder. Die Aufgaben sind sehr unterschiedlich. Jeden Freitag müssen wir beispielsweise einen zweiseitigen Bericht über eine Fallstudie abliefern, die er uns zuweist. Es bleibt uns überlassen, die Arbeit gleichmäßig zu verteilen. Darüber hinaus haben wir gerade ein PowerPoint-Präsentationsprojekt beendet, das 15% unserer Abschlussnote ausmacht.
- Im letzten Semester musste ich mit einer Gruppe an einem Projekt arbeiten, das eindeutige Antworten auf die Frage liefern sollte: Wie beeinflussen sich die Bereiche Naturwissenschaft, Technik, Konstruktion, Mathematik und Kunst, Kultur & Geisteswissenschaften gegenseitig? Die Gruppen sollten ihr Projekt im Seminar präsentieren und die Präsentationen eine Länge von fünf Minuten aufweisen. Die Gruppenmitglieder mussten während der Präsentation der Reihe nach ihre Erkenntnisse vortragen oder vorführen. Wir waren zu viert in meiner Gruppe (ich selbst eingeschlossen). Wir trafen uns ungefähr fünf Mal während der letzten beiden Monate des Semesters, vor Beginn der Präsentationen. Wir kommunizierten hauptsächlich per SMS, aber auch via E-Mail. Bei unserem ersten Treffen diskutierten wir über mehrere Ideen und grenzten diese dann auf Themen ein, die für Kunst und Naturwissenschaften relevant sind. Die von der Wahrnehmungspsychologie beeinflusste Kunst ist überall auf der Welt präsent. Diese Kunstrichtung in den Fokus zu rücken wurde das Ziel unseres Projekts. Unsere Gruppe befasste sich mit »perzeptuell motivierten illustrativen Darstellungsstilen« und einer Prezi-Präsentation. Wir hatten ein paar »Probleme« mit einem unserer Gruppenmitglieder, sodass wir ein Treffen einberufen mussten. Abgesehen davon war das Projekt ein Erfolg.

- An dem Gruppenprojekt, an dem ich unlängst beteiligt war, arbeiteten außer mir noch zwei Frauen mit. Die Aufgabe bestand in der Entwicklung eines Dienst- oder Hilfsprogramms zur Lösung eines Problems, das nach Auffassung unseres Professors kein »Erste-Welt-Problem« war. Die App lief nur auf einem Android-Gerät, weil wir es mit Hilfe von App Inventor, einer MIT-Software, entwickelten.
- Ich habe letztes Semester mit einer Gruppe von Mädchen an einem kulturübergreifenden Psychologieprogramm gearbeitet, das sich über das gesamte Semester hinzog. Wir waren zu sechst in der Gruppe.
- Meine Laborgruppe und ich mussten Vorschläge für die Errichtung eines Labors ausarbeiten und formal präsentieren. Wir waren zu viert, hatten völlig unterschiedliche Ideen und Zeitpläne. Wir sollten eine Einführung schreiben, einschließlich der recherchierten Methoden, und eine Liste der Materialien und Verfahren erstellen. Außerdem mussten wir eine Arbeitshypothese aufstellen und eine Möglichkeit der Datensammlung beschreiben.
- Ich hatte fünf Leute in meinem Team. Das Projekt war Teil eines Kommunikationskurses und wir mussten eine Gruppenpräsentation abhalten. Unser Thema war Schokolade und im Grunde alles, was damit in Zusammenhang stand.
- Während des letzten Semesters ging es in einem Soziologiekurs um Rassenbeziehungen und wir arbeiteten an einem Gruppenprojekt, das zu einem hohen Prozentsatz zu unseren Abschlussnoten beitrug. Zu jeder Gruppe gehörten ungefähr acht Studenten; in unserer Gruppe waren es nur sieben, höchstens. Wir mussten gemeinsam eine Abhandlung, Anschauungsbeispiele und eine verbale Präsentation erarbeiten. Im Kurs hatten wir zu wenig Zeit für unsere Gruppenarbeit, deshalb musste der größte Teil außerhalb stattfinden.
- In einem meiner Biologie-Laborkurse arbeitete ich mit drei anderen Leuten aus meiner Laborgruppe (mit mir waren wir also zu viert) zusammen. Unsere Aufgabe bestand darin, ein eigenes Experiment für ein Labor zu entwickeln, das wir in der darauffolgenden Woche vorführen mussten. Es sollte auf der Grundlage der Informationen aufgebaut werden, die wir in der Woche zuvor im Laborkurs erhalten hatten. Wir sollten als Team Ideen entwickeln und uns auf ein Experiment einigen, das interessant war und sich in einem angemessenen Zeitraum von zwei Stunden durchführen ließ.
- Ich bin in einer kulturellen Organisation tätig, die auf den Philippinen bekannt ist, und wir hatten letzten Samstag eine Aufführung in einer lokalen Universität. Neun Schulen von der Ostküste kamen zusammen, die jeweils ein kulturelles/politisches oder irgendein Problem, das auf den Philippinen relevant ist, aufgreifen und die 3D-Community mit Hilfe eines Sketchs darüber aufklären sollte. 25 Personen wirkten mit, u.a. als Leadsänger, Tänzer, Statisten und Hilfskräfte, die Requisiten/Kulissen hochhielten. Ich trat in zwei Szenen als Tänzerin auf. Die Zusammenarbeit für diese Aufführung begann 2016, gegen Ende des Herbstsemesters. Sie ist die wichtigste und größte Veranstaltung dieser Gruppe, und wir verbrachten endlose Stunden und ganze Nächte damit, sie auf die Beine zu stellen. Die Entwicklung des Drehbuchs, die Audioelemente, die Choreographie der Tänze, die Aufbereitung

des Sketches, die Gestaltung von Requisiten/Kulissen … das Ganze war ein Mammutprojekt, das eine Menge Zeit beanspruchte. Obwohl 25 Leute an der Aufführung teilnahmen, mussten auch andere Angehörige der Organisation uns beim Malen der Kulissen und bei der Beschaffung der Requisiten unter die Arme greifen.
- Ich arbeite derzeit an einem Projekt, bei dem es darum geht, eine physische Karte des Gehirns zu entwickeln. Wir versuchen, dieses Ziel durch die Nutzung der bioorthonogalen Molekülmarkierung zu erreichen. Im Augenblick sind elf Leute an diesem Projekt beteiligt.
- Kürzlich war ich Mitglied einer Laborgruppe, die ein eigenes Experiment entwickeln sollte. Dazu gehörte die Erstellung einer Versuchsanordnung und eine Beschreibung, wie wir unsere Daten sammeln, quantitativ erfassen und analysieren wollten. Wir beschlossen, die Auswirkungen des Koffeins auf die Herzfrequenz mit Hilfe von EEG und Reaktionszeit zu testen. Wir waren unsere eigenen »Versuchskaninchen«. Unsere Gruppe bestand aus vier Personen, ich selbst eingeschlossen.
- Ich arbeite gerade bei einem Projekt meiner Kirche mit, das darauf ausgelegt ist, die Anzahl der Gemeindemitglieder zu erhöhen. Wir sind ein Team, zu dem etwa 20 Personen gehören.
- Ich bin seit August 2016 ehrenamtliches Mitglied einer Tierrettungsgruppe. Vorher habe ich bereits sechs Jahre unentgeltlich für eine andere Tierschutzorganisation gearbeitet. Bei meinem Eintritt im August habe ich ein Programm zur Rettung von Katzen in die Wege geleitet, das ich nun koordiniere. Unsere Gruppe besteht derzeit aus schätzungsweise 50 Freiwilligen, plus/minus.
- Ich arbeite derzeit an einem Projekt mit, einer Simulation, bei der es um Eigentümerstruktur und Führung eines fiktiven Automobilkonglomerats geht. Unser Team hat insgesamt vier Mitglieder. Wir sind für unterschiedliche Facetten in der Führung dieses simulierten Unternehmens zuständig.
- Während meines ersten Semesters im College arbeitete ich mit zwei weiteren Studenten bei einem Gruppenprojekt in meinem Kulturgeografie-Kurs mit. Jede Gruppe sollte sich ein Land aussuchen und Informationen über seine Bevölkerung, Kultur, Religion und Überzeugungen, Sprache, Bildungssektor, Wirtschaft, Politik, landestypische Gerichte, Kleidung usw. zusammentragen. Sobald wir alle Informationen gesammelt hatten, mussten wir einen Bericht verfassen, eine PowerPoint-Präsentation ausarbeiten und, um zusätzliche Punkte zu erhalten, konnten wir in der jeweiligen kulturspezifischen Kleidung erscheinen oder Nahrungsmittel und Artefakte mitbringen, die in Zusammenhang mit dem Land unserer Wahl standen. Meine Gruppe entschied sich für Griechenland.
- In meinem Biologiekurs wurden wir nach dem Zufallsprinzip Gruppen zugeteilt. Zu meiner Gruppe gehören vier Personen, ich selbst eingeschlossen. Unsere erste Aufgabe besteht darin, uns eine Frage für unser Experiment auszudenken. Wir haben beschlossen, uns außerhalb des Kurses zu Besprechungen zu treffen. Den Zeitpunkt für die Besprechungen festzulegen ist sehr schwierig. Da wir uns untereinander nicht kennen, will niemand Zeit opfern, um sich frühmorgens oder am späten Nachmittag

zusammenzusetzen. Zwei Gruppenmitglieder, A und B, sind Langschläfer und nicht bereit, sich um 10 Uhr morgens zu treffen, um diese Zeit hat keiner von uns einen Kurs. Der Grund ist, dass sie einfach noch schlafen möchten. Das dritte Gruppenmitglied, C, hat keine Lust, den Termin auf 17 Uhr festzulegen, weil sie außerhalb des Campus wohnt und um diese Zeit normalerweise schon zu Hause ist. Datum und Uhrzeit festzulegen ist schwierig, weil wir abgesehen von Biologie an verschiedenen Kursen teilnehmen und auch dafür arbeiten müssen. Dazu kommt, dass wir einander nicht kennen und folglich keine Veranlassung sehen, uns Zeit freizuschaufeln, um uns den anderen anzupassen. Am Ende haben wir beschlossen, uns am Donnerstag um 12.30 Uhr zu treffen, unmittelbar vor dem Kurs. Da er um 13 Uhr beginnt, bleibt für die Besprechung gerade mal eine halbe Stunde. Drei von uns (B, C und D) kamen pünktlich, und eine (A) traf eine Viertelstunde zu spät ein. Sie entschuldigte sich damit, dass sie verschlafen hatte und ihr Mittagessen brauchte. Aufgrund ihres Verhaltens traue ich ihr (A) nicht, was die nachfolgenden Gruppenaktivitäten betrifft.

- In meinem Kurs Chinese and Chinese American Civilization wurden wir von unserer Professorin Vierer-Gruppen zugeteilt, um an einem Thema zu arbeiten, das sie ausgewählt hatte. Ich übernahm die Führungsrolle in meiner Gruppe und versuchte, die Aufgaben zu verteilen. Leider war ich diejenige, die die ganze Zeit arbeitete und die Arbeit für die anderen miterledigte; die einzige Kommunikationsmöglichkeit war der Austausch per E-Mail. Wir wurden erst am Abend vor der Abgabe fertig. Missverständnisse waren an der Tagesordnung. Bei der Zuweisung der einzelnen Aspekte des Themas, über die jeder Einzelne schreiben sollte, suchten sie sich etwas aus, das schon andere gewählt hatten. Ein Mitglied meiner Gruppe musste in letzter Minute eine Veränderung vornehmen, weil zwei Leute ein Referat über das gleiche Thema halten wollten. Positiv ist nur, dass wir die Präsentation zustande brachten und sogar eine fantastische Note erhielten, aber ich würde den Kontakt zu meiner Gruppe nie wieder ausschließlich über E-Mails aufrechterhalten, weil sich das völlig desorganisiert anfühlte.
- Für ein Projekt, an dem ich mitgearbeitet habe, mussten wir eine neue Geschäftsidee und einen Geschäftsplan entwickeln und im Kurs vorstellen. Mein Team bestand aus fünf Personen, zwei männlich, drei weiblich.
- Das letzte Gruppenprojekt, an dem ich beteiligt war, fand in einem Biologie-Kurs statt, und wir hatten einen gemeinsamen Abgabetermin. Jeder erhielt einen anderen Teil der Aufgabe zugewiesen. Wir mussten uns aufeinander verlassen können, was aber nicht half, weil wir einen Bummler in der Gruppe hatten und seine Arbeit unter den restlichen Mitgliedern aufteilen mussten. Unser Team bestand aus sechs Personen.
- Letztes Semester habe ich an einem Gruppenprojekt für fünf Personen mitgearbeitet. Wir hatten die Aufgabe, bei fünf Aktien unserer Wahl die höchsten und niedrigsten Kurse und das Volumen von Montag bis Montag zu dokumentieren. Anschließend sollten wir $100 000 pro Aktie »investieren« und die Kapitalrendite (ROI) mit Hilfe von Excel berechnen.

- Letztes Semester belegte ich einen Philosophiekurs, bei dem ein hoher Prozentsatz unserer Abschlussnote von einer Reihe schwieriger Gruppenarbeiten und Aufgaben abhing. Die Aufgabe, auf die ich mich konzentrierte, war das letzte Projekt des Semesters, das 20 Prozent der gesamten Kursbenotung ausmachte. Unser Professor teilte uns nach dem Zufallsprinzip den einzelnen Gruppen zu; jeweils vier bis fünf Personen waren in einer Gruppe zusammengefasst. Auf den ersten Blick schien meine Gruppe im Vorteil zu sein, weil wir zu fünft statt zu viert waren. Aber später stellten wir fest, dass es nicht immer gut war, mehr Leute in einer Gruppe zu haben.
- Bei dem Gruppenprojekt, das im vergangenen Semester anstand, arbeitete ich mit fünf Leuten zusammen. Es ging um eine Technologie, die einen gewissen Einfluss auf eine bestimmte Kultur hatte, sie möglicherweise beeinträchtigte oder förderte.
- Meine Kolleginnen taten uns zusammen, um gemeinsam Geschenke zu basteln und eine Babyshower-Party als Überraschung für meine Chefin auszurichten. Zwischen zehn und zwölf Personen machten dabei mit.
- Das letzte Projekt, an dem ich beteiligt war, fand während meines Praktikums im Sommer statt. Alle Praktikanten, ich selbst eingeschlossen, mussten gemeinsam ein Programm für die nachfolgenden Praktikanten aus dem ersten Studienjahr ausarbeiten. Das Programm sollte dazu beitragen, uns gegenseitig besser kennenzulernen und die Arbeit der Abteilung zu verstehen, der wir zugeteilt waren. Die Praktikantengruppe umfasste insgesamt sechs Personen.
- Ich habe unlängst an einem Projekt zur Aktualisierung der Cocktailkarte des Restaurants mitgewirkt, in dem ich als Barkeeper arbeite. Als ich dazukam, war die Cocktailkarte seit sechs Jahren nicht mehr verändert worden. Ich holte den Inhaber des Restaurants und den Rest der Belegschaft mit ins Boot, um neue und originellere Cocktails zu kreieren. Wir waren einen ganzen Tag lang damit beschäftigt, Ideen für neue Rezepte zusammenzutragen und die neuen Getränke zu testen. Das Team einigte sich darauf, eine bestimmte Anzahl der klassischen Cocktails auf der Karte zu belassen und einige der neuen hinzuzufügen. An dem Projekt waren insgesamt sieben Leute beteiligt.
- 2014 arbeitete ich für ein Start-up, das sich auf eine Smartphone-App fokussiert hatte. Die meiste Zeit war ich damit beschäftigt, Daten zu speichern und auf Feedback zu reagieren, aber gelegentlich traf ich mich auch mit den Investoren. Die Gründer des Unternehmens waren in Israel ansässig, das US-amerikanische Team bestand aus mir, einem guten Freund von mir und zwei Praktikanten. Ich betrachte diese ganze Erfahrung als Projekt, weil es vor allem dazu dienen sollte, meinen Lebenslauf zu optimieren (mein Freund war ein wichtiger Shareholder) und auf sechs Monate begrenzt war.
- Ich habe bei einem Projekt für einen Rhetorikkurs mitgearbeitet, wo wir gemeinsam einen Vortrag planen und halten mussten. Zu unserer Gruppe gehörten fünf Personen.
- Ich habe während des ersten Semesters mit einem Team an einem ITS-Projekt gearbeitet. Wir sollten dafür ein Thema unserer Wahl recherchieren und ein Video

erstellen, um es ins öffentliche Bewusstsein zu rücken. Mein Team bestand aus drei Leuten, ich selbst inbegriffen.
- Ich musste kürzlich an einem Projekt für einen meiner Kurse mitarbeiten; dazu gehörte der Besuch eines Virtual Reality-Labors und die Aufzeichnung von zwei Veranstaltungen auf dem Campus mit Hilfe einer App. Mein Team bestand aus drei Leuten. Wir mussten die VR-Ausrüstung benutzen, fotografieren, 360-Grad-Aufnahmen von den Veranstaltungen erstellen, an denen wir teilnahmen, und einen Bericht über unsere Erfahrungen schreiben.
- Ich habe an einem Projekt zur Einführung in meinen Betriebswirtschaftskurs mitgearbeitet. Ich wurde mit drei anderen Mädchen einer Gruppe zugeteilt und wir erhielten die Aufgabe, jede für sich ein Semester lang ein bestimmtes Unternehmen zu analysieren. Jede Woche mussten wir eine BPC (Geschäftsplankomponente) für das uns zugeteilte Unternehmen erstellen, und hier kam die Gruppe ins Spiel. In der darauffolgenden Woche sollte eines der Mitglieder eine Zusammenfassung der kollektiven Geschäftsplankomponenten abliefern und präsentieren. Dieser Ablauf war für den Rest des Semesters festgelegt. Am Ende des Semesters hatten wir jeden Aspekt dieser Unternehmen unter die Lupe genommen und alle Unternehmen in einer langen Gruppenpräsentation vorgestellt.
- Während der Wintersemesterferien musste ich bei 25 verschiedenen Mädchen selbsterstellte Videos und Aufnahmen einsammeln und bis zu einem bestimmten Termin abliefern. Ich erklärte ihnen in einem Gruppenchat, worin ihre Aufgabe bestand, und wies auf den Abgabetermin hin. Obwohl ich die Informationen auch auf einer eigens eingerichteten offiziellen Gruppenseite gepostet hatte, erhielt ich immer noch Anfragen bezüglich dessen, was sie zu tun hatten. Ich hatte ihnen das alles im Voraus mitgeteilt, aber zwei Wochen vor dem Termin war nur ein einziger Beitrag bei mir eingegangen. Es handelte sich um eine Aufgabe, die die meisten Mädchen schon mehrmals erledigt hatten, weil sie zu den Pflichtarbeiten des Semesters gehörte. Obwohl sie wussten, was sie zu tun hatten und den Abgabetermin kannten, schoben sie die Arbeit bis zur letzten Minute auf. Ich musste viele von ihnen in einer persönlichen Nachricht daran erinnern, ganz abgesehen von meinem wöchentlichen Post, um ihnen beim Gruppenchat Dampf zu machen. Ich fand, die Aufgabe hätte eine höhere Priorität für sie haben müssen, und ganz davon abgesehen war sie ziemlich einfach. Doch offenbar wurde sie von ihnen nicht als dringlich empfunden. Selbst als der Abgabetermin näher rückte, hatten viele Mädchen noch keine Videos/Fotos geschickt. Das brachte nicht nur meine Planung durcheinander, sondern sie gerieten auch mit ihren Aufgaben in Verzug.
- Es gab da ein großes Projekt einer globalen Bank, an dem ungefähr dreißig Personen beteiligt waren, aufgeteilt in Fünfergruppen. Wir hatten die Aufgabe, in einer Umfrage etwas über die aktuelle Meinung der Leute hinsichtlich der Bank herauszufinden (ihre Präferenzen).
- Im letzten Semester arbeitete ich mit fünf anderen Studenten an einem Projekt, das sich über das ganze Semester erstreckte. Das Projekt zielte darauf ab, den Bedarf einer bestimmten Personengruppe besser zu erfassen, der nicht angemessen befriedigt

wurden. Wir entwarfen das Konzept für eine App, die den Angehörigen einer Gemeinde ermöglichte, zu posten, was sie dringend benötigten, gleich ob es sich um Lebensmittel, Kleidung usw. handelte, und den Kontakt zu den Leuten herstellte, die sich darum kümmern würden, entweder Einzelpersonen oder Organisationen in ihrer Gemeinde.
- Meine beiden Cousinen und ich kochen am Wochenende oft zusammen. Gleich ob gemeinsame Kocherfahrungen im häuslichen Umfeld oder Besuch eines Fastfood-Restaurants, wenn es ums Essen geht, sind wir ein eingespieltes Team.
- In den letzten acht Jahren habe ich gemeinsam mit vielen anderen ehrenamtlich bei missionarischen Projekten mitgewirkt. Grundlegend arbeitet eine zwanzigköpfige Gruppe mit den Angehörigen anderer Gruppen in aller Welt zusammen, die missionarisch tätig sind, beispielsweise älteren oder behinderten Menschen bei der Umgestaltung oder Organisation ihres Haushalts helfen.
- Bei einem Projekt, an das ich mich erinnere, waren wir zu sechst, und jeder konnte eine andere Aufgabe wählen, mit der er sich befassen wollte. Das Projekt konzentrierte sich auf die Frage, wie die Technologie fast jeden Aspekt unserer Gesellschaft verändert hatte. Wir ergründeten die Auswirkungen auf Religion, Bildung und Politik. Mein Team war sehr produktiv, lieferte pünktlich ab, unsere Präsentation war gut und wir erhielten sehr gute Noten.
- In meiner Firma bin ich für die Erstellung eines Quartalsberichts für unsere Geldgeber zuständig. Der Bericht enthält eine Sammlung von Daten über unsere Klienten, ihre demografischen Merkmale, die unterstützenden Maßnahmen, die wir in die Wege geleitet haben, usw. Ich muss mich darauf verlassen, dass meine Kollegen die Formulare, die ich für die Sammlung der benötigten Informationen benutze, vollständig und richtig ausfüllen. Das Team besteht aus insgesamt vier Personen: ich selbst, mein Vorgesetzter und zwei Beraterinnen, die im direkten Kontakt mit den Klienten stehen. Das ist der Ablauf: Sie treffen sich mit den Klienten, füllen die Formulare mit den Datenpunkten aus, die sie mir übergeben, ich stelle dann alle Informationen in meinem Bericht zusammen, den ich mit meinem Chef durchspreche, und danach legen wir sie dem Geldgeber vor. Der letzte Bericht wurde Anfang des Monates erstellt. Eine der Beraterinnen hatte unlängst das Unternehmen verlassen und ihre Nachfolgerin wurde noch von ihrer Kollegin eingearbeitet. Deshalb waren die Daten unvollständig oder falsch. Das Problem zu beheben war nicht besonders schwierig; die Arbeitsplätze der beiden Beraterinnen befinden sich in meiner unmittelbaren Nähe, und wenn ich Fragen oder Anmerkungen hatte, konnten sie unverzüglich reagieren. Der Bericht wurde pünktlich vorgelegt und war fehlerfrei.
- Um unsere täglichen Umsatzziele zu erreichen, mussten wir eng zusammenarbeiten. Unsere Gruppe bestand aus rund fünfzehn Leuten.
- Letzten Monat war ich an einem Gruppenprojekt für einen Ökofeminismus-Kurs in meiner Schule beteiligt. Wir waren zu viert in der Gruppe und hatten die Aufgabe, eine Präsentation zusammenzustellen und einen zehnseitigen Bericht über unser Thema zu schreiben, bei dem es um indigene weibliche Führungspersönlichkeiten ging.

- Meine Freunde und ich sind derzeit dabei, ein neues Spiel zu entwickeln. Die aktuelle Version des Spiels gefällt uns nicht, deshalb wollen wir das fertige Projekt als Wettbewerbsbeitrag einreichen, in der Hoffnung, dass sie unsere Bemühungen ankennen und Änderungen vornehmen. Es handelt sich um eine vollständige Umgestaltung des Spiels, bei der nur die grundlegenden Merkmale der derzeitigen offiziellen Version erhalten bleiben.
- Ich habe mit fünf anderen Mädchen an einem Projekt in meinem Englischkurs gearbeitet. Wir sollten eine web-basierte Kooperationsplattform entwickeln, damit die anderen Teilnehmer auf unsere Präsentation/Website zugreifen können, um sich für die Abschlussprüfung fit zu machen.
- Für einen Marketingkurs in meiner alten Schule mussten wir die Öffentlichkeit auf eine Veranstaltung aufmerksam machen, die dort stattfinden sollte. Ich gehörte einem sechsköpfigen Team an, und wir verbrachten die meiste Zeit damit, in Brainstorming-Sitzungen Ideen zu sammeln, wobei die eigentliche Ausarbeitung des Konzepts dann überwiegend per E-Mail, Textnachrichten, usw. erledigt wurde.
- Ich gehöre zu einem Team, das aus sieben Mitarbeitern besteht; mein Marketingclub und ich haben für einen unserer Klienten einen Fragebogen entwickelt.
- Derzeit arbeite ich mit meinen Klassenkameraden an einem Gruppenprojekt. Wir sind zu neunt in der Gruppe und sollen Recherchen über die Streitkräfte, die wirtschaftliche Lage, das Gesundheitssystem in Großbritannien, den derzeitigen EU-Status, usw. durchführen. Wir haben während der letzten eineinhalb Wochen versucht, vorab eine Besprechung anzuberaumen, hätten dabei aber höchstens drei bis vier Leute zusammengebracht.
- Zu unserer Gruppe gehören vier Leute, die bestimmte Erfahrungen in Bezug auf ein spezifisches Thema teilen. Wir sitzen im Kreis zusammen und hören einander zu.
- Ich erinnere mich an eine Situation, die meine Erfahrung mit Büroarbeit betrifft. Ich arbeite mit zwei bis drei Leuten zusammen, je nach Tag, zusätzlich zu unserem Programmleiter, der jeden Tag anwesend ist, aber in einem Büro, das an das Hauptbüro angrenzt. Wir sind für Schreibarbeiten, Geschäftskorrespondenz, Besucher, Rechnungserstellung und Telefonate zuständig und kümmern uns um die Bedürfnisse des Programmleiters und anderer Kollegen im Gebäude. Alle Büroangestellten sind Teilzeitkräfte, mit Ausnahme des Programmleiters.
- Ein Kursprojekt erforderte die aktive Zusammenarbeit aller Gruppenmitglieder, die sich mindestens ein- oder zweimal pro Woche zusammensetzen mussten, um ein Geschäftsmodell für ein Start-up zu entwickeln.
- Ich nahm während meines Praktikums in einem Unternehmen aus der Unterhaltungsbranche an einem Marketingkurs teil. Der Kurs hatte den Titel »Selbstvermarktung«.
- Unser Team, bestehend aus fünf regulären Mitarbeiterinnen und einer Teamleiterin, spricht während der Arbeit die Pläne für den kommenden Monat durch, damit wir uns vorbereiten können. Und das in einer Tagesstätte, in der eine Menge lärmender Kinder herumlaufen.

- Ich arbeite gewöhnlich in einem dreiköpfigen Team. Ich muss meinen Kollegen erklären, an welchen Aufgaben ich gerade arbeite und welche noch erledigt werden müssen. Wenn in unserem Gebäude eine Veranstaltung stattfindet, informiere ich sie, was noch vorbereitet werden muss und welche Aufgaben unmittelbar vor Beginn der Veranstaltung anfallen. Beim Arbeitseinsatz in der Eingangshalle gilt es beispielsweise zu überprüfen, ob die Druckerpatrone nachgefüllt oder irgendwo Ordnung geschaffen werden muss.

Danksagung

Wir möchten uns bei vielen Personen bedanken, die uns bei der Arbeit an unserem Buche über die virtuelle Distanz unterstützt haben. Wir danken Sheck Cho, Managing Director des Wiley-Verlags. Wir wissen seinen Enthusiasmus und die enge Zusammenarbeit bei der Markteinführung sehr zu schätzen. Unser Dank gilt auch Elisha Benjamin, Karen Weller, Samantha Enders, Jayalakshmi Et und allen anderen Wiley-Mitarbeitern für die Sorgfalt, mit der sie dieses Buch auf den Weg gebracht haben. Es gab viele, die ihren Beitrag zum Feinschliff und zur Veröffentlichung beigetragen haben. Paul Lojeski war Rezensent, Lektor und Quelle aufrichtiger und direkter Rückmeldungen, der Ermutigung und des fortwährenden Engagements. Danken möchten wir außerdem unseren zahlreichen Klienten und Studenten für die Begeisterung, die Fürsprache und die Umsetzung der Lösungen zur Reduzierung der virtuellen Distanz. Zu ihnen zählen Fach- und Führungskräfte aller Ebenen sowie Fortune-500-Unternehmen, Regierungs- und Non-Profit-Organisationen, akademische Institutionen, politikgestaltende und andere Initiativen in aller Welt. Dank schulden wir des Weiteren Professor Martin Westwell für die kontinuierliche Zusammenarbeit im Bereich virtuelle Distanz, Neurowissenschaften und die Zukunft von Bildung und Arbeit. Seine im Anhang A enthaltenen Informationen haben prägenden Einfluss auf unsere Denkprozesse bei der kontinuierlichen Suche nach Möglichkeiten, die virtuelle Distanz zu verringern und Menschen zu helfen, auf neue Weise mehr über sich selbst herauszufinden. Ein herzliches Dankeschön geht auch an die VDI-Freunde und Mitwirkenden Ellen Pearlman, Diane Eynon, Stephen Weinroth, Edward Kerson, Chuck House, Irving Wladawsky-Berger, Carl Eneroth, Sally Pera und viele andere, die ihren Beitrag zur Entstehung dieses Buches geleistet haben.

Anmerkungen

Anmerkungen der Autoren

1 https://www.scientificamerican.com/article/the-covid-19-pandemic-is-changing-our-dreams/#:~:text=Bulkeley's%20three%2Dday%20poll%20revealed,and%20being%20threatened%20by%20others.
2 https://www.vox.com/22060380/covid-parents-burnout-schools-closed-kids-pandemic.

Einleitung

1 NGO CSW Abschlussbericht, 21. Februar 2011.

1. Kapitel

1 https://www.prnewswire.com/news-releases/labor-day-survey-51-of-us-employees-overall-satisfied-with-their-job-300704255.html
2 Wir haben eine sogenannte Pfadanalyse verwendet, um das Modell in Abbildung 1.3 abzuleiten.

2. Kapitel

1 T. J. Allen: *Managing the Flow of Technology*, Cambridge, MA:'MIT Press 1977.
2 Nikil Saval, Cubed: *A Secret History of the Workplace*, Doubleday 2014.
3 Ethan Bernstein und Stephen Turban: »The Impact of the ›Open‹ Workspace on Human Collaboration«, Phil.Trans. R. Soc. B 373:20170239.
4 Erin Bradner und Gloria Mark: »Why distance matters: Effects on cooperation, persuasion and deception, Proceedings of Computer Supported Cooperative Work«, New Orleans, LA, November 2002, S. 226–235.
5 Carl Zimmer: »Whose life would you save?« in Discover (2004), S. 60–65.
6 Michael B. O'Leary: »Geographic Dispersion in Teams: Its History, Experience, Measurement, and Change, (Doktorarbeit, Massachusetts Institute of Technology, 2002).
7 Savina Gygli, Florian Haelg, Niklas Potrafke und Jan-Egbert Sturm: »The KOF Globalisation Index – Revisited«, in *Review of International Organizations* 2019, https://link.springer.com/article/10.1007%2Fs11558-019-09344-2.
8 Marietta L. Baba, et al. The contexts of knowing: Natural history of a globally distributed team. Journal of Organizational Behavior, 25 (2004): 547–587.
9 Damasio, Antonio R., Descartes' Irrtum: Fühlen, Denken und das menschliche Gehirn, List Verlag, München 2004.
10 Die Grundsätze wissenschaftlicher Betriebsführung, Dr. Müller Verlag, Saarbrücken 2004.
11 R. Kanigel. The One Best Way: Frederick Taylor and the Enigma of Efficiency (New York: Penguin Books, 1997).
12 Thomas J. Kniesner, The full-time work week in the United States, 1900–1970, Industrial and Labor Relations Review, 30 (1976): 3–15.
13 E. Mayo, The Human Problems of an Industrial Civilization (New York: MacMillan, 1933).

3. Kapitel

1. Charles H. House, Building Effective Virtual Teams, (Präsentation am 1. August 2007, Stanford University, Media X Summer Institute).
2. Mitzi M. Montoya-Weiss, Anne P. Massey und Michael Song, Getting it together: Temporal coordination and conflict managemen in global virtual teams, *Academy of Management Journal* 44 (2001):'1251–62.
3. Ehemals Director for the Future of the Mind der Oxford University, heute Director of Flinders Centre for Science Education in the 21st Century an der Flinders University in Adelaide, Australien.
4. M. Westwell, Disruptive communication and attentive productivity, Institute for the Future of the Mind (University of Oxford, 2007).
5. Stevens Institute of Technology, Securing the Port of New York and New Jersey: Network-Centric Operations Applied to the Campaign Against Terrorism, September 2004, www.stevens.edu.

4. Kapitel

1. P. Dasgupta, Trust as a commodity, in *Trust*, Hrsg. D. G. Gambetta (New York: Basil Blackwell, 1988): 49–72.
2. R. Mayer, J. Davis, and D. Schoorman, An integrative model of organizational trust, *Academy of Management Review*, 20 (1995): 709–34.
3. M. Yakovleva, R. Reilly und R. Werko, Understanding trust: A dyadic analysis (Presented at Society of Industrial and Organizational Psychology, San Francisco, CA: April 2007).
4. Henry Mintzberg, Robert Simon, and Kunal Basu, Beyond selfishness, *Sloan Management Review*, 44 (2002): 67–74.
5. J. Greenberg, Employee theft as a reaction to underpayment inequity: The hidden cost of pay cuts, *Journal of Applied Psychology*, 75 (1990): 561–568.
6. P. Podsakoff, M. Ahearne, and S. MacKenzie, Organizational citizenship behavior and the quantity and quality of work group performance, *Journal of Applied Psychology*, 82 (1997): 262–70.
7. Z. Aronson, A. Shenhar, and R. Reilly, Project spirit and its impact on project success, *The Human Side of Project Leadership*. (Kennett Square, PA: Project Management Institute, 2007).
8. PricewaterhouseCoopers, Innovationsumfrage (London: 2003).
9. R. R. Reilly, (ed.), *The Human Side of Project Leadership*. (Kennett Square, PA: Project Management Institute, 2007)
10. Adam Brand, Knowledge management and innovation at 3M. *Journal of Knowledge Management*, 2 (1998): 17–22.
11. Bei der Neuproduktentwicklung stellten wir fest, dass eine klare Vision während der Entwicklungsphase der wichtigste Faktor war, der die preisgekrönten neuen Produkte von den mäßig erfolgreichen und erfolglosen trennte. Siehe Gary Lynn and Richard Reilly, *Blockbusters: The Five Keys to Developing Great New Products* (New York: HarperCollins, 2002).

5. Kapitel

1. www.mordorintelligence.com/industry-reports/workforce-analytics-market.

7. Kapitel

1 Antony Black, *Guilds and Civil Society in European Political Thought: From the Twelfth Century to the Present* (London: Methuen, 1984): 14.
2 D. Harrington-Mackin, *The Team Building Tool Kit: Tips, Tactics, and Rules for Effective Workplace Teams* (New York: AMACOM, 1994).
3 A. H. Maslow, *Motivation und Persönlichkeit*, Rowohlt 1981.
4 D. Harrington-Mackin, *The Team Building Tool Kit: Tips, Tactics, and Rules for Effective Workplace Teams* (New York: AMACOM, 1994).
5 C. K. Prahalad and Gary Hamel, *The Core Competence of the Corporation* (Cambridge, MA: Harvard Business Review, 1990).
6 Henry Chesbrough, *Open Innovation: The New Imperative for Creating and Profiting from Technology* (Cambridge, MA: Harvard Business School Press, 2003): 43.
7 S. Mohammed, K. Hamilton, R. Tesler, V. Mancuso und M. McNeese, Time for temporal team mental models. Expanding *European Journal of Work and Organizational Psychology*, 24 (2015): 693–709.
8 R. Wageman, H. Gardner und M. Mortensen, The changing ecology of teams: New directions for teams research, *Journal of Organizational Behavior* 33 (2012): 301–315.
9 D. Santistevan, E. Josser und Meta-teams: Getting global work done in MNEs, Journal of Management, 45 (2019): 510–39.

8. Kapitel

1 2017 State of Telecommuting in the U.S. Employee Workforce, Flexjobs and Global Workplace Analytics.
2 Arjan Raven, *Team or community of practice, in Virtual Teams that Work*, Hrsg. Cristina B. Gibson und Susan G. Cohen, (San Francisco Jossey-Bass, 2004).
3 Daniel Goleman, *Preoccupations: Email is easier to write (and to misread)*, New York Times, 7. Oktober 2007.
4 Daniel Goleman, *EQ: Emotionale Intelligenz*, dtv 1997.
5 Herbert Clark and Susan Brennan, *Perspectives on Socially Shared Cognition in Grounding in Communication,* Hrsg. L. Resnick, J. Levine und S. Teasley, (Washington, DC: American, Psychological Association, 1991).
6 Raymond Friedman and Steven Currall, *Conflict escalation: Dispute exacerbating elements of email communications. Human Relations,* 56: 1325–47.
7 Kristin Byron und David Baldridge, *Toward a Model of Nonverbal Cue and Emotion in Email*, Academy of Management Best Paper (Briarcliff, NY: Academy of Management, 2005).
8 Justin Kruger, Nicholas Epley, Jason Parker und Zhi-Wen Ng, Ego-centrism over email: Can we communicate as well as we think? *Journal of Personality and Social Psychology*, 89 (2005): 925–36.
9 Daniel Terdiman, A Cure for Email Attention Disorder? CNET News.com, (28. Februar 2007).
10 Gary Lynn und Richard Reilly, *Blockbusters: The Five Keys to Developing Great New Products* (New York: HarperCollins, 2002).
11 Kangning Wei, *Sharing knowledge in global virtual teams, in Virtuality and Virtualization*, Hrsg. K. Crowston, S. Sieber, and E. Wynn, (New York: Springer, 2007).
12 Karen Lojeski, Innovation across borders. *CIO Insight*, 11. Dezember 2006.

9. Kapitel

1. T. Egner and J. H. Gruzelier, Ecological validity of neurofeedback: Modulation of slow wave EEG enhances musical performance. *NeuroReport*, 14 (2003): 1225–28.
2. J. H. Gurzelier, EEG-neurofeedback performance. II: Creativity, the performing arts and ecological validity. *Neuroscience and Biobehavioral Reviews*, 44, 142–58.
3. Mihalyi Csikszentmihalyi, *Flow. Das Geheimnis des Glücks,* Klett-Cotta, Stuttgart 2019.
4. S. Gable, E. Hopper and J. Schooler, When the muses strike: Creative ideas of physicists and writers routinely occur during mind wandering. *Psychological Science*, 30 (2019): 396–404.
5. Diese Definition stammt von einer Arbeitsgruppe des Institute for Innovation and Information Productivity. (http://www.iii-p.org/).
6. Peter Koen, The fuzzy front-end for incremental, breakthrough and platform products and services (working paper, Consortium for Corporate Entrepreneurship, 2005).
7. Harry Collins, Tacit knowledge, trust and the Q of sapphire (Arbeitspapier-Reihe, Papier 1, Cardiff University, Cardiff, UK, 2000).
8. Lee Fleming, Breakthroughs and the «Long Tail« of Innovation. *MIT Sloan Management Review*, 49 (2006): 68–74.
9. https://www.linkedin.com/pulse/stop-pretending-open-offices-good-jesse-moore/.
10. L. Wu, D. Wang and J. Evans, Large teams develop and small teams disrupt science and technology. *Nature.* https://doi.org/10.1038 /s41586-019-0941-9.
11. Gary Lynn and Richard Reilly, *Blockbusters: The Five Keys to Developing Great New Products* (New York: HarperCollins, 2002).
12. Robert Cooper and Elko Kleinschmidt, An investigation into the new product process: Steps, deficiencies and impact. *Journal of Product Innovation Management*, 3 (1988): 71–85.

10. Kapitel

1. L. Perlovsky, Language and emotions: Emotional Sapir-Whorf hypothesis, *Neural Networks*, 22 (2009): 518–26. https://pdfs.semanticscholar.org/19da/80afd8ba9c50d05bdb595a025774977d08c4.pdf
2. www.geek.com/chips/the-computing-power-that-created-avatar-1031232/
3. Erin M. Leddon, Sandra R. Waxman, and Douglas L. Medin, Unmasking «Alive:« Children's Appreciation of a Concept Linking All Living Things, Northwestern University, *Journal of Cognitive Development*, 2008.
4. www.merriam-webster.com/dictionary/alive
5. www.bbc.co.uk/programmes/b07j4jg8
6. http://files.ali-cle.org/thumbs/datastorage/lacidoirep/articles/ TPL0812 MacAvoy_thumb.pdf
7. www.prnewswire.com/news-releases/businessolver-study-reveals-leadership-experienced-key-shifts-in-perception-of-workplace-empathy-300819273.html

Stichwortverzeichnis

(OECD) 24
»Tod der Distanz« 61
3M Corporation 107

A Abkürzungen, psychologische 230
Abwanderung, mentale 86
Achtsamkeit 214
– Atemübung 214
– Parade-Übung 215
Affinitätsdistanz 16, 23, 30, 34, 42, 81, 86–88, 90, 93, 95, 96, 107, 112, 119, 121, 135, 142, 145–148, 150, 154, 189, 190, 192–194, 221
– Strategie 143, 145
Aktionsplan 36, 127, 130, 133, 144, 147–149, 155
Allen, Thomas 62, 188
Alpha-Koeffizient 236
Ambassador-Führungsmodell 197
American Express 160
Analytik 25
Anerkennung 148
Arbeit, virtuelle 70
– Auswirkungen 55
– Effektivitätssteigerung 70
Arbeitsaufgaben, Koordination 152
Arbeitskräftewandel 160
Arbeitsplätze, heutige 159
Arbeitsproduktivität 53
Arbeitszufriedenheit 26, 34, 46, 51, 57, 69, 83, 103, 104, 112, 113, 127, 129, 236, 238, 239
Asimov, Isaac, 10
Assistenten, digitale 161
AT&T 177
Audiokonferenzen 176–178
Australian Council for Educational Leaders 219
Avatar 201

B Babyboomer 39, 228
Bacon, Kevin 146
Badges, soziometrische 62
Bei Face-to-Face-Interaktionen 172, 178
Benchmark-Demografien 33
Betawellen 186
Beziehung, persönliche 78
Beziehungen, zwischenmenschliche 41, 177, 199
Beziehungsdistanz 90
Beziehungspfade, kritische 117, 122, 123, 127, 130, 132
Beziehungspfade, kritische (CRP) 23, 122
Bildungsmodell der Zukunft 232
Bildungssektor 230
Bindungen, emotionale 162
Bradner und Mark 76
Brainstorming 186
Brennan, Susan 172
British-American Business Association 159
Business Roundtable 131, 232

C Cameron, James 202
Candid Camera 207
Candy-Test 209
Chesbrough, Henry 160
Children's Foundation 228
Clark, Herbert 172
Columbia Accident Investigation Board (CAIB), 110
Cousins, Norman 207
Covid 13
Credit Suisse 178
Crick 106
Crick, Francis 100
Csikszentmihalyi, Mihaly 85

D Damasio, Antonio 67
Dezentralisierung 67
digitale Geräte, smarte (SDDs) 61
Dissonanz, kognitive 12
Distanz
– Affinitätsdistanz 16, 56, 87, 93
– emotionale 17
– geografische 61, 63, 76
– kulturelle 88
– operative 16, 56, 82, 86
– physische 56, 63, 81
– psychologische 61
– virtuelle 71
– wahrgenommene 63
– zeitliche 79
Distanz, Affinitätsdistanz
– Elemente 74
Distanz, geografische 76, 78, 118
Distanz, kulturelle 88, 90, 143–145
– Strategie 143
Distanz, operative 23, 82, 87, 88, 95, 96, 107, 112, 119, 120, 135, 139, 154, 192–195
– Elemente 74
– Taktiken 142
Distanz, organisationsspezifische 80, 81, 119, 138, 155
– Strategie 138
Distanz, physische 16, 23, 63, 75, 76, 81, 87, 95, 96, 107, 112, 118, 120, 139, 187, 190, 192–196
– Elemente 74
– Strategie 136
Distanz, soziale 91, 92, 119, 121, 148, 149, 155
– Strategie 148
Distanz, virtuelle 9–19, 21–27, 29–31, 33–36, 38, 41, 42, 45, 46, 51–53, 56–59, 63–67, 70, 71, 73, 74, 76–78, 80–82, 85–87, 91–93, 95–99, 101–113, 115–118, 120–123, 126, 127, 129–133, 135–139, 141, 142, 144, 145, 147–151, 153–155, 157, 169, 170, 174, 177–181, 183, 185, 187, 189–198, 204, 211, 217–220, 221, 223, 233, 234, 238, 240, 244, 248, 250, 251, 263
– Aktionsplan 144, 150
– Arbeitszufriedenheit 103
– Auswirkungen 15, 51

- Beziehungsdistanz 148
- Definition 61
- Effekt, strategischer 111
- Entstehung 51
- funktionsübergreifender Teams, Aufbau 153
- Index 133, 149
- Innovation 106, 191
- Kartierung 115, 117, 122, 130, 132
- Kernkomponenten 118
- Kommunikationswahrscheinlichkeit 62
- Konzept 15, 240
- Lösungen, prädiktive 59
- Lernen 104
- Mitarbeiterengagement 34, 36, 42, 46, 57, 109, 112, 113, 236, 240
- Modell 131
- Neurowissenschaften 219
- Parameter 95
- Primäres Prinzip 36, 65
- Problemlösungslandkarte 136
- Rahmenwerk 240
- ROI-Kalkulation 137
- Schlüssellektionen 112, 155
- schnelle Lösungen 151
- Steuerung 131
- Technologie 169
- Technologie, praktische Tipps 179
- Umfrageforschung 235
- Umgang mit 73
- Unternehmensergebnisse 56
- Vertrauen 64
- Wettbewerbsfähigkeit 57
- Zunahme 53
Distanz, virtuelle extreme 12
Distanz, virtuelle und
- geografische Entfernung 65
Distanz, wahrgenommene 71
Distanz, zeitliche 80, 118
- Strategie 138
Distanz. Kommunikationsdistanz
- Strategie 139
Distanzç organisationsspezifische, 80
Diszanz, virtuelle
- Akteure 118
- Diversität 65, 67, 232
- DuPont 187, 188

E E-Mail-Management 175
Edmondson, Amy 162
Eidechsengehirn 215
Eigengruppe/Fremdgruppe 80
Einsatzfähigkeitsdistanz 86
- Strategie 141
Einsatzfähigkeitsdistanz
- Technologie 141
Einschätzung der CRP, Tool 125
Empathie 210
Employee Resource Groups, ERGs 35
Empowerment 110
Ensemble virtuelles 164, 166
Erfolg 112
Erkenntnis, metakognitive 205

F Führung, aufgabenorientierte 69
Führungseffektivität 57, 112, 113, 179, 181
Führungskräfte
- virtuelle Teams 54
Führung, mitarbeiterorientierte 69
Führung, seelenbasierte 197, 198, 215
- Prinzipien 204–206, 208
- und Neurowissenschaft 199
Face-to-Face (F2F) -Interaktionen 63
Face-to-Face-Kommunikation 71, 171, 172, 173, 221, 227
Face-to-Face-Meetings 137, 138, 151, 169, 195
Feedback 46, 137, 147, 175, 185, 223, 250, 257
Fehldeutungen 77
Fehlkommunikation 55, 64, 83, 87, 93, 138, 141
Flow-Zustand 186
Framing 200
Franklin 106
Franklin, Rosalind 100
Friedman, Thomas L. 53
Funktionen, Exekutive 212, 215–217, 223, 224
Fuzzy Front End 187

G Garnier, Jean Pierre 159
Gehirn
- Funktionsweise 68
Gehirn, exekutive Funktion (EF) 85
Gemeinsinn 230
Generation X, 39, 228
Generation Y 39–42, 145, 228
Generationen-Verteilung 39
Geräte, digitale 17
Gewerkschaften 157
Gilden und Zünfte 157, 162
GlaxoSmithKline, 159
Global CPG Inc. 20
Globalisierung 65, 66, 70, 71, 75
Goleman, Daniel 171
Golf Digest 187
Governance-Struktur 92
Großraumbüro 62
Grounding 172
Gruppendynamik 158, 162
Gruppenidentität 81, 153
Gruppenmotivation 158
Gruppenvergütung 158
Gruzelier, John 185

H Hamel, Gary 159
Hawthorne-Fabrik 69
Hierarchie 92
Highspeed-Informations- und Kommunikationstechnologie 71
Hinman, Brian 176
Hinweise, visuelle 77
Hinweise, paralinguistische 170
Hirnwellen 185

Hofstede, Gert 89
HOME 22, 26, 31, 141, 243
Houser David, 235
HR People Analytics 117
Hudson Bay Company 66

I Ideenfindung 186, 187, 192, 195
Ideenfindung, kollaborative 192
Imperium, Römisches 66
Index der virtuellen Distanz 19
Index der virtuellen Distanz (VDI) 57, 96
Industrial Engineering 68
Informatik 224
Informationen, symbolische 170
Informations- und Kommunikationstechnologie 62
Informations- und Kommunikationstechnologie (IKT) 161
Informationsüberlastung 85
Informationstechnologie (IT) 52
Informationsverarbeitungssysteme 201
Innovation 107, 187
– Aufbauphase 193
– Brainstorming 192
– Front-End 192
– Informationsaustausch 195
– Prozesse 194
– Topmanagement 195
– Vision 193
– Zusammenarbeit, effektive 194
Innovationsprozesse 185
– Neuausrichtung 185
– und Gehirn 185
Innovationsprozesse, Neuausrichtung
– Schlüssellektionen 195
Instant Messaging 54, 62, 172, 191
Institute for the Future of the Mind 220, 233
Integrität 99
Interaktionen. persönliche 175
Interdependenz 92, 148
Interdependenzdistanz 88, 92, 119, 121, 149, 152, 155
– Strategie 149
Interkonnektivität, globale 53
Isolation 56, 73
Isolation, extreme 13
Isolation, soziale 15, 83

J Jahr-2000-Problem 160
Johnson Space Center 110

K Kahneman, Daniel 222
Kahnemann, Daniel 27
Kartierung der virtuellen Distanz
– Schlüssellektionen 130
Kennedy, John F. 207
Kernkompetenzen 159
Kick-off-Meeting 120
Klarheit
– Aufgaben, Ziele, Vision 109
Kleine-Welt-Phänomen 146
KOF Index of Globalization 66

Kommunikation
– Face-to-Face 78
– Probleme 82
– virtuell 83
Kommunikation, digitale 17
Kommunikation, technologie-übermittelte 224
Kommunikationsdistanz 82–84, 119–121, 139, 141, 145, 152, 153, 155, 203
Kommunikationsfluss 82
Kommunikationsmethoden 171
Kommunikationsstil 89, 90, 107, 119, 139, 154, 198
Kommunikationstechnologie 179, 183
Kommunikationstechnologie, Geschichte der 51
Kommunikationstechnologien, asynchrone 180
Kommunikationsverbesserung 153
Kompetenz 99
Konflikte 106
Konnektivitätsparadox 19, 20
Kontext 13, 23, 26, 29, 31, 47, 61, 71, 77, 80, 83, 84, 86, 92, 93, 101, 119, 120, 123, 130, 132, 135, 139–142, 145, 149, 153, 155, 165, 166, 171, 180, 189, 193–195, 197, 199, 200, 203, 205, 208, 214, 233, 244
Kontext, geteilter 56, 84, 140
Kontinuum der sozialen Präsenz 170
Kooperationen, offene 161
Kopräsenz 178
Kreativität 186
– versus Innovation 187

L Landkarte der virtuellen Distanz 115
Layering 143
Lebewesen, Definition 203
Leistungen, kreative 185
Lernverhalten 42
Lewin, Kurt 158
Lojeski, Dr. Karen
– virtuelle Distanzierung 29

M Managerial Grid 69
Maslow, Abraham 158
Mayo, Elton 68, 69, 158
Media X-Labor 70
Medienreichhaltigkeit 170, 171, 178
Meltzoff, Andrew 224
Messung der virtuellen Distanz
– Schlüssellektionen 112
Metakognition 205, 212, 214
– Theaterübung 212
Milgram, Stanley 146
Millennials 39–42, 44, 46, 145, 146, 179, 228, 229, 234
Milosz. Czeslaw 204
Mitarbeiterumfragen 235, 239
Mitarbeiterzufriedenheit 19
Modell der virtuellen Distanz 20, 23, 25, 39, 42, 47, 56, 73, 74, 84, 93, 120, 219
– Bausteine 93
Modell, gemeinsames mentales 194

Modell, geteiltes mentales 110
Modell, mentales 161, 193
Modellierung, lineare 95
Mongolenherrschaft 66
Morsecode 171
Multibelastung 84
–Strategie 142
Multitasking 55, 84–86, 152, 177, 220

N n Erfolgsfaktoren, kritische 95
NASA 81, 109, 193
Netzwerk, soziales 115, 123, 146
Netzwerkanalyse. soziale (SNA), 67
Netzwerke 65
Netzwerke, soziale 145
–und explizites Wissen 189
–Wissen, implizites 188
Netzwerkstrukturen, informelle 67
Neurowissenschaft, kognitive 24
Noreply-E-Mails 216

O OCB 34, 105
OECD 231
Ohio State University 69
Onboarding 41, 139
Open Innovation 160
Orbiter Boom Sensor System (OBSS) 110
Organisationsstruktur, flache 91
Organisationsstrukturen 163
Organisationsstrukturen, vernetzte 65
Organizational Citizenship Behavior (OCB) 57, 101
Outsourcing 54, 66, 71, 92, 160, 161, 244, 246, 248

P Perspektivwechsel 210
Pfadanalyse 105
Port Authority 88
Präsenz, abwesende 177
Präsenz, soziale 170, 171, 178
Präsenz-Meetings 137
Prahalad, C.K. 159
PricewaterhouseCoopers 106
Primärerfahrungen 205
Princeton University 64
Priorisierungsanalyse 135
Prioritäten 132
Probleme
–beziehungsbasierte 55
–standortbasierte 55
–tagtägliche 55
Produktivitätssteigerung 116, 158, 161
Profil der virtuellen Distanz 31
Projektbeschreibungen 243
Projekterfolg 112

Q Qualitätszirkel 159

R Rückmeldungen 170, 173, 175, 176, 192, 263
Ratio der virtuellen Distanz 95
Reaktionen, emotionale 64
Realzeit-Analysen 117

Rees, Richard 187
Remote- versus Präsenzarbeit 31
Remote-Arbeit 10, 76
Reziprozität, dynamische 201
Roboter 231
Rodman, Jeff 176
ROI 21
Rotationsprinzip 153
Royal College of Music 185

S SACE Board of South Australia 219
Sansone, Tom 178
Schlüsselfaktoren, leistungsbeeinflussende 57
Schlüsselindikatoren für die Leistung 42
Schleicher, Andreas 231
Schweizerische Gesellschaft für Konjunkturforschung 66
Schwellengeneration 44
Seelenbasierte Führung
–Praxis 211
–Prinzipien 211
Sekundärerfahrungen 204
Selbstregulierung 216
Selbstregulierung, emotionale 206
Selbstzentriertheit 208
Sensibilität, emotionale 63
Seriosity 176
Signale, visuelle 77
Silodenken 81
Sinnhaftigkeit 24, 26, 217
Six Sigma 159
Soziale Distanz 91
Sprachbarrieren 120
Stage-Gate-Modell 194
Stanford University 75
State Farm Mutual Insurance Co 101
Status, sozialer 92
Statusunterschiede 91
Stereotypen 89
Steuerung der virtuellen Distanz
–Schlüsselfaktoren 155
Storytelling 206
Strategien und Taktiken
–Priorisierung 133
Strategien/Taktiken 135
Surlyn 188

T Taylor, Frederick 159
Taylor, Frederick Winslow 68
Teams
–ad-hoc-Aufbau 152
–Definition 162
–dysfunktionale 163
–Geschichte 157
–Motivation 87
–multikulturelle 67
–multinationale 167
–Probleme 163
–Zusammenhalt 87
Teams, virtuelle 65
–und Führungskräfte 54

Telecommuting 169
Telekonferenzen 176–178
Textnachrichten 171, 172, 260
Theory of Mind (ToM) 203, 208, 209, 210, 216
Thetawellen 185
Thunberg, Greta 40
Traininingsprogramme
–interkulturelle 89
Traumatisierung 12
Treffen, persönliches 78

U Uhrwerk 199
Umfragen
–Auswertung der Ergebnisse 239
Umfragen, Qualität
–Klarheit des Konstrukts 236
–Validität 237
–Verlässlichkeit/Reliabilität 236
Umfragen, Qualität
–Stichproben 238
UN-Weltfrauenkonferenz 29
Unscharfe Zone 38
Unternehmensergebnisse 87

V Vargah-Khadem, Faraneh 206
Verbindungen, lockere 190
Verhaltensnormen 175
Vertrauen 19, 42, 91, 97, 99, 100, 106, 107, 142
Vertrauensneigung 99
Vertrautheit 120
Videokonferenzen 177
Videotelefonie 77
Virtual Distance Leadership Modell 197
virtuelle Arbeit, Begriff 54
Vision, klare 110

W Wahrnehmung, selbstbezogene 171
Wandel, technologischer 169
Watson 106
Watson, James 100
Weight Watchers 229
Werte, geteilte 88
Werte, individuelle 90
Werte, kulturspezifische 89
Wertesysteme 144
Western Electric Company 69
Westwell, Dr. Martin 85, 198, 219
Westwell, Martin 24, 263
Wettbewerb 230
WeWork 190
Wilkins 106
Wilkins, Maurice 100
Wissen
–explizites 195
–implizites 195
Wissen stillschweigendes 243
Wissen, explizites 189
Wohlwollen 99
World Trade Center 90

X Xerox Corporation 190

Y Yin und Yang der Arbeit 68

Z Zeitzonen, Unterschiede 79
Zielklarheit 57
Zoom 205
Zugehörigkeit 41
Zugehörigkeitsgefühl 81, 224–226, 229, 230
Zukunfts- und Schicksalsperspektive, gemeinsame 92
Zusammenarbeit 122, 230
Zusammenarbeit, effektive 170
Zusammenhalt 224